De Via Militari Romanorum Egnatia, Qua Illyricum Macedonia Et Thracia Jungebantur... - Primary Source Edition

Theophilus Lucas Fridericus Tafel

DE

VIA MILITARI ROMANORUM
EGNATIA,

QUA

ILLYRICUM, MACEDONIA ET THRACIA

IUNGEBANTUR,

DISSERTATIO GEOGRAPHICA.

SCRIPSIT

THEOPHILUS LUC. FRIDERICUS TAFEL,

PHIL. DR. LIT. ANTIQ. IN REG. LIT. UNIVERSITATE TUBING. P P. O.
MONACENSIS ACADEMIAE SODALIS,
SOCIETATI GEOGRAPHICAE FRANCOFURTENSI ADSCRIPTUS.

TUBINGAE,
PROSTAT APUD H. LAUPP.
1842.

TUBINGAE, typis HOPFERI de L'ORME.

PRAEFATIO.

Commentationibus meis Egnatianis paucula praemittenda esse video, quum plurima eorum, quae praefandi vicem sustinere possint, tum Prolegomenis totius operis, tum utrique dissertationi inseruerim.

Regiae literarum universitati Gottingensi quum anno **1837** prima solennia secularia agenti nomine Tubingensium gratularer, *)

---

*) „ALMAE GEORGIAE AUGUSTAE MAGNIFICE DOMINE PRORECTOR, VIRI SUMME REVERENDI, CONSULTISSIMI, EXPERIENTISSIMI, AMPLISSIMI, DOCTISSIMI. Prima sacra saecularia, quibus almae Vestrae academiae anno MDCCXXXVII. conditae memoriam huius Septembris diebus XVII. XVIII. XIX. celebraturi estis, vix alia Germaniae academia laetioribus votis prosequitur, quam Eberhardina nostra Tubingensis."

„Ex quo enim tempore Principum Vestrorum sapientissimo consilio universitas Gottingensis condita fuit, populares nostri non destiterunt, praeter nostram academiam ad Musarum Vestrarum fontem limpidissimum accedere, ut inde litterarum artiumque institutione non minus sincera, quam eleganti imbuerentur. Eorum non unus extitit, quin summam Vestram benevolentiam et humanitatem animo grato testaretur."

„Verum aliud quoque inter Gottingam et Tubingam arctioris necessitudinis vin-

culum intercedit. Ex Württembergiae enim finibus, quantum ii nunc maxime pateat, per primi Vestri saeculi decursum unum et alterum melioris spei iuvenem dignum iudicastis, qui apud Vos vel publice vel privatim docendi munere fungeretur. Eorum nomina hoc loco afferre, Vobis non ingratum fore speramus. Sunt autem sequentia: Berg, Cotta, Eichhorn, Franz, Gmelin, Hofacker, Mayer, Osiander, Plank, Reuss, Scheidt, Schlötzer, Schnurrer, Seyffer, Spittler, Stäudlin, Stutzmann. Ii viri quidquid ad res Vestras augendas contulerunt, eius particulam aliquam populares Württembergenses sibi vindicare posse existimant."

„Postremo nunquam non sapientem illam solidamque rationem venerati sumus, quam antistites et doctores Vestros in literis fovendis atque excolendis immutabili quodam tenore secutos esse constat. Apud Vos nimirum, si in alia literarum sede publica, iure aequissimo Musae vivunt,

epistolae meae more apud nostrates recepto tentamen commentationis addebam

DE VIA MILITARI ROMANORUM EGNATIA,
QUA ILLYRICUM, MACEDONIA ET THRACIA IUNGEBANTUR.

„Ea scriptio non aliter ac coenantium precationes brevitati studebat; et monebant quoque temporis concessi angustiae, ut velis contractis solos rerum apices attingerem, uberiora, quae narrari possent, in alius occasionis opportunitatem procrastinans.‟

„Ita factum est, ut illo tempore plenioris expositionis solum prooemium, non aliud, legentibus quasi praegustandum offerrem, in quo, quaenam alia, ubi medias in res alio tempore veniri posset, exponere in animo haberem, minus spondebam, quam indicabam. Nihilominus promissis qualibuscumque standum esse videtur. Suadet ipsa rei argumentique gravitas; suadet, immo incitat totius itineris quasi literarii satis magna difficultas; postremo non nihil movet aliorum exspectatio, qui uberioris operis nostram adumbrationem singularis tractationis ope illustrandam esse existimarunt.‟

„Fiet, quod posci video.‟

---

nullumque literarum genus alteri imperitat. Unde factum est, ut mira studiorum concordia et ubertas inter Vos conspiciatur, utpote fulta et nutrita prudenti motus et quietis temperamento, quo res humanae unice laetantur augenturque.‟

„Salve, Alma Georgia Augusta, omnis solidioris et penitioris eruditionis per totum orbem literatum fax egregia et promotrix.‟

„Dissertationem civis nostri, Theophili Lucae Friderici Tafelii, geographicam de Via Romanorum militari Egnatia, huic epistolae additam, aequo benevoloque animo accipiatis, etiam atque etiam rogamus.‟

„Nominum Vestrorum clarissimorum addictissimi cultores: Rector, Cancellarius et Professores Regiae literarum Universitatis Tubingensis.‟

„Tubingae VIII. Sept. MDCCCXXXVII.‟

Et haec fere Commentationi priori praeludebant, quae hoc ipso loco repetere lubet.

Proömium isto tempore emissum iam excipiunt duae commentationes, per academicorum actuum opportunitatem anno proxime elapso conscriptae. Eae specialia eorum tractant, quorum conspectum in Proömio brevi quasi manu dederam.

Verum is ipse conspectus in multis erat mutandus. Erat enim iusto, ut dixi, brevior. Succedant in eius vicem PROLEGOMENA, quorum ego id consilium esse volui, ut ii, qui postero tempore Albaniam, Macedoniam, Thraciam visendae antiquitatis causa peragrabunt, copias quasdam epulasque per me paratas habeant, sc. ipsas viatorum doctiorum narrationes, quarum tum Ego censuram egi, tum Illi ipsi puto quandoque agent.

Egnatiae reficiendae magnum momentum esse, Commentatio I. p. I sq. luculenter mihi aliisque monstrasse visa est. Erit igitur tum aliorum Principum, tum maxime CELSISSIMI TURCARUM IMPERATORIS, totius viae emendatione, ubi opus erit, veteres publicae salutis fontes recludere, novosque aperire.

Tabulas Egnatiae geographicas operi meo addere nec licebat, nec vacabat. Talia post me venientes tentabunt, nixi (spero) meis commentationibus, ex quibus facile erit non tantum ipsam Romanorum viam, verum etiam tabulas antecessorum geographicas locis aliquammultis in meliorem ordinem redigere.

Tubingae, instantibus nundinis paschalibus anni salutis reparatae MDCCCXLII.

PROLEGOMENA.

Veteris Thessalonicae geographiam quum nuper lucubrationibus meis tentarem, *) id potissimum rationis consiliique persequebar, ut non antiquissimorum tantummodo scriptorum ope (sunt enim ii admodum pauci), verum etiam illorum auctorum lectione, qui toto, quod nos agimus, aevo Christiano vixere, facem aliquam tenebris illis admoverem, quibus vix aliam geographiae classicae provinciam adeo premi constat, quam Macedoniam cum Illyrico Thraciaque contermina.

Nimirum opinabar, inventum iri inter istos recentioris neglectique a doctis plerisque aevi scriptores unum et alterum, qui varia legisset ulterioris antiquitatis volumina, quibus nos per temporum iniuriam non sine doloris quodam sensu caremus. **) Accedit, quod illorum auctorum quidam terras istas, quas memorant, ipsi adiisse putandi sunt, ut Procopius, Nicetas, Acropolita, Cantacuzenus. Postremo etiam apud incolas, quotquot antiquitus supererant, famam quandam de rebus vetustioribus obtinuisse, varia mihi testabantur medii aevi monumenta; cuius rei exemplum protuli in prolegomenis meae Thessalonicae p. XX.

Ea sive opinatio sive divinatio non tota me fefellit. Vidi equidem, ut alia, quae afferri possunt, exempla omittam, Thucydidis locum ambiguum de Strymone fluvio SS. Patrum adminiculo illustrari; ***) Demosthenicam vero Chalcidensium a Philippo eversorum memoriam e Cantacuzeno imperatore lucem nancisci, collato Appiano; postremo aliorum vetustiorum geographica e scriptoribus rerum Francicarum, †) Byzantinarum et Turcicarum intellectum suum sperare.

Ita volenti nolentive accidit, ut genus scrutandi susciperem, asperum sane et salebrosum, si aerumnas eius spectes; fructuosum vero et amoenum, si in eo non sine iudicandi quadam cautela, sobrietate et modestia verseris. Ea enim nunc est veteris geographiae conditio, ut vel diligentissima antiquiorum s. classicorum scriptorum cognitio per se non sufficiat: accedere debet eorum scriptorum usus, qui, licet diu post

---

*) De urbe Thessalonica ejusque agro. Berolini 1839. 18. CIX. 553 pagg.

**) Imperante Anastasio, i. e. seculo V. et VI., Christodorus scripsit πάτρια (origines s. antiquitates) Thessalonicae, libris XXII. (?), de quo scriptore videndus Suidas s. v. Χριστόδωρος. Is igitur Macedonicis quibusdam scriptoribus uti debebat, qui ad

unam omnes interierunt. De his vide meam Thessalonicam pagg. III. 7.

***) Thessalonica p. 246. not. 66.

†) Maximopere huc faciunt expeditionum cruciatarum scriptores, ii potissimum, qui iter Boëmundi et Tancredi, Normannorum Siculorum, scripserunt.

A

illos nati, non omnem melioris notae eruditionem exuerant, deinde etiam a maioribus
aliquam famam de gentium urbiumque primordiis acceperant. Utrique vero operae coronidem quasi imponit earundem regionum visitatio, saltem commentariorum ab iis elabo-
ratorum lectio, qui terras, quas dicunt, classicas cognoscendae antiquitatis causa, u;
Taciti verbis utar (annal. 2, 59), adierunt.

Hanc viam rationemque tenui, cum nuper Thessalonicam cum agro suo illustrarem. Iam vero, consilii tenore non mutato, maiorem Illyrici, Macedoniae et Thraciae
partem uni quodammodo censurae subiicio, *viam sc. Romanorum militarem Egnatiam,*
qua illi regna supra memorata inter se coniunxerunt, uberiore tractatu illustrans. In
qua expositione ita versabor, ut non de solis stationibus urbibusque clarioribus viae
appositis agam, verum etiam statum illarum regionum naturalem, maximopere montes,
fluvios, lacus, postremo agriculturam, quantum licebit, illustrem.

Et primo quidem, ut ordinem decursumque disputationis iam nunc significemus,
in tractatione primum de *nomine* viae videbimus et de populis terrisque, quas via
Egnatia penetravit, item de *mensura* et *longitudine;* secundo de *historia* viae, i. e.
de iis, qui ea usi sunt; tum de *consilio* eius faciendae; denique de *tempore,* quo munita esse videtur. Sequetur ipsa Dissertatio, cuius prior sectio eam viae partem illustrabit, quae *Apolloniam (cum Dyrrachio) et Thessalonicam* intercedit (haec enim
civitas medium apprime viae totius locum obtinet, ut e Strabone apparebit infra me-
morando); sectio posterior eam partem, quae *Thessalonicam et Cypsela* iungit. Prae-
mittemus autem alterutri sectioni *veterum itinerariorum tabulaeque Peutingerianae stationes numerosque,* uno conspectu iuxta positos; deinde singulas stationes et reliqua
illustrabimus.

I.

VIAE AUCTOR ET NOMEN. POPULI, QUOS PENETRAVIT. MENSURA.

Viam Romanorum *Egnatiam,* qua Illyricum, Macedonia, Thracia iungebantur,
quis veterum suo nomine insigniverit, in obscuro nunc est, cum ea pars historiae Po-
lybianae, quae fusius de hoc monumento egisse putanda est, interciderit. Poteris tamen ex opposito Italiae inferioris litore vocis illustrandae subsidia petere. Est ibi urbs
maritima *Egnatia,* de qua videatur Strabo 6, 3, 7. 8. p. 282. ed. Casaub. Plin. H. N.
2, 107 (111'. 3, 11 (16). Antonini itinerarium p. 117. ed. Wess. Horatio (sat. 1,
5, 97) urbs *Gnatia* dicitur. Est ea inter Barium et Brundusium, Apolloniae Illyricae,
unde cum Dyrrachio viae Egnatiae initium, fere opposita. Quare eundem, qui in urbem orae Adriaticae occidentalis coloniam deduxit, viae quoque magnificae auctorem
esse putabis, quae ex oppositae orae orientalis urbibus, Dyrrachio atque Apollonia
initium capit. Verum Egnatiae quoque urbis auctor in incerto est; viaque Egnatia
quando tota munita fuerit, non minus ambigi licet. Nos progredimur ad apertiora.

Quas *terras gentesque* via Egnatia penetraverit, quam *longa* fuerit, denique *nomen*
eius e solo Strabone, qui Polybium, forsan et alios, secutus videtur, cognosci potest.

Strabo igitur libro 7, 7, 4. (p. 322. ed. Casaub.), coll. Plin. H. N. 4, 10 (17.) haec
habet: Ἐκ δὲ τῆς Ἀπολλωνίας εἰς Μακεδονίαν ἡ Ἐγνατία ἐστὶν ὁδὸς πρὸς ἕω,
βεβηματισμένη κατὰ μίλιον καὶ κατεστηλωμένη μέχρι Κυψέλων καὶ Ἕβρου ποταμοῦ. *) Μιλίων δὲ ἐστὶ πεντακοσίων τριάκοντα πέντε. Λογιζομένῳ δὲ, ὡς μὲν οἱ
πολλοὶ, τὸ μίλιον ὀκτοστάδιον, τετρακισχίλιοι ἂν εἶεν στάδιοι, καὶ ἐπ' αὐτοῖς δια-
κόσιοι ὀγδοήκοντα. Ὡς δὲ Πολύβιος, προςτιθεὶς τῷ ὀκτοσταδίῳ δίπλεθρον, ὅ ἐστι
τρίτον σταδίου, προςθετέον ἄλλους σταδίους ἑκατὸν ἑβδομήκοντα ὀκτώ, τὸ τρίτον
τῶν μιλίων ἀριθμοῦ. Συμβαίνει δ', ἀπὸ ἴσου διαστήματος συμπίπτειν
εἰς τὴν αὐτὴν ὁδὸν τούς τ' ἐκ τῆς Ἀπολλωνίας ὁρμηθέντας καὶ τοὺς
ἐξ Ἐπιδάμνου. Ἡ μὲν οὖν πᾶσα Ἐγνατία καλεῖται. Ἡ δὲ πρώτη ἐπὶ Κανδαουίας λέγεται, ὄρους Ἰλλυρικοῦ, διὰ Λυχνιδοῦ πόλεως καὶ Πυλῶνος, τόπου
ὁρίζοντος ἐν τῇ ὁδῷ τήν τε Ἰλλυρίδα καὶ τὴν Μακεδονίαν. Ἐκεῖθεν δ' ἐστὶ παρὰ
Βαρνοῦντα διὰ Ἡρακλείας καὶ Λυγκηστῶν καὶ Ἐορδῶν εἰς Ἔδεσσαν καὶ Πίλλαν
μέχρι Θεσσαλονικείας. Μίλια δ' ἐστὶ, φησὶ Πολύβιος, ταῦτα διακόσια ἑξήκοντα
ἑπτά. Ταύτην δὴ τὴν ὁδὸν ἐκ τῶν περὶ τὴν Ἐπίδαμνον καὶ τὴν Ἀπολλωνίαν τόπων
ἰοῦσιν ἐν δεξιᾷ μέν ἐστι τὰ Ἠπειρωτικὰ ἔθνη .. ἐν ἀριστερᾷ δὲ τὰ ὄρη τὰ τῆς
Ἰλλυριῶν .. καὶ τὰ ἔθνη τὰ παροικοῦντα μέχρι Μακεδονίας καὶ Παιόνων. I. e.
*Ab Apollonia in Macedoniam est via Egnatia orientem versus, dimensa secundum
millia lapidibusque distincta, usque ad Cypsela Hebrumque fluvium. Continet M.
P. 535. Quodsi pro 1000 passibus 8 (ut receptum est) stadia numeres, stadia habebis 4280. Sin Polybium sequare, qui 8 stadiis 2 iugera addit, i. e. trientem stadii, addenda sunt 178 stadia, triens numeri milliarium. Eodem vero spatio
eandem in viam deveniunt, qui ab Apollonia, et qui a Dyrrachio
proficiscuntur. Tota haec via Egnatia vocatur, prima pars in Candaviam, Illyrici montem, per urbem Lychnidum et Pylonem, qui locus in via distinguit a Macedonia Illyricum: inde iuxta Barnuntem (montem) per Heracleam, Lyn-
cestas Eordosque Edessam et Pellam pergit Thessalonicam. Sunt haec milliaria, ut
ait Polybius, 267. Hoc iter facientibus ab Epidamno et vicinis Apolloniae locis
ad dextram sunt gentes Epiroticae .. ad sinistram Illyrici montes et gentes, quae
inde usque ad Macedoniam et Paeonas habitant.* Idem ibidem §. 8 (p. 327.): Διὰ δὲ
τούτων ἐστὶ τῶν ἐθνῶν ἡ Ἐγνατία ὁδὸς, ἐξ Ἐπιδάμνου καὶ Ἀπολλωνίας.
Περὶ δὲ τὴν ἐπὶ Κανδαουίας ὁδὸν αἵ τε λίμναι εἰσὶν αἱ περὶ Λυχνιδόν. I. e. *per
has gentes via Egnatia ducit ex Epidamno et Apollonia. Et in ea, quae est in
Candaviam, via lacus sunt circa Lychnidum.* **) Excerpta ex eodem Strabone

---

*) In his Straboniauis iuversus locorum ordo
deprehenditur. Dicere summus geographus
debebat: μέχρις Ἕβρου ποταμοῦ καὶ Κυψέλων. Sed primo loco ponit urbem, ut

rem potiorem, pro fluvio. Cypsela X. M.
P. spatio ab Hebro remota fueruut, ex
Oriente, coll. Commentatione II. p. 57.
**) Non solam paludem Lychnitidem specta-

A *

libro 7. fin. §. 3.: Ὅτι ἡ Μακεδονία περιορίζεται ἐκ μὲν δυσμῶν τῇ παραλλίᾳ τοῦ
Ἀδρίου, ἐξ ἀνατολῶν δὲ τῇ παραλλήλῳ ταύτης μεσεμβρινῇ γραμμῇ, τῇ διὰ τῶν
ἐκβολῶν Ἕβρου ποταμοῦ καὶ Κυψέλων πόλεως .. ἐκ νότου δὲ τῇ Ἐγνατίᾳ ὁδῷ,
ἀπὸ Δυῤῥαχίου πόλεως πρὸς ἀνατολὰς ἰούσῃ ἕως Θεσσαλονικείας. *) I. e. Macedonia ab occasu terminatur maris Adriatici ora, ab ortu linea meridiana illi orae
parallela, per Hebri ostia et Cypsela urbem ducta .. ab austro finitur viâ Egnatia,
quae a Dyrrachio urbe versus orientem Thessalonicam tendit.

Penetravit igitur via Egnatia Illyricum, Macedoniam, Thraciam meridionalem, et
quidem maritimam, Aegaeo mari appositam. Primam regionem non habet Epitomator
Strabonis, qui Macedoniam, sensu latiori s. Romanorum, Adriâ terminat, velut itinerarium Antonini p. 317. ed. Wessel.: *Iter, quod ducit a Dyrrachio per Macedoniam et Thraciam.* Initium fuit Dyrrachium cum Apollonia, medium Thessalonica,
finis Cypsela.

Polybiusne, ut hoc unicum e sequenti capite praeoccupem, hac via usus sit, postea Strabo, in incerto positum est: de Strabone equidem dubito. Hunc enim more
suo in ea parte libri VII., quae servata est, quaedam additurum fuisse puto, unde
praesentia eius in istis terris intelligi poterat. Quod est secus. Deinde Polybius mensuram quidem viae, inter Dyrrachium (cum Apollonia) et Thessalonicam intercenden-
tis, exponit; quod tamen ab alio, sc. rerum Macedonicarum scriptore, ut Strabo a
Polybio, discere poterat. Strabonem vero illas regiones non adiisse, persuasum ha-
beo. Cur enim mensura viae Polybiana utitur, non sua, ut alibi?|

Sed quaeres, num iam Polybii aevo via Egnatia extiterit? Ex mensuris, quas
Strabo in fine narrationis suae e Polybio de via Egnatia repetit, ne id quidem certo
consequitur. Polybium, cuius ea pars historiae intercidit, de via aliqua antiqua locu-
tum dices, cuius vestigiis mensurisque, quod alibi quoque accidisse puto, postea via
nova, Romanorum sc., Ciceroni Straboniaque nota, respondere adeoque inniti poterat.
Sed fac, viam Egnatiam, quatenus Thessalonicam petebat, Polybii iam aevo munitam
fuisse, quod equidem non nego: fuitne etiam altera pars, posterior s. orientalis, eodem
aevo absoluta? Tacet de ea re Strabo; qui, quod primo loco de longitudine totius
viae docet, id non e Polybio habet: non enim affert nisi stadii Graeci mensuram Polybianam, non Polybianam totius viae delineationem. Verum de his sub finem horum prolegomenorum alia tradam.

Totius igitur viae longitudo efficit stadia 4280., milliaria Rom. 535., Germanica
107.; quod quomodo mensuris itinerariorum tabulaeque Peutingerianae respondeat, suis
locis exponetur.

---

ri, e plurali lacuum numero per se patet.
Est magnus lacus Lychnitis (Okri, Achris,
Achrida); dein tres minores vicini, la-

cus Prespae, lacus Drenovae, lacus Maliki.
*) De hac Thessalonicae forma v. Nostra
Thessalonicensia p. 17 sq. not. 24.

II.

INDEX EORUM, QUI VIA EGNATIA USI SUNT.

Horum non antiquiorem Cicerone novi. Is igitur, cum exul ante Chr. a. 58, Brundusium venisset, dubius haesit, num per Epirum Thessaliamque, an recta Thessalonicam proficisceretur. Vide epistolas eius ad Atticum 3, 7: *Brundusium veni a. d. XIV Kal. Maias.. Aut accedemus in Epirum, aut tarde per Candaviam ibimus.* Posteriorem viam alteri praetulit, quod ex epistola eiusdem libri octava cognoscimus, ubi, *Phaëtho,* ait, *libertus Pellae mihi praesto fuit.* Eam urbem non ii permeant, qui per Thessaliam, sed qui recta Thessalonicam proficiscuntur, coll. epist. 14.: *In Epirum ideo .. non veni* (ad evitandas ambages). Reditum per eandem viam fecit, coll. epist. 22.: *Ego quod, per Thessaliam si irem in Epirum, perdiu nil eram auditurus, et quod mei studiosos habeo Dyrrachinos, ad eos perrexi.* Ceterum isto tempore multum commercii inter Dyrrachium ac Thessalonicam fuisse, ex iisdem epistolis intelligitur.

Sequitur bellum civile inter Caesarem Pompeiumque ante Chr. annis 49. 48. gestum. Caesar de bello civ. 3, 11.: *Pompeius erat eo tempore in Candavia, iterque ex Macedonia in hiberna Apolloniam Dyrrachiumque habebat.* Ibidem c. 79.: *Caesarem Apollonia a directo itinere averterat. Pompeius per Candaviam iter in Macedoniam expeditum habebat.* Ibid.: *.. Heracleam Sinticam* (immo Heracleam Pelagoniae), *quae est subiecta Candaviae* (immo Barnunti). De Pompeji per Candaviam itinere, cum Macedoniam Thessaliamque peteret, v. inprimis Lucani Pharsaliam 6, 329 sqq.: *Sic fatus in ortus Phoebeos convertit iter, terraeque secutus Devia, qua vastos aperit Candavia saltus, Contigit Emathiam, bello quam fata parabant.*

Idem iter Brutus quoque post occisum Caesarem cum exercitu fecit, Macedoniam petens. Vide epistolarum Ciceronis et Bruti librum singularem, epist. 6. Ibi Brutus: *In Macedonia congrediemur* (ego et filius tuus) *. . .* Subscriptio epistolae: *XVII Kal. Iunias ex castris, ad imam Candaviam.*

Caesare occiso cum Antonius atque Octavianus Macedoniam peterent (ante Chr. a. 42.), ibi cum Bruto Cassioque decertaturi, Octavianus aeger Dyrrachii aliquamdiu substitit (Appian. B. C. 4, 106). Eum deinde per Egnatiam Philippos venisse, nullus equidem dubito, quamquam de eo silet historia. Eodem bello Brutum Cassiumque ab Hellesponto per partem Egnatiae orientalem, quae est inter Cypsela Philipposque, in Macedoniam venisse legimus (Appian. l. c. c. 102 sq.): ipsum vero viae nomen tacetur. Adde Tiberii Caesaris iter in Syriam a. u. 734 apud Suetonium in Tiberio cap. 14.: *Et ingresso primam expeditionem, ac per Macedoniam ducente exercitum in Syriam, accidit, ut apud Philippos sacratae olim victricium legionum arae sponte collucerent ignibus.* Quod non secus diu post (anno Christi 322), quum Constantinus M., cum

copiis urbe Thessalonica egressus, Hebrum inferiorem, dein Hadrianopolin Thra-
iae peteret, cum Licinio decertaturus (Zosimus 2, 22), sc. nostra via, non alia usus,
quamquam nomine eius non memorato. Extremo tempori eiusdem imperatoris iter viri
Sancti assignandum est, qui e Burdigala, Galliae urbe, egressus, Hierosolyma profectus est (Itinerar. vetera p. 537. ed. Wessel.). Is per viam Egnatiam in Italiam
rediit. Eandem viam ii respiciunt, qui Itinerarium, quod Antonini imp. esse fertur,
tabulamque Peutingerianam s. confecerunt s. refecerunt, licet viae ipsum nomen non
significantes.

Per eandem (sc. orientalem partem) copiae Aegyptiacae profectae sunt, quae imp.
Theodosio M. a Byzantio venientes et Macedoniam petentes Thessalonicam venere, de
quibus videndus Zosimus 4, 30. 31 (ad annum 388.). Neque aliter paulo post (a. 392.
vel 393.) ipse Theodosius M., Byzantio cum legionibus suis egressus, Italiamque petens ad debellandum Eugenium tyrannum; in quo itinere cum Thessalonicam venisset,
stragem civium notissimam edidit, de qua egi in Thessalonicae meae prolegomenis
pag. XLVIII — LIII.

Seculo quinto (a. 479.) Theodoricus Gothus, brevi post rex Italiae, Thessalonicam
hostili agmine petens, sive Thessalonicensium fortitudine, sive donis et artibus Zenonis
imp. motus, a consilio abstitit (Thessalonica p. 184—86.), statimque arma adversus
Illyricum Dyrrachiumque movit. In ea expeditione non aliam viam ingressi sunt Gothi,
quam Egnatiam occidentalem. Primo enim venere Edessam (Vodinam), quam male
habuere (Nicephori progymnasmata cap. 22. in Rhetorr. Gr. Vol. I. p. 519 sqq. ed.
Walz.); inde Heracleam Pelagoniae; postea Lychnidum, Scampa, Dyrrachium. Posteriorem expeditionis partem (ab Heraclea Dyrrachium) egregie illustrat Malchus, qui
scriptor multum lucis nostrae ventilationi affert. Is igitur in Excerptis legationum cap. 1
(Dexippus etc. ed. Bonn. p. 248 sq.): Ὁ δὲ Βαλαμήρου (sc. Theodoricus) περὶ Ἡρά-
κλειαν ἔμενεν, καὶ ἐπὶ τὴν Ἤπειρον πέμπει πρὸς Σιδιμῦνδον . . ἐν τῇ κατ᾽ Ἐπίδαμνον Ἠπείρῳ χώραν τε νεμόμενον καὶ εὐδαίμονα κλῆρον . . ἀξιῶν ἐξευρεῖν καὶ
συμπρᾶξαι τρόπον, δι᾽ οὗ τῆς τε Ἐπιδάμνου καὶ τῆς ἄλλης . . δυνηθείη κρατήσας
στῆναι τῆς πολλῆς πλάνης. Annuit Sidimundus Gothus, et Theodoricus πρὸς τοὺς
Ἡρακλεώτας, ἐκλιπόντας μὲν τὴν πόλιν, ἐς φρούριον δὲ ἰσχυρὸν ἀνεσκευασμέ-
νους, πέμψας ἀπῄτει σῖτον πολύν τινα καὶ οἶνον, ὅπως τῷ στρατῷ ἔχοι ἀπιὼν ἐφό-
δια. Illi renuunt; tum Gothus vacuam incolis urbem iratus incendit, et confestim castra movet in Illyricum. Καὶ κατὰ τὴν δύσοδον καὶ στενὴν ὁδὸν, τὴν ἐπὶ
τὴν νέαν λεγομένην Ἤπειρον (Illyricum) ἀπάγουσαν, ἀναστήσας ἤλαυνε,
καὶ προπέμπει τοὺς ἱππεῖς, τὰ ἄκρα τῇ στρατιᾷ προκαταληψομένους, καὶ ἕως ἀνέλ-
πιστοί εἰσι κατ᾽ ἐκεῖνα χωρήσειν, ἐξ ἐφόδου ἀθρόας ἐκκρούσοντας τὴν φυλακὴν, ἥ
τις ἦν αὐτόθι. Οἱ δὲ ὡς ἀνέβησαν, οἱ ἐπὶ τῷ τειχίῳ φρουροῦντες στρατιῶται τό τε πλῆθος ἰδόντες, καὶ πρὸς τὸ αἰφνίδιον αὐτῶν καταπλαγέντες, οὔτε εἰς

ἀλκὴν ἔτι τραπέσθαι ὑπέμειναν, οὔτε λογισμὸν ἔσχον ἀποζεῦξαι τὸ τείχισμα, ἀλλ' ὥρμησαν φεύγειν .. Οἱ δὲ (Gothi) κατὰ πολλὴν ἐρημίαν προσιόντες (l. προϊόντες) ἐχώρουν .. Θευδέριχος μὲν οὖν (ducebat is agmen) προκαταβὰς καὶ θαρσῶν, ὡς οὐδεὶς ἦν αὐτοῖς ἑπόμενος ... ἠπείγετο φθάσαι προκαταλαβὼν, ἣν ἂν δύναιτο, πόλιν. Καὶ πρὸς μὲν τὴν Λυχνηδὼν *) ἐπελθὼν ἀπεκρούσθη, ἐπὶ ἰσχυροῦ κειμένην, καὶ πηγῶν ἔνδον πλήρη, καὶ σίτου προσενόντος. Ἀναστὰς δὲ ἐκεῖθεν τὴν τε Καρπίαν (l. Σκαμπίαν) αἱρεῖ, **) τῶν οἰκητόρων πάλαι ἐκλελοιπότων, καὶ ἐξ αὐτῆς ὁρμήσας Ἐπίδαμνον λαμβάνει. His auditis Zenonis oratores, Thessalonicae morantes, ea, quae Theodoricus fecerat, improbant, deinde Edessam, hinc Lychnidum veniunt. Τῶν δὲ ἐκ τῆς πόλεως τῶν ἐν ταῖς ἀξίαις (παλαιόπλουτός τε καὶ αὕτη καὶ εὐδαίμων ἡ πόλις) καὶ τῶν ἄλλων ἀπαντησάντων, εἰσέρχονται ἐνταῦθα. Iamque Adamantius, legatorum s. oratorum unus, Dyrrachium (Epidamnum) mittit ad Theodoricum: veniat ipse in regionem Lychnidi de rebus agendis; vel ipsum (Adamantium), data per Theodoricum fide, Dyrrachium venturum. Theodoricus obsides mittit ob iter Adamantii, eosque Scampiae (ἐν Σκαμπίᾳ) subsistere iubet. Post quasdam transactiones Adamantius λαβὼν στρατιώτας διακοσίους, δι' ὄχθων τε ἀβάτων καὶ ὁδοῦ ἀδήλου μὲν τοῖς πολλοῖς, στενῆς δὲ καὶ ἀτριβοῦς, καὶ τότε πρῶτον ἵππους, ὡς ἐλέγετο, δεξαμένης, ἀφ' ἑσπέρας ὁρμήσας καὶ κύκλῳ περιελθὼν, ἔρχεται εἰς φρούριον Ἐπιδάμνου πλησίον, ἐπὶ λόφου ὑψηλοῦ κείμενον, καὶ ἄλλως ἄμαχον, ᾧ φάραγξ ὑπέκειτο βαθὺς, καὶ παρὰ τὴν φάραγγα ποταμὸς βαθὺς ἔρρει. Ibi Adamantius cum Theodorico colloquitur: is Epiro excessurum se pollicetur, inque Dardaniam concessurum (repetenda igitur erat via, quam ante fecerant Gothi). Quo tempore haec agebantur, Sabinianus, alter Zenonis imp. legatus, Lychnidi commorans, multas copias contraxit. Ei tum forte nuntiatur, ὡς οἱ βάρβαροι (Gothi, ex Illyrico reduces Dardaniamque petentes) καταφρονήσαντες σχολαίτερον κατίασιν ἀπὸ τῆς Κανδαβείας (inter quos multi currus, atque Theodorici fratrisque eius mater). Spem esse, hos capi posse. Ὁ δὲ (Sabinianus) τό τε ἱππικὸν μεθ' ἑαυτοῦ συντάξας, καὶ πεζοὺς οὐκ ὀλίγους κύκλῳ διὰ τῶν ὀρῶν περιπέμψας .. ἀφ' ἑσπέρας ἐχώρει. Postero mane Gothos ex improviso adoritur. Gothus Theodimundus et mater eius ταχὺ διεκπεσόντες ὑπέφυγον ἐς τὸ πεδίον, καὶ τὴν γέφυραν, καθ' ἣν ὑπερέβησαν, εὐθέως ἀνελόντες, ἣ φάραγγι βαθείᾳ ἐπέζευκτο, μέσης οὔσης τῆς ὁδοῦ, τὴν δίωξιν ἐκείνοις ἐπὶ τοὺς

---

*) Superius aevum scripserat Λυχνιδός. Mannerti (geogr. VII. 414.) Λυχνοῦς, οὖντος, apud Strabonem, ut idem tradit, non deprehenditur.

**) Male ibi versio latina: *diruit.* Scampia (Scampa) capta tum fuit, non diruta. Vide sequentia, ubi (est annus 519) Scampina civitas statum satis amplum beatumque prae se ferre videtur.

καταβάντας ἐποίησαν ἄπορον, καὶ μέντοι καὶ τοῖς ἑαυτῶν ἀδύνατον τὴν φυγήν,
ὥστε πρὸς ἀπόνοιαν ὀλίγοι ὄντες ὁμόσε τοῖς ἱππεῦσιν ἐχώρουν. Ibi Sabinianus multos Gothorum occidit, multo plures cepit. Deinde curribus aliquot, quos difficile erat
per tot praerupta loca agere, *in monte* incensis, Lychnidum revertitur. Post hanc
Graecorum perfidiam bellum cum Theodorico redintegratur.

Integrum fere Malchi locum apposui, perquam memorabilem, tam eorum gratia,
qui cum nostro quandoque libello in haec deserta venient scrutaturi, tum ob partium
singularum viae illustrationem, quam infra praestabimus.

Paulo post, imperante Anastasio (a. 491—518.), dein Iustino I (a. 518—527.),
iterum occurrit viae Romanae memoria. Ea tempestate pontifices Romani non rarum
commercium cum aula Byzantina habebant, maximopere ob Acacii haeresin, quam
multis Cpolin missis legatis rescindi ab imperatoribus Graecis volebant. Ii legati
ab Aulone, e meridie Apolloniae sita, venientes, per Scampinam civitatem Lychnidum,
hinc Thessalonicam, postremo Cpolin proficiscebantur, manifesto usi via Egnatia, et
primo quidem ea parte minus trita, quae ex Apollonia ducit Clodiana, hinc tritiore
per Candaviam. Audiamus Hormisdae, papae Romani, legatos, ad hunc ex ipso per
Candaviam itinere scribentes. Exemplum suggestionis secundae Germani et Ioannis
episcopi, Felicis et Dioscori diaconorum, et Blandi presbyteri, ad papam Hormisdam
(Conciliorum Tomus X. Paris. 1644. p. 514.): *In civitate Aulonitana quo ordine . .
pervenimus* (a. Ch. 510.) *. . in alia epistola* *) *beatitudini Vestrae significavimus.
Quod in Scampina civitate factum est, vestris orationibus tacere non permisimus.
Antequam nos ingrederemur in civitatem, venerabilis Troius* (l. *Troilus*) *episcopus
cum suo clero vel* **) *plebe in occursum nobis egressus est . . Nobis praesentibus vel
suo clero et nobilibus viris ipsius civitatis . . praesente omni clero vel plebe . . Erat
conventus in basilica S. Petri . . prope omnes cum cereis viri cum mulieribus, milites cum crucibus in civitate nos susceperunt. Celebratae sunt missae . . Istam
(hanc) epistolam ante XXX milliaria a Lignido* ***) (l. *Lychnido*) *fecimus, speran-
tes, ipsa die in eadem civitate . . pervenire . . Scampinus episcopus . . civitatis
Lignidi episcopum . . Scampis nobis positis . . Tertia suggestio legatorum supra me-
moratorum* (ibid. p. 516.): *. . De Scampina civitate . . cum Dei misericordia venimus Lignidum . . ipsius civitatis* (Lignidi) *. . Exemplum relationis Andreae episcopi*

---

*) Quae periit.

**) I. e. *non solum cum suo clero, sed etiam
plebe.* Non aliter *aut* apud Tacitum (ann.
1, 8. 16. 2, 30. 47. 3, 63. 4, 35. 47. 15, 48.
hist. 1, 77. 4, 71) vim copulativam habet.
Sic etiam *vel* apud Tacitum hist. 2, 8. In
his *aut* (*vel*) idem est quod *partim.* Adde
Nostras observationes sub finem horum Prole-

gomenorum, ubi de expeditionibus cruciatis sermo habebitur.

***) Eam Lychnidi scriptionem, vulgarem pu-
to, ante inveni in epistola 2 Gelasii I papae (Conciliorum Tomus X. p. 93.). In-
scriptio epistolae: *Ad Laurentium de Lignido episcopum.* Regnavit Gelasius ab
anno 492.

Praevalitani (ibid. p. 516.): *Scampinus episcopus . . in Scampina civitate . . et videntes Lignidonenses, quod fecit Scampinus etc.* Suggestio Dioscori diaconi (ibid. p. 521 sq.): *Quid in Aulone sit actum, quid Scampis, quid Lignidi fuerit subsecutum, anteriore significatione suggessi. Ad Thessalonicam pervenimus.*

Iustiniani aevo viae nostrae memoria non occurrit; quod vix mirum. Tum enim exercitus Romani, adversus Gothos in Italia agentes missi, per vallem Hebri Serbiam hodiernam petebant, deinde iuxta Savum Dravumque in Istriam veniebant.

Insequentium quoque temporum historiam de via Egnatia tacere video: est aevum Slavorum, a quibus, imperante Mauritio et sqq., plurimam Macedoniae partem occupatam esse constat. Quantum commercii isto tempore inter Constantinopolin Dyrrachiumque in via Egnatia occidentali exercitum fuerit, neminem scire puto. Si fuit, rarum certe fuit. Barbari enim terras tenebant, per quas via ducit. Quid? quod partem quoque viae orientalem, circa Strymonem et Christopolin (Caválam), ab iis obsessam aliquamdiu fuisse video; de quo v. Nos in prolegomenis Thessalonicensium p. LXXXVI sqq.

Pergo ad Bulgarica. Devictis seculo VII. Slavis Macedonicis (Thessalonica, prolegom. p. XCIII sq.), via inter Byzantium Thessalonicamque iterum patefacta fuit: num etiam via inter Thessalonicam et Dyrrachium, non liquet. Namque historia Macedoniae superioris Illyricique isto aevo, si quid aliud, obscura et manca est. Venere brevi post Bulgari, a quibus ad oram paludis Lychnitidis regia Achris s. Achrida (Okri) condita fuit, in cuius vicinia aliam quoque eorumdem regiam occurrere video, Prespam. Ii tenuere plurima Macedoniae Illyricique, modo pacem cum Graecia agentes, modo bellum (Cameniata c. 6., ad calcem Theophanis, ed. Bonn. pag. 495 sq.). Bulgaria tum a Thessalonica prope absuit; immo Bulgarica tum fere tota fuit, ut nunc maxime. Finem Bulgarico regno Basilius Bulgaroctonus imposuit. Is a. 1015 Edessam (Bodina) cepit, urbem Macedonicam a Bulgaris tum habitatam, quorum partem in montes Mosynopolitanos prope Hebrum inferiorem transtulit; deinde per urbem Ostrobam planitiemque Pelagoniae Achridem petiit, quam eodem anno expugnavit (Cedrenus p. 709. 710. ed. Paris., p. 460. Vol. II. ed. Bonn.). Bulgarorum plena debellatio incidit in annum 1019. In his bellis via Egnatia Graecos usos esse patet.

Eiusdem seculi XI. fini assignanda est Basilacii, praefecti Dyrrachini, rebellio, qui a Dyrrachio profectus, per urbem Achridam Thessalonicam venit, unde Constantinopolin pergere in animo habebat. Vide Annam Comnenam libro I, 7. Vol. I. p. 38 sqq. ed. Bonn., coll. Scylitza ad calcem Cedreni ed. Bonn. Vol. II. p. 739. Alexius, Adrianopoli Thracica tum degens, contraque eum missus, iter ab Hebro inferiore tritum et vulgare habuit in via nostra antiqua. Cum vero prope ad Strymonem venisset, via publica relicta (volebat Basilacium Thessalonicae agentem latere), ad septentrionem et occidentem (per vallem Philippensium puto) deflexit, Strymonemque (prope Serras) transgressus, in valle fluvii Strumnitzae, qui ab occidente in Strymonem influit, per-

B

rexit. Deis, faucibus inter Strumnitzam montemque nigram ($M\alpha\tilde{\upsilon}\varrho o\nu$ $\check{o}\varrho o\varsigma$), superatis, ad Bardarii medii alveum venit; hinc in eadem valle contra Basilacium descendit, eumque haud procul a sinu Thermaico devicit, coll. Nicephoro Bryennio 4, 18 seqq. Postea in via publica Constantinopolin rediit, brevi post purpuram sumpturus. De hoc bello vide Nos in Thessalonicensibus p. 290 sqq.

Venio ad historiam Normanno-Byzantinam, sive eiusdem Alexii I., Ioannis, deinde Manuelis, postremo Andronici atque Isaacii Angeli imperium (a. 1081—1185).

In annum 1081 sqq., s. Alexiani imperii primum, incidit prima Normannorum Italicorum expeditio Graeca, duce Roberto. Contra eos Alexius proficiscens Thessalonicam venit (Anna Comn. IV, 4. Vol. I. p. 199. ed. Bonn.); inde cum copiis suis fluvium Charzanem assequitur, hinc S. Nicolai fanum, prope ad Dyrrachium. Qua via inter Thessalonicam Dyrrachiumque usus sit, Anna non aperit. Charzanis enim fluvii locus in ambiguo est, quum aliis idem sit quod *Genusus* veterum (Albanorum fluvius *Scombi* s. *Tobi*, ab urbe vetere, puto, *Scampa* dictus), qui a Deaboleos (Devol) montibus descendit; aliis fluvius *Beratinó* s. *Ergent* (veterum *Apsus*), e meridie *Genusi* fluens; aliis aliquanto melius *Panyasis*, proxime (sic volunt) ad Dyrrachium. *) Fugatur Alexius (proelii locum non significat Anna), et per multas montium ambages *Achridem* venit, in ultima saltem itineris errorisque parte via usus Egnatia. In eorum gratiam, qui postero tempore loca ista visitabunt, appono Annae verba (libro IV, 8. ed. cit. Vol. I. p. 221.): Ὁ δὲ βασιλεὺς τοὺς ἑλιγμοὺς τῶν παρακειμένων ὁρῶν καὶ πᾶσαν τὴν δύσβατον ἀτραπὸν ἐν δυσὶ νυχθημέροις διεξελθών, καταλαμβάνει τὴν Ἀχρίδα. Ἐν δὲ τῷ μεταξὺ τὸν Χαρζάνην διελθών, καὶ μικρὸν περὶ τὴν καλουμένην Βαβαγόραν **) ἐγκαρτερήσας (τέμπος δ᾽ αὐτῇ δύσβατόν ἐστι).. ἐξεφλέγετο (maxime doluit de clade sua suisque occisis). Hinc (ab Achride) Deabolin se confert, in superiori valle Genusi sitam, ubi reliquiae exercitus convenire iubentur (Anna Comn. V, 1. p. 224. ed. cit.). Videmus, Alexium Lychnidi (Achride) reliquisse viam Egnatiam, atque aliam elegisse, quae per vallem Biklistae Castoriam ducit, occidentalis Macedoniae urbem. Posterior via in iis, quae deinceps narrabuntur, tam crebro occurrit, ut aevo medio magis adeo frequentata fuisse videatur, quam via vetus, ab Achride Monasterium Edessamque (Bodina) ducens. Insequenti anno (1082) denuo victus in Illyrico Alexius per Strugas (Stronga) venit Achridem, hinc ad Bardarium tendit, procul dubio usus Egnatia (Anna Comn. V, 4. p. 239.) Paulo post alia sequitur Alexii clades Il-

---

*) Meletio (Geogr. Vol. II. p. 252) Panyasis (Panyassus) idem est quod Spirnatza, e meridie Dyrrachii.

**) Pagum *Baboga* (sic) habet tabula geographica Lapiei, ab oriente Dyrrachii, e septentrione Genusi (Scombi). Vide tamen Nos deinceps.

lyrica: Normanni Achridem urbem occupant, arce resistente. Hinc Ostrobam vario successu tentant, eam puto Ostrobam, quae Edessae (Bodinis) vicina est ex occidente: Annae enim narratio hoc suadet (Anna l. c. p. 241). De Ostroba, Sesco aliisque urbibus Macedonicis ibi memoratis videatur Georgius Pachymeres in Michaele Palaeologo 2, 11. Cantacuzenus 4, 19. Normanni igitur via antiqua usi sunt, quae est inter Achridem et Bodina: suadet hoc Ostrobae post Achridem mentio. Ultra Edessam (Bodina) tum non progressos constat: dextrorsum in Thessaliam deflexere, ubi bellum continuatum fuit circa Larissam et Tempe.

Anni 1097 est Normannorum, duce Boëmundo et Tancredo, expeditio cruciata, per regnum Graecorum instituta. Illi Dyrrachio egressi, non via vulgari *) per Achridem et Monasterium (Heracleam s. Pelagoniam) in Macedoniam venere, sed alia, satis erronea. Eorum iter aliquid contribuit ad geographiam medii aevi illustrandam; quare animus est, ex istis annalibus quaedam repetere. Fulcherius igitur Carnotensis in Gestis peregrinantium Francorum cap. 3. ad annum 1097 (utor editione Bongarsiana): *Ante urbem praefatam (Duratum, i. e. Dyrrachium) postea perreximus. Itaque Bulgarorum regiones, per montium praerupta et loca satis deserta, transivimus. Demonis (l. Daemonis, i. e. Deabolis s. Diabolis, Devol) ad flumen rapidum cum venimus omnes, quod sic ab incolis terrae vocitatur (et merito: vidimus enim in illo flumine diabolico quam plures, dum vadare pedetentim sperabant, torrentis impetu diro .. mersos repentino perire ..), tunc iuxta ripam castra metati sumus .. Montes vasti nobis undique praeerant .. Mane iter nostrum arripuimus, conscendendo montem, quem Bagulatum **) nuncupant. Postea vero, montibus postpositis, tan*

---

*) Fuit ea recta inter Dyrrachium et Constantinopolin via, claris verbis hoc monente Anna Comnena libro X. p. 289. ed. Paris.

**) Du Cangius ad Annae librum XII. (p. 388. ed. Paris.) hunc montem cum Bagora Theophylacti, Bulgarorum Archiepiscopi (epist. 65), confundit. Male, si quid aliud. Bagulatus mons inter Deabolin (Devol) Castoriamque locum habet, priori maxime imminens; Bagora Dyrrachio proplor est, estque eadem puto cum Babagora Annae, coll. loco supra allato. Theophylacti, Bulgarorum Archiepiscopi, epistola 65., scripta instante Boëmundi Normanni expeditione (Opp. ed. Ven. Vol. 3. p. 699), haec habet: Τὰ δὲ κατὰ τὴν Ἀχρίδα πάντα φόβου μεστά. Καὶ τὸ [dele ἀπὸ] τοῦ Μόχρου μέρος

(ὁ δὲ Μόχρος τῆς Ἀχρίδος τμῆμα) παρὰ τοῦ δούλου καὶ ἀποστάτου (Boëmundo Normanno foedifrago) λελῦΐσται. Ἡ δὲ Βαγορὰ (ὄρος δὲ αὕτη πάμμιγα, καὶ τοῖς Βουλγαρικοῖς καὶ Δυῤῥαχινοῖς ὄρεσι μισιτεῦον) περὶ τοῦ ἀντάρτου φυλάττεται. Cognoscitur ex his, Achridem non solum urbem fuisse (veteris puto Lychnitidis loco), sed etiam ditionem: vocatur enim pars eius et sectie Mocrus, quam ego regionem ex occidente Achridis pono. Deinde montes Dyrrachini erunt regio montana, inter Dyrrachium atque Elbassanum intercedens (montes Grabatz). Bulgarici montes prope Achridem quaerendi sunt (i. e. Candavia veterum); Bagora vero, cum medio loco inter Dyrrachinos Bulgaricosque montes a Theophylacto collocetur, erit Scampis vicina,

dem pervenimus ad flumen, quod vocatur Baldarius (Bardarius, Axius). Ibidem
cap. 4.: *Mora autem per quatuor dies ibi* (prope Thessalonicam) *facta, deinde Macedoniam transigentes* (l. *transeuntes*), *per vallem Philippensium, postque per Lucro-
tiam et Crisopolin* (l. Chrysopolin) *atque Christopolin, ceteras quoque urbes, quae
sunt in Graecia, Constantinopolin pervenimus.* Gesta Francorum et aliorum Hierosolymitanorum cap. 4.: *Hi omnes .. applicuerunt Bulgariae partibus,* [*]) *ubi inve-
nerunt nimiam abundantiam frumenti, vini et alimentorum corporis. Dein descenden-
tes in vallem de Andronopoli,* [**]) *exspectarunt gentem suam, donec omnes
pariter transfretassent.* [***]) *Tunc exeuntes inde, venerunt per nimiam plenitudi-
nem de villa in villam, et de civitate in civitatem, de castello in castellum, quo-
usque pervenimus Castoriam. Egressi de Castoria, intravimus Palagoniam
(l. Pelagoniam), in qua erat quoddam haereticorum castrum* (Coïana s. Poliana Bar-
dariotarum?), *quod undique aggressi sumus .. Combussimus castrum cum habitatoribus suis, scilicet haereticorum congregatione. Postea pervenimus ad fluvium Bardarum.* [†]) Ibid. cap. 6.: *Deinde* (a Thessalonica) *venimus ad quandam
civitatem, quae dicitur Serra* (ergo deflexerant a via recta). [††]) Ibidem: *Deinde
pervenimus de castello in castellum, et de villa in villam, ad Rusam civitatem.* [†††])

Genusoque (Scombi, Tobi) fluvio imminens, inter hunc puto et flumen Apsum
(Ergent). Postremo vox antiqua *Bagulatus* (*Bugulatus*) in voce novitia *Biklista*
conspicitur.

[*]) De hac Bulgaria (Epiro) v. Nos in Commentatione I. p. 27.

[**]) Hadrianopolin tabula Peutingeriana in
medio fere illius vallis spatio, quam Apsus facit, locat. Huius urbis, ut Macedonicae (sensu lato Romanorum), non im-
memor est chronicon Paschale ed. Bonn.
T. I. p. 63.: Μακιδονίας Δυράχιον (sic),
Θεσσαλονίκη, Ἀμφίπολις, Ἡράκλεια, Ἔδεσα
(sic), Πέλλα, Φίλιπποι, Κασάνδρεια, Λά-
ρισσα, Ἀπολλωνιὰς (l. Ἀπολλωνία, sc. Epiri),
Ἀδριανούπολις. De hac vide Nos deinceps.

[***]) Chronicon Alberici ad annum 1097
p. 151. edente Leibnitzio: *Boëmundus cum
Tancredo .. per Bulgariam Adrianopolin venientes transfretaverunt, et venientes usque Castoriam .. et inde per castrum Pelagoniam venerunt usque ad flumen Bardarum. Erat in Pelagonia ca-*

*strum munitissimum haereticorum .. quo
diruto radicitus ventum est ad flumen
Bardarum.*

[†]) In scriptione Bardarii (Axii) mirum quantum variant scriptores medii aevi. Occurrunt formae *Baldarius, Bardal, Bardarius, Bardarus, Bardacus, Bardanus,
Baudarus.* Plurimae librariorum vel etiam
typothetarum incuriae tribuendae videntur.
Egimus de quibusdam harum nominis for-
marum in Thessalonica nostra pag. 299—
305.

[††]) Albericus ibid. p. 153.: *Interea Boëmundus cum suis venerat in civitatem Serram,
ubi sufficientem habuere mercatum. Ibi
Boëmundus cum duobus Corpalatiis* (l. curopalatis) *amicitias iniit. Itaque ad Serram dimisso exercitu* etc. De curopalatis,
officio Byzantinorum aulico, adi Ducangium
in lexico mediae et infimae Graecitatis s. v.

[†††]) De ea urbe egi in Commentatione II.
p. 19., ubi eandem esse dixi cum urbe
Turcarum Ruskiöi, prope Cypsela et Hellespontum.

Ultimam civitatem male *Susam* dicit Robertus Monachus in historia Hierosolym. libro II. p. 36., cum Gestis Francorum plane consentiens in reliquis. De hoc itinere Normannorum conferantur quoque: Baldricus archiepiscopus in historia Hierosolymitana ed. cit. pag. 92. Guibertus abbas in histor. Hierosolym. 3, 2. Anonymus in Gestis Francorum cap. 4. (qui montem illum inter Castoriam et Deabolin *Bugulatum* dicit). Guilielmus Tyrius 2, 13. Adde Gesta Tancredi principis cap. 4. (Muratori scriptt. rer. Ital. Vol. 5. p. 287). Vallis Hadrianopolitana apud scriptores modo allatos fere omnes occurrit: nomen traxit ab urbe Epirotica Hadrianopoli, de cuius situ ambiguo v. Wesselingium ad Hieroclem pag. 651., quem Gestis Dei per Francos Actisque conciliorum non usum video. Ex his enim, coll. tabula Peutingeriana, situs urbis fere intelligi poterat. Viatores illi, e Dyrrachio egressi, per vallem Hadrianopolitanam ad fluvium Deaboleos (Devol) venere, sc. per vallem fluvii Aoi (Voïussae) euntes; ex hac in vallem superiorem Genusi (Scombi s. Tobi) prope Voscopolin urbem transscenderunt. Ceterum Hadrianopolin sedem in mediterraneis habuisse, praeter tabulam Peutingerianam ex Actis S. Leucii (Lucii) ad XI. Ianuarium apparet, quem locum Wesselingius quoque attulit l. c. Superstes erat saeculo VI., coll. Hierocle p. 651, nec non seculis IX. X., coll. Novella Leonis Sapientis de thronis (Leuncl. ius Graeco-Rom. Vol. I. p. 98.); forsan etiam saeculo XI., quatenus id e scriptoribus a me allatis colligi licet. Istae terrae saeculo XI incolas Bulgaros habuere: urbium habitatarum nomina non deprehendi. Viatores tamen cruciati vino, frumento etc. in via sua abundabant; unde hanc, licet paulo longiorem, pro·via per Candaviam electam fuisse puto. De Diaboli (Deaboli), dein de valle Biklistae, quae versus Castoriam in Macedonia occidentali ducit, v. Pouquevillii expositionem in Itinerario Graeco Ed. II. Vol. III. p. 24 sq. p. 38 sqq.

Antequam ad ulteriora progredior, Hadrianopolis urbs denuo inspicienda videtur, et quidem ob Boëmundi Normanni iter, immo errorem, diligentius definiendum. Urbem Epiri Hadrianopolin intus sitam fuisse, modo dixi. Verum ubinam? Audiatur Wesselingius ad Hieroclem (Itineraria p. 651.): „Instaurasse eam civitatem, et suo nomine insignem fecisse Iustinianum, ex Procopio [aedif. 4, 1.] novimus. Sedem habuit in mediterraneis, si Tabulae scriptae fides est. Nam Acta S. Leucii XI Ianuar. mari admovent: „*Tunc quidem navigantes*, aiunt, *diebus XV pervenerunt* [ab Alexandria Aegypti] *in civitatem Adrianopolin, et illic adhaesit sibi duos sacerdotes, Leonem et Sabinum, et inventa alia navi de Rhegio datoque naulo ascendit in eam, Hydruntumque pervenit ... veniens Brundisiopolin* .. Neque enim dubium est, quin barbarus scriptor hanc intellexerit." Hanc eum intellexisse non infitior; quamquam in ora maris situm habuisse, ex Actis mihi consequi non videtur. Ex adverso fere Corcyrae insulae, licet intus, quaerendam esse, narrandi tenor Hieroclem suadet: Μητρόπολις Νικόπολις, Δωδώνη, Εὔροια, Ἀδριανούπολις, Ἄππων (sic), Φοινίκη, Ἀγχιασμὸς (Onchesmus), Βούθρωτος, Φωτικὴ, Κερκύρα νῆσος, Ἰθάκη νῆσος. Iuxta Argyrocastrum quaerenda

esse mihi cum Pouquevillio (Voyage ed. II. Vol. II. p. 6. 7.) videtur. Eadem forsan est
cum Drynopoli, ubi etiam vallis est eiusdem nominis, cuius fluvius e meridie illabitur
in Aoum (Voïussam). Non aliud de Hadrianopoli nostra Leakio videtur in itinere
Graeciae borealis Vol. I. p. 76. 77.

Iam vero si Hadrianopolis hanc sedem habuisse statuerimus (neque aliter censen-
dum videtur), quid nobis de Normannorum itinere placebit? Nil aliud, quam fuisse
illud mirifice erroneum, immo fere insipidum, ni a Graecis quibusdam, viae puto ducibus, de industria deceptos esse putemus; quod posterius praestare multis videbitur.
Recta via utentes Scampa veniebant, hinc Lychnidum, hinc vel Bitoliam, vel Deabolin.
Et hanc quidem assecuti sunt, deinde Castoriam Macedoniae, per vallem Haliacmonis
superiorem euntes. [Sed quanam via? Insanis ambagibus. Egressi enim Dyrrachio, recta
meridiem petentes Argyrocastrum venerunt, e septentrione Ioanninae; hinc adverso
itinere electo, versus ipsum septentrionem profesti, initiumque Genusi (Scombi) juxta
Deabolin assecuti, in Macedoniam occidentalem per Candaviae partes meridionales trans-
cenderunt. Itineris eorum is revera tenor fuit, non alius, quanquam causam harum am-
bagum in obscuro esse video, ut tot alia geographiae Byzantinae capita.

Anno 1105 sqq. alia sequitur Normannorum contra Graecos expeditio. Alexius
imp. Thessalonicam se confert, atque ex ea urbe bellum praeparat (Anna libro XII.
p. 348). Reliqua narrationis parum contribuunt ad illustrandum hoc nostrae dissertationis caput. Bellum fuit diuturnum, in quo maximas Dyrrachii partes fuisse video,
quod magno impetu Normanni oppugnabant. Alexius ea tempestate plurimum Thessalonicae versabatur, bellum Illyricum inde per duces suos administrans. Postremo per
regionem Pelagoniam (i. e. agrum Castoriae) Deabolin se confert (Anna libro XIII.
p. 386.), ibique artes contra Normannos, Dyrrachium obsidentes, struit. Facta postremo pax bellum cruentum diremit.

Reliquum Alexiani imperii tempus tutum a Normannis aliisque hostibus occiden-
talibus fuisse constat, neque aliter regnum Ioannis filii, qui ei successit.

Manuel (a. 1143—1180), huius filius, a Normannis quidem Siculis bello petitus
fuit, ut avus Alexius I.; hi vero, non ultra Corcyram progressi, Graeciam potissimum
tentabant, non Macedoniam. Manuel contra hos profectus in urbem maris Adriatici
Aulonem venit; hinc per Pelagoniam veteris sensus (Monasterium) rediit, rebus Ser-
bicis ex hac urbe animum intendens (Nicetas in Manuele 2, 6.). Serbiam (Dardaniamque puto) deinde intrat; unde redux urbem Pelagoniam repetit. Vides, imperatorem
usum esse via Egnatia, quae inter Aulonem et Pelagoniam intercedit.

Anno 1185., sive vergenti imperio Andronici tyranni, deinde Isaacii Angeli initiis
assignanda est ultima Normannorum contra Graecos expeditio, antecedentibus multo
gravior. Dyrrachio capto Thessalonicam petunt, quam brevi obsidione expugnant
(Nicetas in Andronico 1, 7 sq. Eustathius in narratione Normannica cap. 53 sqq.). Quo-

nam itinere inter Dyrrachium et Thessalonicam usi sint, scriptorum nemo memorat:
nullo enim resistente per Illyricum Macedoniam intrabant; unde nil erat narratu dignum. Sed poterant duplici itinere ad sinum Thermaicum Thessalonicamque pervenire, sc. per Monasterium (urbem Pelagoniam s. Heracleam), vel per vallem Biklistae urbemque Castoriam; qua de re vide Nos in antecedentibus. Ceterum posterior
eorum expeditionis pars, cum a Thessalonica Constantinopolin proficiscerentur, viam
Egnatiam manifesto spectat: quid aliud? Occurrit enim apud scriptores Amphipolis ac
Mosynopolis, quae urbs posterior medio inter Thessalonicam Constantinopolinque
spatio sedem habuit. Per hanc Macedoniae Thraciaeque partem non alia via publica
versus orientem duxit, quam Egnatia.

Eodem Manuelis imp. aevo Iudaeus Hispanus, Beniamin Tudelitanus, parte viae
nostrae, quae sc. Thessalonicam et Caválam (Christopolin) intercedit, usus est. V. novam eius editionem, curante A. Ashero aliisque. Berolini 1840. 1841. 2 Voll., ubi
legendus commentarius Vol. II. p. 42. 43. Adde Thessalonicam meam p. 496—503.
Eodem fere aevo per istas terras eum profectum puto, qui Lucianeam istam necyo-
mantiam, Timarionis nomine inscriptam, exaravit, quae legitur in *Notices et extraits
des manuscr.* Vol. IX. sect. 2. p. 125—268. Hoc dialogo aliquoties usus sum in
Thessalonicensibus meis pag. 224—229.

Regnante Isaacio Angelo (a. 1185 sqq.) Bulgaros a Graecis defecisse constat:
unde multa rerum Macedonicarum, Thracicarum, Illyricarum turba. Vias publicas ab
istis barbaris ut plurimum obsessas clausasque puto, eas etiam, quae ex Illyrico in
Macedoniam ducunt. Duravit hoc incommodum capta Constantinopoli a Latinis a. 1204.,
qui, praeter maris Aegaei litora nil fere possidentes, interiora terrarum raro, vel funesto
eventu tentabant. Patuit tamen viae Egnatiae pars orientalis, qua Balduinum Flan-
drum imp., Bonifacium et Henricum imp. identidem usos constat, de quibus v. Nos in
Commentatione II. pag. 26—29.

Postero tempore (saecc. XIII. XIV) viam inter Dyrrachium et Thessalonicam
denuo aperuere imperatorum Nicaenorum Byzantinorumque cum despotis Illyrici sive
commercia sive bella.

Narrante Georgio Acropolita Graecus imperator (Michael Palaeologus) ab Edessa
(Bodinis) Achridem venit, deinde redux alia via, sc. per Deabolin, Macedoniam repetit,
venitque Castoriam. Ipse deinde Acropolitâ, legati munere fungens, Thessalonica
egressus, Berroeam venit, hinc *via, quae Albanum ducit*, electa, Serbiorumque urbe
a tergo relicta, Castoriam praetergressus, Achridem venit, hinc Albanum, postremo
Dyrrachium (histor. cap. 67., coll. Nicephoro Gregora 2, 8, 2.). A Dyrrachio idem
alia via (in Dardaniam) revertitur, sc. per urbem Chunabiam, *) Leoni quoque Sapienti

---

*) Georgius Acropolita cap. 67.: Ἐξορμήσας   Χούναβλας, καὶ τὸ ὄρος ὑπερβὰς, ὃ δὴ κα-
   γοῦν τοῦ Δυῤῥαχίου, καὶ διελθὼν τὰ τῆς   κὴν πέτραν κατονομάζουσι .. εἰς τὰ περὶ

memoratam in Novella de thronis (Leunclavii ius Graeco-Rom. T. I. p. 98.); hinc per montem quendam, nomine Mala Petra; Matem (hodie Mattia); Derbem (immo Debram, a. Dibram ad Drinonem nigrum, et quidem urbem Dibram inferiorem, quae dicitur *Dibre Post*); Cytzabia (*Critzovo* in Dardania, supra urbem Perlepe); Prilapum (*Perlepe*). Deaboleos Achridisque mentio apud Eundem deinceps saepius recurrit, ubi sermo est de bellis despotarum Epiri cum imperatoribus Graecis; quae brevitati studens omitto.   Est vero, me iudice, Acropolita cum aliis scriptoribus istius aevi Byzantinis dignus, qui a futuro istorum desertorum viatore diligentius in ipso itinere legatur.

Seculo insequenti (XIV) Graecus imperator Andronicus II. copias e Castoria mittit Achridem (Cantacuz. I, 55), ipseque, eadem via usus, (per vallem Biklistae) Achridem venit (a. 1328).   Anno 1336 idem per Thessaliam (i. e. Macedoniam pristini sensus) cum Turcicis copiis Dyrrachium proficiscitur (Cantacuz. 2, 32), incertum, qua via.   In eo itinere equitatus nullum fere usum fuisse ob loca impedita, Cantacuzenus ibidem narrat additque, a temporibus Manuelis Comneni (a. 1143—1180) usque ad Andronicum Palaeologum II. (a. 1336) nullum imperatorem Graecum Dyrrachinos visitasse.

Sub finem seculi XIV pleraque jam Byzantini imperii Turcae occupabant; seculo XV victoriae suae coronidem imposuere, primo Thessalonica subacta (a. 1430), postremo Byzantio (a. 1453).

Isto tempore tum Graecos, tum Turcas plus semel Egnatia usos probabile est; verum scriptores Byzantinorum coaetanei (Chalcondylas, Ducas, Phrantza) eius rei mentionem claris verbis non habent, bellorum apices summamque rerum tangentes, non singula: et Cantacuzenus a. 1362 narrare desiit.

Verumtamen, ubi historia Byzantina exspirat, sc. seculo XV., ibi nova scriptorum series exoritur, qui istas terras (orientalem Egnatiae partem) sua qualicunque cura illustrarunt. Sunt autem hi: Bondelmontius, Belonius (Bellonius), Dapperus, Paulus Lucas, Chandlerus, Pocockius, Cousinerius, Pouquevillius, Felix Beaujour, Huntius, Clarkius, Leakius, Ernestus Zachariae. Praeterea Stephanus Gerlachius et Martinus Crusius, populares mei, sec. XVI. XVII. viventes, ad hanc geographiae partem locupletandam paucula scriptis suis contulerunt: eorum autem observationes seculum XVI spectant. Neque Turcicus ille

---

τὴν Διῤῥην (l. Διβρην) ἀφῖγμαι .. διὰ τῆς Κυτζάβεως παριὼν, ἐπὶ τὸν Πρίλαπον ἐγενόμην.   Emendandus ex his Leonis Diaconi locus hist. 6, Κ.: Λέγεται γὰρ, Μυσοὺς (Bulgaros), ἀποίκους τῶν ὑπερβορέων Κοτράγων, Χαράβων καὶ Χουνάβων ὄντας, τῶν οἰκείων μεταστῆναι ἠθῶν.   Ubi pro ΧΑΡΑΡΩΝ Hasius legit ΧΑΖΑΡΩΝ.   Lenior mu-

tatio erat ΧΑΒΑΡΩΝ vel ΚΑΒΑΡΩΝ, quos (Cabaros) habet Constantinus Porphyrog. de Administr. cap. 40. (coll. Engelio in histor. Ungar. I. 349., de Cabarorum et Magyarorum cognatione).   Ex Χουνάβων Hasius extundit Κουμάνων.   Sed veterem scriptionem tuentur Leonis imp. et Acropolitae loci.

scriptor praetermittendus videtur, cuius historiam Turciae summariam Leunclavius latine edidit, nomine *Pandectes rerum Turcicarum;* ipsum vero scriptorem Leunclavius dicere amat praetorem Turcicum. Turcica huius compendii nondum ego vidi. Postremo alius Turca, modo memorato posterior, minimeque contemnendus, laudari debet. Est is *Hadschi Chalfa*, inter populares magna eruditionis laude florens, tum aliorum librorum (ii maximopere bibliographiam spectant), tum huius auctor: *Rumeli und Bosna*, geographisch beschrieben von Mustafa, Ben Abdalla, Hadschi Chalfa. Aus dem Türkischen übersetzt von Joseph v. Hammer. Wien 1812. Hoc libello Thessalonicensia Nostra et Egnatiana plus semel bono eventu usa sunt. *)

Horum scriptorum narrationibus non solum in his Egnatianis, verum etiam, et quidem potissimum, in Thessalonicensibus praeter fontes antiquiores innixus sum; unde ea, quae passim ex illis dedi, hoc loco repetere non lubet. Sunt tamen ex iis, quos examini submittendos esse puto. Ii (praeter Belleium) sunt Belonius, **) Paulus Lucas, Cousinerius, Felix Beaujourius, Clarkius, Ernestus Zachariae. Quorum primus, secundus et quintus totam Egnatiam, qua inter Thessalonicam et Cypsela patet, permearunt; bis Paulus Lucas. Reliqui ejus partem tetigerunt.

Egnatiae historia novissima scriptoribus modo memoratis fere solis debetur. Unde sequens tractatio hos prae ceteris consulet, reliquis tamen non prorsus praetermissis. Incipiemus a Bondelmontio et desinemus in Ernesto Zachariae, singulorum viatorum verba ipsa, si opus videbitur, diligenter reddituri.

Seculum XV. Christophorus *Bondelmontius.* ***) Is Florentinus ante Thessalonicam (1430) et Constantinopolin (1453) a Turcis captas maria Graeca visitavit inter annos 1414—1422. In insula Rhodo isto tempore versari solebat, in quam e singulis itineribus redire solebat, coll. Sinnero l. c. p. 20. Eidem Cretae insulae descriptionem deberi constat (Sinner l. c. p. 20). Macedoniam attigit in solo montis Sancti (Atho) litore, de cuius monachis haud male agit cap. 70 (ed. cit. p. 127 sq.). Thessalonicam bis memorat (cap. 70—72.); quanquam adiisse eam non videtur.

Montem Atho nos quoque tentavimus in Thessalonicensibus p. 63—65. p. 94—96., ubi conspectum quendam eorum dedimus, qui de monte Atho scripserunt. Ea vir eru-

---

*) De hoc scriptore v. Nos in Thessalonicensibus p. 3. not. 4.

**) Franco-Gallus *Belleius*, cuius Observationes de Thessalonica gallice scriptas in Thessalonicensibus meis recudendas curavi (p. 322 sq.), num via nostra unquam usus sit, immo ipsam Macedoniam peragraverit, cum Thessalonicae consulis Francorum generalis munere medio seculo XVIII fun-

geretur, ex Observationibus eius nondum extricavi.

***) Christophori *Bondelmontii*, Florentini, liber insularum archipelagi. E codd. Parisinis regiis nunc primum totum edidit, praefatione et annotatione instruxit Gabriel Rudolphus Ludovicus de *Sinner*, Helveto-Bernas. Lipsiae et Berolini, apud G. Reimerum. 1824.

C

ditissimus, Ernestus Zachariae, ICtus, respexisse videtur, quum suam montis Sancti egregiam descriptionem exararet. Hasio enim monente ostendit, quae ego de Braconnerii, Franco - Galli, schedis, qui in Atho monte satis diu versatus erat, monueram, minus hunc ipsum spectare, quam Villoisoni, viri summi, adversaria uberrima de monte Sancto, ibidem plane locorum conscripta, necdum edita.

De Braconnerio *) (apud Paulum Lucam *père Baxconnier*, sic), e societate Iesu, vide Paulum Lucam in libro: Voyage du Sieur Paul Lucas, fait en M.D.CC.XIV etc. Vol. I. p. 38. Amsterdam MDCCXX.

Accedimus ad seculum XVI., e cujus decursu fere solus Belonius (Bellonius) memorandus esse videtur. Qui vir doctus, cum iter suum institueret, magis disciplinam herbariam, zoologicam, metallurgicam spectabat, quam historiam cum archaeologia. Nihilominus operi eius alia quoque insunt, quae archaeologum cum geographo tangunt. Is enim Franco-Gallus viae veteri, quae Thessalonicam et Constantinopolin intercedit, plus fere diligentiae impendisse videtur, quam qui diu post has terras visitarunt. Belonium multi memorant; quotusquisque vero legit? Unde operae pretium esse duxi, verba eius, a Cusio Atrebate latina facta, quantum huc faciunt, repetere, addito, sicubi opus esse videbitur, Nostro commentario. **)

---

*) Pouquevillius (Voyage de la Grèce. Ed. II. Vol. I. praefat. p. X.) scribit *Braconier*, una *n*.

**) Les observations de plusieurs singularitez et choses memorables, trouvées en Grece, Asie, Iudée, Egypte, Arabie, et autres pays estranges, redigées en trois liures, par *Pierre Belon du Mans*. Reueuz de nouueau et augmentez de figures. A Paris, chez Guillaume Cauellat, a l'enseigne de la Poulle grasse, deuant le College de Cambray. 1555. Avec priuilege du Roy. Est is liber rarior bibliothecae academiae Tubingensis, cum antea fuisset antecessoria mei in cathedra philologica, Martini Crusii, b. m. viri. Is liber tum (27. Mart. 1564) constitit XI baciis, ligatura eius III baciis, quod sua manu scripsit M. Crusius. Idem in suo exemplari praemisit Indicem figurarum pictarum (immo aeri incisarum): sunt antem XLIII. In fine M. Crusius e Belonio addidit indicem vocum barbarograeca-

rum, satis multarum; quas num Du Cangius omnes in Lexicon suum mediae et infimae Graecitatis recepit, investigare nondum vacavit. — Petri Belonii librum, minime contemnendum, a paucis tamen lectum, latinum fecit Carolus Clusius, Atrebas, hoc titulo: „Petri Bellonii Cenomani plurimarum, singularium et memorabilium rerum in Graecia, Asia, Aegypto, Iudaea, Arabia, aliisque exteris Provinciis ab ipso conspectarum Observationes tribus libris expressae. Carolus Clusius Atrebas è Gallicis Latinas faciebat, et denuò recensebat. Altera editio, longè castigatior, et quibusdam SCHOLIIS illustrata. Ex Officina Plantiniana Raphelingii. M.D.CV.“ Ex hac interpretatione Latina Belonii verba deinceps afferre lubebit. Scholia, quae Clusius aliunde accepta suae interpretationi affixit, historiae naturalis judices tangere videntur.

Observat. libro I. cap. 49.: „E monte Atho digressi ut Salonici proficisceremur, facile biduo istuc pervenimus. Salonici ingens est oppidum, celebre et opulentum, olim Thessalonica nuncupatum, cuius D. Paulus meminit: in Thessalia proxime Macedoniam sita est." *)

Idem ibid. cap. 50.: „Siderocapsa **) in Macedonia sita est, Serviae contigua: eumque esse locum, in quo Philippum Alexandri Magni patrem aureos Philippicos primum cudisse Diodorus scribit, puta cum Crenidas fodinas invenisset, atque eas excoluisset: namque refert, illa aetate singulis annis mille et amplius auri talenta reddidisse. Metallicae, quae nunc istic laborant, operae, magna ex parte Bulgari sunt. Vicinorum pagorum eo ad mercatum confluentes rustici Christiani sunt, atque Servianice et Graece loquuntur. Iudaei similiter istic adeo aucti, ut Hispanicam linguam quodammodo vulgarem reddiderint: etenim inter se versantes et sermones conferentes nulla alia lingua utuntur."

Idem ibid. cap. 53.: „Ad radices vero montis alius est ingens pagus, Serine dictus,

---

*) In *Thessalia* sedem habere dicit, *proxime Macedoniam*. Eam veteris Macedoniae partem vel tum (sec. XVI) Thessaliam s. Thessalonicam dictam fuisse, post ea nemo dubitabit, quae a me exposita sunt in Thessalonicensibus pag. 30. 39. 43. Ubi vero Bellonii Macedonia quaerenda erit? Ex oriente huius Thessaliae, ad Strymonem flumen et ulterius; quamquam Strymon medio aevo singularis provinciae (thematis) nomen fuit, post quam, inde ab Hebro (Maritza), alia provincia venit, sc. Macedonia medii aevi, coll. Commentatione II. p. 33 sq. His tamen Bellonius paulo post ipse adversatur, coll. nota sq.

**) Siderocapsa in Chalcidice posita est, e meridie *Stagirae* ruderum, ad sinum Strymonium. Cousinerii tabula geographica ibidem locorum habet vocem „mines." Prope locum vicinum *Nisworo* has fodinas ponere videtur Ernestus Zachariae in itinerario suo p. 117., quod eodem redit. Nomen loci (ego legerim Sideroscapta, coll. voce graeca Σκαπτὴ ὕλη), fodinas ferrarias significare videtur, quanquam Bellonius ibi aurifodinas potissimum deprehendit. Ea metalla num hodiedum exerceantur, de his apud no-

vitios viatores parum certi invenire memini. Siderocapsam turcice *Syrus* dici perhibet Leunclavius in Pandecte histor. Turc. cap. 44. Verum *Syrus* (*Sirus*) est *Serrae* (Seres), coll. Hadschi-Chalfa in Rumel. et Bosn. pag. 73. Jam si Siderocapsam Serviae contiguam esse dicit, e sequentibus hoc intelligi s. emendari poterit, ubi vicinorum pagorum incolas, eo ad mercatum confluentes, Servianice et Graece loqui narrat. Serbios autem variis hodiernae Macedoniae gentibus passim intermixtos esse constat, coll. Hadschi-Chalfa in Rumelia et Bosnia pag. 97. Quae vero de Philippo Macedone illas fodinas exercente Bellonius narrat, falsa omnino sunt. E Philipporum fodinis Philippus singulis annis mille talenta lucratus est, coll. Diodoro Siculo 16, 8. Judaei ibidem locorum habitantes sunt Hispani, qui fine seculi XV sq. patriam suam ob regum christianorum saevitiam reliquerunt. De his Macedoniae recentioris Judaeis v. Nostra Thessalonicensia pag. 168. 169. Postremo Siderocapsam aliasque fodinas, prope Bolben sitas, invicem diversas esse, ibidem docui pag. 267. 268.

C *

a quo mare, veteribus **Chalcis** appellatum, duntaxat quadrante miliaris distat: portus istic est satis tutus carinis, in imo litore eiusdem sinus, **Chalcis** nomine dicti. *)

Lacus, illis vulgari nomine Peschar vel Couios dictus, solummodo duorum dierum a Saloniki, et dimidii diei itinere a Syderocapsa distat. **)

Cum valles eius provinciae humidae sint, et regio sit montana, omnes capillares herbae, Asplenon, Lonchitis altera, Cotyledon etiam, et reliquae, quae humiditate gaudent, libenter innascuntur.‟

Idem ibid. cap. 55.: „Mari iter facientibus e Syderocapsa in Cavalla urbem,***) quae antiquitus Boucephala †) dicebatur, dimidio duntaxat die opus esset: sed terrestri itinere proficiscentibus duo integri dies insumendi, diuque maris litus legendum: nam iter instar arcus inflexum, quoniam sinus profundus est, **Chalcidis** sinum et Strymonium continens. Herbis et fruticibus abundat.

Mare nobis ad dextram erat, et Continens ad laevam. Interdum superandi fuerunt colles exigui, in quibus Terebinthi in celsas arbores non excrescunt, ut in Corcyra insula; sed ob regionem asperam et saxeam. . . .

Rivum, †) qui e lacu Peschar, aliter Couios dictus, fluit, transivimus sicco pede ad ipsum maris littus, quoniam media aestas vigebat, et aqua sub arena effluebat. In

---

*) Ad radices montis, ubi Siderocapsa, pagum *Serine* habet Bellonius, incertum quo loco. Quod vero de sinu Chalcide habet, id ulteriorem antiquitatem spectare videtur, coll. Aristotele de republ. 5, 2, 11 (ed. Schneid.): Καὶ Ἀμφιπολῖται δεξάμενοι Χαλκιδέων ἀποίκους, ἐξέπεσον ὑπὸ τούτων οἱ πλεῖστοι αὐτῶν. Idem ibid. 5, 5, 6.: Καὶ ἐν Ἀμφιπόλει, ᾧ ὄνομα ἦν Κλεότιμος, τοὺς ἐποίκους τοὺς Χαλκιδέων ἤγαγε, καὶ ἐλθόντων διεστασίασεν αὐτοὺς πρὸς τοὺς εὐπόρους. Ea Chalcidensium Amphipolitana colonia quando deducta sit, in ambiguo esse video, coll. Osanni inscriptt. Grr. pag. 22. Jamque verbis Aristotelicis diligentius ponderatis illum maris angulum, qui inter Strymonem et Stagiram patet, sinum Chalcidicum nuncupatum fuisse putabis, sc. partem maioris, Strymonii. An Bellonius eam Strymonii sinus partem Chalcidem (sinum Chalcidicum) dicit, quae sedem habet inter Atho montem et Stagiram cum fluvio, qui Bolben exonerat in sinum Strymonium? An

eiusdem maris sinum illum maiorem, qui nunc dicitur *golfe d'Istillar*, prope Atho, coll. tabula Cousinerii geographica? Quod maxime mihi placet.

**) Lacus *Peschar* vel *Couios* est *Bolbe* veterum, turcice *Beschik*. V. nostra Thessalonicensia pag. 258. 263.

***) Cavalam (Cavallam) olim *Bucephala* dictam esse vult Bellonius, sonorum puto similitudine motus. Quamquam Stephanum Byzantium antecedentem in his habere videtur, qui sic habet s. v. Βουκεφάλεια· Βουκεφαλῖται. Οὕτως γὰρ καὶ δῆμος Θεσσαλονίκης. Verum *Thessalonica* huius loci idem est quod *Thessalia* medii aevi, i. e. Macedonia vetus (Thessalonica pag. 23., ubi Stephani vocem Θεσσαλονίκης non corrigere debebam in Θεσσαλίας). Thema autem Thessalicum medio aevo non ultra Strymonem patuit. Cavalam igitur Stephanus spectare non potuit.

†) Significatur fluvius, per quem Bolbe lacus in sinum Strymonium exoneratur, te-

planitie substitimus ad eundem rivum sub umbra praecelsarum Terebinthorum, non procul a maris litore; et iam sub noctem piscatores invenimus, qui uno sagenae tractu circiter sexaginta piscium diversa genera(?) ceperunt, quos ilicò observavimus et descripsimus. Sinus monti Atho proximus, alius Strymonius dictus, adeo amplus est et altus, ut integro fere die secundum illum iter fecerimus: quo paulo post relicto, per continentem deflexmus versus urbem Tricala, olim Trica dictam, *) (ubi nunc sedes est Sangiac vel Praefecti Macedoniae), quae urbs nunc e primariis totius regionis est, in qua magna tritici quantitas invenitur ad naves onerandas, quae ad Strymonis ostium appellunt, a quo urbs non procul abest. Strymonis amnem, e Tricalae urbis conterminis fluentem, invenimus, qui multa nunc vulgaria habet nomina: nam, ubi in lacus exspatiatur, a pagis vicinis nomen sumit. **) Plurimi Cygni aliaeque aquaticae aves eiusdem magnitudinis, quas Aristoteles Pelecanes et Plinius Onocrotalos vocavit, istic conspiciuntur, in illo flumine alimentum sumentes. Lente tamen fluit, ***) nec profundus est eius alveus, et humiles ripas habet; quam ob rem admodum herbosum est: tribulus aquaticus tanta abundantia istic nascitur, ut non abs re scripserint veteres, suo tempore equos istic ali solitos tribulis. Latum est nonnullis locis, in quibusdam etiam valde angustum. Eius cursus frequentibus cataractis retinetur, ut molas versare possit, quemadmodum in Galliae fluminibus fieri solet. Rotas autem aqua per alveum ducta non versat, sed similes iis, quas molae in Ligeri natantes habent, verum ex angustioribus asseribus confectas. Molitores Graece loquuntur.

Anguillae sunt insignis magnitudinis. Id flumen etiam Marmara vocatur, quoniam magnum pontem ligneum habet sub pago Marmara, †) quem Ibrahim Bassa exstrui jussit, et quia ante pagum magnum est stagnum, eodem nomine Marmara dictum. Plurimae naves, veluti e Ragusa, Chio, e Graecia, Venetiis ac interdum ex Aegypto huius flu-

---

ste Thucydide 4, 103., ubi tamen eius nomen tacetur. Rechium Procopii (aedif. 4, 3.) esse, in Thessalonicensibus meis docui pag. 272 sq.

*) Hanc Macedoniae Tricam s. Tricalam alibi non inveni. Ut nostro loco, ita deinceps, ubi Cranonem habet, quae fuit vere Thessalica, in Thessaliae geographiam aberrat. Num loquitur de *Zigna*, Turcarum urbe, ex oriente lacus Cercinae? Id quod e sequenti itineris tenore verisimile esse videtur.

**) Varia Strymonis nomina novitia illustravi in Thessalonicensibus pag. 247. De eius navigatione v. Nos ibidem p. 247.

***) Bene sic Bellonius de lento Strymonis

motu. Id tamen solum finem eius spectat sc. ubi e Cercine lacu effluens mare petit, coll. Thessalonicensibus pag. 246 sq., ubi etiam de anguillis Strymoniis quaedam monita sunt. Cataractae a Bellonio memoratae superiorem fluvii cursum spectant, coll. Thessal. pag. 247 sq.

†) Locum *Marmara* e septentrione lacus Cercinae cum ponte praebet tabula geographica Franco - Galli Lapie fol. VIII. De hac Bellonium cogitasse, itineris tenor suadet. Namque Marmarâ relictâ venit Serras, hinc Tricam (Zignam?), dein Philippos etc. Adde Commentationem nostram II. p. 9.

minis ostium ingrediantur: et istic brevi tempore tantum tritici reperiunt, quo onerari
possint. Advehunt vero merces earum regionum, unde solverunt, et ingresso fluminis
ostio per integrum fere miliare, interdum bimestri haerent hiemali tempore: mercibus
autem, quas advexerant venundatis, et tritico, lana aut coriis denuo oneratae, primo
vere ad suos revertuntur. Rudera cuiusdam urbis *) ad Strymonis ostium conspiciuntur,
quae nunc plane deserta est; rustici incolae Chrysopoli nominant. Plinius tamen
Chrysopolim non procul Chalcedone ponit.

Conspectum deinde ivimus urbem, vulgo Ceres **) nuncupatam, veteribus Cranon, amplam in planicie Thraciae, et quasi in Macedonia sitam; in qua binos duntaxat dies
haesimus; deinde ex Ceres in Tricala profecti sumus; a qua iter convertimus, ut in
urbem Philippos veniremus, ad latus habentes magnum montem, vulgo Despota nuncupatum. Maxima planicies erat, frugum fertilis et alveis irrigata, multisque pagis ex-
culta. Ad dextram Pangaeum montem reliquimus, in quo etiam nunc argenti vena
eruitur. Omnes Tricala et Ceres incolae Graeca vulgari lingua utuntur; sed Iudaei, qui
eas etiam incolunt, Hispanicum et Germanicum idioma callent. Rustici Graece et Ser-
viane loquuntur.

In Philippos proficiscentes, et per fodinas Castagna iter facientes, intelleximus
eas argentum duntaxat et plumbum dare, et interdum paululum quidpiam auri: eas
solummodo in transitu conspeximus, nec ibi substitimus. Nullis locis a nobis ante
peragratis viscum in Quercubus nascens usquam videre contigerat: sed iter facientes
per silvam, quae est in planicie in extimo sinu Chalcis nuncupato, magna copia invenimus. Nulla quercus est inter montem Athon et urbes Ceres et Tricala secundum
publicam viam, quae viscum non alat, ab eo, quod in malis, pyris et aliis arboribus
nascitur, diversum, et ab omnibus rusticis Oxo nuncupatur: nam tenacissimum viscum
ex eius baccis faciunt. Eius provinciae culta arva, praesertim, quae circa radices col-
liculorum sunt, plurimum corrumpuntur Paliuri et Rhamni fruticibus: qui, serpendo per
cultum solum, multum loci occupant."

Ibid. cap. 56. „Duorum duntaxat dierum itinere ***) a Trica sive Tricala distant Phi-

---

*) Haec rudera veterem Eïonem spectare
poterunt, in latere ostiorum Strymonis sinistro positam. De Chrysopoli veriora
tradidisse nobis videmur in Thessalonicensibus pag. 499—503., ubi Amphipolin, Eïonem, Christopolin et Chrysopolin quatuor
Macedoniae urbes diversas esse docuimus.

**) Quam Ceres, pejusque Cranon urbem di-
cit, ea ab urbe Macedonum Serras non di-

versa est. De ea videatur Hadschi-Chalfa in Rumelia et Bosnia p. 73—75. Planities deinde laudata est campus Serrarum,
qui usque ad Philippos patet, mirifica uber-
tate insignis. Castagnae fodinas paulo inferius attingam. Mons ibi memoratus Pangaeus Turcis nunc dicitur Despoto-Dagh
(Despoto-mons).

***) Mirifica Bellonius narrat de viae discrimi-
ne inter Tricam et Philippos. Illam a Zigna

Lipporum rudera, quae urbs nunc omnino corruit: vix autem trium dierum iter est a Philippis Philippopolin, amplam etiam urbem in Macedonia. *) Sed quoniam Macedonia fluvio Strymone includitur, Auctores in Thracia eam reponunt. Philippopolis antea *Πονηρόπολις* dicta est: quia vero Philippus Alexandri pater eam plurimum auxit, utramque suo nomine appellavit, unam Philippos, alteram Philippopolin. Philippi siti erant, ut et nunc, regia via, quae Roma Constantinopolin et in Asiam ducebat per continentem, non procul a Mari. At Philippopolis in continenti sita est. Regia via, Romanorum tempore, euntibus Roma Constantinopolin ducebat Brundusium; deinde trajiciendum erat Hadriaticum mare, et appellendum Velonam **) aut Dyrrachium; deinde Philippos proficiscendum erat, postea in Bucephala mare denuo conscendendum, et deinde in Alexandriam Troadis appellendum. ***) Biduo haesimus ad conspicienda Philipporum rudera, ubi nunc duntaxat pagus est, continens quinas aut senas aedes extra muri circuitum, apud aquam exstructas. †) Idem est Philipporum situs eademque structura, qualia in

---

vix diversam esse, supra docuimus. Esse tamen Anghista poterit, Philippis etiam propior. Ita non duo dies efficiuntur, sed tres quatuorve leucae, quae inter Tricam Philipposque intercedunt. Sed Tricam juxta Amphipolin colloca, quod ego vix concedam: tum habebis unius diei iter, non amplius, quo Bellonius e Trica Philippos pervenit.

*) Inter Philippopolin et Philippos maius quam duorum triumve dierum spatium intercedere, mihi persuasum est, coll. Paulo Luca, cuius verba paulo inferius citabo. Macedonicam urbem Philippopolin, Hebro adiacentem dicit, sive quod Philippum I Macedonem conditorem habuit, sive quod medio aevo omnis terra, inter mare Aegaeum Danubiumque, atque inter Hebrum Pontumque Euxinum sita, Macedonia dicebatur, coll. Commentatione II. pag. 33 sq. Ceterum Philippus I Macedo, Amyntae filius, Philippopolin condidit, coll. Stephano Byzantio s. v.: Φιλιππόπολις, πόλις Μακιδονίας (i. e. Macedoniae sensu medii aevi), Φιλίππου, τοῦ Ἀμύντου, κτίσμα ἐν τῷ Ἔβρῳ (l. Ἕβρῳ s. Εὔρῳ). Poneropolin (Πονηρόπολιν, maleficorum urbem) antea dictam fuisse, Plinius tradit H. N. 4, 11, 18.: *Inter quos* [Coeletas] *Hebrus amnis, oppi-*

dum sub *Rhodope, Poneropolis antea, mox a conditore Philippopolis, nunc a situ Trimontium dicta.* Thraciae urbem Πονηρόπολιν Stephanus quoque Byz. habet, nil tamen addens de Philippopoli. Philippopolin antea Πονηρόπολιν revera dictam fuisse, vix crediderim. Statuo tamen, ab irrisoribus quibusdam Graecis Philippi coloniae hanc nominis notam inustam fuisse. Is enim rex in istam Thraciae regionem maleficos quosdam (metallorum causa?) transposuisse dicitur, coll. Strabone 7, 6. fin.: Τὸ τῶν Ἀστῶν ἔθνος, ἐν ᾧ πόλις Καλύβη (s. Cabylé, Goloë Byzantinorum), Φιλίππου τοῦ Ἀμύντου τοὺς πονηροτάτους ἐνταῦθα ἱδρύσαντος. Asti autem Philippopoli vicini erant, quae ultima etiam Philippi dicebatur, coll. Malcho in Excerptis cap. 2. (p. 234. ed. Bonn.). Ex Actis S. Alexandri c. 2. idem evicit Wesselingius ad Itinerar. p. 568.

**) *Velonam* dicit B. Dicere debebat *Valonam* s. *Vallonam,* i. e. *Aulonem,* prope Apolloniam orae Illyricae.

***) Bellonio D. Pauli iter obversatum video Act. 16, 11 sq. (Commentat. II. p. 13). Ita tamen Egnatia inter Hebrum et Strymonem non tangebatur. Adde Galeni locum paulo inferius memorandum.

†) *Ad aquam.* Acta apostolorum 16, 13.:

Philippopoli. *) Nam Philippi magnam planiciem cingunt, et proximi montis partem usque ad ipsum fastigium, ubi murus desinit in arcem elegantis structurae in ipso monte sitam, quae cisternas adhuc integras retinet. Philipporum muri fere omnino diruti sunt, qui ex lateribus et calce constabant, et nonnullis etiam locis quadrato lapide, sed neque valle neque fossa muniti. Hujus urbis meminit Galenus: nam cum Troia, quae tum Alexandria dicebatur, Romam proficisceretur, ea via, quam ante diximus, incessit. **) Lemno enim relicta, per urbem Philippos iter illi faciendum fuit, in plano sitam ab Orientali parte, montem vero ab occidente habentem, qui illi propugnaculi loco est. Planicies adeo humida est, ut quodammodo palus videatur:***) istic Althaea flavum fert florem, quemadmodum ea, quam Theophrastus apud Athenas Orchomeno lacu nasci refert. Cytisus frequens admodum est in Thraciae et Macedoniae pratis: quem neque Gallia, neque Italia alit. Nullus locus est, ubi maiora marmorea sepulcra conspiciantur, per agros sparsa, quam in Philippis: solido enim et puro marmore albo constant. Restant adhuc variis montis locis pleraeque inscriptiones rerum à Romanis gestarum, in marmore Latinis literis incisae. Insula Thasos dimidii diei solum itinere inde distat, ex qua eruebatur candidissimum et elegantissimum totius orbis marmor: atque arbitramur, marmorea illa sepulcra, per agros secundum publicam viam sparsa, †) ex Thaso fuisse delata. Inter illa vero nullum restat magis integrum, quam quod medici Alexandri fuit; in quo adhuc ejus epitaphium conspicitur, inscriptum charactere Graeco, sed ex parte corruptum Servianico; quae causa est, ut difficulter legi queat. Quemadmodum vero sepulcra unico constabant lapide excavato, binas orgyias longo, dimidiam orgyiam lato, atque humana longitudine alto, sic operculum habebant unico lapide constans. Excellentia et amplitudo urbis aestimari potest

---

Ἐξήλθομεν ἴξω τῆς πόλεως παρὰ ποταμόν. Num fuit Angites (Audschista), an Zygactes?

*) Philipporum et Philippopolis structura num rite comparetur, ego non affirmaverim. Situs tamen utriusque campestris haud absimilis dici poterat. De Philippopolis situ cfr. Stephani Gerlachii diarium Turcicum p. 505. Philipporum muros bene quoque Paulus Lucas illustrat, paulo inferius memorandus.

**) Galeni locus invenitur in commentatione de simplic. medicamvi libro IX, 2 (Opp. ed. Kühn. Vol. II. p. 172. Ed. Basil. Vol. II. p. 117.):..Ὡς γὰρ ἀπὸ τῆς Ἰταλίας διαβαλὲν εἰς τὴν Μακεδονίαν, καὶ σχιδὸν ὅλην αὐτὴν ὁδοιπορήσας, ἐν Φιλίπποις ἐγενόμην, ἥπερ ἐστὶν ὅμορος τῇ Θράκῃ πόλις, ἐντεῦθεν ἐπὶ

τὴν πλησίον θάλασσαν εἴκοσιν ἐπὶ τοῖς ἑκατὸν ἀπέχουσαν στάδια κατελθών, ἔπλευσα πρό͂ς ͂ρον μὲν εἰς Θάσον ἐγγύς που διακοσίους σταδίους, ἐκεῖθεν δὲ εἰς Λῆμνον ἑπτακοσίους, εἶθ᾽ αὖθις ἀπὸ Λήμνου τοὺς ἴσους ἑπτακοσίους εἰς Ἀλεξάνδρειαν Τρωάδος. Ergo Galenus quoque, summus seculi II post Chr. medicus, Egnatiae maximam partem peragravit. Macedonia enim tum temporis inter maria Adriaticum et Aegaeum boreale patuit.

***) De campo Philipporum palustri v. Nostra Thessalonicensia p. 261. Adde Commentationem II. p. 12.

†) Scilicet e more Romanorum.

magno illo sepulchrorum numero: nam antiquitus opulenti Graeci recondebantur marmoreis sepulchris extra urbem in apertis agris, ne urbis incolae pestilentem cadaverum odorem haurirent: Graeci etenim cadavera non urebant, neque terra sepeliebant, ut in Italia, utque nunc in Gallia solemus. Itali porro aliam sepeliendi cadavera consuetudinem jam habent, a nostra diversam: nam fornicatas cryptas variis templorum locis exstruunt, quae unicum in summo foramen habent, in modum oris putei fabricatum, quod unico orbiculari lapide claudunt: habet vero is lapis ferreum annulum appensum, quo, cum opus est, sublevari possit. Cum autem cadaver adfertur, in cryptam per foramen demittitur, nulla terra superinjecta: deinde foramen denuo clauditur suo lapide, calceque in circuitu munitur. Pagus est in planicie, quadrante miliaris a Philippis, nomine Bolisce, *) ubi ingens marmoreum saxum vidimus, cum hac inscriptione: *Neviae Musae in testamento*, quo alvei loco ad aquam e puteo excipiendam utuntur. **)

Paulo ultra Philippos secundum regiam viam ingens lapis est quadrangulus, erectus instar supremae partis obelisci cuiusdam, Latinis literis inscriptus, sepulchrum olim C. Vibii Cor. Quarti. Fabulosa quaedam de eo incolae narrant, equae Alexandri magni praesepium esse existimantes: per equam autem Bucephalus intelligendus est. Ad eum lapidem, uti rarum quidpiam conspiciendum, nos deduxerunt. Ingens autem et oblongus, erectus et summa parte excavatus. Urbs Bucephala, quae ab Alexandri equo nomen sumpsit, ***) vicina est, de qua postea. Philipporum rudera et ruinae non minus sunt admirandae, quam ullius alterius urbis. †) Sed id lapidum commoditati tribuendum iudicamus, cum ipsa marmoris fodina sive latomia ipsius urbis muris sit inclusa. Pulcherrimum istic est Amphitheatrum, quod in hunc diem integrum conservatum est: possetque in multos adhuc annos perdurare, nisi Turcae gradus, qui marmorei sunt, auferrent. Ovali forma non est exstructum, ut quod in Otricholi aut Roma conspicitur: sed sphaerica est figura veluti Nemausense aut Veronense: undique etenim clausum non est. Qua aditum praebet, meridiei objicitur, atque a summo ad solum usque apertum, lumen admittit. Loco admodum commode exstructum fuit: nam in ipso monte variis locis gradibus marmoreis incisum est.††) Antiquissima, quae istic restant, vetustatis monimenta sunt quatuor ingentes et crassae columnae, quae templi, Divo Claudio dicati, sunt

---

*) Hunc pagum alibi non inveni.

**) Hoc sarcophagorum veterum usu in hodierna Graecia et Macedonia nil frequentius, cuius exempla unus et alter viatorum affert.

***) Huius Cavalae nominis etymologiam superius (p. XX) explosi.

†) Recte igitur in Itinerariis Philippi *civitas* dicuntur (Itinerar. Hierosol. pag. 603.). Fuere colonia Romanorum. Acta SS. Apostolorum 16, 12.: Φιλίππους, ἥ τις ἐστὶ πρώτη τῆς (l. πρώτης) μερίδος Μακεδονίας πόλις, κολωνία.

††) Idem de variis Graecorum theatris traditur, e. g. de Bacchico Athenarum.

D

reliquiae, in quo conspiciuntur adhuc plurimae marmoreae statuae et columnae Dorici
et Ionici operis, insignis structurae et summi artificii.

Nacti Caloierum *) e monte Castagna, Philippis discessimus, ut quatuor monasteria
in eo monte sita conspiceremus. **)

Alit vero is mons Platanos, Fagos, Arbutos, Adrachnes, Ilices, Ariam, Alater-
num, Abietes, Pinastros et Esculos. Cornus femina veteribus Macedonibus, quam
Galli Latinos imitati Sanguineam fruticem appellant, haud minor in eo monte nascitur,
quam maiores nostrae Corni mares."

Ibid. cap. 57. „Postquam biduo integro per eum montem iter fecimus, uno die et
semisse ***) in urbem Cavallam pervenimus, quae olim, ante quam Alexander Bucephalam
eam nuncuparet, Chalastrea ****) dicta fuit: nec Philippos nobis regrediendum fuit, sed ad
sinistram reliquimus. †) Cavalla urbs est a Bucephalo Alexandri equo sic denominata.
Plerique ex Plinii lectione in dubium venerunt, in qua potissimum provincia exstructa
esset Bucephala. Nam cum Indum fluvium describit, Bucephalam, ait, caput fuisse
Aseniorum, tres urbes incolentium, Alexandri regis equo (cui fuerat hoc nomen) ibi
sepulto conditum. ††) Sed idem Graeciam describens, sub finem capitis, in quo de Achaia
agit, Bucephalum portum esse ait, quem Anthedoni conjungit. †††) Mela etiam Graeciam,
praesertim autem Macedoniam describens, Anthedonis meminit; et paulo post Peloponnesi sinus et promontoria recensens, Bucephalon ab Oriente numerat; ††††) unde liquet
Bucephalon fuisse promontorium vel sinum. Sciendum porro est, Bucephalam Graeciae

---

*) *Caloierum*, i. e. καλόγερον, *monachum*,
quasi *bellum senem*, usu Byzantino. V. Eustathii Opuscc. p. 225, 70. 236, 80. 247, 20.
80. Adde Du-Cangium in Lex. med. et inf.
Graecit. s. vv. καλόγηρος et καλόγερος.

**) Quaenam haec quatuor monasteria montis
Castagniae fuerint, non exponit. V. tamen
Nos paulo inferius, ubi Pauli Lucae narra-
tionem repetemus.

***) Ex illis monasteriis uno die et semisse
in urbem Cavallam pervenisse refert, miro
errore. Est enim inter Philippos et Neapolin (Cavalam quorundam) intervallum
CXX stadiorum (VI leucarum). Inter Amphipolin vero (si quidem illa monasteria
ibi quaeris) et Neapolin unius diei iter est,
immo minus.

****) Unde sua de antiquissimo Cavallae no-
mine (Chalastrea) Franco-Gallus hauserit,

ego nondum extricavi. Macedonica Chalastra (sic legendum) prope Thessalonicam
in ipsa Macedonia quaerenda est, non
juxta Philippos. V. nostra Thessalonicensia
pag. 277—279.

†) Bene sic Franco-Gallus. Adierat montes
ex occidente Philipporum (Pangaeum, i. e.
s. Despoto-Dagh, s. Punar, s. Castagna).
Ergo Philippis a sinistra relictis per vallem Panacis fluvii (Thessalonica p. 498 sq.)
mare petebat.

††) Plinius H. N. 6, 20. extr. 23.

†††) Idem H. N. 4, 5, 9.

††††) Pomponius Mela 2, 3, 6., ubi tamen significatur Anthedon Boeotiae. De Bucephalo,
Peloponnesiaco promontorio orientali, idem
videatur 2, 3, 8.

urbem esse in promontorio sitam, quod in mare prominet, *) atque a Philippis duobus duntaxat miliaribus distare, **) et nunc amoenam habitationem praebere, tametsi paulo ante omnino deserta et diruta esset. Nam postquam Turcae, e bello Ungarico redeuntes, omnes Iudaeos, quos Budae, Pestae et Albae regali invenerant, abduxerunt, et in Cavallam, Tricalam sive Tricam, Ceres sive Cranon colonias deducere iusserunt, semper deinde habitata fuit: ut plures quam quingenti Iudaei, Graeci et Turcae nunc istic vivant. Eius situs Lemni urbis situi fere similis est: nam pari modo undique mari cingitur, praeterquam posteriore parte, admodum angusta. Magnum habet portum, sed male fidum, ***) quia frequentibus ventis expositus est: eam ob causam biremes, lembi et celoces (si diutius istic haerere debeant) subduci solent, urgente tamen necessitate naves in eo tempestatem quidem ferre possint, admodum tamen affligerentur. Plurimae etiamnum integrae cisternae supersunt intra urbis ambitum, quae nobis alias veteres Cretae ruinas in memoriam suggerebant, nomine Hellenico paillo (l. palaeo-) Castro, in monte sitas paulo supra Quissamus. Eae cisternae adeo tenaci rudere sunt exstructae, ut non minus marmoreo saxo sint duraturae. Cavalla una est e Macedoniae clavibus, uti Philippus dicere solebat, Magnesiam Graeciae esse clavem." †)

Idem ibid. cap. 58.: „Exstructus fuit aliquando validus murus supra Cavallam summo montis vertice, qui etiamnum integer conspicitur quadrante fere miliaris longus: certum est, eum Thraciam a Macedonia diremisse, hoc est, utriusque provinciae dominium. Nam Cosmographi Philippos et Philippopolim e Macedonia excluserunt: quae tamen urbes capita erant territorii Macedonum, licet cis Strymonem amnem sitae sint. ††) Murus ille, qui supra Cavallam iter praecludit, multis fornicibus constat, binosque interius meatus habet, illi muro fere similes, qui Romae a Divi Petri templo ad Hadriani molem sive S. Angeli arcem deambulacri in modum exstructus est. Extremum murum in summo montis vertice claudit crassa turris, quae propugnaculi vicem praebebat adversus Thraciam. Pauci sunt anni, quod Ibrahim Bassa aquaeductum restituit, à Macedoniae Re-

---

*) Hoc magis de Acontismate s. Cavala valet, quam de Neapoli, coll. Commentatione II. pag. 17.

**) Cavala et Philippi leucis invicem VI dirimuntur, coll. Galeno supra memorato pag. XXIV.

***) Cavala portum nullum vel male fidum habet, coll. Comment. II. pag. 17. Hoc secus in loco vicino Leutere, cujus portus eximius esse fertur. Et hunc locum a Neapoli quidam non differre statuunt. De his v. Nos in Commentat. II. pag. 14.

†) Cavalam omnes uno ore viatores Mace-

doniae claustrum (orientale) praedicant. De Philippo II. v. viros doctos ad Pausaniam 7, 7, 6 (Ed. Schubart. et Walz. Vol. II. p. 528 sq.).

††) Murus ille Cavallensis est opus Byzantinum, ad arcendos hostes exstructum. Nicephorus Gregoras 7, 6, 3.: Πέμψας γὰρ (imp. Andronicus senior a. 1307) πρῶτον μὲν τὸ περὶ τὴν Χριστούπολιν μακρὸν ἔκτισε τεῖχος ἀπὸ θαλάσσης μεχρὶ τῆς τοῦ παρακειμένου ὄρους ἀκρωνυχίας· ὡς ἄβατον εἶναι τὸ χωρίον καθάπαξ μὴ βουλομένῳ τῷ βασιλεῖ τοῖς τ᾽ ἐκ Μακεδονίας ἐς Θρᾴκην ἐθέλουσι διαβαίνειν, τοῖς τ᾽ ἀπὸ Θρᾴκης ἐς Μακεδονίαν.

D *

gibus aliquando exstructum, per quem fons decurrit plus quam tribus inde miliaribus
ad Cavallam urbem usque: scaturiginem enim habet in praecelso quodam monte, eiusque semper latera per canalem stringit, donec ad vallem quandam perveniat; quam ut
superaret, praealtarum fornicum structura opus fuit, ut in urbem deduci posset: tri-
ginta enim orgyiarum altitudinem eae fornices superant. Ob summam porro huius aquae
fontanae commoditatem admodum populosa reddita est haec urbs, quae ante deserta
erat. Idem Bassa urbem etiam novis moenibus cinxit, in quibus lapides conspeximus
Latinis literis inscriptos, eo quo Romani Graeciae dominabantur tempore. Unam inscriptionem, quae ad basim crassi cuiusdam muri erat, sic excepimus: *P. Hostilius P.
S. L. Philadelphus petram inferiorem excidit, titulum fecit, ubi nomina cultor
scripsit et sculpsit, Sac. Urbano. S. P.* Thasos insula, in qua olim triremium Alexandri statio fuit, duobus duntaxat miliaribus a Cavalla distabat."

Idem ibid. cap. 60.: „Bucephala Constantinopolim proficiscentes, alios in vertice Haemi
mentis muros invenimus (iis similes, qui supra Cavallam sunt), duobus milliaribus a Cavalla distantes, aditum ex Macedonia in Thraciam praecludentes. *) Inde in amplam planiciem descendimus, maris littori admodum vicinam, insulam Thason ad dextram habentes, et praecelsa Haemi iuga ad sinistram relinquentes, quae iam praetergressi eramus,
nulla usquam conspecta Cupresso. Flumen superavimus, quod Graeci vulgari lingua Me-
stro, Turcae Charasou, **) id est fluvium nigrum, nominant. Eius appellatio satis convenit cum flumine Mela, a quo sinui nomen impositum Melanico, de quo postea acturi:
Melas tamen non est, sed Nessus, ex Haemo monte delabens, uti Strymon amnis: est,
autem is mons quasi propugnaculum quoddam inter Macedoniam et Thraciam, ab una
parte desinens inter utrumque flumen. Lentus est Nessus admodum, et Strymone paulo
minor;***) multam tamen arenam secum trahit, et in mare influens paulo supra Thason,
vicinior ei insulae parti, quae Samothraciam spectat, quam ei, quae monti Atho objecta
est. Strymon autem in mare suas undas exonerat inter Athon montem et Thason, et
illi nomen dat; appellatur enim Strymonicus sinus. Pons supra Nessum exstructus
ligneus est, uti, qui supra Strymonem amnem, sed illo brevior.

---

*Idem 7, 6, 4.: Ὡς ἀπόρευτος ἔσται αὐτοῖς ἡ
πρὸς Θρᾴκην ὁδός, τοῦ πρὸ βραχέος
ἀνεγερθέντος μακροῦ τείχους ἀποκλείοντος τὸ
παράπαν αὐτούς. Adde Du-Cangium ad
hos Nicephori locos pag. 1209. ed. Bonn.
Hanc igitur munitionem fere integram Bellonius seculo tertio post visitavit.*

*) Hoc quoque opus Byzantinum esse, ex
antecedenti munitione rite consequi videtur.

**) Turcice Kará-Sou (nigra aqua). Eâ de-
nominatione fluviorum nil frequentius.

***) De hoc fluvio (Nesto) videatur Theophra-
stus in hist. plant. 3, 1, 3 (p. 68. ed. Schneider.): Ἄλλαι δὲ ὁμολογούμεναι καὶ ἐμφανεῖς
(sc. causae generationum silvestrium), οἷον
ὅταν ἔφοδος γένηται ποταμοῦ παρεκβάντος
τὸ ῥεῖθρον, ἢ καὶ ὅλως ἑτέρωθι ποιησαμέ-
νου, καθάπερ ὁ Νέσσος ἐν τῇ Ἀβδηρίτιδι
πολλάκις μεταβαίνει, καὶ ἅμα τῇ μεταβάσει
τοσαύτην ὕλην (tantam silvae) συγγεννᾷ τοῖς
τόποις, ὥστε τῷ τρίτῳ ἔτει συνηρεφεῖν (arboribus contegat).

Sub salicibus ad extremum pontem substitimus, ut nostra jumenta paululum conquiescerent, et ex his carnibus comparavimus, quas longe sapidiores judicavimus, quam si frustatim concisae assatae fuissent. Sumpto prandio, satis longum iter confecimus: nam in urbem Bouron (quae vetustum nomen adhuc retinet) pervenimus. *) Sita est apud eum lacum, qui Bistonis appellatur. Iter fecimus per planiciem valde herbosam, Cytiso, Halimo et Rhamno (qui a Grossularia differt) tectam. Licet autem Halimus natura sua in fruticem ramosum sine spinis attollatur, uti in Creta; in hoc tamen prato, Capparis spinosae instar, humi diffunditur. Scordium herbam invenimus apud Bouron urbem, quae, cum in magna quadam et humida planicie non procul a lacu salso sita sit, cum Aigues mortes, Galliae Narbonensis oppido, comparari queat. Lacus Bouron sive Bistonis magnum ei regioni censum adfert. Nam istic sunt quaestuosae piscationes. Eius Aristoteles lib. VIII. de Hist. animalium cap. XIII. in haec verba meminit: Quia etiam maritimis lacubus genera plura piscium marinorum gigni apertum est, etc. statimque addit: Et in Bistonide lacu plurima genera habentur.**)

In exilem deinde pagum pervenimus, nomine Commercinae, dimidii diei itinere a Bouron distantem; in eo omnis generis edulia venalia invenimus. Istic est ruinosa quaedam parva arx, in qua Graecorum Christianorum templum: pagus à Graecis et paucis Turcis incolitur." ***)

Ibid. cap. 61. „Postquam aliquanto tempore apud Commercinam sub Esculi et Ariae arboribus commorati fuissemus, per planitiem denuo progressi, relictis ad sinistram montibus, in alium pagum Cypsella †) appellatum pervenimus, quo de industria divertimus, ut Aluminis conficiendi rationem observaremus: triduo itaque et paullo amplius ad eius fodinam haesimus. Ubicumque alumen conficitur, id semper fit aperta vena, quia eius vena non est valde profunda: nonnullis tamen Cypsellae locis eius lapides sex orgyiarum altitudine eruuntur. Cypsella in Thracia sita est, et vulgariter partim graeco, partim turcico nomine Chapsylar dicitur.

Oppidulum Cypsella ad latus regiae viae est, quae a Dyrrachio Constantinopolim ducit, qua initium ascensus est in montem."

Ibid. cap. 62. „Constantinopolim tendentes, montem subire incepimus: aliquantulum in altum progressi, nos obvertimus, ut iter, quod a Bistonide lacu emensi eramus, conspiceremus. Pagum Commercinam perspiciebamus in maxima planicie situm. Hujus planiciei iter regia via olim fuit, quae Roma Byzantium ducebat, magnisque lapidibus excisis strata erat. Nam a Bouron Commercinam usque, et inde porro ad Chapsylar, quoniam solum pingue erat, difficilisque via, eam Romani lapidibus sterni curarunt,

---

*) De hac urbe (Pori) v. Commentationem II. p. 19. 48. 49. 55.

**) Eum lacum illustravit Commentatio II. p. 55.

***) De urbe Commercina (Comotena, simil.) adi Nos l. c. p. 49.

†) Turcicum locum *Schapsilar* male cum Cypselis confundit. De loco priore confer

quae hodie etiamnum integra restat. Inde probare volumus, Romanos hac via olim
Roma in Asiam profectos. Huc accedit, quod eius viae constratae structura tenuis for-
tunae cujuspiam hominis opus non sit: nam in directum strata est via: at nunc semitae
modo ad dextram, modo ad sinistram sunt quaerendae, quoniam nonnullis locis in silva-
vas caeduas penetrat, magnaeque arbores inter ipsa constrata saxa postea excreverunt.
Conscendimus supradictum montem Serrium, qui nonnullis locis aditu admodum difficilis est, apparetque multis locis rupes cuneis atque aliis instrumentis excisa; quod
sine magnis sumptibus fieri non potuit. Sed et ex hoc opere colligere licet, regiam
viam Roma Byzantium ducentem olim frequenti hominum multitudine fuisse tritam.

Pervenimus deinde in pagum, verticem montis occupantem, a Graecis habitatum, ubi
nobis sumendi fuerunt pedites viae indices, ne per montem oberraremus; in quo magna
est abundantia ejus herbae, quam Galli perperam Saturciam hybernam appellant, inter
saxa sponte nascentis.“

Ibid. cap. 63. „Nullus est pons supra Marissam amnem exstructus, sed cimba tra-
jiciendus. *)

E regione trajectus ad quartam milliaris partem reliquimus elegans oppidulum,
nomine Vire,**) commodo admodum loco ad radices collis cujusdam situm, veteribusque
muris cinctum. Hic amnis, nunc ab omnibus vulgo Marissa nuncupatus, olim Hebrus
dictus fuit. Locorum huic amni vicinorum incolae aestate, quando fluminis alveus
exiguus est, magnos arenae cumulos aggerere solent, non ignorantes in ea latere non-
nulla auri grana; quos satis procul a fluminis ripa submovent, ne exundans flumen
arenam secum abripiat. Aurum ab arena separaturi, asseres pertusos simul componunt,
deinde fluminis aqua arenam eluunt: quodsi interdum nonnullam auri portionem inve-
niunt, id non fit sine magno labore et expensis atque temporis longitudine, sed nec
sine argenti vivi adminiculo quidquam efficere possunt. Strymon et Nessus amnes in
mare labuntur eodem ferme loco; unus videlicet ad infimam, alter ad summam insulae
Thasi partem. Sed Hebrus ante Samothracen sese exonerat, quod Plinius etiam annotavit. Adeo lentus est hic amnis, ut, in utram partem fluat, judicari non possit. Tur-
bida ejus est aqua, attamen dulcis, et media etiam aestate adeo frigida, ut glaciata
videatur: multae myricae secundum ejus ripam proveniunt: frequentes habet maeandros,
seseque incurvat uti Sequana inter Lutetiam et Pontoyse urbem. Tantum vero aquae
hiberno tempore e montibus delabitur, ut rapidior fiat, et amplum quoddam inundet
pratum, olim Doriscus nuncupatum, in quo Xerxes in Graeciam profecturus exercitum recensuit. Quoniam porro amplum illud pratum hieme instar paludum inundatur,

---

Hadschi - Chalfam in Rumelia et Bosnia
pag. 69.
*) Ponte ibi Eurus (Maritza) jam medio
aevo caruit, coll. Comment. II. p. 52.

**) De Vera ad litus Maritzae dextrum pro-
pe ad mare v. Commentationem II. pag.
51—53.

nulli in eo pagi aedificantur, sed aestate equorum armenta aluntur. *) Ipse Turcarum Imperator plures mille istic alit, neque privatorum e vicinis pagis minus quingentis eo agi arbitramur. Pratum enim adeo repurgatum est, ut neque talpae, neque mures, neque glires, neque aranei mures illud suffodiant, neque serpentes in eo inveniantur; hiberna nimirum inundatione omnes abigente.‟

Et haec quidem Franco-Gallus, Petrus Belonius, seculi XVI scriptor, qui iter suum orientale satis, ut vidi, praeparatus iniit; testis eorum, quae ipse vidit, locuples: reliquorum judex non plane contemnendus.

Inter eos viros doctos, qui de nostris regionibus scripsere, supra (p. XVI) recensui Dapperum, Paulum Lucam, Chandlerum, Pocockium rell. Ex his Dapperus, medicus geographusque Batavus, terras ab ipso descriptas ipse non visitavit. Praeter alia librum conscripsit, cujus titulus Franco-Gallicus: *Description des îles de l'Archipel* etc. — Eo aliquoties usus sum, quum Thessalonicensia mea exararem. De Dappero, qui decessit a. 1690., videatur *Biographie universelle* s. v.

Orientem annis 1630—1636 lustravit Pocockius Anglus. Itinerarii titulus est: *Pococke* (Richard), A description of the East and some other countries. Vol. I. Observations on Egypt. Lond. 1743. Vol. II. P. 1. Observations on Palaestine. 2. Observations on the Islands of the Archipelago, Asia minor, Thrace, Greece and some other parts of Europe. Fol. In Thessalonicensibus meis usus sum hoc scriptore secundum versionem theotiscam annorum 1791—92 (3 Voll. cum figuris). Pocockius montem Atho cum Thessalonica Thessaliaque adiit.

Scriptoribus modo memoratis multo gravior est Franco-Gallus, Paul Lucas, qui nostram regionem primo peragravit anno 1705., **) deinde anno 1714. ***)

Prius ergo iter Paulus Lucas anno Christi 1705. instituit, neque tamen in antiqua ubique Egnatia. Primo enim Constantinopoli relicta Adrianopolin adiit; hinc per deserta Rhodopes Dramam Philipposque pervenit; postremo in via nostra Thessalonicam.

Audiamus Pauli Lucae priorem narrationem (Ed. Amstelod. Vol. I. p. 197 sqq.):

Cap. XXVII. „Le 11. [Jun.] nous passâmes†) la montagne de *Tourienne*: elle a au moins pour deux heures de chemin. Au pied est le Village de *Tosbour*, et trois heures après l'on trouve celui de *Hardes*, d'où prend son nom la *Hardeme*, Riviere que nous avons dit passer auprès d'Andrinople. Nous la côtoiâmes pendant cinq heures. Dans l'endroit où nous la quittâmes: elle est encore si petite qu'on peut la traverser d'une

---

*) De horum locorum pascuis videatur Commentatio II. pag. 39. 52. not.

**) Voyage du Sieur Paul Lucas, fait par ordre du roi dans la Gréce, l'Asie mineure, la Macédoine, Vol. I. A Amsterdam, MDCCXIV.

***) Voyage . . fait en MCCXIV etc. dans la Turquie etc. Vol. I. A Amsterdam MDCCXX.

†) In itinere inter Philippopolin et Philippos. Fluvius *Hardes* est veterum *Harpessus*.

enjambée; aussi est-elle voisine de sa source, auprès de laquelle nous allâmes faire nôtre Connac.

Le 12. nous partîmes à la pointe du jour: nous marchâmes l'espace de quatre heures par des montagnes fort difficiles et pleines de précipices. Arrivez au bord de la Riviere de *Carasou*,*) nous la passâmes dans une chaloupe; et nous marchâmes le reste de la journée dans une large plaine, qui nous conduisit jusqu'à *Drame*.

Cette Ville est petite, mais fort jolie: l'on y voit sept Mosquées à Minarets. Il y a aussi une Citadelle, qui paroît avoir été autrefois considerable et des plus fortes: mais on en a negligé les reparations: et elle tombe à présent en ruine de tous côtez. Les Grecs ont une Eglise à Drame: je fus la voir; elle est pauvre et assez mal entretenue; c'est pourtant un Archevêché; mais on sait qu'en Grece, à present du moins, les dignitez sont peu considerables pour leur revenu. Je remarquai dans cette Eglise un buste d'Hercule d'une grande beauté. Il est d'un Marbre blanc exquis, et sert de pied d'estal à un pilier de bois qui soutient une gallerie. Plus de la moitié est enfouïe, et couverte de terre: ce qui paroît me fait répondre du reste. Je l'aurois assurément acheté, si l'Archevêque avoit été à Drame; mais en son absence personne n'osoit toucher à son Eglise: ainsi j'eus le chagrin de l'y laisser. Ce sera pour quelqu'autre voïage.

De-là j'allai voir une Tour ancienne, qui est encore en son entier: elle est bâtie de pierres de taille les plus belles. Il y a plusieurs marbres avec des Inscriptions, qui nous auroient sans doute donné quelque connoissance de l'histoire de *Drame*, ou des guerres de ces provinces, si j'avois pû les copier: mais la Tour étoit habitée par un Turc superstitieux; c'en fut assez pour rendre mes desirs inutiles. Il prétendoit qu'il y avoit dans sa Tour un trésor, et que les Inscriptions enseignoient l'endroit où on le pourroit trouver. C'est une manie qui a infatué les esprits de la plûpart des Turcs, et même des Chrétiens de ce païs-la: des Lettres qu'ils ne sauroient lire ou qu'ils n'entendent point, marquent un trésor et la pierre Philosophale; aussi n'est-ce que par adresse, et quelquefois en s'exposant à mille dangers, qu'on arrache quatre lignes qu'ils croient capables de leur donner de grandes richesses, et dont cependant pas un d'eux n'a l'industrie de se servir. Ce fut en vain que j'offris de l'argent au Concierge Turc. Il s'étoit persuadé que je donnerois peu pour avoir beaucoup; et la peur que je ne lui en fisse aucune part, quoique je ne manquasse pas même de lui promettre le tout, l'empêcha de me rien accorder.

Il y a à Drame bien d'autres ruines, qui montrent évidemment qu'autrefois c'étoit une Ville fort considerable. On y voit encore plusieurs grands bassins de l'ancien tems: ils sont pleins d'eau vive, et l'on en remarque les sources dans le lieu même:

---

*) Significatur Nestus veterum.

il y en a deux tout revêtus de marbre. Dè-là j'entrai dans de vielles murailles, où
étoient autrefois des jardins delicieux. Ensuite je visitai une grande place toute entourée d'amphitheâtres: c'étoit là qu'on faisoit autrefois les jeux et les exercices. Il
passe dans cette Ville plusieurs petits ruisseaux, dont l'eau est fort claire. Tous les
Dimanches il s'y tient un grand Bazar, où l'on vend toutes sortes de denrées. Enfin
il y a une horloge qui sonne les heures comme à Philippopolis. On peut juger par
cette description que Drame est une Ville des plus aimables et des mieux fournies
des choses necessaires. Ce sont aussi ces avantages qui en multiplient les Habitans, et
quoiqu'en beaucoup d'endroits il y ait de vastes ruines, neanmoins il ne paroît pas
qu'elle diminuë. J'y achetai quelques Medailles, et j'y trouvai deux Inscriptions que
l'on peut lire à la fin nombre 47 et 48.

Cap. XXVIII. L'on m'avoit dit à Drame,*) que je n'étois pas loin des restes de
l'ancienne Ville de Philippes: le 15. je pris ma route de ce côté-là. Après avoir marché
cinq heures dans la plaine dont j'ai parlé, j'arrivai au commencement de ces ruines.
Les Grecs **) d'aujourd'hui l'appellent *Philippigi*, c'est-à-dire la terre de Philippes. La
premiere chose que nous apperçûmes, fut le Château: nous l'avions à nôtre main
gauche. On l'a bâti sur une montagne: il est très-vaste, et ses murailles sont encore presque toutes entieres. Sur differentes éminences, dont la montagne où est le
Château est entourée, s'élevent plusieurs autres Forteresses, qui y ont des correspon-
dances. L'on voit plusieurs grandes murailles, qui en dépendent: elles s'étendent jusques dans la plaine.

Lorsque nous fûmes arrivez dans la place de Philippes, nous marchâmes d'abord
par des monceaux de pierres de taille et de Marbre, sans qu'il parût aucun autre
vestige de bâtimens. Ensuite nous rencontrâmes un grand nombre d'édifices seulement
à moitié abbatus; et parmi lesquels il y a eu manifestement de beaux Temples tout
bâtis de Marbre blanc, de superbes Palais, dont les restes donnent encore une haute
idée de l'Architecture ancienne; et plusieurs autres monumens dignes de la magnificence des Monarques qui y ont regné. Nous marchâmes une heure et demie dans
ces ruines. Vers le haut nous trouvâmes une grosse pierre d'environ vingt pieds de haut,
et quatre sur chaque façade: elle me parut avoir servi de pied d'estail: et je trouvai
sur un de ses côtez une Inscription en lettres majuscules, mais elles étoient absolument

---

*) Dramam attigi in Thessalonicensibus
pag. 66. 498 sq. Inscriptiones Dramae graecas Böckhius nullas protulit in suo Inscriptionum opere, neque etiam Philipporum. Drama cum Philippis archaeologo-
rum cura, si alia Macedoniae urbs, dignis-
sima esse videtur; quanquam de illa Cousinerius et Leakius in itinerariis suis pau-

cula tantum observarant. Philippes quoque Paulus Lucas brevi narratione attigit.
Quod nemini mirum videbitur, qui Paulum
Lucam uno et dimidio seculo post Belonium eo venisse sciverit.
**) Turcae, non Graeci, Philippes sic nun-
cupant.

E

rongées, et il n'y avoit que les premieres qu'on pût copier: elles sont à la fin, nombre 49.

Après nous être avancez dans la plaine à deux lieuës de Philippes, nous entrâmes dans un Village nommé *Machelache*,[*]) où nous logeâmes dans un camp. Le 16. nous en partîmes à la pointe du jour: nous reprîmes nôtre route du côté du midi; et trois heures de chemin nous mirent dans le Casabas de *Prave*: nous nous y arrêtâmes quelques heures à cause de la pluïe. Ensuite, continuant de marcher dans la plaine, nous arrivâmes à *Orfen*: ce n'est à present qu'un Village; mais sans doute qu'autrefois ç'a été quelque Ville considerable. L'on y voit encore un fort beau Château; mais il commence à tomber en ruine. [**])

Le dix-sept à la pointe du jour nous commençâmes à cotoïer la *Marine*: après deux heures de marche, nous passâmes une grosse Riviére appellée *Bourrous*. Au sortir du bateau, nous trouvâmes une prairie pleine de buissons de plus d'une lieuë et demie de long; delà pendant deux bonnes heures nous traversâmes une forêt de haute futaïe. Ensuite nous decouvrîmes un lac nommé *Boujoubachy*: nous le côtoïâmes en plusieurs endroits; et nous remarquâmes, qu'il avoit plus de quarante milles de tour: il porte batteau, et est fort poissonneux. A peine eûmes-nous fait encore-deux lieuës, que nous en trouvâmes un autre, mais plus étroit: on l'appelle *Couchoubechy*. Il est situé auprès de *Langaze*: nous fîmes nôtre Connac à quelques pas de ce Village sur le bord du Lac. [***])

Le 18. partis avant le jour, nous côtoïames le Couchoubechy près de trois heures. Comme il fait quantité de marêts, les chemins nous parurent extremement difficiles et lassans. Nous nous reposâmes quelque tems sous des arbres: ensuite pendant une heure nous montâmes une montagne assez rude; de son sommet nous descendîmes toujours jusqu'à la Ville de *Salonik*.

J'y fus trouver M. Arnaud Consul de France. Je lui rendis la Lettre de M. le Comte de Pontchartrain, et je lui montrai la Lettre circulaire de M. l'Ambassadeur.

---

[*]) Inter Philippos et Thessalonicam viâ Egnatiâ usus est Franco-Gallus, et quidem per vallem Panacis fluvii, quem illustravi in Thessalonicensibus pag. 498. De locis *Machelache*, *Prave* (Prava), *Orfen* (Orfan, Orfano) v. tabulas Turcici regni geographicas.

[**]) Hadschi-Chalfa in Rumelia et Bosnia p. 72.: *Orfan, ein kleiner Ort mit Moskee und Bad . . Das alte Orfan* [Eïon?] *lag ehemals 3 Farsang weiter unten, westlich, wo sich der Orfan* [Strymon, Struma] *ins Meer ergiesst.*

[***]) In his vox *Marine* idem est quod *ora maritima*; fluvius *Bourrous* (Burrus) i. q. *Struma* s. *Strymon*. Unde suam vocem sumserit, nondum inveni. *Serras* Turcae dicunt *Sirus*. Ergo Strymon apud quosdam audire poterat fluvius *Sirus*. Lacus *Bouioubachy* est *Buiuc-Beschik* (Bolbe); lacus *Couchoubechy* est *Cutschuk-Beschik* (Prasias). De his v. Thessalonicensia p. 258 sqq.

Il me reçut avec honnêteté, me donna une chambre chez lui, et me fit outre cela mille offres de services.

Salonik ou Thessalonique a été autrefois une Ville fort grande et fort magnifique. On y voit encore plusieurs Arcs de Triomphes; mais ils sont tout ruinez, si l'on en excepte un qui est presque entier, et où il y a encore plusieurs belles figures d'Antonin: ce qui fait croire que cet Arc a été bâti en son honneur. Dans toute cette Ville, et aux environs, on rencontre un nombre prodigieux de Colomnes. Elle est encore à present entourée de fortes murailles. Il y a aussi plusieurs belles Mosquées: c'étoient autrefois des Eglises. Celle que les Chrétiens avant l'Empire des Turcs appelloient l'Eglise de Saint Demitre, est sur tout remarquable: c'est un fort beau vaisseau, soûtenu par tout de belles colomnes de Marbre, de Jaspe, et de Porphyre. Ce magnifique bâtiment en a encore par dessous un autre de la même beauté; mais il ne me fut pas permis de le voir, parce qu'il y avoit des femmes qui y travailloient à la soie. Au reste l'on m'a assuré, que dans ces deux corps d'Eglise qui sont l'un sur l'autre, il y a plus de mille de ces belles colomnes. Le pavé de l'Eglise du haut a été autrefois à la Mosaïque: son choeur est de la plus belle Architecture. Entre deux colomnes, sur un Tombeau élevé d'environ quinze pieds, et appuïé contre la muraille, je trouvai une Inscription en vers Grecs, que l'on voit parmi les autres, nombre 50. Elle donne une grande idée de celui pour qui elle a été faite: puisqu'elle marque qu'il possedoit toutes les vertus, et qu'il faisoit la gloire de la Grece.

De-là nous fûmes à la Rotonde; ç'a été un fort beau Temple; mais il s'en faut bien qu'il égale celui de Rome. Il n'est bâti que de briques: du reste le Vaisseau est beau, et il a été autrefois d'une grande magnificence. On y voit encore de très-belles peintures à la Mosaïque. Je montai en haut, et je fis le tour de la coupe. L'escalier qui y conduit, a été adroitement pratiqué dans la muraille, sans qu'on s'en apperçoive: il faut avouër aussi qu'elle a beaucoup d'épaisseur. Il y avoit autrefois plusieurs beaux soûterrains, dont on voit encore les entrées: ils sont tous comblez de pierres ou d'ordures, ainsi l'on ne peut plus les aller voir. Je fus aussi visiter la Mosquée, que l'on nomme encore Sainte Sophie: Elle est très-belle et en même tems très-vaste. Le clocher y est encore; il est fait de pierres de taille et de briques comme le reste du bâtiment. Voici une particularité que l'on m'en raconta.

Lorsque les Turcs se rendirent maîtres de Thessalonique, la première chose qu'ils firent, fut de s'emparer des édifices publics et principalement des Eglises. Ils vinrent dans ce dessein à Sainte Sophie: tous les Religieux s'étoient sauvez hors un qui n'avoit pas voulu abandonner l'Eglise. Ce bon Moine dit hardiment à ces Barbares, que c'étoit sa maison, et qu'ils l'y feroient perir plûtôt que de le contraindre de la quitter. Après une forte resistance dans les differens endroits où ils l'attaquerent, pressé de tous côtez il s'alla refugier dans le clocher; là il fit encore des merveilles pour con-

E *

server son poste. Mais les Turcs honteux d'être ainsi fatiguez par un seul homme, s'obstinerent à l'avoir à quelque prix que ce fût; et pour donner exemple aux Habitans, ils lui trancherent la tête et la jetterent dehors par une des fenêtres du clocher. Cette tête tomba tout le long de la muraille, et la teignit de sang. Les Turcs, dit-on, qui ont changé cette Eglise en Mosquée, on fait tout ce qu'ils ont pû pour effacer la marque de ce Sang. Ils ont blanchi la place, ils l'ont gratée et lavée cent fois: tous leurs efforts se sont trouvez inutiles. Loin de diminuer le miracle que trouvent ici les Grecs, j'ajoûterai que j'ai vû cet endroit de mes propres yeux; qu'il est visible que l'on y a mis plusieurs couches de blanc; mais que le rouge, ou si l'on veut le sang, paroît toûjours sur la muraille.

Enfin nous fûmes à l'Eglise des Grecs, elle est passable, et l'on pourroit même dire assez belle. On y voit le Tombeau d'Eutychès l'Antagoniste de Nestorius. Il y en a plusieurs autres tous de Marbre, et sur lesquels on trouve des bas-reliefs et des Inscriptions. Je n'en pus copier que deux: elles sont Grecques; mais les noms, sur tout de la première, semblent marquer qu'elles ont été faites pour des Latins. Voïez à la fin nombre 50 et 51.

Je trouvai dans la Ville quelques Medailles d'argent. Pour les avoir il fallut pratiquer la Medecine: sans cela on n'étoit pas d'humeur à les donner ni à les vendre. Je fis donc le Medecin; mais le Medecin de consequence et de bon goût: je ne m'attachai qu'aux maladies des Dames: je n'allois même voir que les femmes de considération les plus belles et les plus aimables; et le tout à la charge qu'on me trouveroit des Medailles: point de Medaille, point de Medecine. Par là je passai le tems agreablement, et j'obtins ce que je souhaittois. Que ne fait-on point pour sa santé?"

Anno 1715 idem Paulus Lucas viam Egnatiam, et quidem totam lustravit, quatenus inter Thessalonicam et Constantinopolin patet. Audiamus hanc quoque eius narrationem.[*])

"N'aiant plus rien à faire à Salonique, et voïant tous les jours filer des Troupes du côté de la Morée, ce qui rendoit les chemins très-dangereux; les Turcs étant fort insolens quand ils vont à la guerre, je pris le parti de retourner à Constantinople; le 9. de Janvier j'allai coucher à Courtiache, [**]) qui est le Village des Catregis; on apelle ainsi ceux qui prennent le soin de conduire les Caravanes. Ce lieu est situé dans une Montagne, près de laquelle il y a un Aqueduc qui conduit les eaux à Salonique par des canaux à fleur de terre, et qui ne sont couverts que de pierres, sans aucun ciment.[***]) Courtiache n'est habité que par des Chrétiens, qui y ont deux Eglises;

---

*) Voyage du Sieur Paul Lucas fait en M.DCCXIV, etc. . . . dans la Turquie cett. Tom. I. p. 40—48.

**) Chortaetum (montem et pagum) illustravi in Thessalonicensibus p. 138. 252 sqq.

***) De hoc aquaeductu v. Nos l. c. p. 297.

on loge chez les Catregis, qui régalent de leur mieux la Caravane. Au sortir delà on trouve une haute Montagne, sur laquelle il faut grimper; la descente sur-tout en est très-difficile, et nous fûmes trois heures à arriver dans la Plaine, où nous trouvâmes deux grands Lacs*) qui ont chacun plus de trente milles de tour; nous vimes près delà les restes d'une ancienne Eglise qui étoit dédiée à la Vierge, et l'on peut encore juger que c'étoit un superbe édifice.

Comme on voit sur la Montagne voisine de grands Rochers, qui s'élevent et présentent de loin des figures assez bizarres, les habitans du Païs me debitérent là-dessus une Fable, dont la tradition est répandue dans tout le voisinage. Ce sont, disent-ils, les corps infortunez de quelques insolens, qui aiant enlevé une jeune mariée le jour de ses nôces, et voulu tuër son époux qui les poursuivoit avec ses amis, se retirérent sur le sommet de cette Montagne, où ils furent changez en pierre dans les mêmes attitudes où ils se trouvérent. Ce conte, mal composé, est aparemment un reste de Fable du Combat des Centaures qui enleverent Hippodamie, femme de Pirithoüs et des Métamorphoses de Persée, qui changeoit en Rochers ceux qui osoient regarder la tête de Méduse; et je raporte ces sortes de Fables, moins pour égaier ma narration, que pour faire connoître le génie des Grecs qui n'ont pas encore perdu le goût des fictions: heureux quand ils ne font pas un mélange impie de ce que le Paganisme avoit de plus extravagant, avec ce que le Christianisme a de plus saint! **) On voit encore, auprès d'un des Lacs dont je viens de parler, un bain d'eau chaude, dont le bassin est sous une belle voûte en dôme bâtie de brique; ***) un peu plus loin on voit les restes de plusieurs Châteaux, et d'autres Bâtimens. Ces Lacs n'ont point d'autre nom que celui des Villages dont ils sont voisins.

Le 11. nous côtoyâmes un de ces Lacs, par un vent si froid, qu'on eût crû que Borée faisoit encore son séjour dans la Thrace. Un bois que nous rencontrâmes, après deux heures de chemin, nous mit un peu à l'abri; mais il nous presenta des chemins si difficiles et si coupez par differens ruisseaux qui y passent, que nous eûmes bien de la peine à en sortir.

On voit près de ce lieu le Château de la Rondine, †) qui est sur le haut d'une Montagne faite en pain de sucre; c'étoit autrefois le séjour d'un Seigneur, maître de tout le canton, qui faisoit paier de grosses contributions à tous ceux qui passoient sur ses Terres. Les Seimans qui se tiennent dans le Bois dont je viens de parler, et

---

*) Sunt Prasias et Bolbe.
**) De hac regione v. Nos in Commentatione II. p. 8. Adde Thessalonicam p. 62.
***) Significari videntur thermae urbis Langazae ad lacum minorem (Prasiadem), coll.

Thessalonica p. 16 sq. De utroque lacu v. Nos in antecedentibus p. XXXIV.
†) Rondinam (Rentinam) illustravi in Thessalonicensibus pag. XCI. 65 sqq. 274.

qui sont là pour la sûreté du passage, nous en quittérent à meilleur marché; ils n'exigent que quatre parats de chaque Chrétien; mais il faut prendre garde de ne passer que bien accompagné dans les lieux où ils sont, car ils font bien souvent le métier des voleurs, dont ils prennent soin de purger les grandes routes. On m'assura qu'il y avoit une Montagne près delà, car tout le Païs en est couvert, d'où l'on tire de l'or: la Mine en est affermée par le G. S. et j'ai parlé à des gens qui y travailloient dans ce tems-là.*) Après avoir marché trois heures on rencontre encore un Lac assez long, mais qui n'a pas beaucoup de largeur. Il est formé par les eaux de la Mer, qui se répandent quelquefois dans cette Plaine;**) on le traverse dans un Bâteau, et on nomme ce lieu le passage d'Orfan; ainsi que le Bourg qui est à deux lieuës delà. Cet endroit, au reste, n'a rien de considérable qu'un vieux Château, bâti autrefois par les Romains, et dont les Tours et les Murailles sont encore en assez bon état. D'Orfan, j'arrivai en six heures a Praveste, et trois heures après à la Cavalle, où je rejoignis la Caravane, avec laquelle j'allai à Yeniqueux qui est à six lieuës delà; ce lieu est près de la Riviere Noire ou Carasou, sur laquelle on fait un Pont de bois qui aura plus de 300. pas de longueur. Nous la passâmes cependant à gué; et après avoir marché six heures dans une Plaine qu'arrose la Riviere que je viens de nommer, nous couchâmes dans le Village d'Inigé, qui n'est habité que par des Turcs. Le 15. après trois heures de chemin, nous trouvâmes encore sur le bord de la Mer un Lac où l'on pêche des truites et des anguilles, et un Château d'où l'on a tiré une muraille de 22 pieds d'épaisseur, qui s'étend jusques sur la Montagne voisine à plus de 1500 pas delà, et sur laquelle on remarque encore les restes d'un autre Château qu'on nomme Bourrou Caltet; ouvrages sans doute des derniers Empereurs Romains, qui avoient fortifié ces défilez pour se mettre à couvert de l'invasion des Turcs.

A une lieuë de l'endroit que je viens de décrire on trouve la Riviere de Caraoussais, dont le fond est rempli de pierres qui en rendent le passage assez difficile; les Turcs aiant laissé détruire le Pont qui étoit dessus, on est obligé de passer à gué. A deux lieuës de cette Riviere on trouve les ruïnes d'une grande Ville, qu'on nomme aujourd'hui Singuenet Tallet ou le Château des Bohemiens;***) et on debite sur ce sujet un si grand nombre de Fables, qu'il est aisé de juger que l'on en a toûjours le goût dans ce Païs.

---

*) Egi de variis illius terrae metallis in mea Thessalonica pag. 267 sq. Num significatur Siderocapsa? Non decerno.

**) Hunc lacum salsum illustravi in Thessalonica p. 279. Est quaerendus prope ostia Strymonis in mare exeuntis, et quidem dextrâ.

***) Gyftô-Castro (Aegyptiorum s. Zigenorum castrum, Zigeunerschloss) desertarum urbium rudera Graeci dicere amant. Sc. in talibus diverticulis Zigeni (turcice Zingane) nomades morari solent. V. Leakius in libro: Travels in north. Greece Vol. IV. pag. 292. Noster locus respondet ruderibus Maximianopolitanae civitatis. Eam fusius illustravit Commentatio II. pag. 22—32.

Le 16. la Caravane partit à huit heures du matin, et après quatre heures de marche nous passâmes sur un Pont de pierre, qui a six Arches, un torrent qui est formé pas les eaux de pluie et par la fonte des néges qui tombent sur les Montagnes voisines, et ce qui est assez bizarre, ce Pont, qui ne sert qu'une partie de l'année, est encore en son entier, pendant que ceux qui sont sur les Rivieres dont je viens de parler y sont presque entierement détruits. Au sortir du lieu que je viens de décrire, on trouve des Montagnes où les chemins étoient alors si couverts de néges, que nous eûmes bien de la peine à nous en tirer. Le Village d'Artaqueux, qui est à cinq lieuës de là, nous offrit une retraite dont nous avions grand besoin. Comme j'ai déja parlé de ce lieu, je n'en dirai rien ici, non plus que du Bourg de Gurginé qui est à quatre lieuës delà. Et je ne parlerois pas de Feret, où nous arrivâmes le 18. après cinq heures de marche, sans un Aqueduc qu'on y voit, et qui servoit à conduire dans ce lieu, autrefois plus considerable, le long de la Montagne voisine. A une lieuë de Feret on trouve la Riviere de Tonge, que nous passâmes dans une Barque après avoir rompu la glace. On suit le courant de cette Riviere pendant deux heures, et après l'avoir quittée, on arrive en deux autres heures au Bourg d'Ipsala où nous fîmes le Conac. Le lendemain 20. du même Mois, nous allâmes à Rousqueux ou Chachan, petite Ville assez jolie et qui est située sur une Colline où il y a près de cent Moulins à vent; parce que c'est en cet endroit que l'on fait moudre les farines pour les Armées du Grand Seigneur. A trois lieuës de cette Ville on trouve le Bourg de Malgara où il y a grand nombre d'Arméniens, et le chemin qui y conduit est une Plaine, où l'on m'assura qu'il s'élevoit quelquefois des ouragans si furieux, que les Voyageurs y périssent sans pouvoir s'en garantir."

Et haec quidem Paulus Lucas de altera sua per Egnatiam peregrinatione, narrandi utique parcior quam antea, et Belonio in quibusdam omnino inferior. Verum attinebat, verba ipsa utriusque scriptoris, sc. vetustioris, in lectorum commodum repetere. Pauli Lucae orthographiam intactam reliqui.

Chandlerus Britannus, quem supra citavi pag. XVI., iter seculo XVIII instituit. Itinerarii titulus est: Chandler, Rich., Travels en Greece: or an account of a tour made at the expense of the society of dilettanti. Oxford 1776. 4. Eo aliquoties usus sum in meis Thessalonicensibus. Ultra Thessalonicam non progressus esse videtur.

Sequatur Felix Beaujour (Voyage militaire dans l'empire Othoman. Paris. 1829. Vol. I. p. 213 sqq.):

„Il y a un chemin qui côtoie vers le sud les montagnes de l'isthme de la Chalcidique et qui conduit de Thessalonique par Vasilica, Galastida [Galatista] et Larigovi au mont

---

*) Est fluvius Hebrus (Maritza). Turcae fluviis vicinarum urbium nomina imponere solent. Ita variant unius eiusdemque fluvii denominationes. Ipsalam (Psyllum Byzantinorum, non Cypsela veterum) illustravi l. c. pag. 56.

Athos: il y en a un autre qui traverse ces montagnes en droite ligne, et qui passant par Langadah, Ravanah et Bazar-Djédid va déboucher au fond du golfe Strymoniaque vers les ruines d'Aréthuse, sur une côte déserte où l'on montre encore le tombeau d'Euripide [?]; mais la route la plus fréquentée est celle de Constantinople. Cette route côtoie le revers septentrional de l'isthme, et s'élève en sortant de Thessalonique sur la crête des montagnes qui bordent le fond du golfe, franchit cette crête à un défilé de 25 pieds de large au plus, jadis fermé par un mur, dont on voit encore les vestiges, et descend par une pente rapide sur une plaine crevassée, qui peut avoir quatre lieues du nord au sud sur deux d'ouest en est et qui est de tous côtés environnée de montagnes. Au milieu de la plaine s'élève un monticule factice, au pied duquel est le bourg de Langaza, divisé en plusieurs groupes de maisons, et au sud-est s'étendent deux lacs de forme oblongue, encaissés entre deux chaînes de montagnes, dont l'une va se pyramider vers le sud au mont Courtiach et l'autre vers le nord au mont Bertiscus. Le premier de ces lacs est le lac de Langaza, et l'autre celui de Betchik, ainsi nommé d'un village bâti sur ses bords. Celui-ci, qui paraît être l'ancien lac de Bolbé, n'est séparé du premier que par une hauteur, sur laquelle on a bâti le village de Clissèli, et verse ses eaux au fond du golfe Strymoniaque, vers les ruines de Bromiscus. La route se détourne à Langaza vers l'est; et coupant la plaine obliquement, elle côtoie d'abord le lac de Langaza, puis monte au village de Clissèli, d'où elle descend sur le lac de Betchik, qu'elle côtoie jusqu'au village de ce nom, pour déboucher enfin avec les eaux du lac au fond du golfe Strymoniaque vers un khan ou karavansaraï, qui sert de station aux voyageurs et d'habitation à des gardes-côtes et à des douaniers. Les environs de ce khan offrent un mélange agréable d'eaux et de verdure: au milieu des bois paraissent des villages, dans les bas-fonds des prairies, et sur tous les coteaux des oliviers buissonneux, que la main de l'homme n'a jamais cultivés; mais tous ces lieux sont malsains, parce que les eaux s'y égarent dans des marais. On côtoie, en sortant du khan, le golfe Strymoniaque; et laissant à gauche, au pied des montagnes, le vieux château de Rondine, on va passer le Strymon à sa sortie du lac de Hakinos, devant de village d'Yéni keuï, bâti sur les ruines d'Amphipolis; ou bien tournant ce lac à l'ouest jusqu'au village de Hakinos [Takinos], qui lui a donné son nom, on va passer le Strymon à son entrée dans le lac, et l'on s'élève à travers une grande plaine vers la ville de Sérès, bâtie au pied des montagnes, qui bordent cette plaine à l'est.

Le lac de Hakinos, que traverse le Strymon, avant de se jeter dans la mer, a cinq à six lieues de long du nord au sud sur une largeur de deux à trois d'ouest en est, et paraît être le lac Cercinette [Cercine] des anciens.

La route de Thessalonique jusqu'à Amphipolis et au passage du Strymon suit le tracé d'une ancienne voie romaine, dont on aperçoit encore les vestiges, et n'offre guère d'inconvenient que celui d'être quelquefois inondée pendant l'hiver, parce que les eaux n'y ont pas un écoulement facile; mais la route, qui s'élève d'Amphipolis à Sérès en côtoyant le lac de Hakinos, est très-difficile dans toutes les saisons: elle traverse presque partout un terrain mou, qui s'humecte à la moindre pluie, et elle est pleine de boue en hiver, et de poussière en été: ce qui oblige d'y doubler et même quelquefois de tripler les attelages: elle est d'ailleurs presque partout coupée par de profondes ernières, et dans les débordements du lac occasionés par ceux du fleuve, elle se couvre de flaques d'eau, qui cachent des trous dangereux. On lui préfère pour cette raison une autre route, moins difficile, quoique plus montoueuse, qui traverse le mont Bertiscus.

Cette plaine a cinq à six lieues d'étendue du nord au sud sur trois à quatre de l'ouest à l'est. De petites collines, détachées les unes des autres, mais liées entre elles parleur base, la séparent, au nord, de la vallée d'Angista et de la plaine de Drama, et au sud, du rivage escarpé de la mer: à l'ouest elle est bordée par un groupe de montagnes qui se pyramident au Pounar-Dâg, et à l'est par un amphithéâtre d'autres montagnes, qui vont se rattacher vers le nord au mont Scomius. Sur ses bords sont des ravins formés par les torrents descendus des montagnes, et au milieu quelques rizières et de vastes marais environnés de joncs, dont les eaux ont de la peine à s'écouler dans la rivière d'Angista, à cause du peu d'inclinaison du terrain. Au sud-est s'élèvent des buttes factices, sur une desquelles sont les ruines de Philippes, et au sud-ouest, des collines isolées qui cachent la petite ville de Prava. On ne peut entrer dans cette plaine, du côté du nord, que par les défilés d'Angista et de Drama, et du côté du sud, que par ceux de Prava et de Philippes. Il faut même, pour éviter les marais dont elle est couverte, quand on va d'Angista à Prava, la tourner vers l'ouest en côtoyant le Pounar-Dâg, et traverser une petite vallée latérale, ombragée par de très-beaux platanes, où l'on voit les villages de Palnor et de Dranitz, et d'où l'on va à Prava, à travers les ravins, qui bordent la plaine à l'ouest.

Prava est située au point où se croisent les routes d'Angista et d'Amphipolis. Celle de Sérès à Amphipolis se dirige au sud, côtoie le lac de Hakinos et va rejoindre la route de Thessalonique au village d'Yénikeuï, bâti dans un coude que fait le Strymon à sa sortie du lac. Tout autour sont des ruines qui paraissent être celles d'Amphipolis. *) Le fleuve environnait la ville sur trois de ses côtés, et elle était dé-

*) Amphipoleos rudera, maximam partem Byzantina, illustravit Commentatio II. pag. 9. De urbis statu sub imperio Diocletianeo non plane contemnenda habent Acta Sanctorum ad mensem Maium (Vol. II. de S. Mocio n. Mucio pag. 622 sqq.): *Sub Laodicio et Maximo, annis quatuor vicissim proconsulatum tenentibus Europae, fuit insania multa in eadem provincia:* *multa enim convocatio et pompa fuit omnium idolorum in Amphipoli civitate. Sacrificabant quippe Dionysio (l. Dionyso).. Mucius autem .. presbyter Amphipoli sanctae dei ecclesiae .. Commoti igitur insania cives tripudiabant in festis Dionysi. (Quinto autem mense Laodicius, proconsul Apolloniae civitatis (l. proconsul, Apolloniá civitate) venit in Amphipolin, et sa-*

F

fendue sur le quatrième par un mur, élevé entre les deux rives : ce qui rendait sa défense très-facile. Voilà pourquoi cette ville était autrefois regardée comme la meilleure
forteresse de la Macédoine, et que les Athéniens et les Spartiates se la disputèrent
avec tant d'acharnement. Ce lieu est encore aujourd'hui une bonne position de passage. Le port d'Eïon, situé au-dessous d'Amphipolis, est maintenant enseveli au milieu des marais qui bordent la mer ; et l'embouchure du fleuve n'est plus accessible
qu'à de petits bateaux, parce que la mer a rongé la côte et y a déposé des bancs
de sable.

On passe le Strymon devant Yéni-keuï, quand on vient de Thessalonique ; et laissant à droite sur les bords de la mer des salines qui fournissent du sel à toute la
Macédoine, on se dirige à l'est et on s'élève sur un coteau agréablement boisé, pour
descendre par une rampe rapide au bourg d'Orfano, dont la rade foraine sert aujourd'hui, comme celle de Rondine, de port à Sérès.

Au sortir d'Orfano, le chemin s'élève sur d'autres collines également boisées ; d'où
il descend dans une vallée, d'environ cinq lieues de long, bordée de deux côtés par
de hautes montagnes, dont les unes vont se grouper vers le nord au Pounar-Dâg, et
présentent sur leurs pentes les villages de Courchova et de Moustégna, tandis que les
autres, en se prolongeant à l'est, vont se terminer en une côte escarpée, qui sépare la
plaine de Philippes des bords de la mer. Cette vallée offre sur plusieurs points des
étranglements, qui sont autant de défilés, où l'on pourrait arrêter une armée. Le chemin
sort enfin de ces défilés à travers une gorge étroite, au débouché de laquelle on trouve
la petite ville de Prava, peuplée de deux à trois mille de Turcs et environnée d'un
simple mur crénelé, tel qu'on en voit autour de toutes les petites villes de la Turquie
européenne, exposées aux incursions des voleurs. Ces sortes d'enceintes ont ordinaire-
ment un plus grand développement que la ville même, et elles sont destinées à recevoir

crificavit Dionyso .. Proconsul .. sedens
pro tribunali in loco excelso, jussit adduci militem Christi (Mucium) .. introivit
(Mucius) in templum, et stans, ubi firma-
tum erat idolum Dionysi .. statimque factus est terrae motus, et cecidit Diony-
sus, et factus est sicut pulvis .. Tunc con-
tristatus Laodicius pro statua Dionysi ..
Post dies vero XXVI venit proconsul,
nomine Maximus .. erat autem Mucius in
carcere .. venit proconsul, ut perderet
eum ; et sedens in loco excelso, qui vocatur Sarus (ms. Hamburg. optime forus,
i. e. forum, byzantine φόρος, coll.
Du Cang. s. v.).. Adducitur b. Mucius ..

Proconsul .. ergo sacrifica Apollini ..
iussit eum retrudi in carcerem .. ut a be-
stiis consumeretur .. iussit eum Maximus
in amphitheatrum adduci .. Actorum locum de Amphipoli satis memorabilem ii
omisere, quorum erat, sacra Amphipolitana, tum gentilitia, tum christiana, illustrare. Ergo primus ibi daemonum Bacchus, Thracum deus, fuisse videtur. Invenimus quoque Apollinem. Habuitque
urbs suum amphitheatrum et forum. Denique Apollonia Mygdoniae (Thessalonica pag. 238 sq.) cum Amphipoli etiam tum
superstes erat : quando utraque interierit,
ego ut tot alia nondum inveni.

les habitants de la campagne et leurs bestiaux. Comme les voleurs dans leurs courses ne traînent point de canons avec eux et ne se battent qu'à coups de fusil, une simple muraille suffit pour les arrêter; et voilà pourquoi presque toutes les villes sont murées dans la Grèce, comme elles l'étaient chez nous dans les temps féodaux: c'est le résultat d'un mauvais système de police.

Prava est une position de passage très-importante, parce qu'elle est sur le chemin direct de Thessalonique à Constantinople, et au débouché de la plaine de Philippes où se donna la bataille, qui vit expirer la liberté romaine. Au-delà de Prava, les montagnes s'écartent à droite et à gauche, et l'on entre dans la plaine par son extrémité méridionale, qui en est la partie la plus élevée. Une traînée de petites collines, à travers lesquelles passe le chemin de Prava à Néapolis et à la Cavale, la sépare de ce côté du rivage escarpé de la mer. Quelques-unes de ces collines paraissent détachées des autres, et s'avancent dans la plaine. Au fond et au pied d'un amphithéâtre de montagnes qui s'élève jusqu'à la plus haute cime des monts Pangées, sont les ruines de Philippes, et à deux milles en avant de ces ruines, deux collines isolées, l'une au nord, l'autre au sud, sur lesquelles étaient assis les camps de Brutus et de Cassius; ceux d'Octave et d'Antoine étaient vis-à-vis à l'ouest sur deux autres collines, séparées des premières par un ruisseau qui court du sud au nord et va se perdre dans un marais. Brutus et Cassius occupaient ainsi les débouchés de la plaine qui conduisent à Néapolis et à la Cavale, et Octave occupait avec Antoine ceux qui conduisent à Prava et à Amphipolis.

Le chemin de Prava à la Cavale coupe la plaine obliquement; et laissant à gauche les ruines de Philippes sur une éminence, dont l'Acropolis occupait le sommet, il entre dans une gorge creusée entre les petites collines, qui portent la plaine au sud; d'où il s'élève sur la crête escarpée de la côte, pour descendre par une pente rapide sur les bords de la mer vers les ruines de Néapolis, ou, en tournant à l'est, vers la petite ville de la Cavale, peuplée, comme celle de Prava, de deux à trois mille habitants, presque tous Turcs.

Cavala, ou comme on dit vulgairement la Cavale, est située au pied d'un contrefort des monts Pangées sur un rocher qui saille en mer, et qui semble marquer la liaison de ces monts avec l'île de Thase. La ville est environnée d'une double enceinte, tournant autour du rocher, et elle est couronnée par une citadelle, qui domine d'un côté la rade, et de l'autre le col creusé entre le rocher et le contrefort, pas où passe le chemin de Constantinople: ce qui fait de cette forteresse une des clefs de la Macédoine, puisqu'on ne peut y entrer de ce côté, sans défiler sous son canon; mais elle est aujourd'hui dans un mauvais état de défense, comme toutes les forteresses turques, et elle a l'inconvénient de pouvoir être battue d'une hauteur placée à l'est, d'où elle reçoit de l'eau par un aqueduc à deux rangs d'arcades. Cette hauteur, qui va se rattacher aux monts Pangées et dont l'aqueduc parcourt les crêtes, était autrefois défen-

F *

due par des ouvrages aujourd'hui à moitié détruits. Il faudrait rétablir ces ouvrages et les lier à ceux de la Cavale, si on voulait compléter les fortifications de cette place, et lui assurer l'eau dont elle a besoin et qu'on peut maintenant lui couper. La Cavale est une position très-importante, parce qu'elle ferme la Macédoine du côté de l'est, comme Platamona la ferme du côté de l'ouest.

On monte en sortant de la Cavale par une chaussée étroite sur la crête du contrefort qui porte l'aqueduc, d'où l'on descend dans un vallon d'environ une demi-lieue de large, s'ouvrant au sud sur la mer; et après avoir traversé ce vallon d'ouest en est, on remonte sur la crête d'un autre contrefort, fermé jadis par un mur, connu sous le nom de *Pergamus murus* [?]. On descend de là dans un second vallon parallèle au premier; et remontant un troisième contrefort, dont le col était defendu, comme les deux autres, par une ancienne muraille, nommée *Phragraeus* *) *murus*, on débouche enfin dans la Thrace par un chemin qui côtoie d'abord le rivage de la mer, mais qui s'en écarte ensuite, pour aller passer le Nestus à deux lieues de son embouchure. Le passage de cette rivière torrentueuse **) et les trois défilés, qu'il faut successivement traverser pour pénétrer dans la Macédoine, défendent mieux ce pays du côté de la Thrace que la forteresse de la Cavale, qui n'est, comme celle de Platamona, qu'une bicoque, incapable d'arrêter une armée dans sa marche.

Quoique la Thrace n'ait jamais été comprise politiquement dans le cadre de la Grèce, elle en fait partie sous le rapport physique et même sous le rapport militaire, parce qu'elle termine au nord le littoral de la mer Égée. Je décris donc ici rapidement cette contrée, en parcourant la route qui conduit de la Cavale à Andrinople et à Constantinople.

Cette route, au sortir des défilés de la Macédoine, entre dans la Thrace par la plaine qu'arrose le Nestus. Le Nestus, nommé maintenant Mesto, naît au pied de ce massif de montagnes que couronne le mont Scomius, et descend vers le village de Raslouk dans une vallée profonde, encaissée entre le mont Pangée et le mont Rhodope: d'où il sort vers le bourg de Tzaglaïk, pour se répandre dans une plaine principalement cultivée en tabac, et aller se jeter dans la mer vis-à-vis l'île de Thase.

On passe le fleuve à quelque distance de son embouchure, pour éviter les bas-fonds qui bordent la plage; et laissant à droite sur les bords de la mer les ruines d'Abdère, on s'élève au nord vers le pied du mont Rhodope jusqu'à la petite ville d'Yénidjé, bâtie sur l'emplacement de Tyride [?], où habitait ce roi Diomède qui faisait dévorer les étrangers par ses chevaux, et qui fut puni par Hercule du même supplice.

Yénidjé de Thrace, qu'il faut bien distinguer d'Yénidjé de Macédoine, est située au milieu d'une plaine, où l'on cultive le meilleur tabac de la Turquie, et elle est peuplée de deux à trois mille habitants, la plupart Turcs, et presque tous occupés

---

*) Lege *Phagraeus*.   **) De hoc fluvio v. paginam XXVIII. not.

à cultiver ce tabac, à le préparer et à l'expédier au dehors. Le tabac d'Yénidjé est aussi renommé en Turkie que le vin de Tokai l'est en Allemagne.

On traverse à une demi-lieue d'Yénidjé sur un pont de pierre une petite rivière très-encaissée; *) d'où l'on va à travers une jolie plaine ombragée par un bois d'ormes, au milieu duquel est un téké ou ermitage turc, à une forteresse ruinée, nommée Bou-roun-Calessi, **) qui paraît entre l'ancienne Dicée [?] ou du moins une forteresse moins ancienne, bâtie sur le même lieu. Cette forteresse offrait une bonne position de passage, parce qu'elle étoit située à l'entrée d'un défilé, reserré au nord par les contreforts du mont Rhodope et au sud par un étang qui borde le golfe de Lagos et qui paraît être l'ancien lac Bistonis; mais elle a été abandonnée, parce que les marais environnants rendent ce lieu malsain. Le golfe de Lagos est le meilleur mouillage de toute la côte, et présente aux navigateurs un abri sûr contre les vents du nord. Quand les vents du sud soufflent, il faut aller chercher un autre abri derrière l'île de Thase.

La côte se relève au-delà de ce golfe, les montagnes se rapprochent de la mer et ne laissent plus entre elles et le rivage qu'une plaine marécageuse, traversée par un large torrent, à l'extrémité de laquelle on trouve une autre forteresse ruinée, de forme quadrangulaire, dont les quatre côtés sont encore debout. Le chemin s'élève ensuite sur un plateau, où l'on aperçoit les traces d'un ancien camp, dont les lignes appuyées d'un côté à la mer, de l'autre aux montagnes, coupaient la plaine du nord au sud; et l'on descend de ce plateau avec un cours d'eau et par un talus très-doux à la ville de Gumourdjina, située, comme Yénidjé, au milieu d'une plaine fertile, cultivé en tabac. Gumourdjina peut avoir cinq à six mille habitants.

Les montagnes qui, depuis le Nestus, décrivent sur le littoral une ligne presque droite d'ouest en est, fuyent au-delà de Gumourdjina vers le nord, pour former un demi-cercle, au fond duquel est le village de Skapdjilar, l'ancienne Skapté-Hyla, ***) aussi renommée par le séjour qu'y fit Thucydide que par ses mines d'or, et reviennent ensuite vers le sud, pour projeter le cap élevé, qui porte la petite ville de Mérée, l'ancienne Marronée. †) Deux chemins y conduisent: l'un y va à travers les montagnes sur le tracé d'une ancienne voie romaine, que l'on abandonne vers le village de Skapdjilar: l'autre plus direct coupe la plaine en droite ligne et suit pendant une lieue le lit d'un torrent qui vient des environs de Skapdjilar; d'où il s'élève sur le plateau de Mérée.

---

*) Est fluvius Sopari.

**) Est Pori Byzantinorum. Videatur Commentatio II. p. 48 sq.

***) Nolimus decipi sonorum similitudine. *Skapsilar* est vox turcica, *Scapte Hyle* Graeca. Et hic posterior locus insulae Thaso oppositus fuit (Stephanus Byzantinus s. v.); locus Skapsilar (Schepsche) est Maritzae (Hebro) vicinus. Vide tabulas regni Turcici geographicas. Adde Hadschi-Chalfam in Rumelia et Bosnia pag. 69.

†) Lege *Maronée*.

Cette petite ville, peuplée de trois à quatre mille habitants, n'est qu'à un quart de lieue de la mer, non loin d'un fortin qui commande la rade voisine, et elle est environnée d'une forêt d'oliviers. Ces arbres, qui avaient disparu du littoral égéen depuis la Thessalie et qui n'avaient reparu que vers les bouches du Strymon, bordent toute la côte depuis le Nestus jusqu'à l'Hèbre.

La route se divise à Mérée en deux branches. L'une suit le littoral, traverse l'Hèbre vers les ruines de Dorisque et va à travers les bouches du lac Stentoris à la petite ville d'Énos, située sur une péninsule qui borde ce lac. Énos, devenue l'entrepôt du commerce d'Andrinople, n'a pour toute défense qu'un fort qui protège sa rade, mais qui ne pourrait pas défendre les bouches de l'Hèbre, parce qu'il en est trop éloigné. Il faudrait le convertir en une simple batterie de côte, ou le transporter sur la langue de terre qui sépare l'Hèbre du lac Stentoris, où il pourrait défendre également les bouches de l'un et de l'autre. On va ensuite d'Énos en côtoyant le golfe de Mélas, plus connu aujourd'hui sous le nom de Saros, traverser l'Hellespont vers l'isthme de la Chersonèse de Thrace : c'est le chemin direct de l'Asie-Mineure.

L'autre branche de la route s'élève de Mérée sur la plaine Briantique, arrosée par le Lissus, et rejoint vers Férée le chemin qui côtoie le pied des montagnes et qui vient de Skapdjilar sur le tracé d'une ancienne voie romaine. *)

Férée ou Féredgik est une petite ville de deux à trois mille habitants, située au débouché de la plaine Briantique sur un petit affluent de l'Hèbre. La plaine Briantique peut avoir trois lieues de long sur deux de large, et elle est environnée d'un cordon de montagnes, qui ne s'ouvrent qu'à l'est vers Férée, et au nord vers le défilé de Tempyra; d'où l'on va par Trajanopolis à Andrinople.

Férée est une bonne position de passage, parce qu'elle est située à l'embranchement des deux routes, qui conduisent l'une à Constantinople et l'autre à Andrinople. La première se dirige à l'est, passe l'Hèbre sous le village de Kaltékos, ou remontant le fleuve plus au nord, va le traverser au bourg d'Ypsala : l'autre se dirige directement au nord et va par Trajanopolis, Démotika et Erkéné à Andrinople. Trajanopolis n'est plus aujourd'hui qu'un méchant village, situé sur la rive droite de l'Hèbre et connu sous le nom d'Orikhova; mais Démotika et Erkéné, situées sur la rive gauche du fleuve, l'une au confluent d'un petit ruisseau nommé Kizil-Naär, l'autre à celui d'une rivière, qui paraît être l'ancienne Agriane, sont deux petites villes de quatre à cinq mille habitants chacune, la première célèbre par la résidence des khans tartares de Crimée et surtout par celle de Charles XII, l'autre renommée dans toute la Thrace pour la beauté de ses vergers et la fertilité de ses jardins.

L'Hèbre, nommé aujourd'hui Maritza, naît vers le bourg de Bagna au pied des montagnes qui lient le mont Scomius à la chaîne moesique, coule d'ouest en est dans

---

*) Videatur Commentatio II. p. 32. not.

une vallée encaissée entre le mont Rhodope et le mont Hoemus, qui ne s'ouvre que vers Tatar-Bazargik, au-dessus de Philippopolis; et après avoir reçu sous Andrinople l'Arda qui vient du mont Rhodope et la Tonsa qui descend du mont Haemus, il se détourne au sud et va se jeter au-dessous d'Ypsala dans la mer Egée, vers la petite ville d'Enos. La vallée qu'il parcourt est le plus étendue de la Thrace, et elle est aussi renommée pour sa fertilité que pour la variété de ses productions: elle donne du blé, du vin, de la soie, du coton, du lin, du tabac, du riz et toute sorte de fruits. La terre y parait nue au premier aspect, parce que les arbres fruitiers y sont cachés dans des plis de terrain; mais on y trouve par intervalles autour des villages de superbes bouquets de noyers et de platanes, qui annoncent la plus riche végétation."

Idem ibid. p. 250.: „Celle [la route] de Thessalonique par Férée à Constantinople se dirige à l'est, et côtoie d'abord la mer Égée et ensuite la Propontide jusqu'au Bosphore. Le terrain qu'elle parcourt, est généralement uni, mais élevé et quelquefois ondulé. L'olivier ne s'y montre plus, et l'on n'y cultive guère que la vigne et le blé. La population y est rare, la culture négligée: de tous côtés sont des champs abandonnés et des bruyères éternelles.

L'Hèbre fait au-dessus de Férée, vers la petite ville d'Ypsala, un grand coude, au fond duquel on le passe sur un bac; et laissant à droite la route qui descend à Énoa', on s'élève sur le plateau de Hanlar, où se réunissent les deux routes de Férée et d'Ypsala. Des monticules factices et des coupures artificielles indiquent vers le village de Hanlar l'emplacement d'anciens camps retranchés. On descend du plateau de Hanlar dans une vallée sillonnée par un ruisseau qui parait être l'Absinthus des anciens, et au milieu de laquelle est la petite ville murée de Keichan; d'où l'on monte par un chemin pierreux et inégal au bourg de Malgara, situé sur un plateau élevé, à la tête de la petite rivière de Mélas qui va se jeter dans le golfe de Saros, auquel elle avait jadis donné son nom: ce golfe termine de ce côté le littoral de la mer Égée."

Et haec quidem Felix Beaujour, ab incolis illarum terrarum bene, ut videtur, edoctus; quanquam dubium est, num totum tractum ipse adierit. Jamque Cousineryus eum excipiat (Voyage dans la Macédoine Vol. I. p. 106 sqq.):

„Pour mieux jouir de la vue que présente le mont Disoron, vers l'orient, sur la route que j'avais à prendre, je sortis de Salonique par le château des Sept-Tours, où se trouve la porte la plus élevée de la ville: cette porte prend le nom de la forteresse. Au sortir de la ville, je trouvai des bouquets d'arbres, à l'ombre desquels, pendant la belle saison, les janissaires vont jouir de la fraicheur, et s'exercer au tir de la carabine et du pistolet.

J'avais à ma droite une petite chapelle turque, que l'on nomme *chec souiou* ou *l'eau du chek*; c'était apparemment la qualité que prenait celui qui fonda cette chapelle, auprès de laquelle est une source d'eau très-pure et très-limpide.

Je dois observer que le grand canal qui, du mont Disoron, porte ses eaux dans la ville, s'y introduit par les Sept-Tours. Je suivis ce canal pendant près d'une heure sur la croupe de la montagne qui se lie au couchant avec l'amphithéâtre sur lequel la ville est placée. Ce fut à la plus grande hauteur de ce coteau que je découvris la belle position d'Urendgik, grande vallée du Disoron, où les Européens allaient, dans le premier temps de mon séjour à Salonique, passer l'été. Cette riante vallée s'élargit vers le couchant d'été, et présente un coup d'oeil admirable sur la grande plaine qui s'étend depuis Salonique jusqu'à *Edesse* ou *Vodina*...

Mes compagnons et moi nous perdîmes bientôt Urendgik de vue, et nous commençâmes à pénétrer dans la forêt. Comme nous n'étions pas très éloignés du village de Corthiat, nom actuel de la montagne, nous voulûmes y passer la nuit. Avant d'entrer dans ce village, nous côtoyâmes les ruines d'un ancien monastère grec qui doit avoir été considérable; on nous dit que c'est aux frais d'un empereur de Constantinople qu'il avait été construit, et que depuis long-temps il est abandonné. Arrivés de bonne heure à Corthiat, nous pûmes profiter de quelques heures de jour qui nous restaient encore, pour aller voir la glacière la moins éloignée de celles que les habitans entretiennent à leurs frais pour fournir pendant l'été de la glace à Salonique...

La situation du village de Corthiat occupe le centre nord de la montagne, et les habitants cultivent les côteaux qui en forment les avenues. Dans moins d'une heure, nous eûmes dépassé ces côteaux; en les parcourant, nous avions à notre gauche le village de Jenikieui, dénomination fort souvent répétée dans tout l'empire Ottoman, et que prennent aussi deux villages du mont Pangée. Celui dont il s'agit est le seul de tout le canton qui soit habité par les Bulgares. Cette peuplade qui parle son ancienne langue, ainsi que le grec et le turc, n'ayant pas beaucoup de terres à cultiver, a choisi le métier qui lui convient le plus par la nature de son domicile; elle s'occupe à faire de la chaux, et à cet égard, elle s'est rendue fort utile. Une troupe de ces villageois ne manque jamais de fréquenter la basse Asie, et lorsqu'elle y a séjourné pendant quelque temps, elle y est relevée par une autre. Ces Bulgares voyagent sur des mules qui leur servent au transport de la chaux; ils prennent leur route par la Thrace maritime; et lorsqu'ils sont arrivés sur les bords de la Marizza, anciennement l'Hèbre, ils vont côtoyer le golfe de Mélas, et passent en Asie par Gallipoli; là, ils trouvent de grands bateaux qui les transportent des bords d'un rivage à l'autre: arrivés en Asie ils parcourent plusieurs provinces. Je reviens au mont Disoron.

Dès que nous eûmes atteint la descente, nous mîmes pied à terre, et nous pûmes à une très-grande hauteur, prolonger nos regards sur la belle vallée de l'Anthémontide, qui prenait son nom de la ville d'Anthémonte dont nous étions très-voisins, comme on le verra dans le chapitre suivant. J'appellerai dorénavant cette contrée l'*Anthémontide*, pour ne pas confondre, par la ressemblance du mot, la province avec la ville.[*])

La fertile plaine que nous avions sous les yeux présente d'autant plus d'intérêt, que les savans de nos jours qui ont traité de la géographie ancienne ne l'ont pas spécialement caractérisée, et ne l'ont pas même signalée. Elle séparait la Mygdonie de l'Anthémontide; elle s'étendait du nord au midi, depuis l'Echédorus jusqu'à la Chalcidique: à l'orient étaient la Bizaltique et la Crestonie; à l'occident, le mont Cissus. Quant à sa largeur, on ne saurait l'établir qu'en déterminant à-peu-près les territoires que les rois de Macédoine possédaient sur les deux contrées libres que je viens de de nommer, et dont le mont Bertiscus formait tout le couronnement.

Deux lacs, un grand bois et des prairies intermédiaires conservaient, et conservent encore, dans une grande partie de cette plaine, pendant tout l'été, une fraîcheur propre à renouveler la floraison des plantes; c'est apparemment cette cause qui donna lieu à l'ancienne dénomination d'*Anthémontide* que prenait la province. Cette étymologie doit provenir du mot *anthos, fleur*; l'Anthémontide était par conséquent la *Fleurie*.

Parvenus au pied de la montagne par un chemin pierreux et pénible, on traverse les belles prairies de *Clisseli*, et dès qu'on a atteint la partie gauche du grand lac, il devient par fois impraticable, à cause des torrens que l'on rencontre à chaque pas. Sur ce passage, on trouve deux villages, l'un nommé *Kutchuk Bechik*, petit berceau, et l'autre *Buiuk Bechik*, ou grand berceau. Les habitans de ces deux villages, presque tous Turcs, s'adonnent principalement à la pêche, et n'ont que très-peu de terres à cultiver dans l'intérieur de la forêt.

Après que nous eûmes dépassé les deux Béchiks, la grande croupe du mont Disoron s'éloignait de nous, mais ses bases s'étendaient encore vers les montagnes boisées de la Chalcidique, dont la partie nord ferme la vallée de l'Anthémontide.

En se rétrécissant ainsi, dans sa direction sud, le Disoron reste presque isolé, et ses côteaux, qui se joignent à ceux de la Chalcidique, présentent un paysage en forme de cercle qui est un des plus riches et des plus animés de toute la Macédoine.

---

[*]) Haec falsissima esse, rationibus satis luculentis evici in Thessalonicensibus pag. 255 sqq. Anthemus regio cum urbe cognomine e meridie Thessalonicae quaerenda est, ex oriente vero veteris urbis Aeneae. Anthemus situm revera habuit inter Thessalonicam et promontorium Pallenen. Terra illa amoena, quam Cousinerius h. l. describit, Mygdonia dicebatur, coll. Nobis l. c. pag. 234 sqq.

G

Parmi le grand nombre de villages qui décorent ces coteaux, se distinguait celui de *Ravana*, *) dont le vin forme un des plus grands revenus, et qui est très-peuplé; celui de *Bazaria*, **) où chaque année on tient une foire très fréquentée par les habitans de tous les pays voisins, et enfin celui qui prend le nom de *Polina*, ***) où nous retrouvons les restes de l'ancienne ville d'Apollonie, que traversait la voie Appienne [Egnatienne]. L'itinéraire de saint Paul, allant de Philippi à Thessalonique, nous indique cet emplacement dans le nord de la Chalcidique.   Il serait pourtant curieux de savoir si, après avoir dépassé Polina, la voie romaine s'étendait au sud du Disoron, ou bien si elle contournait l'orient de cette montagne où se tient la foire de Bazaria: je croirais plutôt que la voie Appienne [Egnatienne] traversait les limites nord de la Chalcidique qui domine l'Anthémontide; je fonde mon opinion sur l'itinéraire même de saint Paul. Si la voie Appienne eût été construite sur la croupe orientale du mont Disoron, on n'aurait pas eu besoin de la faire passer sur la hauteur, par la ville d'Apollonie; il était plus simple de la tenir au niveau du grand lac, mais il paraît que, cette route étant souvent submergée, ou trop coupée par des torrens, cet inconvénient fit préférer la hauteur où se trouvait Apollonie, et qui conduisait du sud de la montagne à son couchant, sur la rade de Salonique. †)

Quand on a franchi tous les torrens, on se trouve bientôt auprès du grand ruisseau qui, en sortant du lac, va se jeter dans la mer par une vallée étroite. ††) Ses riants ombrages font oublier l'âpreté de la route qu'on vient de parcourir. Ce ruisseau, qui n'a que deux lieues d'étendue, serpente entre la Chalcidique et la Bisaltique; ces deux provinces semblent se séparer au milieu d'une épaisse forêt, pour ouvrir aux voyageurs un chemin qui, de temps immémorial, a conduit de la Macédoine dans la Thrace, à travers des pelouses et des fleurs. Nous étions au mois de juin; le chant du rossignol fut pour nous une invitation de nous arrêter; nous fîmes halte pour prendre un léger repas: ce site avait tous les charmes de la nature agreste ornée de ses propres dons; nous en jouîmes d'autant mieux que nos brillans musiciens semblaient animés par notre présence.

En sortant de cette charmante route, nous passâmes près d'un corps-de-garde et d'un Kiosq où l'on est invité à prendre du café par les gardes préposés pour veiller

---

*) De ea videatur Thessalonica p. 257. Ravana in Chalcidice quaerenda est, non in Mygdonia, ut aliis videtur, coll. Nobis l. c.

**) Bazaria (turcice Bazar-dschedid, i. e. forum novum) e meridie Bolbes lacus sedem habet, in ipsa Mygdonia, coll. Hadschi-Chalfa in Rumelia et Bosnia p. 33.

***) Apolloniae sedem admodum dubiam ego nondum inveni. An erat pagus Clissele, inter utrumque lacum Mygdoniae? Quanquam Polinae (Apolloniae?) rudera e meridie Bolbes lacus, in montibus, ponere solent.

†) De his omnibus videatur Commentatio II. pag. 4. 5.

††) Est Procopii fluvius Rechius, coll. Thessalonica pag. 272.

sur ce passage. On y trouve aussi un *Khan* qu'on nomme *Rouméli - Bogasi - khan*, ce qui signifie *Kervan saraï du passage qui sert d'entrée dans la Romélie.* *) C'est auprès de cet endroit que se trouve le plus grand enfoncement du golfe Strymonique, où les marins de toutes les nations vont faire des chargemens de bois. Quant aux temps antiques, il est très-vraisemblable que la ville de Bromisque, dont parle Thucydide, n'était pas éloignée de cette station. **) L'historien, dans son récit de la prise d'Amphipolis, nous fait connaître la marche de Brasidas, quand il voulut surprendre de nuit cette colonie athénienne: il dit que ce général partit d'*Arné*, ville de la Chalcidique inconnue de nos jours, qu'il passa à *Aulon* et à *Bromisque*, qu'il ne s'arrêta que quelques momens dans cette dernière ville, et que sans perdre de temps il passa avec son armée à *Argilos*, colonie d'Andros, et qu'ayant obtenu que les habitans de cette ville quittassent le parti d'Athènes, il fut en mesure, dans un jour, depuis le départ d'*Arné*, de s'emparer sans coup férir de la ville d'Amphipolis.

Avant d'arriver sur les ruines d'Amphipolis, nous dûmes traverser celles d'Eione du Strymon.***) A peine eûmes-nous franchi l'eau, qu'un sentier nous conduisit à un pavé, et à des restes d'épaisses maçonneries que nous reconnûmes pour être les ruines d'une des portes de la ville. Ce passage, maintenu au milieu de ces ruines, a fait partie de la voie Appia [Egnatienne], et le pavé antique, encore subsistant, est peut-être le seul signe certain qui reste de l'existence de cette grande route, au travers de la Macédoine.

Quoique les marins aient enlevé beaucoup de matériaux sur les ruines d'Eione, il en reste encore assez pour faire connaître combien cette ville a été souvent restaurée. Il est inutile d'y rechercher des monumens antiques; ils ont été détruits, et les débris mêmes ont disparu.

Pour nous rendre à Amphipolis, dont les murs renversés se montraient déjà à notre gauche, nous prîmes un sentier qui conduit à un petit bourg peuplé de Turcs, placé sur la hauteur. C'est là que Cléon et Brasidas perdirent la vie, lorsque le premier de ces deux généraux assiégeait Amphipolis. Coupant ensuite à gauche par le chemin qui, de ce bourg, conduit au village de *Ieni-Kieui*, nous y abordâmes à l'entrée de la nuit. Ce village, composé d'environ cent maisons, occupe l'emplacement par où Brasidas pénétra dans la ville. †) Ce faubourg, entouré par le fleuve, tenait aux murs d'un château qui en faisait la principale défense.

---

*) De hac tota regione v. Nos in Thessalonicensibus pag. 15. 274 sq. Fuit ibi transitus tum in Chalcidicem, tum in Mygdoniam cum Thessalonica. Magnum huius regionis momentum militare nec veteres latuisse videtur.

**) V. Commentationem II. pag. 8.

***) Recte Eïonis rudera in sinistra Strymonis ora, juxta mare, collocat. De Eïonis nomine Byzantino v. Nos in Commentatione II. p. 15. 16.

†) *Jenikieui* (*Jenidsche*) est Turcis idem quod Graecis *Neochori* (nova urbs). His nominibus nil frequentius est in geographia Turco-Graeca.

G *

„Nous mîmes pied à terre près d'une grande écurie publique, où nous fûmes entourés de curieux; et nous aurions été embarrassés pour nous assurer d'un gîte, si notre janissaire ne s'était hâté de dire à l'un des personnages marquant de la troupe, que nous étions des marchands de Salonique. La personne à laquelle il s'adressa se nommait Apostoli, et son état était de faire des accaparemens de cotons pour les revendre à Serrès. Dès qu'il sut qui nous étions, il s'empressa de nous proposer sa maison: rien ne pouvait venir plus à propos; il nous y conduisit lui-même. La réception que nous reçûmes fut analogue à la propreté du logement; la table fut bien servie; bientôt la conservation s'établit sur le produit du coton, sur la médiocrité de la récolte, sur l'espoir d'une augmentation du prix courant et d'autres choses semblables: et comme notre hôte n'était pas musicien, ces dialogues auxquels il attachait des vues d'intérêt, remplacèrent les chants généralement en usage dans ces repas hospitaliers.“

Idem Franco-Gallus (Cousinéry) l. c. Vol. II. pag. 65 sqq.

„Je partis à cet effet de Salonique, en 1786, pour me rendre à Cavala, sans renoncer, chemin faisant, à mes observations géographiques. Je dirai tout-à-l'heure que les soins de M. de Choisel n'eurent aucun résultat utile pour l'établissement français.

Arrivé par la grande route à l'embouchure du Strymon, je traversai les ruines d'Eione qui sont sur ses bords, et dans moins d'une heure, en me dirigeant à droite sur les coteaux du Pangée, j'abordai à la petite ville d'Orfano, *) où réside un aga, et où se tient un marché pour la vente du coton recueilli dans le pays. C'est dans cette ville que, pour la seconde fois depuis le départ de Salonique, je changeai de chevaux, et que je reçus aussi, pour la première fois, la cérémonie du repas, que les maîtres de poste n'accordent qu'aux Tartares de la Porte.

A commencer à Orfano, distante de près d'une lieue de la mer, on peut déjà observer la séparation des groupes de montagnes qui forment les parties les plus élevées du Pangée, d'avec les collines qu'occupaient autrefois les Pières. **) Dès qu'on a franchi les premières bases sud de ces montagnes, on entre dans une route presque droite et très-unie, située entre les deux chaînes, bordée des deux côtés d'un grand nombre de petits villages, tous peuplés de Turcs. Le caractère sauvage de ces Musulmans les rendrait semblables aux habitans de l'Hémus, s'ils n'étaient pas surveillés, et aussi laborieux qu'ils le sont. Le terrain que partage cette route est très-pro-

---

*) De hoc oppido v. Hadschi-Chalfam in Rumelia et Bosnia pag. 72.

**) Novam Pieriam hoc loco statuendam esse, alii viderunt, coll. b. Müllero in Macedonicis p. 26. ibique tab. geogr. Haec vero Pieria non solam istam vallem spectavit, de qua loquitur Franco-Gallus; immo Philippi quoque pars novae Pieriae fuere, coll. Stephano Byzantio: Κρηνίδες, πόλις Πιερίας, ἃς Φίλιππος μετωνόμασε Φιλίππους.

ductif en bled, en orge et en coton. On semait alors cette dernière graine, et nous avions sous les yeux plus de quatre-vingts charrues occupées à ce travail.

L'étendue de cette vallée est d'environ six lieues de long sur une de large; on dirait que c'est la main de l'homme qui l'a tracée, et qu'on y a transporté les bonnes terres qui la fertilisent entre les rochers où elles sont encaissées. *)

Après l'avoir traversée, on arrive par une pente très-rapide et parmi des rochers à Pravista, que quelques fragmens d'antiquités et sa situation sur la grande route peuvent faire regarder comme la *Phagrès* d'Hérodote, et que l'armée de Xercès traversa, après s'être divisé vers l'Angitas, ainsi que je l'ai fait remarquer plus haut. **)

Pravista est un lieu de poste et la résidence d'un grand nombre de propriétaires turcs des territoires intérieurs et extérieurs du Pangée. Si, en entrant dans le territoire de cette montagne, du côté du sud, j'avais été à portée de remarquer des lieux mémorables par le rassemblement des troupes qu'Alexandre dirigeait contre Darius, la sortie du Pangée, par le nord, ne réveilla pas de moins grands souvenirs. Alexandre, lorsqu'il pénétra dans le Pangée, allait donner à l'Asie les fers qui la jetèrent constamment, depuis cette époque, dans les plus fatales révolutions, et ce fut sur les plateaux opposés qu'Antoine et Auguste forgèrent ceux qui devaient accabler à la fois Rome et presque tout le monde connu. L'armée de Xercès avait campé dans les champs fertiles que j'allais traverser, et qui s'étendent jusqu'à ceux de Philippi. J'avais cette ville devant moi. Le village de Rastcha, caché dans un enfoncement du Symbole, et ancienne propriété du Tossoun Aga, m'en offrait en partie le territoire. À ma droite, se présentait le chemin qui conduit à Néapolis, et qui forme le passage entre ce port et la plaine de Philippi. Dans cette position, je pus me convaincre que les monts Symboles adhèrent au Pangée, ***) et qu'ils ne permettaient pas aux Romains de voir la mer, ainsi qu'on pourrait le croire, d'après ce que dit Appien que „Brutus et Cassius avaient au midi un marais qui règne jusqu'à la mer.

J'arrivai, au bout d'une heure, au passage des gorges sapéennes, nommées aujourd'hui *Dervent*, nom qui signifie *passage étroit entre des montagnes.* Je suivis,

---

*) Est ea vallis fluvii Panacis, quem alibi illustrare memini.

**) Ut hoc loco, ita etiam in terra Ciconum, quae inter Hebrum et Nestum fluvios patet, Persarum copiae innumerae non una tantum via uti debebant. In faucibus Sapaeorum (Cavalae) maiores difficultates fuisse puto.

***) Symboli mons nil aliud est, quam juga, quae montes istius tractus occidentales et orientales, Philipporum valle diremtos, e septentrione Cavalae jungunt (συμβάλλουσι). Ibi igitur Rhodopes extrema occidentalia et Pangaeus mons, quem inter Philippos et Amphipolin cum aliis quaero, copulantur.

pendant une demi-heure, dans ces gorges, une montée assez douce, par un chemin tantôt pavé, tantôt rocailleux.

Arrivé sur la hauteur, je pus saisir d'un seul coup d'oeil l'isthme du mont Athos, les îles de Thasos, de Samothrace, d'Imbros, de Lemnos, ainsi que les plages et les montagnes de la Thrace qui les environnent, depuis Cavala, dont je n'étais plus éloigné que d'une lieue, jusqu'aux bornes d'un horizon de mer très-étendu.

Une descente tortueuse et rapide, où l'on est presque toujours obligé d'aller à pied, me mit en une heure à peu près dans un grand faubourg de Cavala, sur le chemin qui conduit vers la Thrace. C'est dans ce faubourg que se traitent les affaires de commerce, et que l'on trouve tous les établissemens propres à un pays maritime. Ce passage est d'autant plus fréquenté, qu'il est le seul par où puissent passer les caravanes qui vont de la Grèce proprement dite, de l'Épire et de la Macédoine, à Constantinople. Je me rendis ensuite dans la ville chez M. Lion, régisseur de l'établissement français. Sa maison était placée sur le rempart, à côté d'une batterie qui défend la rade. Cette maison jouit d'une vue qui s'étend jusqu'au mont Athos, à quinze lieues de distance.

La ville ne contient qu'environ neuf cents maisons; elle occupe un promontoire qu'elle couvre entièrement; les murs sont partout escarpés et très-hauts. Ce promontoire forme avec la rade un demi-cercle où le mouillage est sûr et commode.

Le château, où habite le *Disdar* ou châtelain, est gardé par un petit nombre de soldats. Parmi les huit ou dix pièces de canon dont il est pourvu, j'en remarquai une de bronze, du calibre de vingt-quatre, qui porte le nom de *Vendôme*, avec la devise *ultima ratio regum*. Il est vraisemble que ce canon nous a été enlevé par les Autrichiens, qui l'auront transporté dans quelque place de Hongrie, où les Turcs s'en sont emparés à leur tour.

On aperçoit dans la construction des murs de la ville divers fragmens d'antiquité, et même des inscriptions; mais elles sont placées si haut qu'on ne saurait les lire. Il paraît certain, d'après cela, que l'emplacement de la ville actuelle de Cavala est celui d'une ancienne ville, qui peut avoir appartenu successivement aux Édoniens, aux Satres, aux Sapéens, aux Thasiens. Ceux-ci avaient fondé sur le continent et à leur voisinage, *Galepsus*, *Strymé*, *Oesime*, et quelques autres établissemens. Harpocration et le grand étymologiste indiquent pour fondateur de Galepsus un fils de Thasus, parent de Cadmus qui lui avait donné son nom. Cette ville, la plus proche de l'île de Thasos, est regardée par Thucydide et Diodore de Sicile comme une colonie des Thasiens.

Strymé, au rapport d'Hérodote et d'Étienne de Byzance, fut aussi un établissement de Thasos, dans le voisinage de Mésambrie, colonie de Samothrace.

Quant à Oesime, Étienne de Byzance la place tantôt en Macédoine, tantôt dans la Thrace, et Scymnus de Chio, dans le voisinage d'Amphipolis, ce qui ne peut laisser de doute au sujet de la position auprès du fleuve Strymon, qui se trouve sur les bords maritimes du Pangée, et par conséquent très-près d'Orfano dont le territoire est très fertile jusqu'au bord de la mer.

Oesime est aussi mentionnée par Homère, qui la nomme *Bibline*. Il résulte de ant de témoignages que Galepsus occupait le promontoire de Cavala, et qu'Oesime n'était pas éloignée des rives du Strymon; on peut en inférer aussi que la première était le comptoir des Thasiens le plus propre sur la terre ferme, à leurs relations commerciales avec les habitans de l'Hémus, et la seconde, celui qui favorisait le mieux leurs communications avec la Macédoine; et enfin que Strymé ouvrait au commerce de Thasos toutes les routes de la Thrace méridionale.

L'emplacement de Cavala et d'Oesime ne laisse pas de doutes sur la position de ta ville de Galepsus, qui paraît avoir été un des principaux comptoirs des habitans de Thasos. Ce lieu fortifié par la nature était propre à favoriser la communication de l'île avec la terre ferme.

C'est dans le faubourg de Cavala, et non dans la ville, que sont situés les *Kervans Saraïs* où les voyageurs et les caravanes s'arrêtent.

La ville n'a qu'une seule entrée. Un grand sarcophage de marbre blanc du pays, placé près de la porte, y forme le bassin d'une fontaine. Ce monument porte une inscription latine en l'honneur d'une dame romaine; il doit avoir été apporté de la ville de Philippi, la seule du voisinage qui ait dû renfermer des monumens latins. On retrouve dans beaucoup de villes de la Turquie des tombeaux semblables à celui-ci et employés au même usage.

Je ne quittai pas Cavala sans reconnaître qu'il aurait été difficile de trouver dans une route de la Turquie un établissement européen où l'on vît régner autant d'intimité entre des hommes si différens dans leur croyance et dans leur éducation. La raison en est principalement en ce que le régisseur parlait bien leur langue et savait s'identifier avec eux.

Pendant mon séjour chez M. Lion, ce négociant fut obligé de faire une apparition au marché qui se tient chaque semaine, à la petite ville de *Jenidgé*, située, comme Cavala, sur la grande route de Constantinople. Je profitai de cette occasion pour voir de près les montagnards dont j'ai déjà fait mention plusieurs fois, et qui fréquentent le marché de Jenidgé, le seul qui soit à leur portée.

En sortant de la ville, nous traversâmes le ruisseau que je crois être celui qu'Hérodote nomme *Lyssus*. Nous cotoyâmes à la gauche les montagnes du Symbole. En moins de trois heures, nous en franchimes les bases jusqu'au parallèle de l'endroit même où Brutus et Cassius tournèrent l'armée que Norbanus avait fait camper dans les gorges sapéennes, dites aujourd'hui *Le Dervent de Cavala*.

A notre droite, nous avions la plaine de Saris-aban; elle forme un avancement sur la mer, en face de l'île de Thasos. Cette plaine s'élargit jusque vers les bouches du Mestus, qui sont à huit lieues du Cavala. Elle se compose de marais que le Lyssus y entretient; mais à deux lieues de distance, le terrain s'élève, se couvre d'oliviers; la terre devient de plus en plus productive; on y sème des grains de toute espèce, et le tabac en forme un des principaux produits. Dans toute cette plaine, les Turcs de tout état sont mêlés avec des Grecs.

Après le passage du Symbole, nous cotoyâmes les hautes montagnes de l'Hémus qui s'étendent jusqu'au Mestus, dans une profondeur de cinq lieues. Mon compagnon me faisait observer de temps en temps des villages placés vers les sommités, et qui paraissent inaccessibles. Nous atteignîmes enfin le fleuve, que nous traversâmes à gué, dans sa plus grande largeur, à l'endroit où il commence à s'étendre dans la plaine, et qui roule de là jusqu'à la mer sur un fond de cailloux.

Nous laissâmes, à notre droite, les ruines de *Topirus*, que nous n'allâmes pas reconnaître, à cause du peu de sûreté que ce pays offre aux voyageurs. La carte de Palma est fautive sur ce point; il place là où sont les ruines de Topirus celles d'Abdère, qui se trouvent dans la réalité beaucoup plus haut, et dans une petite ville qui prend le nom de *Gumergina*. Dans un voyage que je fis, peu après, par terre à Constantinople, je passai une nuit dans cette ville, chez un Juif dont la maison se trouvait sur l'emplacement de l'ancien château, presque entièrement détruit.

Nous n'étions qu'à une lieue de Jenidgé, à qui a donné son nom l'ancien Mestus. On nomme aujourd'hui ce fleuve *Jenidgé-Carasou, eau noire de Jenidgé*. C'est dans cette petite ville qu'on vend le meilleur tabac de la Turquie. La récolte en est considérable, et c'est Constantinople qui en fait la plus grande consommation. Jenidgé est situé près d'un port auquel nos marins donnent le nom de Lago, et où l'on embarque les tabacs pour la capitale. Le douanier réside dans la ville.

Dès notre arrivée, mon compagnon de voyage me plaça au milieu du marché, dans la boutique d'un de ses correspondans juifs de Gumergine, l'ancienne Abdère, qui, chaque semaine, venait y vendre des merceries, et il alla lui-même s'occuper de ses affaires.

Le lendemain de cette quatrième station, nous remîmes à la voile pour doubler le premier cap que le mont Pangée présente au midi, et où commence le golfe Piérique. Nous cotoyâmes les bords ou les *contreforts* du Pangée, pendant l'espace de six lieues. C'est aux premiers parages de cette côte que doit se trouver l'emplacement d'Aesime, seconde colonie des Thasiens, et il ne serait pas impossible que la petite ville d'Orphano, où j'ai déjà dit que les courriers tartares changent de chevaux, fût bâtie sur ses Arrivés à un autre petit cap sur la même ligne, nous le doublâmes pour entrer dans la rade d'Eski-Cavala, et, nous fûmes alors en face du port de Levter, où devait avoir lieu notre cinquième station.

L'entrée de ce port est au nord-est; nous y pénétrâmes par la seule bouche qu'il présente aux navigateurs, qui souvent y cherchent un abri contre les vents du sud et du sud-ouest. Ce passage a une largeur suffisante pour que deux bâtimens de guerre y entrent en même'temps. Nous mouillâmes presque à son embouchure sur quinze brasses d'eau. Nous nous serions plus avancés, si la profondeur du fond nous eût été connue. Ce port est très-vaste; c'est un grand ovale d'un bon quart de lieue de profondeur. A la gauche, se trouve une presqu'île basse et inculte, sur laquelle les flots du golfe Piérique viennent se briser. Ce prolongement du terrain forme un des côtés du bassin. Sur l'isthme qui lie cette presqu'île au continent, on trouve les ruines de l'ancienne Néopolis ou celles d'un château reconstruit dans le moyen âge. Parvenu hors de l'isthme, on rencontre un grand ruisseau très limpide, mais trop profond pour être traversé à gué. Ce ruisseau, fort utile aux gens de mer, est aussi l'ornement du port; les bords en sont ombragés par différentes espèces d'arbres qui s'étendent vers les dernières bases orientales du Pangée où le ruisseau prend sa source. Cette montagne se lie avec le Symbole, dont la naissance se manifeste par une riche culture.

On voit par cette description que la nature n'a rien oublié pour la sûreté, la commodité et l'ornement du port de Néopolis.

Les ruines de l'ancienne ville de Néopolis se composent principalement des restes d'un château du moyen âge, entièrement abandonné et peu accessible. Elles se trouvent sur un isthme dont l'avancement forme le côté méridional du port et le met à l'abri du vent du sud. Les Turcs nomment ces ruines *Eski Cavala*, Vieille Cavala. C'est dans le village de Levter que passe l'ancien chemin qui conduisait de Néopolis à Philippi. *)

Malgré l'intérêt que présente cette ancienne ville comme colonie grecque, la recherche de son origine a été entièrement négligée par les antiquaires qui ont fait mention de ses médailles, et par les auteurs qui de nos jours ont écrit sur la géographie ancienne. Les premiers se sont trompés, en appliquant ses monnaies à la Ma-

---

*) Hodiernam Caválam eandem esse putant cum veterum urbe Neopoli (Neapoli). Quod mihi numquam non dubium visum est, coll. iis, quae exposui in Commentatione II. pag. 12—17. Ibi enim evicisse mihi videor, *hodiernae* Caválae Acontisma Itinerariorum respondere, Neapolin vero *veteri* Caválae (turcice: Eski-Cavàla); id quod locorum rationibus non admodum adversatur. Fac enim, Romanos hoc electo viarum tractu ambages quasdam admisisse. Quid vero impedimenti hinc exoritur? Qui Brundusio relicto viam Egnatiam per maria petebant, rarius Apolloniam Epiri, rectâ oppositam, adibant, frequentius Dyrrachium, situ multo magis boreali. Idem valet de aliis Romanarum viarum partibus, e. g. de ea, quae intercedit inter Pellam, Thessalonicam et Apolloniam. Romani in viis suis muniendis liueam rectam non semper respiciebant, sed potiores civitates. Ita fieri poterat, ut post Amphipolin via brevior Neapolin peteret, Philippos longior. Eaeque viae puto alicubi coibant.

H

cédoine, tandis qu'elles appartiennent à la Thrace, et ils en ont confondu plusieurs avec
celles d'Athènes. Thucydide, quoiqu'il ait séjourné long-temps à portée de Néopolis,
n'a pas eu occasion d'en parler dans son histoire; mais Dion et Appien que je viens
de citer, ont donné à ce sujet assez d'éclaircissemens, pour que l'on eût pu discuter
plusieurs questions neuves et intéressantes, relatives à une ville qui a fait frapper de
très-belles monnaies et en assez grand nombre.

A l'aide de ces auteurs, je veux examiner d'abord si, avant la fondation de la
colonie de Néopolis, il n'y avait eu aucune autre ville sur le même emplacement, et
ensuite s'il serait possible de découvrir l'époque de l'établissement de cette colonie;
je me flatte de répondre à ces questions."

Franco-Gallum excipiat Anglus Clarke, travels in various countries of Europe,
Asia and Africa. Ed. IV. 8. Vol. VIII. pag. 2 sqq.:

„On the following morning (*December 31 1801*, at ten o'clock, having all things
in readiness for a very arduous journey through the rest of *Macedonia* and *Thrace,*
to CONSTANTINOPLE, we took leave of our friendly host and his most amiable family.
Mounted on horses that would not have disgraced the race of *Bucephalus*, and accompanied by Mr. *Kreen*, the Consul's secretary, who went with us part of the
way, we rode through the *eastern* gate of the city. Entering the plain without the
walls, we passed a *tumulus* at half an hour's distance from the town, almost as large
as the one we measured in coming from *Tekále*. It is also close to the road upon
the left hand. In the coemetery without the walls of *Salonika*, the shafts of ancient
columns may be observed. We afterwards saw a mound, on which there seemed
traces as if a fortress had stood there: beneath it were the remains of walls, and
hard by a fountain, the water of which was received into the *operculum* of an ancient *Soros*. Thence passing over some hills, in two hours time we entered a *defile*
where we saw ruins upon the heights above us, as of a *fortress* on either side,
There is also part of an *aqueduct*. We then descended into the very extensive and
fertile plains of *Lagadno* and *Baleftchino;* so called from two villages having these
appellations. The land here is low and marshy. Upon the *south-western* side at
this plain is a large lake: it was upon our right, our route being *south-east.* This
lake is called that of *St. Basil:* it is perhaps smaller during the summer, because it
seemed to us to bear the marks of being flooded: a small river runs into it. In this
plain there are little *tumuli* close to the road, marking the distances. They are easily
distinguished from *ancient sepulchres*, because their size is more diminutive; and
when used as marks of distance, they occur in pairs, one being on either side of
the way. In this manner they appear in the whole route to *Constantinople.* The
air here is very bad; but the land, notwithstanding its watery aspect, was much
cultivated, and the corn looked extremely well. We observed a fine breed of sheep,

like that of the *South-Downs* upon our *Sussex* coast in *England:* there were however, among them, some with horns, of a very bad kind, having black wool. After
quitting this plain and ascending a hilly country to the *south-east*, we arrived,
about sun-set, at a village called *Clissele*, distant seven hours from *Salonika:* and
here we were compelled to remain for the night, as there was no place farther on,
within any reasonable distance, where we might hope to rest. We slept in a *conack*
belonging to the post-house; a wretched hovel, admitting neither light nor air, except from the door; and this we were glad to keep shut.

Leaving *Clissele*, on the first day of the New-Year, we proceeded eastward,
along the side of a chain of mountains bounding the level country towards the north.
In this manner we entered a fertile plain: like that which we crossed on the pre-
ceeding day; it has *two* names, being called *Seraivashtchi* and *Gŭlvashtchi.* The
road was in many places wide enough for a carriage. About half an hour after we
began our journey this day, we observed before us, at some distance, in the road,
the most remarkable appearance caused by rocks that we had ever seen. At first we
mistook them for ruins, somewhat resembling those of *Stonehenge:* but as we drew
near, we were surprised to find that the supposed ruins were natural rocks, rising
perpendicularly out of the plain, like a *Cyclopéan* structure, with walls and towers,
the road passing through the interstices by which they are separated. These rocks
are *porphyritic:* they have that *lava-like* appearance which is sometimes confounded
with volcanic products.

We then descended towards another lake, upon our right, and of greater magnitude than that of *St. Basil*, the lake we had passed the day before. It extends at
the feet of this chain of mountains, from *west* to *east*, and is called *Lake Beshek*.
There are two towns of the same name, the *Lesser* and the *Greater Beshek*. We
observed some boats upon this fine piece of water. It is about twelve miles in
lenght, and six or eight in breadth. The plain, in which it lies, may be considered
as a continuation of the same plain wherein that of *St. Basil*, or *St. Vasili*, is placed.
We can find no notice of this magnificent piece of water in any modern writer. *Stephanus of Byzantium* mentions a *city* and *lake* of the name of Bolbe; leaving us
quite in the dark as to its situation; and the Lake Bolbe is said by *Thucydides*
to be in *Macedonia*, but he does not notice the city. From *Thucydides* we learn,
that it had a communication with the sea, towards Aulon and Bromiscus: and
this may be true of the *Lake Beshek*, although to our eyes it appeared completely
land-locked. The beginning of the Lake Bolbe is by *D'Anville* placed exactly
at the distance of *forty miles* from Thessalonica; but the town of the *Greater
Beshek*, which is not so near to *Salonica* as the *eastern* extremity of this lake, is
only *twenty-seven miles*, that is to say, *nine hours*, from that city. *D'Anville* as-
signs for it a situation close to the Sinus Strymonicus; which does not agree

H *

with its real position. It seems evident from the words of *Thucydides*, considered with reference to his place of observation, that the *Lake Beshek* can be no other than the Bolbaean: and having this clue to its history, it becomes a most interesting object to every literary traveller; being thus, at once, guided to the *Valley* or *dale* of Arethusa, to the situation of the town of the same name, and to the Tomb of Euripides, which the *Macedonians* would not suffer to be violated, that the *Athenians* might be gratified by the possession of his *bones*. The Bolbaean Lake is mentioned by *Scylax* as being between Arethusa and Apollonia. The same Lake is also noticed by *Aristotle*. These are perhaps all the allusions to it in ancient history: but with regard to the Tomb of Euripides, our information is copious and decisive. A whole host of authors may be cited to determine the position of this most remarkable monument. *Plutarch*, *Vitruvius*, *Pliny*, *Aulus Gellius*, *Stephanus*, and the author of the Itinerary from *Bourdeaux* to *Jerusalem*, all point to its situation near Bromiscus, in the Valley of Arethusa. There is some difference in the manner of spelling the name of the city; — some, as *Thucydides*, writing Bromiscus; and later writers, as *Stephanus*, transposing the second and third letters of the word, and writing Bormiscus. By *Stephanus*, Bormiscus is mentioned as a town of *Macedonia*, where *Euripides* was *lacerated* by a kind of dogs, called, in the *Macedonian tongue*, Esterikae. It would be curious to ascertain whether an etymology for this name exists in any appellation given to a peculiar breed of *dogs* among the northern nations of *Europe*. *Stephanus* adds, that from the wounds inflicted by the teeth of the *Estericae*, *Euripides* fell sick and died. Thus it does not appear that he was *torn in pieces* by those animals, as some have related; but that he lost his life in consequence of a disorder occasioned by his being bitten by a pack of enraged hounds. He might therefore have died of the disorder called *hydrophobia*. His sepulchre was constructed by order of *Archelaus*: it was at the confluence of *two streams*; the water of the one being *poisonous*, according to *Pliny*; and the other so sweet and salutary, that travellers were wont to halt and take their meals by its refreshing current. This is more fully stated by *Vitruvius*, from whom *Pliny* borrowed his account. *Ammianus Marcellinus* minutely describes its situation in the *Valley of Arethusa*. Other authors, as *Plutarch*, describe it (περὶ Ἀρέθουσαν) *near to* Arethusa; which may be reconciled to the preceding statement of its situation at Bromiscus; for *Wesseling* affirms, that the two places were near to each other. If we had been allowed leisure for the inquiry, we should not have despaired of finding a monument, described as to its situation under circumstances of such precision; especially as it may have been observed by travellers so late as the *thirteenth* century: but in its present condition, *Macedonia* is not a country where researches may be carried on which require any deviation from the main route; even if the object be ever so nigh at hand.

We congratulated ourselves upon being barely able to obtain, unmolested, a sight of this illustrious region, and to make a sketch of its appearance, that others may be gratified by a representation of the country where Euripides passed his latter days. The principal object, in this view, is the very Lake whose borders were the favourite haunts of the Tragedian, when he encountered the catastrophe that gave to Arethusa's Vale the honour of his grave. But in order to make the reader more fully comprehend the nature of this valley, and of the country, it is necessary to continue the narrative of our journey.

In two hours after leaving *Clissele*, having entered the valley with the mountains upon our left, and the lake upon our right, we came to the *Greater Beshek*, called *Trana Beshek*, rather a village than a town, standing by the side of the water, commanding a beautiful prospect.

In another hour and a half, coasting the borders of the Bolbaean Lake, we came to the *Lesser Beshek*, called *Micra Beshek*; and having passed this little town, which, by the way, is larger than the town called *Greater Beshek*, the view became very beautiful, and the appearance exhibited by the town, upon a promontory stretching into the lake, had something of the fine character of the scenes in *Switzerland*. Soon afterwards we reached the western extremity of this little inland sea; and, entering a defile, followed for about an hour a river flowing out of it. In this defile, above the precipices on the right hand, are the ruins of a monastery. The rocks rise to a great height on each side. They are entirely of *clay slate*, covered with enormous *plane trees* and *Vallonia* oaks. After having quitted this narrow pass, we arrived, in five hours from the time of our leaving *Clissele*, at a *dervéne*; with a view of the sea in front. This defile seems to offer a natural boundary between *Macedonia* and *Thrace*; and the appearance of the *dervéne* induced us to suppose that it was now considered as a *frontier pass*; but upon inquiry, they told us that the *Strymon*, four hours farther towards the *east*, is considered as the boundary: which, in fact, was the ancient limit between the two countries. From this place to Mount Athos they reckon the distance as equal to *sixteen* hours; which nearly corresponds with what we had been told in *Salonica*; whence the computed distance is *two days and a half*, or a journey of *thirty* hours: but we had been only *twelve* hours upon the road from *Salonica*. The place where this *dervéne* occurs is called *Khan Erenderi Bauz*.

From *Khan Erenderi Bauz* our journey lay towards the *north-east*, through a maritime plain, covered with large trees of the *Platanus Orientalis*, *Vallonia*, and common *Oak*. In two hours we arrived at another *dervéne*, and a little *khan*, upon the shore of the gulph. Thence we rode entirely along the coast, having cliffs above us upon our left, and the sea upon our right; so near to us, that our horses' feet were sometimes in the water. When we had doubled this point of land, we beheld all the *north-eastern* side of the Sinus Strymonicus. The weather, however, was very hazy; a hot *Sirocco* wind then blowing. Upon the opposite side of the gulph we saw the ruined city of Amphipolis, now called *Eski Kaléh,* the *old fortress;* also *Orphano-palaeo,* or *ancient Orphano.* We crossed the river Strymon in our way to this place, by a flying-bridge. On the *south-west* side of the river the shore is flat and sandy, full of pools of stagnant water, and the air is of course unwholesome. There is here a large *khan;* and camels were feeding in the fen, wearing upon their backs heavy saddles, as ready for instant use. Some vessels were lying at anchor within a small port more to the *south-west,* distant about a mile from the ruins of the old fortress of Amphipolis, receiving corn for *Constantinople.* We saw one ship with three masts, one *Martingale,* and other small craft, which the *Turks* call *Girlingitch.* After we had crossed the ferry, we passed through the ruins of the city, consisting principally of walls, with more of *Roman* than of *Greek* masonry; the materials of the work being round stones and tiles put together with cement. We saw also part of an *Aqueduct.* Upon the hills to the *east,* the traces of an *Acropolis* may be discerned, by the marks left in the soil. We dined in the midst of the ruins, upon the pedestal of a marble column, and by the side of an ancient covered *well,* which is within a small cavern: there are steps leading down to it. The situation of Amphipolis, the origin of its *name,* and the date of its *foundation,* are so decidedly fixed by *Thucydides,* that it would be idle to attempt proving its position elsewhere: if it had not been for this circumstance, the antiquities we found afterwards at *Orphano* might have induced us to suppose that Amphipolis was there situate. But the testimony of *Thucydides* is here doubly valuable; because, in addition to his characteristic adherence to truth, he has himself told us that he was summoned, during the *Peloponnesian war,* to the relief of Amphipolis, before it surrendered to *Brasidas,* the *Lacedaemonian* general. Of all authors, therefore, he is the most likely to afford accurate information respecting this city: it was owing to his failure in the expedition that he was doomed to the exile in which he wrote his history. According to *Thucydides,* it was a colonial city of the *Athenians,* situate near the mouth of the Strymon: the river flowed round it, being upon either side, and from this circumstance the city was called by its founder Amphipolis. The place where it stood had been formerly denominated the *Nine Ways.* Its origin, when *Thucydides* wrote, was not of ancient date. It was founded by *Agnon* son of *Nicias,* who at the head of an *Athenian colony,* built a city here, sixty-one years after the first *Persian* invasion. The loss of Amphipolis was severely felt by the *Athenians,* who had been accustomed to derive from it, besides an annual revenue in money, a supply of timber for their navy. The different style of masonry, and the mixture of *Grecian* and *Roman* work, visible among the ruins of this city, is explained in the circumstances of its history:

it was ruined and rebuilt more than once. Although ancient geographers have scarcely mentioned it, yet their commentators have collected a number of facts and allusions to it, which serve to supply the loss; and, among these, no one has more largely contributed than *Wesseling*, in his Notes upon the Itinerary from *Bourdeaux* to *Jerusalem*. He has given an epigram of *Antipater*, descriptive of its condition in the age of the *Antonines*; by which it appears that a *temple of Brauronian Diana* was then conspicuous among its ruins. *Wesseling* also proves, from various authorities, but especially from *Tzetzes* upon *Lycophron*, that *Amphipolis* rose again from the ruined state in which it is described by *Antipater*, and took the name of C h r y s o- p o l i s.*) But it had many names which *Wesseling* has not mentioned; and its *Turkish* name of *Iamboli*, or *Emboli*, is derived from one of them; for it was called Eïon; out of which the *Greeks* made I a m p o l i s, and the *Turks* I a m b o l i, or *Emboli*. Its other names were, A c r a, M y r i c a, C r a d e m n a, and A n a d r a e m u s. It is mentioned by *Constantine Porphyrogenetes*, among the cities of M a c e d o n i a. The name of *Chrysopolis* was still retained in the sixteenth century. *Belon* mentions its ruins at the mouth of the *Strymon*; and he says the peasants called them *Chrysopoli*.

After leaving these ruins, we ascended a hill; and having passed over the top of it, descended immediately upon *Orphano*, which is said to be distant *eight* hours from *Khan Erenderi Bauz*; but we performed the journey in *five* hours. It lies at the foot of the hill; *Orphano* being Upon one side of it, and *Palaeo-Orphano* upon the other. This circumstance, added to the similarity of the names of the two places, would rather tend to confirm the opinion entertained by *D'Anville* of *Amphipolis*, — that the name did not imply an ambiguous position with regard to the *river*, but a city whose position was ambiguous respecting *two* countries, or, as seems now to be the case, a city on the *two* sides of a hill; one part being detached from the other for the convenience of its port. Were it not for the observations of *Thucydides*, this might seem probable; and the opinion would be strengthened by what we have to state further concerning *Orphano*. It is now a poor village, consisting of about fifty houses; and there is a small fortress upon the side of the hill, with about twenty other dwellings. *Orphano* is not more than a mile distant from the shore: a small river runs through it, which there falls into the sea.

Our course from *Orphano* (*January* the *third*) was *east-north-east*, through the fertile plain of *Mestania*, lying between two chains of mountains; upon our *right* and *left*. It is highly cultivated. We saw some neat plantations of *tobacco* and *corn:* the wheat looked uncommonly well. Upon the left, or *northern* side of our route, were many *Turkish villages* upon the mountains, situate towards their basis;

---

*) Hunc errorem refutavi in Thessalonicensibus pag. 499—503.

distinguished always, as being *Turkish*, by their *mosques* and tall *minarets* rising amidst groves of *cypress* and *poplar* trees. Another proof of a *Turkish* population was afforded in the frequent recurrence of *public fountains* close to the road. The reason given to us, why so many villages are stationed at a distance from the highway, was this: that the *Turkish* soldiers always plunder, and sometimes ruin, a town or village, in passing through it; and therefore a situation is preferred which is not liable to their ravages. After riding four hours, we came to a *khan*, called *Kunarga*, and saw fragments of ancient columns near the spot. The whole of our journey through this plain was extremely agreeable. The mountains upon our left were very high and massy, but not covered with snow.*) There were many *Turkish* coemeteries near the road; and in these we observed several ancient columns. At the end of the plain there were not less than *six* or *seven fountains* upon one spot, shaded by large plane-trees. Here we were not far distant from the ruins of P h i l i p p i,**) upon the slope of a mountain to the left of our rout: possibly therefore this groupe of *fountains*, so remarkably distinguished by the venerable grove beneath which they appear, may have been the same whence that city derived its ancient appellation of $K \rho \eta \nu \iota \delta \varepsilon \varsigma$; because this name was not applicable to its *fountains* within the city, but to those in its vicinity. They poured forth such copious streams of water, according to *Appian*, that all the land below them was a *marsh*. After

---

*) Respicitur regio montana, inter Amphipolin, Philippos Neapolinque sita, de qua proferam quaedam satis memorabilia ex Actis S. Germani, qui condidit monasterium Cosenitrae in Macedonia. Acta Sanctorum ad Maium Vol. 3. Append. p. 7 sqq.: ... φϑάνει τὴν Χριστόπολιν (Germanus e Palaestina profectus) .. ἔξεισι .. τῆς Χριστουπόλεως .. καὶ διὰ Φιλίππων περιπατήσας, παρά τι ὄρος ἀφικνεῖται, ἀντικρὺ μὲν Πωπολίας (Amphipoleos), ὡς ὁ φανεὶς καϑυπέδειξε, κατὰ τὰς ἐκβολὰς δὲ τοῦ Πάνακος κείμενον, πλεῖν (l. πλέον) ἢ πεντήκοντα σταδίους ἀπέχον πολιχνίου τινός, ᾧ ὄνομα Δράμα. Sanctus deinde venit in montem vicinum, nomine *Maticia* (Ματικία), cap. 13. Ibidem (c. 14.) memoratur pagus *Zernista* (Τζερνίστα). Ibidem iterum (cap. 21.) occurrit ἄστυ, ᾧ ὄνομα Δράμα. Panacis fluvii ostia non Cercinen lacum, sed mare Strymonium spectare videntur. De urbe Drama egi in Thessalonicensibus

p. 498 sq. Maticiam et Zernistam alii post me venientes invenient. Ibidem locorum erant praedia Comnenorum. Anna Comnena IX. p. 255. ed. Paris.: .. εἰς τοὺς ἐν Χριστουπόλει ἀγροὺς τῆς βασιλίδος Μαρίας, ἢ εἰς τὸν Πέρνικον, ἢ εἰς τὸν Περιτζόν .. Itinerariorum locus *Fons Co* forsan erit *Cosenitra.* Adde Commentationem II. pag. 12.

**) In antecedentibus historiam dedi eorum, qui p r i s c o aevo Egnatia nostra usi dicuntur, maximopere veteres Romani (p. V. fin.). Supplementi causa S. Ignatii iter addo. Martyrium S. Ignatii c. V. (Patres apostolici, e secunda Hefelii editione p. 188): .. προσέσχε (Sanctus) τῇ Τρωάδι. Εἶϑα ἐκεῖϑεν καταχϑεὶς ἐπὶ τὴν Νεάπολιν, διὰ Φιλίππων παρώδευεν Μακεδονίαν, περὶ καὶ [l. καὶ περὶ] τὴν Ἤπειρον τὴν πρὸς Ἐπίδαμνον ἐν τοῖς παραϑαλαττίοις νηὸς ἐπιτυχὼν, ἔπλει τὸ Ἀδριατικὸν πέλαγος (a. Christi 107.) ..

we had left them, we ascended a hill by an ancient paved road about four feet wide, the remains of which had often occurred before during the days journey.*) From the heights we had a fine view of *Pravista*, situate in a defile; and beyond it, of a noble plain, flat as the surface of a lake, surrounded by high mountains. It reminded us of the plains of *Greece*; and as it is a geological character peculiarly characteristic of the great *limestone* formation around the shores of the *Archipelago*, it will be proper to annex a delineation of its appearance in perspective. It was the great plain of Seres, which supplies the merchants of *Salonica* whith their principal exports in *cotton* and *tobacco*; containing three hundred villages, so thickly set together, that when viewed from the tops of the surrounding mountains, their appearance resembles that of a great city. It is distant, in a direct line, not more than fortyfive miles from *Salonica*, whence it bears *north-east*. Its fertility, now become a proverb over all *Turkey*, is mainly due to the annual inundations of the *Strymon*. Except towards the south, where this river makes its exit, the plain of Seres is surrounded in the manner here described; having the highest ridges of auriferous Pangaeus towards the *east*, Mount Scomius towards the *north*, and Mount Cercina upon the *west* [?]. This plain also produces *silk*, as its name implies; a term, however, equally applicable to *cotton*, or to any *fine flax*. The valuable work of *Felix Beaujour*, cited in the Notes, contains accurate statistical information, concerning this wealthy district. The name has been variously and sometimes erroneously written; either *Sérres*, *Serrae*, or *Ceres* [*Seres*]. There was a *nation* or *tribe* in *India* that had this appellation *Séres*: it is mentioned by *Pliny* as a people from whom the *Romans* derived their coarse *silk* for spinning; and their country was called *Serica*; the name of their metropolis being *Sera*. The *Greeks* called *silk-worms* Σῆρες, as we learn from the commentary of *Servius* upon *Virgil*; but in the passage referred to by this commentator, the poet may allude to *cotton* as well as *silk*.*)

After this, we descended to *Pravista*, distant six hours and a half from *Orphano*.

The promontory, upon which *Cavallo* is built, stretches into the sea, so as to form a port on either side of it; hence the advantageous situation of Neapolis as

---

*) Ergo post Amphipolin via Egnatia non Angitae, sed Panacis fluvii vallem penetravit.

**) Talia nugas esse, unusquisque perspiciet. Videatur Tzetza ad Lycophronem 1180.: Φεράς πόλιν, ἥ τις νῦν Σίῤῥαι καλεῖται. Onomasticum urbium in cod. reg. Paris. 2990. fol. 70b (Boivin. ad Nicephorum Gregoram 12, 15, l.): Φεραί, πληθυντικῶς, αἱ Σίῤῥαι, καὶ Φεραῖοι οἱ ἀπὸ ταύτης. De his vide quoque Millerum ad Marcianum Heracleotam p. 204. Literas autem ϑ, σ, φ medio aevo saepius confusas esse, monui in Thessalonicensibus p. 38. 438.

I

an *emporium* of maritime commerce. The *western port,* where the town chiefly
stands, is good, according to the report of the inhabitants, even for large vessels.
Cavallo contains five hundred houses: its population consists of *Turks* and *Greeks,*
but principally of *Turks.* The greater part of the town is contained within the walls
of the citadel. Its commerce is confined solely to the exportation of *tobacco* and
cotton, without any *corn.* We had not time to make any careful inquiries for medals; but we observed other antiquities of more or less note. A very large *aqueduct*
still remains upon two tiers of arches, and in perfect order: it now conducts water
from Mount Pangaeus to the *citadel.* Two precipices of this mountain, which
D'Anville considers as a branch detached from *Rhodope,* approach so near the sea,
as to form narrow defiles on its beach, the passages of which were once closed
and defended by walls. These brows of the mountain are now called *Castagnas:*
and opposite to a point, directly under the farthest of these *Castagnas,* lies the Isle
of Thasus; famous for its quarries of a splendid *white marble,* which in all respects
resembles the *Parian.*

As we rode out of (*Cavallo*) Neapolis, on *Monday, January* the *fourth,* we
saw a *monolithal Soros,* supplying the place of a *cistern,* close to a very *ancient well.*
It consisted of one entire block of marble; whereon, in large and distinct characters,
we observed the following Inscription; which was also noticed and copied by *Belon,*
upon the same spot, a century and a half before our coming: The mouth of the
well consisted of two pieces of marble, which had once been fastened together
by cramps of metal, either of *brass* or *iron;* but they had been long removed.
The marble was deeply furrowed by the ropes used in drawing water; a circumstance which has been previously considered in this work, as affording a reasonable
criterion for judging of the antiquity of wells, where this appearance is exhibited.
Beyond the *well* is the *aqueduct,* conveying water to the citadel. *Belon* mentions
the time when this *aqueduct* was restored to its pristine use, and the name of the
Pasha to whom the inhabitants were indebted for the benefaction. The same person
removed the *Soros* we have now described with, two others of similar form and
magnitude, from the suburbs, and caused them to be placed, where they now are,
by the public *wells* of the town. His name was *Ibrahim Pasha,* or, as *Belon* writes
it, *Abrahin Bacha.* Speaking of the three marbles *Soroi,* he says, they were each
of them eleven feet long, five feet high, and six feet wide. He has also given the
inscriptions that were upon the two others, which we did not see. According to his
account of the public donations made by *Ibrahim Pasha* to *Cavallo,* it appears that
Neapolis rose again from its ruins under his auspices.[*] The inscriptions which he
has preserved, as being found in the place, are all of them *Roman;* but this would

---

[*] Nostram sententiam, ab his diversam, exposuimus pag. LVII. not.

hardly have happened, if, as he supposed, the city has existed ever since the time of *Alexander* the Great. *Paul Lucas* also passed through *Cavallo:* but neither he, nor subsequent travellers, mention having seen here any *Greek* inscription. The other antiquities described by *Belon* are rather characteristic of a *Roman* than of a *Grecian* colony; namely, the cisterns of hardened cement, like what is found at *Baiae*. In short, there seems to be little ground for believing that the observations he has deduced from *Pliny* and *Mela*, to prove that this town was *Boucephala*, can be applied to *Cavallo:* but, to increase the confusion thus introduced into the geography of *Macedonia*, he has also maintained that its more ancient name was *Chalastra* (by him written *Chalastrea*), a town situate upon one of the *Macedonian lakes*, towards the *Thermæan* Gulph. With much more reason might he have called it *Phagres*; because *Thucydides* relates, that when the *Pierians* were expelled from their country, they inhabited a town of that name under *Pangaeus*, and beyond the *Strymon*.

Upon quitting the town, we ascended a part of Mount Pangaeus, now called *Pangea*, by a *paved road*, and had a fine view of the *Bay of Neapolis*. The top of the hill, towards the left, was covered with *ruined walls*, and with the *ancient aqueduct*, which here crosses the road. Hence we descended by a *paved road*, as before, towards the *north-east*, until we arrived upon the shore of the *bay*, which is upon the other side of this promontory; the Isle of Thasos being in view, towards the *south-east*. Looking *east* we saw the high top of Samothrace, which makes such a conspicuous appearance from the *Plain of Troy*. To the *south*, towering above a region of clouds, appeared the loftier summit of Mount Athos.

After leaving this *bay* we crossed another mountain, by a *paved road*, as before. As we descended from it, we observed the remains of an *ancient gateway*, which once closed this *military way*. Continuing our descent, we arrived upon a plain, where we saw some *gipsies*, and passed over a small river; and came, in two hours from the time of our leaving *Cavallo*, to what is termed in the country a *Tchiflick*, or *Turkish* country-seat, called *Carpantá*, upon the side of a hill; above which, towards the left, were the ruins of a *fortress*, and of *walls* with *mural towers*. We have endeavoured to mark the position of these ruins with the more precision, because they are unknown. It is impossible that a citadel here could have belonged to Abdera, a maritime city, at the mouth of the Nestus: nor is it easy to say what its name was; for of the *Roman* colonies, there was not one, especially along this territory, but some allusion to it may be found in history. Perhaps this citadel may have been the asylum of those fugitive *Pierians*,[*]) which is alluded to by *Thucydides*

---

[*]) Pieria (nova Pieria) non ultra Philippos patuit. Vide hæc Prolegomena pag. LII. not. Phagres autem inter Caválam et Am-phipolin quaerenda est, non juxta Nestum flumen.

I *

under the name of Phagres: but the event to which the origin of *Phagres* is ascribed, has reference to the fifth century before Christ; and the style of building visible in these ruins can hardly be referred to so remote a period. From this place our journey extended over a long and dreary plain, full of bogs; having upon our right a view of the sea, of *Mount Athos, Samothrace, Thasos,* and several smaller islands; and upon our left, bordering the plain from the *south-west* to the *north-east,* the lofty range of Rhodope. We met several parties of travelling *Tahtars,* the *couriers* of Turkey, going at their usual expeditious rate. Some of them halted to speak to our *Tchohodar;* and told him that they had all been detained, owing to some dissensions at a place called *Fairy,**) in the road to *Constantinople;* that the passage had been for some time closed in consequence of those troubles, but that it was now again open. After passing this desolated plain, about two hours and a half from *Charpantú,* we crossed the rapid torrent of the *Karasú* river, by a ferry of flat-bottomed barges. It was much swoln, owing to the late rains: the turbid water looked like a tide of liquid mud. This river being the Nestus of the Ancients, we inquired diligently after the ruins of Abdera, situate upon the eastern side of its embouchure; but could gain no intelligence of this most powerful city of all Thrace, the *fair colony* of the Teii, famous for its *Epicurian* philosopher, *Democritus.* To the *north-west,* at the base of a high mountain, we saw a town called *Kaiabúnar,* in a beautiful situation: above it, upon the summit, is the residence of a *Turkish* saint. Afterwards, we overtook a large caravan of *tobacco:* it was conveyed in twenty or thirty waggons, drawn by buffaloes, and going to *Constantinople.* At sunset we arrived at *Yeniga:* here we found the inhabitants discharging their *tophaikes* and pistols, to celebrate the beginning of the *Ramadan;* which made it dangerous to appear in the streets.

We found no medals, nor inscriptions, nor any other antiquities, at *Yeniga.* It contains about two hundred houses. The inhabitants are all *Turks,* who carry on a commerce in tobacco. The post is here established, or it would be a place of little note. During the whole night, the noise of a large drum, continually passing, added to the uproar of the *Ramadan:* and as it is almost an act of religious duty among the *Moslems* to prevent people from taking rest during the nights of this fast, it may be supposed that our sleep was not very sound. In the morning (*Tuesday, Jan.* 5,) before we left the town, observing that it was a market-day, we examined the things offered for sale. There was a good supply of corn and of garden vegetables; also a great quantity of timber, in planks, ready for building, brought by peasants from the mountains. Four-wheeled waggons are very generally used here; but they are slightly constructed, and ill calculated for the bad roads about *Yeniga.*

---

*) De hoc loco (Vera) v. Commentationem II. pag. 51 sqq.

The same flat and swampy plain appeared to the *east* of *Yenïga* that we had seen before we reached it; and the same ridge of high mountains throughout its whole length upon our left, extending *east* and *west*. This plain is two or three days' journey in length; and, like the rest of T h r a c e, it exhibits little worthy of observation. The sea enters into it by a narrow mouth, and forms a wide salt-water lake. We came to the edge of this lake at two hours distance from *Yenïga*. It was covered with different kinds of water-fowl: there was one of immense size, resembling a swan as to its body and neck, but having a long bill, shaped like a spoon. At the northern extremity, or inland termination of this lake, we came to a large and picturesque ruin, as of an *abbey* or *monastery*, of very great magnitude. A *paved causeway* led through the fen to and from this building. Almost the whole of the *walls*, and many of the *mural towers*, were yet standing. It had once been fortified. Within this structure we found the remains of a *church* and of a *chapel*, evidently formed out of an edifice more anciently erected to serve the purposes of war rather than those of peace; the interior of the ecclesiastical part of the building exhibiting arches that had been walled up, and walls plastered over and painted by some of the early Christians. We found fragments of *Grecian* sculpture; among others, the breast of a female statue covered with drapery, and finely executed in white marble. The remains of *portals*, or *propylaea*, were visible, with three gates in each place of entrance. There was one upon the western side of the building: and here we observed, among the foundations, the grand style of *Grecian* architecture, consisting of large blocks of marble placed evenly together without any cement. In the walls of the church we saw some large slabs of *Thasian* marble, finely grooved, as for the ornaments of a *Heathen* temple. The modern name of this ruin is *Bodr Kalis*. We shall perhaps be also able to ascertain its ancient appellation and history; for we have already afforded *data* sufficient to prove, that this was the *Citadel* of B i s t o n i a; and that the lake was the *Palus Bistonis*.*) We procured a few coins upon the spot; but they gave us no information, being all of them either *Cuphic* or *ecclesiastical*. But the situation of so considerable a *lake* in this part of T h r a c e, added to the appearance of an *ecclesiastical ruin* among the vestiges of a more *ancient citadel*, will guide us to the name of the original inhabitants to whom they belonged, and prove them to have been the *Bistonians*, a people mentioned by *Herodotus*, through whose territory *Xerxes* marched, in his way to invade *Greece*. B i s t o n i a was an *Episcopal See*, within the *Archbishopric of Trajanopolis*: **) this explains the appearance of *ecclesiastical buildings* among the ruins of the ancient *citadel*. The *lake Bistonis* is mentioned by *Strabo*; and it is called ($\mu\varepsilon\gamma\acute{\alpha}\lambda\eta$ $\lambda\acute{\iota}\mu\nu\eta$) the *great lake of*

---

*) De hac palude v. Nos in Commentatione II.   **) Traianopolitanam dioecesin illustravit
pag. 55.   Commentatio II. pag. 34 sqq.

that name. It is also mentioned by *Pliny*, and by *Scymnus Chius:* yet such appears to have been always the forlorn condition of Thrace, that we find hardly a single allusion to it in any other writer; and a feature in geography, which if found in *Greece* would have been the subject of constant allusion, is almost as little known as one of the lakes of *America*. Yet the *Bistonians* were of sufficient importance to render their name applicable, in the language of poetry, to the whole of Thrace: and in this sense they are mentioned by *Lucan*. The distance of the ruins of Bistonia (for by this name we may now call them) from *Cavallo*, agrees so nearly with that stated in the *Jerusalem Itinerary* for the interval between Neapolis and Pyrgis, that we may with good reason adopt this latter reading, instead of *Purdis*, in consequence of the *turretted* appearance of the ruins; which remarkably confirms a suggestion of *Wesseling*, in his Notes upon that *Itinerary*. The city of Bistonia is mentioned by *Stephanus*; but he takes no notice of the *lake*. The ruins are surrounded by a swamp, into which falls one of the two rivers mentioned by *Herodotus*; thence flowing into the *Lagoon*, close to the building. The air of this place is of course pestilential during summer. The land of the *Bistonian* territory appeared to us to be less cultivated than the rest of the country; owing, perhaps, to the abundance of food supplied by the fisheries upon the *lake:* it is wholly given up to pasture. We saw a fine breed of sheep here; but, as usual, it was mixed with a very bad sort.

As we proceeded, the high range of Rhodope was still upon our left, consisting of denuded mountains.*) They are called *Karowlan;* and the plain here bears the name of *Tchouagilarkir.* Our road was due *east*.

At the distance of two hours and a half from *Gymmergïne*, to which town we were going, we rode through a river, called *Kird-tchi:* it is considerable only during heavy floods.

When we were within an hour and a half of *Gymmergïne*, we passed the *ruins* of another city, or town, upon our left, called by the name of *Mycena Kalis*.**) The walls were very thick, and had been constructed of large pebbles imbedded in mortar. In another quarter of an hour we passed a river called *Aksu;* and at sun-set arrived at the large town of *Gymmergïne*, written *Commercine* by *Belon*. According to the *Pandects* of *Leunclavius*, these names are corruptions of *Gumulza*, called *Gumulzïna* by the *Turks.****) About half an hour before we entered the town, we saw

---

*) Eadem fere de istis locis jam Livius refert 38, 40. V. ejus verba in Comment. II. pag. 57.

**) En locum ipsum Maximianopoleos, quae *Misini* cett. medio aevo dicebatur. Eam civitatem uberius illustravi in Commentatione II. pag. 22—32. *Mycena* autem *Kalis* (Turcica Graecis ut alibi junguntur) est *Misini arx.*

***) Comment. II. pag. 49.

a large *tumulus*. It will be necessary here to recapitulate preceding observations; because the geography of this country is so little known, that there is no notice taken in any modern map, either of the *great plain* we had passed, or of the remarkable range of high and bare *mountains*, extending *east* and *west*, at whose feet this plain lies. The *mountains* evidently constitute a part of the great chain of Rhodope: they now bear, as was before stated, the name of *Karoulan*; and the plain is called *Tchouagilarkir*. Many villages and towns lie out of the road, upon the south side of the long *Rhodopéan* chain. In fact, if we would seek for an accurate description of this part of Thrace, it is only to be found in *Herodotus*; and upon this account, the best map of the country is that which was published by *De Lisle*, because it was adapted to the text of the historian. *Herodotus*, relating the march of *Xerxes* towards *Greece*, enumerates with great fidelity all the principal objects.

It was at *Gymmergïne* that we received the first authentic intelligence of the disastrous state of the country towards the *east;* and we heard the news that *Fairy*, a town through which it would be necessary to pass, in our way to *Constantinople*, had been taken by the rebels, and was now in their hands; its former inhabitants having fled to *Mary*, the ancient Maronéa. We found, however, from the arrival of *Tahtar* couriers, that the road was considered as being *open;* the rebels in possession of *Fairy* having given notice that travellers might pass unmolested.

Gymmergïne contains one thousand houses: of this number, *four hundred* belong to *Greeks*, *sixty* to *Jews*, *fifteen* to *Armenians*, and the rest to its *Turkish* inhabitants.

We traversed again the long and dreary *Plain of Tchouagilarkir* for two hours, when we arrived at a *bridge* of eight or nine arches. Half an hour from this bridge we passed a *small village;* and one hour afterwards another *village*, with an *ancient bridge* of eight arches over a small river. We then came to another village and a ruined bridge, distant four hours from *Gymmergïne*. In this manner we continued riding through this dreary plain for another hour, when it began to grow dark: and as the *Surudjees* were so surly, that they refused to answer any of our questions, finding that we were close to a village called *Tchafts-tcheyr*, or *Shaft-cheyr*, we resolved to halt for the night. Here a new difficulty occurred, for we could not prevail upon any of the inhabitants to lodge us: but as it gave occasion to one of the most remarkable instances of hospitality perhaps ever known, it becomes a duty to relate our adventure more particularly.

This village of *Tchafts-tcheyr* is at the eastern extremity of the great plain of *Tchouagilarkir*, and it is the last which it contains towards the *east*. We rejoiced when we left it; being heartily tired of the sight of a country with so little variation in its appearance, and so disfigured by its fens and desolated soil.

Our road from *Tchafts-tcheir* offered a continual ascent over a mountain, in an easterly direction, for an hour, until we arrived at a village called *Kallia Gederai*; situate exactly midway between *Thessalonica* and *Constantinople*. This wild and elevated region is upon the heights of the celebrated promontory Serrium, once inhabited by the *Cicones*, who assisted *Priam* against the *Greeks*; and whose capital Ismarus was therefore destroyed by *Ulysses*, in his return from *Troy*. Serrium is mentioned by *Herodotus*. There was upon this promontory, in ancient times, a little town of the same name; perhaps where *Shepshe* now stands. In the passes of this mountainous district we frequently met with aged *Greek* peasants playing upon the *tambourgi*, or long *Turkish* drum, in honour of the *Ramadan*, and thus collecting *paras* from the *Tahtars*, and from other travellers. In three hours we came to the village of *Shepshe*, where we saw a party of armed *Turks* as a patrole, keeping a look-out, to watch the incursions of the rebels, and give an alarm at their approach. Another hour's journey brought us to a place called *Peresteria*; *) and in five hours the time of our leaving *Kallia Gederai*, we came to the *dervéne*, which marks the boundary between the territories of *Gymmergïne* and *Fairy*: it is also the half-way of this mountain-pass. The road here is frequently paved; being a part of the old *Roman* military way, leading from *Rome* to *Constantinople*.**) Soon after leaving the *dervéne*, we had a fine view of the Aegean, and of the islands Samothrace, Imbros, and Lemnos. Our whole day's journey was over a mountainous region. About one hour before we arrived at *Fairy*, a noble prospect was again displayed, of all the Gulph of Aenos, with Samothrace, and the more distant islands of the Aegean Sea.

Fairy is situate upon the *eastern* side of the mountain Serrium, and at the *western* extremity of another plain, which begins after passing over this mountain; the next in succession to that of *Tchouagilarkir*. It is distant eleven hours a half from *Tchafts-tcheyr*, and within the ancient territory of the Cicones. As we drew nigh to what had been the town only six days before, we perceived that the devastations made by *Ulysses* in his march had been renewed; *Fairy* exhibited one wide heap of smoking ruins: — yet amidst these ruins we were to seek for a night's lodging.

All the former inhabitants of *Fairy* had deserted the place, and fled to another town, called *Mary*, the Ismarus of *Homer* and *Virgil*. It afterwards bore the name of Maronéa. *Stephanus* mentions the lake Maris, whence *Mary*.

---

*) Est *Peritheorium*, de quo v. Commenta-   **) V. Belonium supra pag. XXIX. XXX.
tionem II. pag. 44. 45.

Rejoicing in our escape from *Fairy*, we made good speed across the plain, and reached the banks of the *Maritza* river in three quarters of an hour, which is counted an hour's distance from the town. This river is the Hebrus of *Scylax* and *Herodotus*. We found it to be much swoln, broad, and muddy. Our passage over it was effected by means of a rope ferry with a barge. *)

This *great maritime plain*, watered by the *Hebrus*, was anciently called Doriscus, from a *regal citadel* of that name, used as a bulwark by *Darius*, in his war with the *Scythians*. A small part of it, that which intervenes between the promontory *Serrium*, and the river, was rendered famous by the review and muster of the army of *Xerxes*, who here numbered his forces, previous to their descent upon *Greece*. The same place is mentioned by *Pliny* and by *Ammianus Marcellinus*. The *regal citadel* was upon the *western* side of the *Hebrus*; as Aenos, called Apsynthus by *Strabo*, was upon the *eastern*.

The remainder of our journey this day was rendered uninteresting, over the dreary plain we had to pass. We seemed to have bidden a long farewell to beautiful scenery; nothing now being exhibited but the bleak inhospitable fields and swamps of Thrace: yet, in the distant perspective, mountains appeared all around us; the horizontal line of the sea being broken by the heights of *Samothrace*, by *Lemnus*, and by other islands. Every traveller will recollect how much shorter distances appear in mountainous regions, even when journeying slower, and over bad roads, than when traversing an extensive campaign, where the dull uniformity of the prospect causes weariness. About half the way to *Kishan*, we came to the village of *Achooria*: it is inhabited by *Greeks*. From this village, all the rest of our journey to *Kishan* **) was over the same maritime and wretched land of the Apsynthi. We arrived at *Kishan* about three o'clock in the afternoon: it is situate at the eastern extremity of the plain of the Hebrus, upon the side of a mountain, towards the termination of the range of Rhodope; distant eight hours from *Fairy*; twelve from *Aeno*, the ancient Aenos; and twelve from *Gallipoli*, the ancient Gallipolis [Callipolis].

As *Kishan* is a large town, and carries on a considerable inland commerce, we were very diligent in our inquiries among the *silversmiths* for works of ancient art.

Saturday (Jan. 9,) we left *Kishan*, and rode first to *Bulgar Kieu*, distant one hour; afterwards to *Malgara*, three hours farther towards the *east*; journeying over a hilly country, and a stony road. The mosques were in ruins, and the land desolated. At *Malgara*, however, we were surprised by the sight of fine white bread.

---

*) De ultimis v. Nos supra p. XXX. not.   **) An ibi quaerenda sunt Cypsela? V·
Comment. II. p. 58.

K

In the street of this place we saw the fragments of a beautiful *marble* cornice. Thence we proceeded five hours farther, to a place called *Develi*, or *Devili*; passing over the most bleak and solitary plains imaginable."

Atque ita quidem Clarkius, prudens istarum regionum perlustrator. Antecessorum vero itineraria num in ipsa via secum habuerit, eorumque censuram ibi egerit, dubium mihi semper visum est. Maxime tamen laudandus est, quod Egnatiae tractum diligenter persequitur; deinde verus Maximianopoleos situs eidem debetur. Hunc jam popularis eius excipiat, Henricus Holland, qui istas regiones annis 1812 et 1813 adiit. Ex hoc scriptore, rarius lecto, ea repetam, quae Egnatiae centrum spectant, Thessalonicam.

Quam civitatem cum anno 1839 illustrarem, ejus libro carebam. Quare hujus Angli narratio simul pro supplemento meorum Thessalonicensium qtodam habebitur. Libri titulus est: Travels in the Jonian Isles, Albania, Thessaly, Macedonia etc. during the years 1812 and 1813 by Henri Holland M. D. F. R. S. London 1815.

P. 308 sq. „On the morning of the 29th we proceeded to the coast, and embarked in a small bark for Salonica, accompanied by several Albanese soldiers and peasants. The distance of Salonica from this point does not exceed twenty miles, but calms or contrary wind kept us nearly eight hours on the passage. Our course lay across the gulph, at a short distance from its upper extremity, where the great plains of Macedonia terminate in extensive marshes and lagoons, through which the two large rivers, the Vardari and the Vistritza, flow to the sea. Of these rivers, the Vardari is the most considerable, rising from the mountains in the centre of the continent, and bringing down a large and constant body of water. *) This was the Axius of antiquity, to which Homer applies the name of the *wide flowing* **), and on which stood Pella, the capital of the Macedonian kings, at the distance of about fourteen miles from its mouth. The Vistritza seems to have been either the Lydias or Erigon,***) but now, as in former times, the rivers communicate by different branches while flowing through these marshy plains, and not impossibly have undergone many changes in their course. The head of the gulph is rendered very shallow by the alluvial depositions which are doubtless still going on in this situation, and which eventually may much impede the navigation of the port. At present the shoals from good fishing-grounds and numerous boats are constantly engaged in this occupation for the supply of Salonica and other towns on the coast."

---

*) Hos fluvios illustravi in Thessalonicensibus pag. 287—314.

**) Iliad. lib. II, 849. — The Axius had its origin from the groupe of mountains formerly called Scardus.

***) Erigon est Tzerna, non Ludias. V. Commentationem I. pag. 41.

„The approach to this city from the sea is very imposing.*) It is seen from a great distance, placed on the acclivity of a steep hill, which rises from the gulph at its north-east extremity; surrounded by lofty stone-walls, which ascend in a triangular form from the sea, and surmounted by a fortress with seven towers. The domes and minarets of numerous mosques rise from among the other buildings, environed, as usual, by cypresses, and giving a general air of splendour to the place. In approaching the city, we passed among the numerous vessels which afforded proof of its growing commerce, and at six in the evening came up to one of the principal quays, the avenues of which were still crowded with porters, boatmen and sailors, and covered with goods of various description."

P. 313. „The first two or three days of our residence at Salonica were chiefly occupied in surveying the interior of this city, well known to antiquity under the name of Thessalonica, and at the present time one of the most considerable towns in European Turkey.**) The most ancient appellation of the place was Therma, derived, in common with that of the gulph, from hot springs which still exist in several places upon the coast. The Macedonian Cassander, who enlarged and embellished the city so much as to merit the title of its founder, gave it the name of Thessalonica in compliment to his wife, the daughter of Philippe of Macedon. Cicero resided here some time during his banishment from Rome; and many of his letters to Atticus, who was then at his estate in Epirus, are dated from Thessalonica. At the period when the Apostle Paul visited the place; it appears to have been large, populous, and wealthy; and the Byzantine historians speak much of its splendour and importance.***) The massacre of 15,000 of its inhabitants, from the sudden fury of Theodosius, is well known to history, as well as the severe expiation required of that monarch by the intrepid Ambrose. In the decline of the Greek empire the city was taken by William King of Sicily, and at a still later period made over by one of the Palaeologi to the Venetians.†) The latter, however, enjoyed their possession but a few years, Thessalonica falling into the power of the Turks in 1431 [immo 1430], to whose empire it has ever since been subject."

Pag. 314 et 315. „In its present state, Salonica is exceeded in population only by Constantinople, and possibly by Adrianople, among the cities of European Turkey, and in the extent of its commerce is probably second to the capital alone. Its general

---

*) V. Thessalonicensia pag. 2.

**) Ibid. pag. 6 sq.

***) See the description of Thessalonica by Joannes Cameniates, in his narrative of the capture of the city [904] by the Barbarians (*during the time of Leo*). Also the excla-

matory eulogium of Demetrius Cydonius in describing the same event [immo rebellionis a. 1342]. Tzetzes, in his Chiliads, speaks of Thessalonica as πόλις λαμπρότατη.

†) De his omnibus vide Thessalonicensium prolegomena.

K *

situation and the magnificence of its external appearance have already been noticed. The circumference of the city, as determined by the walls, probably exceeds five miles. This included area has the form of an irregular triangle; the sea-wall being the base, and the apex of the triangle being formed by the castle, which surmounts and commands the town. Nearly the whole of this area is occupied by buildings, only a small interval of rocky ground being left between the city and the fortress. The interior of Salonica presents the same irregularity, and many of the same deformities which are common in Turkish towns. *) The rapid ascent of the hill diminishes this evil in the upper part of the town; and on the whole, as respects cleanliness and internal comfort, Salonica may contrast favourably with most other places in Turkey or large size and population. It certainy gains greatly in the comparison, if activity or business be admitted as a criterion of superiority. Except in those quarters where the principal Turcs reside, there is a general appearance of life and movement which forms a striking contrast to the monotony of a Turkish town. The quays are covered with goods; numerous groupes of people are occupied about the ships or the warehouses, and the Bazars are well stocked, and perpetually crowded with buyers and sellers. They are in fact chiefly Greeks or Jews who are thus occupied, people ever ready to seize any opening which may be offered to commercial ndustrie, and ever ingenious in meeting and frustrating the political oppressions under which they labour. At the time when we visited Salonica, the great and sudden influx of trade to that port had afforded such an opening of the most faia vourable kind; and the character of Jussuf Beys governement was such, as not, in any material degree, to check the progress of industry."

Pag. 315—16. „The style of building in Salonica is entirely Turkisch; and as in Joannina, the houses of the principal inhabitants, Greeks as well as Turks, have small areas connected with them, generally occupied by a few trees. The foliage intermixed with the buildings, however, forms a much less striking feature here than in Joannina; and the general appearance of the city is that of greater compactness and uniformity. The Bazars, which are situated in the lower part of the town, are very extensive, forming several long but narrow streets. As is common in this country, they are shaded either by trellises with vines, or by project wooden sheds, with branches of trees thrown across the intermediate space. The dealers, as I have already stated|, are principally Greeks aud Jews, with a large proportion of the latter nation. The shops are well filled with manufactured goods and colonial produce; but in the display of jewellery, shawls and the richer articles of oriental dress appear to be inferior, to those of Joannina. In looking through the Bazars we observed a great abundance of caviare exposed to sale in the different shops: the sturgeon, from

---

*) Horum plurima in Thessalonicensibus Anglo multo uberius exposui.

which this is obtained, is caught in the Black Sea; and the caviare is brought thence in large quantity, for the supply of the Greeks, in different parts of Turkey, who make much use of this article during the long fast prescribed by their religion."

P. 316. „The number of minarets in Salonica contributes to the exterior magnificence of the city; and some of the mosques to which these belong, are worthy of notice from their size and antiquity. Attended by a Janissary, in the service of Mr. Charnaud, we visited the two most considerable; formerly the Greek churches of Santa Sophia, and Demetrius, but now converted to the purposes of the Mohammedan worship. The Santa Sophia was erected by the command of Justinian; the model of the edifice, though on a much larger scale, being the celebrated church of that name at Constantinople, and Arthemius, the architect of both. There is something venerable and imposing in the approach to this building. It stands in the midst of an area shaded by cypresses and other ancient trees; a large marble fountain is opposite to the great doors of the church; and detached portions of the original edifice, now partly in a ruinous state, are seen at intervals through the trees. We entered the interior of the mosque, a privilege depending upon usage, which in all cases is omnipotent among the Turks. The floor, as is usual in Mohammedan churches, is entirely covered with mats or carpeting upon which were kneeling in different places eighteen or twenty Turks, each singly and silently engaged in religious worship. With what ever sentiment the tenets of their religion may be regarded, it is impossible not to be struck with the decorum, or even dignity of devotion, which is manifested externally in the worship of this people. It was necessary to comply with their usage in taking of our shoes before we trod on the carpet of the mosque, or could advance underneath the large and lofty dome which forms the most conspicuous feature in the building. The interior, in its present state, exhibits but few of those decorations which gave splendour to the edifice in its original character of a Greek church. A sort of stone rostrum, however, is shown here reputed by the Christians of the city to be that from which St. Paul preached to the Thessalonians. I am note aware on what this tradition is founded."

Pag. 317. „The mosque, once the Greek church of St. Demetrius, is of large size, and remarkable for the number and beauty of the ancient columns which support and adorn it. The loftiness of the building has admitted two heights of gallery; each, as well as the roof, supported by a tier of columns passing round the church. The total number is said to be three hundred and sixty. Some of these columns are of marble, some of *vert-antique*, others of sienite and a very beautiful porphyry. We visited the stone sepulchre of St. Demetrius in a cell adjoining the church, where a lamp is kept burning, chiefly, as it seems, to enable the Turk, who shews the place, to require a few coins from the visitor of the tomb. St. Demetrius was the patron saint of the city, famed for his martyrdom, and for various miracles which are recorded in the Byzantine history. A subterranean church is connected with the mosque, erected, it is said, on the side of the Jewish synagogue, where St. Paul preached to the people of Thessalonica." *)

There are few remains in this place belonging to a more remote antiquity. A triumphal gate, erected after the battle of Philippi, in honour of Augustus, has lost its former splendour by being made a part of the modern walls of the city. A work of greater magnificence is a triumphal arch of Roman brick, cased with marble, which traverses one of the principal streets. This is said to have been erected in honour of Constantine the Great. Originally there was a small arch on each side; but these are now blocked up; and in other respects the work is much defaced by time. Some fine bas-relief groupes still, however, remain on the piers of the arch; one representing a triumphal procession; a lower compartment describing the events of a battle; — the sculpture not without a grod deal of spirit. **) In the middle of the city, a singular ruined structure is seen, forming in its present state the entrance to the area of a Greek house, — a Corinthian colonade, of which four columns now remain, supporting an entablature, on which are corresponding pilastres, six feet in height. On each side of this upper colonnade are four figures in full length, now so far defaced by time, that it is not easy to make out all their characters. It seems probable, however, that three of those on one side represent Victory, Bacchus, and Ganymede; while on the other are the figures of Leda and Ariadne, a male figure, and that of a female in profile. This edifice is supposed to have been the entrance of the ancient circus of Thessalonica; and if so, the scee of the dreadfull massacre directed by Theodosius. It is stated, though I know not on what authority, to have been built in the time of Nero. It does not appear that the columns ever exceeded five in number." ***)

P. 318. „The walls of Salonica are lofty and well built. The castle forms a larg distinct area, separated from the city by a transverse wall, the greater part of which enclosure is either vacant, or occupied by irregular buildings. At its highest point stands the fortress, surmounted by seven towers, like that of the capital of

---

*) Ecclesias Thessalonicenses uberius illustravi l. c. pag. 107—144., marmor autem viride in Thessalonicensibus (Appendix. Cap. III. pag. 439—457). De viridi Lacedaemoniorum marmore et de Ophite egit Franco-Gallus B o b l a y e in academia scientiarum Parisina 24. Jun. 1833. Lectionem suam repetiit in libro: Expédition scientifique de M o r é e, sect. des scienc. phys. Vol. II, géogr. et géol. tom. 2. (Paris. 1834. pag. 129 sqq.). Adde ibidem tabulas iconographicas Vol. V., ser. II., tab. VIII, 3.

**) Pococke speaks with great admiration of these bas-reliefs: and M. Beaujour, in his „Tableau du Commerce de la Grèce" depreciates them in an equal degree. Perhaps the truth is between these two writers. M. Beaujour, however, is certainly too luxuriant in his description of the figures on the Corinthian colonnade of Salonica.

***) De his v. Nos l. c. pag. 157—176.

Turkey. The view from this point is extensive and magnificent. The city, and its numerous minarets are immediately below the eye; beyond these the expansion of the gulph, and the vast barrier of the Olympus chain towards the west; and in a northerly direction, the widely-spreading plains of Macedonia, and the rivers which pursue a tortuous course through them towards the sea. Pella, the ancient capital of the Macedonian kings, stood upon these plains; and its situation, even from this distance, is marked with some certainty, as well by the course of the rivers, as by the eminence on which stood the fortress of the city, described by Livy to be like an island rising out of the surrounding marshes.*) Towards the north of this tract of level country, a lofty range of mountains occupies part of the horizon; the modern name of which is said to be Xerolivado. In the same direction from Salonica is the large and populous city of Seres, the residence of Ishmael Bey, and the seat of his local government.“

P. 319. „The view from the castle of Salonica, towards the peninsula of the ancient Pallene, is limited by the mountain called Chortehadje, **) a few miles to the south-east of the city; on the sides of which hill, ice is preserved in wells during the whole year for the use of the population of Salonica. I cannot speak with certainty of the geological character of this peninsula; but I believe it probable, that there is a good deal of primitive country in its extent. Mount Athos is known to be composed of primitive rocks, marble, a compound of hornblende and felspar, etc. The hill on which Salonica is built, appears to be entirely composed of mica slate; a fact I first noticed in the open space beetween the city and the fortress, where there are many abrupt projections of this rock, exhibiting a great inclination of the strata. The mines of gold and silver near Philippi, and in other parts of Macedonia, are mentioned by various writers of antiquity.“ ***)

„The population of Salonica, in its present state, probably exceeds seventy thousand souls. I have heard it estimated as high as ninety thousand; but in this statement there appears to be some exaggeration. It is certain, however, that the number of inhabitants has been much increased within the last few years, owing in part to the extended commerce of the place, partly to the settlement of numerous emigrants who have fled hither to shun the power or the vengeance of Ali Pascha. The population is composed of four distinct classes, Turks, Greeks, Jews and Franks; the last comprizing all those inhabitants who are natives of the other parts of Europe, whether English, French, Germans, or Italians. The Turks probably form somewhat less

---

*) V. Commentationem I. pag. 52 – 57.

**) This mountain is probably the ancient Bermium at the foot of which stood the city of Berroea. Edessa was situated beyond Pella in the same district. Angli mons Bermium [Bermius] plane diversus est a Chortaeto, de quo v. Thessalonicensia pag. 138. 252 sqq.

***) Ibid. pag. 268 sq.

than half the whole population of the city. Though thus intermixed with other
communities of people, they preserve all their peculiar national habits, and a greater
facility of exercising them than their countrymen of Joannina. In walking through
those quarters of Salonica, which are chiefly inhabited by these people, we were
more than once exposed to insult from the young Turkish boys, who, with the accustomed opprobrious epithets, amused themselves by throwing stones at us. In a
case of this kind, it would have been fruitless to remonstrate, and dangerous to offer
violence in return."

P. 320. „The number of Greek families in Salonica is said to be about two
thousand. The greater part of this population is engaged in commerce; and many of
the Greek merchants resident here, have acquired considerable property from this
source. The trade they carry on, is in some measure subordinate to that of the Frank
merchants of Salonica; but they have likewise extensive independent connections with
Germany, Constantinople, Smyrna, Malta, and various parts of Greece. They do
not possess so much reputation in literature as their countrymen of Joannina, owing
perhaps to the difference which their situation produces in the nature of their commercial concerns. I have visited, however, the houses of some of the Salonica
merchants, in which there where large collections of books, including as well the
Romaic literature as that of other parts of Europe. Salonica is one of the Greek
metropolitan sees, to which eight suffragan bishoprics are annexed. The Greeks have
a number of churches in the city, the principal of which is called the Rotundo,
rendered remarkable by the domes rising from its roof, and giving an air of splendour
to its external appearance."

„The Jews form a large portion of the population of the city, and the number of
houses occupied by this people is estimated at between three and four thousand. The
community is of Spanish descent, and settled here under certain conditions of pro-
tection and privilege, which appear to have been faithfully executed on the part of
the Turks. The Jews of higher class obtain a livelihood chiefly as brokers, or
retail-dealers in the Bazars; the greater number are employed as porters on the
quays, and in other similar offices. They exhibit the same active diligence here as
elsewhere; but the repute of fraudulent habits goes along with that of industry;
and the Jews of Salonica are characterized in a saying of the country, as a people
whom it is the business of every stranger to avoid."*)

„The Frank population of Salonica is confined to the lower quarter of the
city, but has latterly been much extended in number by the increasing commerce of
the place."

---

*) This saying conveys a caution, „to shun the Greek of Athens, the Turk of Negropont,
and the Jew of Salonica."

Ultimus viatorum, cuius verba ipsa cum meis annotationibus supplementorum Thessalonicensium instar repetam, est Carolus Eduardus Zachariae, Heidelbergensis. Libri ab eo editi titulus est: Dr. E. Zachariä's, correspondirenden Mitgliedes des archäologischen Instituts zu Rom, Reise in den Orient in den Jahren 1837 und 1838. über Wien, Venedig, Florenz, Rom, Neapel, Malta, Sicilien und Griechenland nach Saloniki, dem Berge Athos, Konstantinopel und Trapezunt. Mit einer Karte des Berges Athos. Heidelberg, in der akadem. Buchhandlung von I. C. B. Mohr. 1840.

„... Endlich erhob sich ein leichter Wind, der die Oberfläche des Meeres kräuselte und die Segel zu füllen begann. Das Schiff ging vorwärts, von zahlreichen Delphinen begleitet. Wir fuhren zwischen Dromi und Skopelos hindurch; auf der letzteren Insel ist ein Kloster zur heiligen Dreieinigkeit (τῆς ἁγίας Τριάδος, in welchem sich einige Handschriften, namentlich eine alte medicinische mit Bildern, befinden sollen. Gleich hinter Skopelos war in nordnordöstlicher Richtung der Berg Athos zu sehen, ein steiler Kegel, der einsam in neblicher Ferne aus dem Meere emporstieg. Jetzt wurde der Wind stärker: es war ein frischer Emwátis (ἐμβάτης), wie der Wind genannt wird, der in regelmässigem Wechsel in den thermäischen Busen zu wehen pflegt.*) Als es Nacht wurde, steuerte das Schiff lustig nach dem Golfe zu.“

„Bei Tagesanbruch waren wir bei dem Vorgebirge Kassandra, rechts noch immer den Berg Athos am fernen Horizonte erblickend, zur Linken den Pelion und Ossa, und vor uns den hohen, schneebedeckten Olymp. In dieser Umgebung ging es eilends weiter: wir legten mehr als zwei deutsche Meilen in der Stunde zurück. Nach Mittag umschifften wir das Vorgebirge Karaburnu,**) auf welchem die Ruinen eines alten Castelles zu sehen sind, und hatten Saloniki vor Augen. Von allen Seiten segelten grössere und kleinere Schiffe nach der Stadt, mit uns den günstigen Wind benutzend, während ein Dampfboot, nach Konstantinopel fahrend, uns entgegen kam. Endlich um drei Uhr Nachmittags warfen wir auf der Rhede von Saloniki die Anker....“

„Saloniki (Selanik, Salonica), von den gebildeteren Griechen noch jetzt Θεσσαλονίκη genannt,***) liegt am nordnordöstlichen Ende einer weiten Bucht, die von den Vorgebirgen Karaburnu und Wardar eingeschlossen ist, und ist am Abhange eines Hügels erbaut, der einen Ausläufer des hohen Berges Chortiatsch bildet. Auf der Höhe befindet sich eine Citadelle, zu den sieben Thürmen (Ἐπταπύργιον) genannt, ein unregelmässiges Viereck, welches sich von Osten nach Westen ausdehnt. An die

---

*) I. e. *intrans* (sinum), coll. lexicis Graecis s. vv. ἐμβατεύω et ἐμβάτης, quamquam eam vocis significationem ut tot alia ibi non deprehendi. Hunc ventum ex Actis Sanctorum, Io. Cameniata et Anglo Chandlero illustravi in Thessalonicensibus p. 220 sq.

**) *Ecbolum* Byzantinorum, de quo v. Nos in Thessalonicensibus pag. 214. Ibi fere Aeneae rudera quaerenda esse videntur. Castelli reliquiae quodnam seculum spectant, ego non inveni.

***) Thessalonica pag. 4 sqq.

L

Citadelle stossen die hohen Stadtmauern. Die östliche Mauer senkt sich in grader Richtung und Anfangs ziemlich steil nach dem Meere hinab: sie hat zwei Thore, das eine dicht an der Citadelle, wo der Weg in die Berge geht, das andere mehr in der Ebene und nicht fern von dem Meere, durch welches die Strasse in wohlbebaute Gefilde (Καλαμίρια) mit freundlichen Dörfern führt.*) Die westliche Mauer geht in einem Halbkreise von der Citadelle sanft absteigend nach dem Meere hinab: auch sie hat zwei Thore, das eine in halber Entfernung von der Citadelle, das andere näher dem Meere, das Thor des Wardar genannt. Durch dieses Thor führt die Strasse aus Albanien, vom Wardarflusse, dem alten Axius, kommend, in die Stadt, und zu demselben Thore geht die Strasse nach Konstantinopel wieder hinaus.**) Die östliche und westliche Mauer werden, wo sie am Meere auslaufen, durch eine dritte Mauer verbunden, welche dem Ufer entlang zieht, durch mehrere Batterien vertheidigt wird, und in der Mitte ein Thor hat, das vom Bazar nach dem Hafen führt. Ein eigentlicher Hafen ist indessen nicht vorhanden:***) die grösseren Schiffe liegen zerstreut auf der Rhede umher, und die kleineren Boote werden an's Land gezogen. Rings um die Mauern der Stadt sind Kirchhöfe; sie sind jedoch nicht mit Cypressenwäldern geschmückt, wie sonst gewöhnlich die türkischen Begräbnissplätze, wahrscheinlich damit ein Angriff auf die Stadt durch ein solches Versteck nicht erleichtert werde. Die Stadt selbst ist innerhalb der Mauern erbaut: theils auf der Fläche, die sich zwischen dem Meere und dem Fusse des Hügels ausdehnt, theils terrassenförmig auf dem Abhange des Hügels selbst. Gleich unterhalb der Citadelle jedoch und an der östlichen Mauer, wo der Hügel steil herabfällt, ist ein bedeutender Raum gänzlich öde und unbewohnt. †) Der untere Theil der Stadt, wo das regeste Treiben herrscht, ist weniger gesund: die Strassen sind eng, und die Stadtmauern verschliessen den erfrischenden Seewinden allen Zugang. Dagegen die Häuser in den höher gelegenen Theilen der Stadt sind nach dem Meere zu unverdeckt: überall geniesst man einer entzückenden Aussicht nach Süden auf den Golf und den dahinter emporsteigenden Olymp, zuweilen auch nach Westen auf die weite Ebene des Axius, die von mächtigen Gebirgen umgeben ist. ††)"

„Saloniki gilt nach Konstantinopel für die bedeutendste Stadt in der europäischen Türkei, als Festung und Waffenplatz, und zugleich auch als Handelsstadt. Sie steht unter dem Befehlshaber von Rumelien, der hier einen stellvertretenden Pascha hat.

---

*) Thessalonica pag. 98—107. Καλαμίρια (i. e. καλὰ μέρη) sunt *amoenior pars agri Thessalonicensis,* i. e. Authemus veterum (quasi Florida). Spectatur meridies Thessalonicae.

**) Aliud mihi pridem visum est. V. meam Thessalonicam pag. 99 sqq., coll. ibi Beaujourio et Ciarkio. Verum Ernestum Zachariae melius aliis istam rem, ut tot alia, perspexisse indubie equidem confido.

***) De portu antiquo v. Nos l. c. p. 208—211.

†) Munimenta cum arce illustravi l. c. pag. 176 — 207.

††) V. Nos l. c. pag. 2.

Die Befestigungen bestehen aus den Stadtmauern, der Citadelle, einem Fort am Meere in der Nähe des Wardarthores, und einigen Batterien am Hafen: die Garnison ist gegenwärtig gering. Handel wird besonders mit Holz, Frucht und Tabak, und den Fabricaten der Weber und Färber getrieben: gegen die früheren Zeiten soll er freilich bedeutend gesunken sein. Jetzt sieht man meist nur türkische oder griechische, zuweilen auch österreichische, Schiffe auf der Rhede vor Anker: englische und französische Schiffe kommen nur selten nach Saloniki."

„Die Stadt zählt gegenwärtig, nachdem die Pest im Jahre 1837 viele Tausende hinweggerafft hat, an 40,000 Einwohner: Türken, Juden, Griechen, Franken, Armenier *) und Zigeuner, die beiden letzteren in unbedeutender Anzahl. Indessen ist diese Angabe, wie alle Nachrichten von der Einwohnerzahl der orientalischen Städte, nichts weniger als völlig zuverlässig. Genaue Zählungen werden nirgends vorgenommen: und die annähernden Schätzungen gehen gewöhnlich von verschiedenen Grundlagen aus. Der Grieche nemlich berechnet die Bevölkerung einer Stadt nach der Zahl der Familien, der Türke aber nach der Zahl der Köpfe, von welchen die Kopfsteuer entrichtet wird: aber weder der eine noch der andere Massstab für die Berechnung kann als sicher betrachtet werden."

„Die höher liegenden und gesunderen Theile der Stadt sind meist von Türken oder von Griechen bewohnt; beide sind der Zahl nach einander so ziemlich gleich. Die Griechen von Saloniki stehen auf einer weit niedreren Stufe der geistigen und sittlichen Ausbildung, als ihre Mitbrüder im freien Griechenland: entweder weil der Druck der türkischen Herrschaft fortwährend auf ihnen lastet, oder weil ein verderbteres byzantinisches Blut in ihren Adern fliesst."

„Die Stadttheile, welche dem Meere entlang gelegen sind, werden hauptsächlich von Franken und Juden bewohnt, deren Quartiere durch den Bazar von einander getrennt sind. Die europäischen Consuln und die unter ihrem Schutze stehenden Kaufleute wohnen zumeist zwischen dem Bazar und dem Wardarthor: die fränkische Bevölkerung beläuft sich auf ungefähr 4000 Seelen. Die Juden, welche ziemlich die Hälfte der Einwohner bilden, wohnen in dicht bevölkerten Strassen auf der anderen Seite des Bazars, zwischen diesem und dem östlichen Thore der Stadt. Sie besitzen mehrere Synagogen und eine grosse Schule mit bedeutender Bibliothek, und haben fast allen Handel in ihren Händen. Schon zur Zeit, als der Apostel Paulus Thessalonike besuchte, scheint die Zahl der daselbst ansässigen Juden nicht unbeträchtlich gewesen zu sein: ebenso in der späteren byzantinischen Zeit, wo ihrer Uebergriffe in die Vorrechte der Christen Erwähnung geschieht. **) Die heutigen Juden indessen sind meistentheils Nachkommen zahlreicher jüdischer Familien, welche zu Anfang des sechzehnten Jahrhunderts durch heftige Verfolgungen aus Spanien vertrieben worden waren,

---

*) V. Nos l. c. pag. XVIII sq.   **) Thessalonica pag. XIV sq. LXXVI. 497.

L *

und sich in Saloniki niedergelassen hatten: daher sich die Juden von Saloniki der spanischen Sprache noch heut zu Tage im gewöhnlichen Leben bedienen. Ein Theil der damals eingewanderten Juden ging zum Islam über: indessen wurden diese Renegaten von ihren neuen Glaubensgenossen niemals ganz als ihres Gleichen betrachtet. Ihre Nachkommen, Mamíns genannt, werden auch jetzt noch von den Türken mit misstrauischem Auge betrachtet: im Ganzen zwar befolgen sie die Vorschriften des Propheten, sollen aber insgeheim noch andere religiöse Gebräuche bewahren. Sie sind leicht zu erkennen, da sie regelmässig einen weissen Turban tragen und unter einander in dem verderbten Juden-spanisch zu reden pflegen.“

„In der ältesten geschichtlichen Zeit kommt Saloniki unter dem Namen Therma vor. Der Name wird von heissen Mineralquellen abgeleitet, von denen jedoch heut zu Tage weder in der Stadt selbst, noch in der nächsten Umgegend eine Spur zu entdecken ist.*) Therma erscheint schon zur Zeit der Perserkriege und später im peloponnesischen Kriege als eine nicht unbedeutende Stadt. Ungefähr um das Jahr 315 v. Chr. hiess der König Kassander die Bewohner mehrerer benachbarten Städte nach Therma übersiedeln, und gab zugleich der Stadt den Namen Thessalonike, nicht zum Andenken eines über die Thessalier erfochtenen Sieges, wie spätere Schriftsteller gemuthmasst haben, sondern zu Ehren seiner Gemahlin, einer Tochter des Königs Philipp von Macedonien, welche Thessalonike hiess. Als später im Jahre 168 v. Chr. Macedonien unter die Botmässigkeit der Römer kam und als Provinz eingerichtet wurde, erhielt Thessalonike die Rechte einer freien Stadt (libera civitas), und wurde zugleich die Hauptstadt desjenigen Theiles von Macedonien, der den Namen *Macedonia secunda* führte. Bedeutend als Schlüssel zu der grossen macedonischen Ebene und durch seine Lage am Meere, deren Vortheile durch einen künstlichen Hafen damals noch vermehrt worden zu seyn scheinen, **) spielte die Stadt in den bürgerlichen Kriegen der Römer eine wichtige Rolle, und erscheint auch unter den konstantinopolitanischen Kaisern als eine der Hauptstädte des Reichs. Mit Erfolg widerstand Thessalonike den wiederholten Angriffen der Gothen, Hunnen, und besonders der Slaven, welche seit der zweiten Hälfte des sechsten Jahrhunderts die Stadt unaufhörlich beunruhigten, in der Umgegend mehr oder weniger dauernde Wohnsitze einnahmen, und erst zu Ende des achten Jahrhunderts der Herrschaft der byzantinischen Kaiser unterworfen wurden. Im Jahre 904 aber wurde Thessalonike von Saracenen, die aus Syrien mit einer Flotte herangeschifft waren, grausam geplündert.***) Später (1185) †) kam die Stadt in den Besitz der Abendländer, in deren Händen sie, nach kurzer Rückkehr unter byzantinische Herrschaft, bis zum Jahre 1430 blieb, wo sie von den Türken unter Murad II. erobert wurde.“

---

*) De his omnibus v. Thessalonicam p. 7—28.
**) Ibid. pag. 208 sqq. Spectatur vero seculum IV post. Chr. V. Nos ibidem.

***) Thessalonica, prolegg. pag. I—CVII.
†) Eustathii opuscula pag. 267—307.

„Saloniki besitzt ausser den alten Säulen und Grabsteinen, die man hin und wieder in den Strassen oder den Höfen der Häuser erblickt, oder den alten Sarkophagen, die als Brunnentröge gebraucht werden, noch zahlreiche andere Denkmäler, welche an die älteren und ältesten Zeiten erinnern. Von den Palästen der römischen Kaiser und Präfecten, von dem Theater, welches wahrscheinlich am Abhange des Berges im östlichen Theile der Stadt gelegen war, *) ist zwar keinerlei Spur zu entdecken. Dagegen ist der grosse Hippodrom **) noch jetzt seiner ganzen Ausdehnung und Form nach ganz deutlich zu erkennen. Es ist ein länglicher, freier Platz, der von Norden nach Süden läuft und ringsum mit Häusern umstellt ist; an der langen, westlichen Seite ziehen sich alte Gewölbe hin, die einst den Unterbau für die Sitze der Zuschauer gebildet zu haben scheinen, und gegenwärtig zu Färbereien benutzt werden. — In der Mitte der Stadt stehen in dem Vorhofe eines Privathauses vier corinthische Säulen, auf deren Architraven eine zweite Ordnung von Pilastern mit Caryatiden ruht: sie heissen die Incantadas, die verzauberten Figuren. Es sind die Ueberbleibsel einer Halle, mit welcher vielleicht das alte Forum umgeben war. Die Grösse der Säulen, Architraven und Pilaster, die sämmtlich aus Monolithen bestehen, spricht für ein hohes Alter derselben, wenn gleich die Sculptur an den Caryatiden mehr an die Zeiten der sinkenden Kunst erinnert.***) — In der Citadelle endlich sind noch die Ueberreste eines Triumphbogens vorhanden, eines Ehrendenkmals für den Kaiser Antoninus Pius, und ein anderer grossartiger Triumphbogen wölbt sich über die Hauptstrasse, die nach Kalameria führt.†) Der letztere ist aus Backsteinen und Sandsteinquadern aufgeführt, und mit Sculpturen verziert, die dem vierten oder fünften Jahrhunderte anzugehören scheinen. Eine Sage, die wahrscheinlich von französischer Erfindung ist, lässt ihn zu Ehren Constantins des Grossen errichtet seyn.“

„Die hohen Mauern, von denen die Stadt umgeben ist, scheinen zum Theil von den Türken oder Byzantinern, zum Theil aber auch von den Römern erbaut, und stellenweise selbst noch älter zu seyn, als die Zeiten der römischen Herrschaft. Namentlich in der Nähe des Wardarthors lässt sich der Bau verschiedener Zeiten deutlich erkennen. Das Wardarthor selbst ist zum Theile ein römisches Bauwerk: einst ein Triumphbogen aus weissem Marmor und mit vorzüglichen Bildhauerarbeiten geschmückt, ist es jetzt freilich zu einem engen, unscheinbaren Festungsthore verun-

---

*) Thessalonica pag. 157 sqq. De studiis Thessalonicensium curulibus ibidem egi in Prolegg. p. XXXIV., quibus addo Procopium histor. arc. cap. 1., ubi narrat, Belisarium, Justiniano imperatore clarum, habuisse conjugem, cuius avus et pater aurigandi artem Constantinopoli et Thessalonicae professi erant.

**) Ibid. pag. 165 sqq.

***) Ibid. pag. 174 sq.

†) Anthemus veterum significatur, e meridie civitatis nostrae. V. Thessalonicam pag. 255 sq. Et consentire mecum audio Thessalonicensium doctos.

staltet worden. Von dem Wardarthore aufwärts ist der untere Theil der Mauer — der obere rührt von byzantinischer Ausbesserung her — aus grossen, länglichen Quaderstücken aufgeführt. Die Höhe der Quader beträgt in der Regel 1½ Fuss, die Länge aber beläuft sich zuweilen auf 10 bis 12 Fuss. Es sind diese Quader auf sonderbare Weise behauen. Die vier Kanten, an welchen sie mit einander zusammenstossen, sind durch einen, etwa vier Finger breiten, erhöhten Rand ausgezeichnet: ein jeder Quaderstein sieht einem Brunnentroge ähnlich, dessen Aushöhlung begonnen, aber kaum bis zum zwanzigsten Theile vollendet ist. Mir ist nirgends Mauerwerk vorgekommen, das aus ähnlich behauenen Steinen bestände; und ebensowenig erinnere ich mich in den Reisebeschreibungen Anderer eine Auskunft über den Ursprung und das Alter, oder auch nur eine allgemeine Erwähnung desselben gefunden zu haben. Es wäre möglich — und ist nicht unwahrscheinlich, da weder die Römer noch die Byzantiner oder Türken mit solchen Quadern gebaut haben — dass diese Theile der Mauern von Saloniki noch aus der Zeit der macedonischen Könige stammen." *)

„Die Mauern der Stadt, insofern sie der ältesten oder älteren Zeit angehören, beweisen zugleich, dass Saloniki von Alters her im Ganzen denselben Umfang hatte, den es auch gegenwärtig noch hat. Nur in Südosten ist die Mauer, wie es scheint, von den Lateinern oder den Türken weiter hinausgerückt worden, als sie zur Zeit der Römer war. Auf dieser Seite, weil hier eine Landung am leichtesten zu bewerkstelligen war, haben in älteren Zeiten die Feinde regelmässig die Stadt berannt. **) Die alten Mauern scheinen bei Gelegenheit dieser Angriffe völlig zerstört worden zu seyn, so dass es hier später nothwendig wurde, eine neue Mauer zu erbauen. Dass aber diese weiter hinausgerückt worden sei, beweisen mehrere Sarkophage, die in einem Hause an der Hauptstrasse, zwischen dem Thore, welches nach Kalameria führt, und dem, mehr nach dem Innern der Stadt gelegenen, sogenannten Constantinischen Triumphbogen, im vergangenen Jahre bei einem Neubaue ausgegraben worden sind. Jener Triumphbogen bezeichnet wahrscheinlich die alte Grenze der Stadt nach Osten hin, und die Strasse scheint von da an zu beiden Seiten mit Sarkophagen und anderen Grabmälern besetzt gewesen zu seyn, wie dies ausserhalb der Mauern bei den alten Städten gewöhnlich war."

„Die aufgefundenen Sarkophage sind drei an der Zahl: ein grosser und zwei kleine. Sie sind von thracischem Marmor. Der grosse Sarkophag steht noch in der Erde versteckt, so dass die Verzierung der Seitenwände nicht zu erblicken ist; der Deckel aber ist abgehoben. Man fand im Innern die Gebeine eines Mannes und einer Frau, und verschiedenen Schmuck, der grösstentheils von dem österreichischen Consul aufgekauft und dem Wiener Antikencabinete übermacht worden ist. Auf dem Deckel

---

*) Eadem mea plane sententia est. V. Thes-   **) Haec monui l. c. pag. 101. 189.
salonicam pag. 176 — 200.

sind zwei halbliegende Figuren, eine männliche und eine weibliche, in Lebensgrösse,
von vorzüglicher Arbeit: der Mann stützt seine Rechte auf die linke Achsel der Frau.
Die Köpfe sind leider von den Türken sofort abgeschlagen worden, und werden jetzt
in einem nahestehenden Schuppen aufbewahrt. Hier stehen auch die zwei kleinen
Sarkophage, die man ausgegraben hat; sie haben ungefähr 2 Fuss in der Länge, und
1 Fuss in der Höhe und Breite, und sind nur mit Guirlanden in Hautrelief auf den
Seiten verziert. Bei Eröffnung derselben fanden sich in dem einen Kinderknochen:
der andere war ganz mit einer röthlichen Erde gefüllt. Daneben hat sich in der Erde
eine Inschrift gefunden, die jedoch mit keinem der Sarkophage in Verbindung stand.
Sie lautet:

ΛΕΤΚΙΩ ΠΟΠΠΙΩ ΑΤΚΤΩ ΕΤΩΝ ΙΘ ΛΕΤΚΙΟΣ ΠΟΠΠΙΟΣ
ΚΙΜΒΡΟΣ ΚΑΙ ΠΟΠΠΙΑ ΚΑΛΛΙΤΤΧΗ ΟΙ ΓΟΝΕΙΣ.

Die Gelehrten von Saloniki geben wegen dieser Inschrift den drei Sarkophagen den
Namen eines Grabmals des Poppius, und denken dabei an den Poppaeus, der im
Jahre 31 v. Chr. Statthalter von Macedonien war, [*] aber freilich den Beinamen
Sabinus, und nicht Cimber, führte."

„Eine Moschee, Eski-Dschuma [der alte Freitag], früher eine christliche (τῆς ἁγίας
παρασκευῆς, d. h. zum Charfreitag noch jetzt von den Griechen genannt), soll in alter Zeit
ein heidnischer Tempel gewesen seyn; und dasselbe pflegt man von einer anderen Moschee zu behaupten, welche die alte Metropolitankirche (ἡ παλαιὰ μητρόπολις) heisst und im Osten der Stadt in einiger Vertiefung liegt, indem sich der Bo-
den ringsum erhöht hat. Die erstgenannte Moschee mag in der That ein Tempel gewesen seyn: dass er der Venus geheiligt war, hat man wohl nur aus dem Umstande
gefolgert, dass er als Kirche und Moschee nach dem Tage der Venus oder dem Frei-
tag zubenannt wird. [**] Die alte Metropolitankirche dagegen ist wahrscheinlich zu kei-
ner Zeit ein Tempel heidnischer Götter gewesen; wenigstens fehlt es durchaus an
hinreichenden Gründen, um sie für einen Cabirentempel zu erklären. Sie ist eine
einfache Rotunde, die ihr Licht nicht durch die Kuppel, wie die altrömischen Bauten
von ähnlicher Art, sondern durch hohe Fenster erhält, welche schwerlich erst von
den Christen in die 18 Fuss dicken Seitenmauern gebrochen worden sind. Schon des-
wegen, und weil weder innen noch aussen eine Spur von Säulen ist, die doch bei
einem antiken Baue dieser Art nicht gefehlt haben würde, scheint die alte Metropolitankirche von ihrer Entstehung an dem christlichen Gottesdienste bestimmt gewesen zu
seyn. Die Kuppel, die in Form eines Aufsatzes auf den starken Seitenmauern ruht,
hat ganz die Gestalt der byzantinischen Kuppeln; im Innern ist die Decke derselben
mit byzantinischer Mosaik verziert, welche allerlei Gebäude und Figuren in verschie-

---

[*] Tacitus Annal. 5, 10. 6, 39.   [**] Thessalonica pag. 172 sq.

denen Abtheilungen darstellt. *) In dem Vorhofe steht eine grosse Rednerbühne, welche
die Form unserer Kanzeln hat: sie ist aus einem einzigen Marmorblocke gearbeitet
und mit Sculpturen verziert. Die Griechen von Saloniki erzählen, dass es die Kanzel
sei, auf welcher der Apostel Paulus gepredigt habe; die Sculpturen sind aus heidnischer Zeit oder doch Erzeugnisse heidnischer Kunst.‟

„Im Mittelalter war Saloniki unter den griechischen Christen berühmt wegen der
vielen und prachtvollen Kirchen, die es noch ausser den ebengenannten besass. **) Jetzt
beten die griechischen Christen zu ihrem Gotte in den bescheidneren Tempeln oder Ka-
pellen, die ihnen von den Türken allein noch übrig gelassen worden sind: die grösseren Kirchen sind alle in Moscheen verwandelt worden. Darunter zeichnen sich aus
die Heilige Sophia, ***) einst die Kathedralkirche, ein schönes Gebäude, welches dem
sechsten Jahrhunderte zugeschrieben zu werden pflegt, aber wohl jüngeren Ursprungs
ist; und der Heilige Demetrius, dessen Grabmal in einer Krypte, von einer
ewigen Lampe matt erleuchtet, noch jetzt von den Imams gezeigt wird. †) Diese Kirche
oder Moschee ist ein merkwürdiges Gebäude. Obgleich sie unzweifelhaft ein byzantinisches Werk des achten Jahrhunderts ist, so trägt sie doch nicht den Typus byzantinischer Kirchen an sich, sondern gleicht ihrer Form nach vielmehr den altlateinischen
Basiliken. Man ist versucht, sie für ein lateinisches Bauwerk zu halten, oder doch
daran zu denken, dass sie zur Zeit, wo Saloniki unter fränkischer Herrschaft stand,
als Hauptkirche der Lateiner eine bedeutende Veränderung erlitten habe. Indessen ist
von einer wesentlichen Umgestaltung keinerlei Spur zu entdecken: und die Kirche des
heiligen Demetrius war also eine von den wenigen alten byzantinischen Kirchen, die
nach den Zeiten von Justinian erbaut worden sind, ohne doch ihren Grundzügen nach
auf dem Plane zu beruhen, nach welchem Justinian die grosse Sophienkirche zu Konstantinopel durch den Baumeister Anthemius hatte aufführen lassen.‟

„Die Anzahl und Pracht der Kirchen, mit denen Thessalonike geschmückt war ††),
stand in genauer Beziehung zu dem hohen Range, welchen es unter den christlichen

---

*) Metropolitanam Thessalonicensium ec-
clesiam illustravi l. c. p. 130 sq. Eam num
locus Innocentii III. (Epist. ed. Baluz. Vol. 2.
pag. 632.) respiciat, mihi etiamnunc in obscuro esse videtur. Ergo summus Papa-
rum Romanorum l. c.: *Matrici ecclesiae
Thessalonicensis.* Idem ibidem (pag. 619)
habet archidiaconatum Thessalonicensem.
Ceterum ego Latinos tum Sophiana ecclе-
sia ut metropoli sua usos puto, Graecos sua
Metropoli (a vetere, turcice *Eski-Mitropoli*), coll. subscriptione Graeca, quam nuper publici juris fecit vir clarissimus C. E.

Zachariae in Commentatione academica,
cuius titulus est: Ἀνέκδοτον. Lib. XVIII.
tit. I. Basilicorum cum scholiis antiquis.
Heidelbergae 1842. En ipsam subscriptio-
nem (l. c. p. VI): Ὁ σακιλλάριος τῆς ἁγιω-
τάτης μητροπόλεως Θεσσαλονίκης καὶ ταβουλ-
λάριος (sic) Ἰερεμίας (sic) διάκονος ὁ Χειμα-
δὖς βεβαιῶν ὑπέγραψα.
**) De sequentibus v. Nostram Thessaloni-
cam p. 107 — 144.
***) Thessalonica pag. 108 sqq.
†) L. c. pag. 115—135.
††) Thessalonica pag. 101 sqq.

Städten des Orients behauptete. Von dem Apostel Paulus gestiftet, musste die christliche Gemeinde von Thessalonike bei den benachbarten Christen von Alters her in besonderem Ansehn stehen. Im Anfange des vierten Jahrhunderts ward ihr ein neuer Ruhm durch den Märtyrertod, welchen der h. Demetrius, ein eifriger Freund und Beschützer der Christen, unter dem Kaiser Galerius zu erdulden hatte.[*] Bald darauf erscheint der Bischof Alexander von Thessalonike auf der Kirchenversammlung zu Nicäa als Vertreter fast aller Gemeinden von Illyrien, Macedonien, Thracien, Thessalien und Griechenland: und seit der Mitte des fünften Jahrhunderts ist Thessalonike der Sitz der kirchlichen Oberbehörde für die ganze Präfectur Illyrien.[**] Bis zu den Zeiten des Schisma's zwischen der lateinischen und griechischen Kirche wurde der römische Pabst von den Metropoliten von Thessalonike als Oberhaupt anerkannt, und während des Bilderstreites scheinen sie standhaft die Bilderverehrung vertheidigt zu haben, so dass sie der Stadt den Beinamen der „orthodoxen" erwarben. Aber grade dadurch mochte Thessalonike an seinem alten Range in der Kirche verlieren, als die Trennung von Rom begann und durchgeführt wurde. Seit dem zehnten Jahrhunderte waren dem Metropoliten von Thessalonike elf Bisthümer untergeordnet; später hat sich die Zahl derselben verringert, indem das eine Bisthum selbst zu einer Metropole, das andere zu einem Erzbisthume ernannt worden ist, und einige sogar gänzlich zu existiren aufgehört haben, so dass gegenwärtig der Metropolit von Thessalonike nur noch sieben Suffraganbischöfe zählt."

„Thessalonike war in byzantinischer Zeit ein Sammelplatz für die griechischen Geistlichen und Mönche, und Bildung und Wissenschaftlichkeit erhielt sich hier bis zum völligen Untergange des oströmischen Reichs."[***]

Egi de Belonio, Paulo Luca, Cousinerio, Beaujourio, Clarkio, Zacharia.[†]. Bondelmontium, Dapperum, Chandlerum, Pocockium, Pouquevillium, Huntium, Leakium tum in hac mea dissertatione respexi, tum in Thessalonicensibus non uno tantum loco: maximopere Leakium ultimo libro. Acta igitur agere hoc loco nolebam, eam quoque ob causam, quod e. g. Leakius in Macedonia orientali minus diligenter versatus mihi videbatur.

In meis Byzantinis usus quoque sum Stephano Gerlachio,[††] populari meo, olim prof. Tubingensi, et Martino Crusio, item professore Tubingensi. Huius Turcograecia (Basileae 1579. Fol.) varia mihi suppeditavit, cum de Macedonia sacra agerem.

---

[*] De S. Demetrii reliquiis egi l. c. p. 132 sq.
[**] Historiam Thessalonicae sacram illustravi l. c. prolegg. pag. XXXI sqq. Adde ipsam dissertationem pag. 45—98.
[***] L. c. pag. 94 sqq.
[†] V. haec prolegg. pag. XVII.

[††] Stephan Gerlach, des Aelteren, Tagebuch der von 2 glorwürdigsten R. Kaysern, Maximiliano und Rudolpho, beyderseits den andern dieses Namens, höchstseligen Gedächtniss, an die Ottomannische Pforte zu Constantinopel abgefertigten, und

M

Et haec fere **historia** est viae Egnatiae. Alia addam in stationum singularum expositione.

III.
CONSILIUM EGNATIAE MUNIENDAE.

Consilium viae Egnatiae muniendae e Cicerone patet (orat. de provinciis consularibus cap. 2.): *Macedonia sic a barbaris, quibus est propter avaritiam pax erepta, vexatur, ut Thessalonicenses, positi in gremio imperii nostri, relinquere oppidum et arcem munire cogantur; ut via illa nostra, quae per Macedoniam est usque ad Hellespontum,* [*] *militaris, non solum excursionibus barbarorum sit infesta, sed etiam castris Thraciis distincta ac notata.* Inserviit igitur transmittendis in Macedoniam Asiamque exercitibus Romanis. De viis autem militaribus Romanorum vide Comment. II. *praef.*

IV.
TEMPUS EGNATIAE MUNITAE.

Tempus, quo via Egnatia Thessalonicam ducens munita videtur, supra attigimus (p. IV.). Fuit ea pars Polybii aetate absoluta, i. e. brevi post Macedonas devictos. Reliqua incerta sunt, et primum quidem, num viae initium duplex, sc. illud, quod a Dyrrachio, quodque ex Apollonia proficiscens, circa Albanopolin iungitur, eodem tempore munitum fuerit, an alio. Id quod magis etiam ambiguum fit, si quis Plinium inspexerit H. N. 3, 11. (16): *Hydruntum .. ad discrimen Ionii et Adriatici maris, qua in Graeciam brevissimus transitus: ex adverso Apolloniatium oppidum, latitudine intercurrentis freti L (?) millia non amplius .. Brundusium .. portu nobile, ac velut certiore transitu, sic utique longiore, excipiente Illyrica urbe Dyrrachio CCXXV.* Erat igitur Apolloniam, erat Dyrrachium transitus ex Italia, frequentiâ non impar: Apollonia vero Italiae propior fuit, quam Dyrrachium. Quare ab illa viam inchoatam putabis. Probabilius tamen mihi semper visum est, ex urbe potiore, Dyrrachio, initio fuisse viam munitam; estque, ut supra monuimus, ex hac urbe via in Macedoniam paulo brevior rectiorque. [**] Fuit tamen Apollonia quoque haud ignobilis,

---

durch den wohlgebohrnen Herrn Hrn. David Ungnad, Freyh. zu Sonnegk und Preyburg etc., Römisch-Kaiserl. Raht, mit würklicher Erhalt - und Verlängerung des Friedens, zwischen dem Ottomannischen und Römischen Kaiserthum und demselben angehörigen Landen und Königreichen etc. glücklichst vollbrachter Gesandtschaft .. herfürgegeben durch seinen Enkel, M. Sam. Gerlachium, Special-Superintendenten zu Gröningen. Mit einer Vorrede Tobiä Wagneri etc. Frankfurth am Mayn, in Verlegung Ioh. Dav. Zauners. 1674. fol. De Gerlachio v. inprimis Schnurreri orationes academicas pag. 113 — 129. Adde Nostrum programma academicum anno 1827. editum: Ex Ioanne Dociano, oratore Byzantino, excerpta Crusiana, p. III.

[*] Apud Ciceronem minus diligenter dictum est *usque ad Hellespontum*. Dicere debebat *ad Cypsela, prope ad Hellespontum.*

[**] Caesar b. c. 3, 79.: *Caesarem Apollonia a directo* (in Macedoniam) *itinere averterat.*

et secunda fere post Dyrrachium Illyrici urbs, quod e Cicerone consequi videtur orat. in *L.* Pisonem 40: *Dyrrachium et Apollonia exinanita* (a L. Pisone). Atque ab Apollonia in Epirum Graeciamque tendentibus via maxime patuit, a Dyrrachio iis, qui Macedoniam cum Thracia et Hellesponto petebant.

　　Eadem obscuritas posteriorem totius vitae partem obtinet, sc. orientalem, quae Thessalonicam et Cypsela jungit. Cicerone tamen posterior esse non potest. Is enim primus scriptorum, qui aevum tulere, de ea loquitur oratione de provinciis consularibus cap. 2., quem locum supra attuli p. XC. Ubi Thraces, viam obsidentes, claro testimonio sunt, a Cicerone notari partem eius orientalem. Terram enim, quae ex ora Strymonis orientali patet, Thraciam dictam constat.

　　In ultimis adversarium habeo Burmeisterum (Zimmermanni Zeitschrift für die Alterthumswissenschaft. 1840.). Is igitur, cum horum prolegomenorum, quae multo iam uberiora repeto, censorem ageret (l. c. p. 1150 sqq.), haec scripsit:

　　„Herr Professor Tafel zweifelt (S. 4 und S. 20), ob der östliche Theil der Egnatischen Strasse schon zu Polybius Zeiten vollendet gewesen sei. Diess ist nach Livius [*]) 37, 7. (postero die commeatus exercitui paratos benigne, pontes in fluminibus factos, *vias*, ubi transitus difficiles erant, *munitas* vidit. — Inde non per Macedoniam modo, sed etiam Thraciam prosequente et praeparante omnia Philippo, ad Hellespontum perventum est; 39, 28. redet König Philipp: „insequenti consuli, L. Scipioni, quum terra statuisset ducere exercitum ad Hellespontum, non iter tantum per regnum nostrum dedi, sed *vias* etiam *munivi*, pontes feci, commeatus praebui: nec per Macedoniam tantum, sed per Thraciam etiam) nicht zu bezweifeln. Dieser Theil der Landstrasse verdankt dem L. Scipio, der den kühnen Plan fasste, den Antiochus durch einen Marsch durch Macedonien und Thracien zu bekriegen, seine Entstehung. Dagegen ist der westliche Theil von Thessalonich bis Apollonia wahrscheinlich erst nach der völligen Eroberung Macedoniens (168 v. Chr.) vollendet worden. Die Strasse muss jedoch auch bald nach der Unterwerfung Macedoniens vollendet worden seyn, weil sonst Polybius dieselbe nicht mit so genauer Angabe ihrer Ausdehnung hätte erwähnen können. Vor der Eroberung Macedoniens wagten die Römer nicht, den Weg durch Illyrien zu nehmen, sondern wählten den Weg durch Thessalien (Liv. 44, 1 ff.). [**]) Besonders wichtig wurde aber diese Strasse, als in den Kriegen mit Mithrida-

---

[*]) „Livius folgt hier wahrscheinlich dem Polybius, wie überhaupt in der Erzählung der griechischen Geschichte (33, 10.: Polybium secuti sumus, non incertum auctorem quam omnium Romanarum rerum, tum praecipue in Graecis gestarum). Vergl. 34, 50. 36, 19.“

[**]) Veterem tamen barbarorum tramitem per Candaviam quoque nullo non tempore diu ante Macedonum Romanorumque imperium extitisse, equidem non dubito. Themistocles vero, quum Molosside relicta Aegaeum mare peteret, Thessaliam penetrare debebat, non Macedoniam superiorem.

M [*]

tes die Unsicherheit des Meeres und der klägliche Zustand der Flotte die Römer nö-
thigte, ihren Weg durch Macedonien und Thracien nach Asien zu nehmen. Cicero
erwähnt dieselbe als Heerstrasse (via militaris) in seiner Rede de prov. cons. c. 2., und
ist selbst auf derselben gereist (ep. ad Atticum 3, 7. 8, 22.). Die in der Nähe derselben wohnenden illyrischen und thracischen Gebirgsvölker machten sie jedoch
oft zu Cicero's Zeiten unsicher."

    Quaedam de his notanda videntur. Occidentalem Egnatiae partem, Italiae
sc. magis vicinam, primum munitam puto post subactam Macedoniam; dehinc orientalem, remotiorem, incertum, quo tempore. Id suadet ipsa rerum Romanarum ratio
et natura, aliud statuente Burmeistero, qui orientalem viae partem ante occidentalem
munitam fuisse existimat. Quibus tamen argumentis nisus sit, quum ista scriberet, ego
nondum inveni. Livii certe verba de *viarum Macedonicarum et Thracicarum mun
tione* nil faciunt ad rem nostram. Etenim vox *munire* non uno tantum loco idem est,
quod *reficere*, minime *de novo facere*, coll. Cicerone de provinciis proconsularibus
cap. 2.: „Macedonia .. sic a barbaris .. vexatur, ut Thessalonicenses .. reliquere
oppidum et arcem *munire* cogantur." Jam quid ibi est *munire*? An *de novo facere*? Immo
emendare et munitiorem facere (arcem). Eundem sensum habet *Thessalonicae munitio* apud Ciceronem orat. in Pisonem c. 17. Arcem enim urbemque munitam ante
Romanorum dominatum habebant, coll. Thessalonica pag. 176 sqq. 202 sqq. Simillime
Graecorum οἰκίζειν haud raro idem est quod ἀνοικίζειν (instaurare, restituere), coll.
Pindaro pyth. I, 68 sq.: Τοῦ μὲν (Aetnae montis) ἐπωνυμίαν κλεινὸς οἰκιστὴρ ἐκ ύ-
δανεν πόλιν γείτονα; ubi significatur urbs Aetna (Catana), per Hieronem I., Syracusanorum regem, instaurata, non de novo condita. Ergo B. Egnatiae partem orientalem Macedonibus deberi contendit. Nec tamen Idem perspexit, ultimo Livii loco (39, 28)
Philippum gloriari de sua erga Romanos benevolentia; dicere igitur Macedonem de-
buisse: *vias restitui, pontes refeci*. Via enim pridem patebat inter Byzantium et
Strymonem, coll. Thucydide 2, 97. Revera vias, „*ubi transitus difficiles erant*,"
Macedo *refecit* (nil amplius), Romani vero suarum munitionum moles *continuas*
veterum tramitibus imposuerunt; quam viarum longiorum sternendarum rationem Graecis omnino vix antea cognitam fuisse autumo, cum *strata* rarissime apud eos occur-
rant, coll. meis Dilucidationibus Pindaricis Vol. I. pag. 804 sq. ibique not. 33.

    Burmeisterus deinde l. c. p. 1148. duplicem sectionem Egnatiae *occidentalem*, sc.
quae ab Apollonia venit, quaeque a Dyrrachio, Heracleae coire dicit. Immo in loco Clodianis hoc factum esse constat, coll. Commentatione I. p. 15 sq. 22 sq. — Idem ibidem stationes inter Apolloniam (cum Dyrrachio) et Thessalonicam duas enumerat, Heracleam
et Pellam. Sed fuere multo plures, de quo v. Comment. I. p. 14—57. — Utra deinde
hujus sectionis pars brevior alterā fuerit (Burm. l. c.), hoc in tanta numerorum Latinorum corruptela nondum extricare potui. — Viam autem Dyrrachinam faciliorem alterā
fuisse, idem narrat (p. 1148), quanquam utraque sectio ante Candaviam coiit, sc. in

loco Clodianis. Candavia igitur tum iis peragranda erat, qui Dyrrachium reliquerant, tum iis, qui Apolloniam, coll. ibidem Burmeistero l. c., qui addit: „Auch war der Weg von Dyrrachium und Apollonia der schwierigste und ödeste." Ergo de faucibus inter Thessalonicam et lacum Prasiadem, dein de faucibus Christopolitanis (Cavála), de Tempyris, de faucibus Cypselorum earumque salebris, rell. non cogitavit vir clarissimus. — Ibidem Julii Caesaris errorem (b. civ. 3, 79.) circa Heracleae situm notare debebat; Lychnidus enim (Okri) Candaviae subjecta fuit, non Heraclea Lynci. — Alexandri M. pater, *Philippus*, Pellam regni sedem fecisse narrat Burmeisterus l. c. p. 1149.; hoc tamen antecessor quidam fecisse putandus est. Pellae enim Philippus solummodo educatus fuit, eamque auxit (Strabo in Exc. libri 7, 9. Idem 16, 2, 10.). — Pellae portus Thessalonica non fuit, sed unum ex navalibus Macedonum, ut et Kïon cum Amphipoli, coll. Arriano exped. Alexandri 1, 11. — Thessalonicam (Thermam) quis condiderit, nemini notum esse puto: nomen debet Cassandro (Thessalonica, prolegg. p. VIII sqq.). — Portum Thessalonicensem fecit Constantinus M. (Zosimus 2, 22.). — Barbari, Ciceronis aevo Egnatiam infestantes, non sunt Illyrii et Thraces, sed soli Thraces, coll. contextu Ciceroneano; ergo ibi sola orientalis viae sectio spectatur. — Lychnidum (Bulgarorum *Okri*) medio aevo emporium magni momenti fuisse tradit Burmeisterus, citans Fallmerayerum Nostrum (Geschichte der Halbinsel Morea während des Mittelalters. Vol. I. p. 227). Ibi tamen ea, quae vult B., non leguntur. — Constantinum M. viam nostram inter Cypsela usque ad Constantinopolin prolongasse, verisimile putat B. Ego diu ante hoc factum crediderim. — „Nundinas (*Jahrmarkt*)' Constantinopolitanas a Constantinopoli Thessalonicam translatas fuisse per Leonem V imp. (a Chr. 893), refert B. Verum huius facti plane alius sensus est. Bulgari, inter Danubium inferiorem et Constantinopolin mercaturam exercentes, ab imperatore Byzantino vexati ludibrioque habiti, aliam postmodum viam commercii sui eligebant, eam sc., quae inter Belegradam et Thessalonicam patet (Thessalonica, p. 221 sqq.) — Normanni Siculi, a Dyrrachio venientes, non tantum Amphipolin attigerunt, sed multo ulterius progressi sunt, sc. usque ad Maximianopolin (Commentatio II. p. 25.). — Bulgarorum defectio a. 1185 non totam Egnatiam infestavit, sed partem ejus orientalem. — Balduinus Flandrus et Bonifacius a. 1204 sq. non a Thessalonica Cpolin venerunt, sed a Cpoli Thessalonicam: Constantinopolin enim mari adierant, qua capta per terram continentem veteris sensus Macedoniam petebant, coll. Comment. II. pag. 26—29. — Postremo malum viae nostrae statum primordiis imperii Turcici, i. e. non seculo XIV, sed XV deberi, contendere debebat B.

Verum haec ignoscat censor censori. Quae tamen Idem bonae frugis plena de magno Egnatiae tandem aliquando reficiendae momento ibidem suasit, immo persuasit, ea laudavi in Commentatione I. p. 1. not.

V.

GENERALIA DE EGNATIAE PARTE OCCIDENTALI.

Iam vero aggredimur *priorem viae Egnatiae partem,* i. e. *occidentalem,* quam ab Adria ad sinum Thermaicum Thessalonicamque ductam fuisse, e Strabone supra (p. LII) memorato intelligitur. De ea in antecedentibus sunt quaedam praeoccupata.

Terrae gentesque, quas haec viae pars penetravit, praeter Straboniana verba supra allata ex eodem scriptore cognoscuntur l. c. §. 8. p. 326: Τῆς γὰρ Ἐπιδάμνου καὶ Ἀπολλωνίας μέχρι Κεραυνίων ὑπεροικοῦσι Βυλλιονές τε καὶ Ταυλάντιοι καὶ Παρ-θῖνοι καὶ Βρύγοι[°]) πλησίον δέ που καὶ τὰ ἀργύρια τὰ ἐν Δαμαστίῳ. Περισάδιές τε συνεστήσαντο τὴν δυναστείαν, καὶ Ἐγχελίους καὶ Σεσαρασίους (l. Δασσαρετίους) καλοῦσι· πρὸς δὲ τούτοις Λυγκησταί τε καὶ ἡ Δευρίοπος, καὶ ἡ τριπολῖτις Πελα-γονία, καὶ Ἐορδοὶ καὶ Ἐλίμεια καὶ Ἐράτυρα .. Διὰ δὲ τούτων ἐστὶ τῶν ἐθ-νῶν ἡ Ἐγνατία ὁδός, ἐξ Ἐπιδάμνου καὶ Ἀπολλωνίας. I. e. *Supra Epi-damnum atque Apolloniam usque ad montes Ceraunios habitant Bulliones, Tau-lantii, Parthini, Brygi: ibidem alicubi sunt Damastii argentifodinae. Et Peri-sades regnum acquisiverunt, eosque Enchelios et Dassaretios vocant. Post hos ve-niunt Lyncestae et Deuriopus et Pelagonia tripolitis; tum Eordi, Elimea et Era-tyra .. Per has gentes via Egnatia ducit, ex Epidamno et Apollonia.* Populos quatuor primo loco memoratos ego inter Epidamnum cum Apollonia et lacum Lychnitida quaero: quo singuli ordine habitarint, nondum inveni. Gentes subse-quentes ad lacum modo memoratum collocandae videntur. Lyncestae Eordique Mace-doniae superioris incolae sunt (Strabo l. c.), coll. Comment. I. p. 37—43.

Quam longa haec viae pars fuerit, Polybius Strabonis supra allatus ostendit: fuere M. P. 267. Huic summae tabula Peutingeriana satis respondet: habet enim, compu-tatis stationum mensuris, M. P. 279 (deest mensura Lychnidi). Itinerarii Antoniniani pars prior (via a Dyrrachio Thessalonicam) praebet summam M. P. 280.; maiorem posterior pars eiusdem Itinerarii (via ab Apollonia Thessalonicam), sc. M. P. 307.; maximam Itinerarium Hierosolymitanum (via a Thessalonica Apolloniam), sc. M. P. 319.

De ultimis quaedam notanda videntur. Eodem spatio eandem in viam eos venire Strabo supra allatus ait, qui ab Apollonia, et qui a Dyrrachio proficiscantur. Hoc tamen itinerariorum mensurae parum convenit; iis enim testibus via Apolloniae longior est, quam Dyrrachina. Et recte quidem, ni falluntur geographi novitii, qui viam, quae a Dyrrachio Albanopolin (Elbassanum, putant) ducit, tertia parte breviorem faciunt, quam ea est, quae a ruinis Apolloniae eodem ducit: Albanopoli vero utraque via iungi putatur.[**]) His praemissis per se patet, quid de Plinii loco satis noto iudicandum sit,

---

[*]) Parthinos et Bullienses Cicero quoque iungit orat. in L. Pison. 40: *Parthini et Bulliones illusi* (a L. Pisone). De Brygis v. Commentationem I. p. 34 sq.

[**]) Mea tamen dubia de Itinerariorum men-suris numerisque supra aperui p. XCII fin., eademque contra Leakium repetii non uno tantum ipsarum Commentationum loco.

ubi mensura viae nostrae Dyrrachinae narratur. Ille igitur H. N. 4, 17 (10): *Ad hanc* (Thessalonicam) *a Dyrrachio CXIV millia passuum.* Nihil agunt, qui pugnam inter Polybium Pliniumque ita dirimi posse putant, ut Plinius de via recta, Polybius de anfractibus eiusdem viae loqui dicatur. Immo Plinius scribere debebat *CCLXVII.,* quod satis patet ex eodem scriptore ibid. cap. 18 (11): *Intus Philippi colonia: absunt a Dyrrachio CCCXXXVI M. P.* Philippi a Thessalonica absunt secundum mensuras veterum M. P. XC vel C., itinere orientali, coll. veterum itinerariis. Quod haud multum abludit a summa Polybiana, quae viam inter Dyrrachium Thessalonicamque spectat, exceptis M. P. fere XXX, quae Plinii librarius suae mensurae addere debebat.

Age vero recentiorum scriptorum expositiones de *mensura viae locorumque situ et natura* adiiciamus. Felix Beaujour in Voyage militaire dans l'empire Othoman T. I. p. 204 sqq.: „Il y a un sentier qui en se dirigeant à l'ouest s'élève brusquement de Monastir [Heraclea] sur la chaîne grecque vers le bourg et le lac de Drenovo; d'où il descend dans la vallée du Genusus vers le bourg de Dévol. La route ordinaire se dirige plus au nord, s'élève en remontant le cours des eaux sur le plateau, où l'on voit le bourg de Resna, au milieu d'une riante prairie; et laissant à gauche à une lieue vers le sud le bourg et le lac de Presba, encaissé entre de hautes montagnes, elle monte par une rampe roide, bordée à droite d'un bois de chênes et à gauche d'un torrent profond, sur la crête nue qui couronne la chaîne grecque. Cette chaîne est presque toujours couverte de neige, et elle est hérissée de pointes de rochers, au milieu desquels on aperçoit çà et là quelques bouquets de hêtres. On la traverse du sud-ouest au nord-ouest, et l'on descend par un escarpement rapide, à travers un terrain schisteux et profondément sillonné par les eaux, sur le lac Lychnidien vers la ville d'Ochrida, située à l'entrée de l'Albanie. La crête de la chaîne grecque est dentelée vers le point où on la passe, et la plupart des dentelures paraissent granitiques; mais ses flancs sont schisteux jusqu'à une très-grande hauteur. La montée sur le revers oriental pourrait être adoucie, parce que le terrain y est coupé en pentes larges; mais il serait très-difficile d'adoucir la descente sur le revers occidental à cause de la brièveté des rampes et de la hachure du terrain. Ce terrain descend en pentes brusques sur le lac Lychnidien, et dans certains endroits il paraît coupé à pic. L'entrée de la Macédoine est donc aussi difficile de ce côté que de tous les autres: ce qui a fait dire à un historien ancien, que c'est vaincre que d'y entrer: *introisse victoria fuit.*"

„Il y a de Thessalonique à Pella sept lieues, de Pella à Yenidjé deux, d'Yénidjé à Vodina six, de Vodina à Castranitza sept, de Castranitza à Flûrina dix, de Flûrina à Monastir six, de Monastir à Resna sept, de Resna à Ochrida six, en tout de Thessalonique à Ochrida 51 lieues. *Cette route présente partout des vestiges d'une ancienne voie, et paraît suivre le tracé de la voie Egnatienne, qui se prolongeait* *de Lychnidus à travers les monts Candaves, jusqu'à Dyrrachium, éloigné de Lychni-dus de 29 lieues. La voie Egnatienne avait donc dans toute sa longueur environ 80 lieues,*) et elle traversait l'Axius à Géphira, la chaîne grecque au col de Resna et les monts Candaves vers les sources du Genusus. Ses stations principales étaient Gephira, Pella, Edessa, Scurium, Cellae, Heraclaea, Nicaea, Pylon, Lychnidus, Scampis, Claudiana, Dyrrachium; et si l'emplacement de plusieurs de ces stations est encore inconnu, c'est qu'on ne l'a pas cherché avec soin. **) La route de Thessalonique à Dyrrachium était une des plus belles que les Romains eussent construites dans la Grèce, et elle liait par la ligne la plus courte, Rome à Constantinople.*"

Priusquam viam Dyrrachinam continuamus, alia libet apponere ex eodem scriptore, quae spectant vias a palude Lychnitide Macedoniam petentes. Ergo **Felix Beau-jour** ibid. p. 340 sq.: „La route de Macédoine se dirige au sud-est, remonte le Drin jusque vers Stronga à sa sortie du lac Lychnidien; et côtoyant ce lac sur sa rive occidentale depuis Stronga jusqu'au bourg de Starova, elle va franchir vers le village de Vinia les monts Candaves, pour descendre vers Gortcha dans la vallée du Génusus, qu'elle remonte jusqu'au bourg de Dévol et même jusqu'à celui de Piatza, pour aller passer la chaîne grecque vers les sources de la Biclista, et descendre avec cette rivière en Macédoine: *c'est la route de Castorie.*"

„Une autre route se sépare de la première à Stronga, côtoie le lac Lychnidien sur la rive orientale et va par Ochrida et le monastère de Saint-Naoüm passer la chaîne grecque vers le bourg de Drenovo, pour descendre avec un affluent de l'Éri-gon en Macédoine: *c'est la route de Monastir.*"

„Une troisième route s'élève directement d'Ochrida sur la chaîne grecque vers le bourg de Resna, et descend à Monastir avec un autre affluent de l'Érigon: *c'est l'an-cienne voie Egnatienne.*"

„Ochrida est située vers le point d'intersection des deux dernières routes, sur la rive orientale du lac Lychnidien, au pied d'un cône tronqué qui s'avance dans le lac, et dont le sommet aplati est couronné par une citadelle, flanquée de tours et de redans. Cette citadelle a quatre ou cinq cents toises de développement, et passe pour une place

---

*) Felix Beaujour ibidem hanc addit notam: „Strabon, d'après Polybe, lui donne seule-ment 267 milles romains ou 71 lieues ⅓, et l'itinéraire d'Antonin 280 milles ou 74 lieues ⅔.. Danville n'a donné à la voie Egnatienne que 60 lieues, parce qu'il avait trop rétréci la projection de la Grèce; mais on doit lui en donner au moins 75 et même 80, si l'on a égard à ses nom-breux détours." His adde Nostrum Con-spectum (Comment. I; p. 4).

**) Iter per Macedoniam superiorem atque Albaniam quam periculosum sit, nemo nescit. Omnes ibi pervolant, non mo-rantur, neque aliter nisi largo militum comitatu stipati. Eamque ipsam ob cau-sam docti recentiores nil fere de Egnatia occidentali narrant. Quid? quod dubium mihi magis magisque videtur, Leakiusne et Felix Beaujour ista deserta ipsi unquam adierint. Idem de Pouquevillio statuo.

très-ferte, parce que les approches en sont difficiles, et qu'elle n'est dominée d'aucun côté; mais on peut l'incendier avec quelques obus, attendu qu'elle est encombrée de maisons. On y compte quatre à cinq mille habitants, presque tous employés au transport des marchandises qui viennent de la Macédoine ou qui y vont, et elle est la résidence d'un pacha à deux queues, dépendant de celui de Monastir."

„Le lac d'Ochrida, l'ancien lac Lychnidien, a sept lieues de long du sud au nord sur trois ou quatre de large de l'est à l'ouest, et il occupe, comme le lac d'Yanina, un plateau élevé entre la chaîne grecque et un autre chaîne, qui en forme comme le dernier gradin: c'est la chaîne des monts Candaves."

„Le Drin naît à six lieues au sud-est d'Ochrida, au pied du monastère de Saint Naoüm, traverse le lac du sud au nord dans toute sa longueur, et en sort à une lieue et demie d'Ochrida, vers le bourg de Stronga. *) Quelques voyageurs ont présumé que l'ancienne Lychnidus occupait l'emplacement de cette ville; mais d'autres ont cru en reconnaître les ruines à cinq lieues plus au sud, vers le monastère de Saint-Naoüm." **)

Pouquevillius in Voyage de la Grèce, ed. II. Vol. III. p. 63 sqq.: „Au sortir de Stronga on suit pendant une heure les débris d'une chaussée pavée qui a dû faire partie de la voie Egnatienne. En tournant de là au S. O., on entre dans un défilé creusé par les eaux d'un torrent, qui se décharge dans le lac Lychnidus. Au bout d'une heure, en remontant son cours, on tourne à l'O., pour franchir un col étroit, qui aboutit à un bassin marécageux. On traverse cette flaque d'eau sur une chaussée pavée de douze pieds de largeur, qui aboutit à un autre défilé. Avant d'y entrer on laisse à 'droite sur le penchant d'une colline, un village Arnaout, ayant en regard une vieille forteresse, dont on est séparé par une rivière, qui forme un marais."

„A cette distance on est à quatre lieues d'Ochrida, et on pénètre dans une gorge servant de lit à une rivière dont le cours se dirige à l'O. C'est probablement une des sources mères du Scomius, fleuve d'Illyrie grecque, mentionné par les anciens. On suit ses berges et on le traverse pendant trois heures de marche, sans avoir aucunes habitations en vue. La voie presque impraticable s'élargit à cette distance, et on plonge sur la vallée du Scomius que les Schypetars appellent Bregoui — Scome. Bientôt après on trouve des champs cultivés, on aperçoit des villages épars sur les coteaux, et on arrive au fleuve qui coule du midi au nord. On prolonge sa rive droite jusqu'à un pont en pierre d'une seule arche sur lequel on le passe pour arriver au village de Cucuse, situé en montagne. On prend, afin d'y monter, une chaussée de quatre pieds de largeur, qui a trois quarts de lieu de développement pour

---

*) On regarde dans le pays la source de Saint-Naoüm, une des plus belles de la Grèce, comme une décharge du lac de Presba.

**) De Lychnidi situ v. Commentationem I. p. 28. not. 2. p. 30 sqq.

N

„atteindre à ce repaire escarpé, qui est habité par des Schypetars *toxides;* on est à huit lieues d'Ochrida, et à dix d'Elbassan.“

„Des hauteurs de Cucuse, on découvre à une lieue de distance le bourg de Dgirad, qui donne son nom à un des cantons de la moyenne Albanie. Dans la partie opposée du vallon, on distingue quelques hameaux épars, au milieu des montagnes et dans les forêts, qui s'élèvent jusqu'à la région des neiges, dont l'éclat a fait donner le nom d'*Albi* et *Albani montes* à cette contrée d'éternelle barbarie. La chaîne qui borde la rive droite du Scomius est plus élevée, car quelques unes de ses pics dominent la zône des glaces: il est probable que cette charpente escarpée se rattache au mont Orbelus [?] près de Prisrendi et à la chaîne du Bóra que nous avons signalée.“

„En descendant de Cucuse, on quitte, à trois heures de distance, la direction de la vallée qui court du S. au N.O., pour entrer dans les montagnes de gauche, en marchant à l'ouest. On gravit un contrefort qui s'avance vers le Scomius, dont la direction se recourbe à l'occident, en enveloppant une vaste vallée. On marche de là pendant trois heures jusqu'à un vallon latéral, qui se déploie du S.E. au N.O., dans le bassin du Scomius. On descend ensuite par un sentier scabreux au bord du fleuve, qu'on passe sur un pont en pierre de trois arches, et on marche sur sa rive droite, jusqu'à un khan fortifié. Le visir de Bérat entretient garnison dans ce caravansérail, qui est établi à la frontière de son département. On aperçoit trois villages situés sur la rive gauche du fleuve.“

„Au — de là du khan, on traverse un torrent; et on entre *sur une route large de dix-huit pieds, qui est taillée dans le rocher, perpendiculairement au fleuve, pendant l'espace d'une demi-lieue:* la gorge s'ouvre à cette distance en face d'une plaine riche et cultivée. On s'éloigne du Scomius, qui décrit une courbe au midi, et dans une heure de marche, on entre à Elbassan.“

Accedat Felix Beaujour l. c. p. 329 sq.: „El-Bassan est le point où se divisent les trois routes de Monastir, de Scoutari et de Durazzo. *La première se dirige à l'est, et remonte de Genusus jusqu'au village de Jurád et même jusqu'à celui de Cucusi,* où elle se divise en deux branches. L'une tourne au sud les monts Candaves, et remonte le fleuve jusqu'au bourg de Gortcha, et même jusqu'à celui de Dévol; d'où elle s'élève sur la chaîne grecque vers le lac et le bourg de Drénovo, pour descendre avec un affluent de l'Érigon à Monastir: *l'autre, tracée sur les vestiges de la voie Egnatienne, s'élève directement du village de Jurád ou de celui de Cucusi sur la croupe des monts Candaves, d'où elle descend sur le lac Lychnidien vers le bourg de Stronga: et traversant le Drin à sa sortie du lac, elle va par Ochrida, pour passer la chaîne grecque vers le bourg de Resna, ou vers le lac de Presba, pour descendre à Monastir avec un autre affluent de l'Érigon.*“

„La route d'El-Bassan à Durazzo quitte celle de Tyran au pied des monts Grabatz vers les sources du Panyasus, nommé maintenant Spirnatza, tourne à l'ouest, et va rejoindre vers le village de Séraso la route de Cavaya à Durazzo .. en côtoiant les collines qui environnent la baie de Pétra.“

Adde Eundem ibid. p. 337: „C'est (via Egnatia) la plus belle route qui ait été construite dans la Grèce, et elle l'avait été si solidement, qu'on en découvre encore à chaque pas des vestiges, quand on va de Durazzo par le chemin d'Ochrida.“

Leakii verba de hac Egnatiae parte dedi in Comment. I. pag. 15 sqq. Adde Pouquevillianam epistolam, mihi datam, ibid. p. 5 sqq.

Et hae quidem sunt partes viae nostrae minus tritae, immo per deserta fere ducentes, in quas Pouquevillius et Felix Beaujour utcunque inquisiverunt, sc. a Monasterio (Bitoglia, Heraclea Pelagoniae) Achridam, hinc Albanopolin (Elbassanum). Reliqua neque ex ipsis, neque aliunde satis cognita habemus, sc. viam inter Edessam et Monasterium; inter Albanopolin et Dyrrachium; inter Albanopolin atque Apolloniam. Hae tamen partes sunt aditu faciliores.

Ea pars, quae inter Apolloniam (cum Dyrrachio) et Lychnidum intercedit, ἐπὶ Κανδαουίας (iter per Candaviam) dicta fuit, coll. Strabone allato p. III. Num reliqua viae similiter secundum regiones appellata fuerint, non liquet. Candaviam illustravit Comment. I. p. 25 sq., inprimis p. 37 not.

In nostrae viae gratiam pauca subiungo de via Italiae Appia, quae finem habuit Brundusii, unde transitus erat Dyrrachium, Egnatiae initium. Appiam pristino aevo non ultra Capuam progressam scimus: absoluta fuit diu post. Quando hoc factum sit, nondum satis exploratum video. Egnatiae tamen partem priorem munitam eo tempore esse existimo, quo Appiae pars posterior nondum existebat. Et recte quidem. Macedonia devicta id primum Romani agere debebant, ut sibi terrae modo captae possessionem firmarent. Hinc Egnatiae munitio; eiusque natalia primo post Pydnaeam pugnam tempore pono. De Appiae confectione alia ratio ineunda. Quare eam Romani tam longo post inchoationem tempore absolverunt? Ea Italiae pars, quam Appiae pars posterior penetravit, pridem Romanis quidem paruit: erat tamen bellis valde exhausta, atque etiam Latio Campaniaque minus ferax, ut Romani priore viae parte, quam Capua finit, diu acquiescere possent. Eius vero rei magna mutatio evenit, quum Macedonia cum Graecia Romanis parere, deinde etiam Asia iugum eorum subire coepisset. Iam opus erat Appiae consummatione, ut exercitus suos a Brundusio vel Hydrunte in Epirum Graeciamque (per Apolloniam), in Macedoniam (per Dyrrachium) commode transmitterent. Unde non multum absum, quin Appiam ob Egnatiam absolutam fuisse statuam,

N *

nec non ob eam viam, quae ab Apollonia in Epirum meridionalem Graeciamque ducebat. *)

---

*) Viae Appiae mentionem eiusque usum non obscure invenio significatum in seculi undecimi annalibus. V. Gesta Francorum et aliorum Hierosolymitanorum cap. 3.: *Tertia autem pars* (viatorum cruciatorum a. 1096) *per antiquam Romae viam venit* ... *Deinde venerunt ad portum Brandosim* (Brundusium), *aut Barim, sive Otrentum.* Ubi *aut* et *sive* more istius aevi idem est quod *et* (*partim*), coll. his Prolegg. p. VIII. not. 2. Pergit idem scriptor ibidem: *Hugo denique magnus* ... *intraverunt mare ad portum Bari; transfretantes venerunt Durrachium.*

Errata typographica in Egnatianis.

A. Prolegomena.

Pag. XXIV. not. **) l. 2. lege *medicam. vi.*
— XXXI. not. ***) l. 2. lege *MDCCXIV.*
— LXIII. l. 2. infra lege *northern.*
— LXXXI. not. *) l. 2. lege *spectant.*

B. Commentatio I.

Pag. 2. not., parte dextra l. 20, pro *idem* lege *item.*

C. Commentatio II.

Pag. 23. not. 2. l. 5. lege *mensem Maium.*
— 35. l. 16. lege *agentes.*
— 37. not. *) l. 4. omitte duo puncta post vocem *Catanesichii.*
— 59. l. 15. lege pag. 235 — 237.
— 52. l. 4. (infra) lege Vol. I.

Aliorum erratorum indicem calci utriusque commentationis suffigendum curavi.

ADDENDA ET CORRIGENDA

IN THESSALONICENSIBUS.

Prolegg. pag. VIII. not. l. 10. adde: De nostra emendatione dubitat vir clarissimus, Dr. **Hefele**, Tubingensis, in sua nostri libri censura (Theol Quartalschr. Tubingae, 1839. fasc. 4 p. 645 sqq.). Sed vide Michaelem Lequienium in Oriente Christiano Vol. II. p. 33 sq. Num aliae Thessalonicae extiterint, alibi inquiram.

dem p. X. l. 12. Adde notam: *Joël* in chronographia compendiaria p. 7. ed. Bonn.: Ὁ δὲ Φίλιππος ἐβασίλευσε τῆς Μακεδονίας ἔτη κ' (20), ὃς τὴν Θεσσαλίαν ὑποτάξας τὴν Θεσσαλονίκην πόλιν ἔκτισεν.

Ibidem p. XXXIV. l. 9. infr.: Adde Procopium in historia arcana cap. I., ubi narrat, Belisarium, qui imperante Iustiniano inclaruit, habuisse coniugem, cuius avus et pater aurigandi artem Cpoli et **Thessalonicae** professi erant (πάππου μὲν καὶ πατρὸς ἡνιόχων, ἔν τε Βυζαντίῳ καὶ Θεσσαλονίκῃ τὸ ἔργον τοῦτο ἐνδειξαμένων).

Ibidem p. XLI. l. 12. lege *adortus.*

Ibidem — l. 20. 21. lege *praetermittendum.*

Ibidem p. XLIX. pro pagina XLXIX. lege XLIX.

Ibidem l. 19. Post *refert* adde: Ephraemius in Caesarr. v. 628. 29. p. 34. ed. Bonn.

Ibidem not. 27. l. 14. post *memorato* adde: Eundem numerum habet Ephraemius in Caesarr. v. 635. p. 35. ed. cit.

Ibidem p. LII. not. l. 1. 2. lege *Theodosius.*

Ibidem p. LVIII. l. 5. lege ὁ σωσίπατρος.

— — l. 9. lege ἐξηγεῖσθαι s. ἐξηγήσασθαι.

Dissertatio.

Pag. 5. not. 5. Haec sic lege: *Significare videtur Turca eam ecclesiam, quae apud novitios incolas turco-graece dicitur Eski-Mitropoli.* De eâ v. Nos p. 130 sqq.

P. 18. l. 18. pro *doctrinae* lege *eruditionis.*

— 23. not. latere dextro l. 3. infr. Ibi retinere debebam Θεσσαλονίκης pro Θεσσαλίας. Haec enim (Θεσσαλονίκη) dicitur pro Thessalia (Macedonia), coll. Stephano Byz. s. v. Κεκροπία· .. ἔστι καὶ Κεκροπὶς χώρα Θρᾴκης· ἔστι δὲ δῆμος Θεσσαλονίκης.

— 31. l. 1. infr. adde: Ephraemius v. 7819.: Περιώνυμον Θεσσαλονίκην.

— 34. l. 5. pro *Walpolio* lege *Clarkio.*

— 37. l. 2. adde notam: Aliter Malalas in Chronographiae libro X (p. 261. ed. Bonn.): Ἐποίησε δὲ (Vespasianus imp.) καὶ ἐπαρχίαν Μακεδονίαν δευτέραν, ἀπὸ τῆς πρώτης αὐτὴν ἀπομερίσας. Id quod ita interpretandum esse puto, ut Macedoniam, antea quadripartitam, imperator fecerit bipartitam.

P. 39. l. 9. Post vocem *ostendet* hanc adde notam: Hic „Thessaliae" usus pro „Macedonia cum Thessalia" iam sexto p. Chr. seculo deberi videtur, coll. Procopio de aedif. 4, 3., ubi Castoria unice de Castoria Macedonica intelligi poterit. Namque Thessalia vetus, s. proprie sic dicta, nullum lacum habet cum insula. De his adde Nostram Egnatianam commentationem I. p. 44 sq.

— 42. l. 3. 4. Post vocem *comprehendebat* dele sequentia (V. Constantinum — Paris.).

Ibidem l. 5. infr. Post *XIV* adde: Theodorus Hyrtacenus apud Boissonadium (Anecdota Graeca Vol. I. p. 272): Δεῖν ᾠήθης κἀπὶ τῆς Θεσσαλῶν Θράκηθεν ἀποπλεῖν. Ubi significatur Macedonia cum ipsa Thessalonica. De eodem Irenes imperatricis itinere Thessalonicensi videatur etiam Nicephorus Gregoras histor. 7, 5, 3. Eundem loquendi usum habet quoque Ephraemius in Caesaribus v. 4810. ed. Bonn. (τῷ Θετταλίας ἀρχιθύτῃ, ubi intelligitur Eustathius, metropolita Thessalonicensis. Idem Ephraemius v. 5174 (p. 214. ed. cit.) de Thessalonica a Normannis a. 1185. capta: Πρόεδρος οὖσα Θετταλικῶν ἀστέων. Inferius tamen ad antiquiorem dicendi usum recurrit, sc. v. 5191. ed. cit. p. 215.: Πόλις προεδρεύουσα τῶν Μακεδόνων.

P. 44. l. 16. lege (*a.* 1354.).

— 56. l. 6. lege: *quam quae.*

— 60. l. 5. lege: *flumen.*

— 61. l. 4. lege: (*corrupte puto* etc.).

— — l. 6. infr. lege: *huius nominis oppidum* etc.

— 62. l. 8. post vocem *inveni* haec adde: An erit Castoria Procopii (aedif. 4, 3)? Certe lacum cum insula ibi non habet Thessalia. Mirifice vero Procopii Castoria cum hodierna Castoria concinit, coll. Leakio (Travels in North. Greece. T. I. p. 323—332, T. III. p. 336.). Adde Egnatianam Nostram Commentationem I. p. 44 sq.

— 63. l. ultima. Pro *imponit* lege *imponere* videtur.

— 66. not. 56. l. 7. His adde: Nihilominus alii quoque Turcae spectari poterant, sc. Rhodopes incolae, quae regio montana, inter Hebrum Strymonemque sita, medio aevo dicebatur Ἀχριδώ (Okri), coll. Egnatiana commentatione II. p. 47.

— 83. l. 7. (infr.) lege *not.*),

— 86. l. 10. (infr.) lege papae XIII.

— 87. l. 12. Ante vocem *De* adde: Ephraemius in Caesaribus v. 8363. p. 336. ed. Bonn.: Φαρσάλων, Πλαταμῶνος, Λαρίσσης. Idem v. 8597. p. 348. ed. cit.: Τῶν ἐκ Πλαταμῶνος δὲ κ. τ. λ.

— 91. l. 8. (infr.) lege μητροπολίτην.

— 92. l. 10. (infr.) lege *Leuterochori.*

— 94. l. 4. (infr.) Not. *Braconier* scribit Pouquevillius l. c., *Braconnier* Hasius apud Ernestum Zachariae (Reise in den Orient p. 228).

— 95. not. 81. l. ultima. Post *permultis* adde: Tales tamen numeri rotundi in literis magistratuum maiorum vix admittendi videntur.

— 97. l. 6. (infr.). Post Μελένικος adde: Cantacuzenus hist. 4, 32.: Φιλόθεον, τὸν Ἡρακλείας μητροπολίτην, καὶ Μητροφάνην, τὸν Μελενίκου.

— 110. dele verba *Hanc* — κ. τ. λ. Vide v. 130.

— 115. Obiter noto, Marci Eugenici ecphrasin imaginis, quae passionem S. Demetrii referebat, anno 1840 edidisse Kayserum Heidelbergensem, ad calcem Philostrateorum librorum de gymnastica p. 129 sqq.

P. 116. l. 9. (infr.) lege *septimi vel initio octavi.*

— 120. l. ultima. Ibi sic lege: *Ea Sancta, quod ex Jo. Anagnosta non satis elucet* etc.

— 124. l. 4. (infr.) lege: *VII vel VIII.*

— 129. l. 15. pro *Cameniata* lege *Jo. Anagnosta.*

— 130. l. 9 (infr.). Post *ἱεροῦ* adde: Ubi significatur turris huius ecclesiae.

— 131. l. 3 sq. dele *Eandem — gentilitio,* et repone: Eam ecclesiam num locus Inno-
centii III (Epist. ed. Baluz. Vol. 2. p. 632) respiciat, mihi in obscuro est. Ergo summus papa l. c.: *Matrici ecclesiae Thessalonicensis.* Idem ibid. p. 619. habet *archidiaconatum Thessalonicensem.* Sed Latinos S. Sophia usos puto ut sua metropoli,
Graecos *sua metropoli* (sc. sano illo antiquo).

— 132. l. 8. lege *decypherable.*

— 133. l. 5. (infr.) lege *ecclesiae forma sit.*

— 144. l. 1. post *puto* adde: Ego tamen jam cum Hefelio facio, qui legendum cen-
set *ἁγίας Τριάδος.* V. eius censuram libri mei in libro trimestri: Theol. Quartalschr.
1839. p. 654.

— 162. l. 5. lege 562).

— 184. l. 7. His adde notam: Volumen Vaticanum CCXXXI Petanianum pro *hac* scribit *his.* Pro *Naisitanam urbem* scribit *Naissitana urbe.* Pro *petiit* idem legit *petit,*
et *muneribus* pro *muneribusque.* Loco *Ceropellas* idem habet *Cerrapallas.* Postremo
pro *Sium vocantur* idem legit *Suith vocatur,* et in margine *Phtium.*

— 186. l. 17. post v. *cruciatarum* adde: satisque diu ante, Luitprandi legatione..

— 229. not. 52. parte dextra l. 7. lege: *ὑφάσμασι.*

— 241. l. 15. Post *different* adde: Id quod de historia Byzantina statuendum videtur.
Confer Georgium Acropolitam annal. cap. 50.: *Παραμείψας οὖν τὴν Θεσσαλονίκην,*
καὶ τὴν Βισαλτίαν διαβάς, ἐς Φιλίππους ἐπήξατο τὴν σκηνήν. Hocque uno loco
historia Byzantina veteris Bisaltiae nomen repetere videtur.

— 242. l. 5. lege *Crestonia.*

— — l. 2. (infr.) lege: *Strymonem adeo.*

— 246. l. 1. (infr.) post *pag.* 798. lege: ed. 1638. Vol. III. p. 56. E.

— 247. not. (parte sinistra, l. 1.) lege (*fluvium quendam Asiae minoris*).

— 249. not. 69. post v. *Ἄλτιος* adde: Juxta Thessalonicam fuit quoque pagus, nomine *Nibas,* ubi galli gallinacei muti esse dicebantur, coll. Aeliano in hist. anim.
15, 20.: *Θεσσαλονίκῃ τῇ Μακεδονίτιδι χῶρός ἐστι γειτνιῶν, καὶ καλεῖται Νίβας.*
οὐκοῦν οἱ ἐνταῦθα ἀλεκτρυόνες ᾠδῆς τῆς συμφυοῖς ἀμοιροῦσι, καὶ σιωπῶσι
πάντα πάντῃ. Καὶ διάῤῥει λόγος παροιμιώδης ἐπὶ τῶν ἀδυνάτων, ὅς λέγει·
τότε ἂν ἔχητε τόδε τι, ὅταν Νίβας κοκκύσῃ. Habetne (habuitne) revera
Macedonum terra gallos mutos, ut America canes?

— — not. 70. l. 9. Dele voces *V. — not.*

— 254. l. 11. post *Χορταΐτου* adde: An spectatur id spatium, quod intercedit moe-
nia urbis et oppidulum (κωμόπολιν) Chortaetum (Chortiat)?

— 260. l. ultima. Post v. *significat* adde: Meam opinionem praeter Cantacuzeni locum maxime firmat Michael Choniates, Atheniensium metropolita, in epistola Eustathio Thessalonicensi data (Thessalonica p. 360), urbem Thessalonicam civitatem
egregie dicens *πρώτην μετὰ τὴν πρώτην* (sc. Constantinopolin).

P. 270. not. 90. l. 9. haec sic lege: Zosimus 4, 45.: Περὶ τὰ τέλματα καὶ τὰς ἐν Μακεδονίᾳ λίμνας. Idem ibidem 48.: Ἐν τοῖς ἔλεσι καὶ ταῖς περὶ τὰς λίμνας ὕλαις. Quocum egregie concinit Io. Cameniatae locus supra memoratus pag. 250 sq. Apud eundem Zosimum (2, 31) flumen, cuius nomen omittitur, Strymon (Struma) erit, non alius.

— 271. l. 12. post ὀνόματος adde: Mecum in Prasiadis loco definiendo consensit b. Odofr. Müllerus in censura Leakiani itineris per Graeciam borealem facti. Vide Ephemer. Gotting. 1840. p. 347.

— 275. l. 8. (infr.) pro XIII lege XII.

— 277. not. 95. 96. Totum locum sic refice: „not. 96. De ea quaedam memoravi p. 61. Et Colaciam (Κολάκειαν) Melis quoque habuit, coll. Theopompo Athenaei 6, 16 (p. 255. F.)."

— 279. l. 13. (infr.). Post v. ablego haec adde: In fine noto, meam Stephani emendationem egregie firmari codice Stephani Rhedigerano. Is igitur (secundum editionem Stephani Westermannianam) sic habet: ... ἔστι καὶ λίμνη, τῇ πόλει ὁμώνυμος ... ἡ μὲν παρὰ τὴν λίμνην Χαλαστραῖα (lege: Χαλαστραίαν), ἐν ᾗ τὸ λίτρον (lege νίτρον) γίνεται.

— 289. not. 6. (parte dextra, l. 9. Ibi lege: (pag. 366. ed. Buttmann.).

— 295. l. 6. infr. Post vocem Νευστάπολίς τε rell. adde notam: I. e. Njausta πόλις, supra Berröam (Veriam) e septentrione. Addo Ephraemium in Caesaribus v. 9033. p. 361. ed. Bonn.: Διὰ Ναυτζαπόλεως, ἀνύδρου πόλεως. De hac urbe v. Egna-tianam Commentationem I. p. 55.

— 301. l. 5. (infr.). Post v. cogitarint adde: De Axiopoli, Scythiae minoris urbe, v. quoque Böckingium ad Notitiam dignitatum Vol. I. p. 447.

— 303. l. 10. infr. post ἀναστάντις adde hanc notam: Mirifica, vera forsan et pre-tiosa, habet Stephanus Byz. s. v. Βοίβη· ἔστι καὶ ἐν Κρήτῃ Βοίβη τῆς Γορτυνίας καὶ ἐν αὐτῇ Μακεδονίᾳ λίμνη Βοίβη (sic). Num igitur cognatae sunt voces Βοίβη et Βόλβη?

— 305. not. 18. (parte dextra, l. 4.) lege vis.).

— 309. not. 22. (parte sinistra, l. 7.). Post ταύτης adde: Tzetza in Lycophronem v. 1180.: Φεράς πόλιν, ἥτις νῦν Σέῤῤα καλεῖται.

— not. 22. ibid. l. 18. Post λέγεται adde: , coll. b. Odofr. Müllero (Ephemer. Got-ting. a. 1840. p. 341.), qui vir doctus in Edessae (Vodinorum) situ definiendo No-biscum consensit.

— — l. 2. Post v. Graecorum adde notam: Pellae habitavit Aegyptiorum rex ex-torris, Nectanabo, antea rebellis adversus Artaxerxem imp., coll. Malala in chro-nogr. libro 7. p. 189. ed. Bonn.

— 311. not. 23. l. 6. lege Ptolemaei.

— 353. l. 9. dele vocem ad.

— — l. 11. lege: Lessus (threnodia) . .

— — nota **) l. 4. lege: tum Eustathii, tum aliorum.

— 331. not. *). Post Siculis adde: Ea oratio paulo inferius sequetur.

— 393. l. 5. infr. Voces in fine — caret dele.

— 461. not. 12. lege Hippothoontidis.

P. 469. l. 17. Post vocem *L'Empereur* adde: In fine noto, brevi post Beniaminem easdem fere terras peragrasse alium Iudaeum, Doctorem *Pethachja*, Ratisbonensem, cuius itinerarium novis curis nuper edidit Eliacin Carmoly, Iudaeus, in libro: *Nouveau Iournal Asiatique*, vol. VIII. (a. 1831.) p. 257 sqq. p. 353 sqq

— 473. l. 12. (infra). Post v. Κυνοποταμός adde notam: An Sero (Xero) *potamos* (Ξηροποταμός), quod pagi rivive nomen alicubi in illa Thessaliae regione inveniri, e tabula quadam geographica, cuius nomen iam non occurrit, discere memini.

— 474. l. 4. lege לבינטיאניט.

— — l. 8. lege סאר.

— 476. l. 18. Ad numerum 1152. hanc adde notam: Du-Cangius tamen in stemmatis Siculi parte altera (nott. ad Nicephorum Bryennium p. 198. ed. Bonn.) Rogerium Normannum a. 1154. obiisse contendit. Adde b. Wilkenium l. c. p. 569.

— 477. not. *). Post v. (*Amalfin*) adde: De Amalfi praeter Brencmannum maximopere conferendus erit Franc. *Pansa*, auctor libri: Istoria dell' antica republica d'Amalfi. 2 Voll. Napoli 1724.

— 488. 1°. pro *urbe* cett. ita lege: sc. nomen urbis primariae Euboeae ipsiusque insulae, habita simul ratione *pontis*, qui Boeotiam ibi cum Euböa iunxit iungitque (Strabo 9, 2, 2. 8. Idem 10, 1, 8. Procop. aedif. 4, 3.).

— 489. l. 3. infr. post vocem (Ζητούνι) pone signum puncti.

— 491. l. 1. (infr.). Post v. *distinguit* adde: His accedat Ephraemius in Caesaribus v. 8093. p. 326. ed. Bonn.: Καὶ τῆς Βλαχίας τοὺς ὄρους· ubi Acarnania significari videtur. Sed vide eundem paulo inferius. Ille igitur V. 8360.: Πρὸς τὰ Βλαχίας ἐξαπεστάλη μέρη, καὶ παραλαβὼν Δημητριάδος τόπον· ubi Blachia (Wallachia) idem est quod Thessalia sensu vetere. Idem v. 8599.: Σὺν Ἀχαίᾳ Βλαχίας κ. τ. λ.

— 493. not. **). Post v. *al.* adde: De urbe Iudaeorum Hesbon, item Arabum, adi Böckingium ad Notitiam dignitatum Vol. I. p. 370 sq.

— 496. l. (infr.). Postr. *venit* adde hanc notam: Hanc *Bissinam* alibi, exceptis veterum testimoniis, modo allatis, legere non memini. Nihilominus *similia* alibi occurrunt. Sic fluvium Bitzinam (Βιτζίναν) habemus prope Pliscobam in Bulgaria (Anna Comnena 7, 3. T. I. p. 340. ed. Bonn.). Deinde non semel tantum *Bisseni* leguntur, quos eosdem esse volunt cum Patzinacitis Petschenegris, Bosniacis). De his Bissenis videatur Gebhardi: Gesch. des Grossfürstenthums Siebenbürgen p. 19.; idem in Historia Moldaviae p. 511. Ergo Graecis Thessalia, si quidem reliquiae eorum medio aevo ibi sedebant, praeter variorum Hyperboreorum cett. colluviem Petschenegri quoque isto tempore intermixti erant.

— 497. l. 20. Adde notam: Wassermannus (Philippsohn's Allgem. Zeitung des Judenthums. 1840. Literaturblatt pag. 409 sq.) existimat, secundum Rabbinistas vocem גלות hoc loco significare *oppressionem*. Quare vero *exilii* significatio deseritur? Notio *malae conditionis* inest in voce ibi posita גרול.

— 499. not. **). Post v. ἐλθόντων haec addenda sunt: Idem in Alexio, Isaacii Angeli fratre, 1, 4.: Ἐπῄει κατὰ τῶν περὶ Στρυμόνα τε καὶ Ἀμφίπολιν ἐπαρχιῶν. Ubi codex B.: Κατὰ τὸν τόπον τοῦ Στρυμόνος, περὶ τὴν σήμερον λεγομένην Ποπωλίαν (sic).

— 500. l. 2. (infr.). Ibi lege (*Chrysopoli*).

O

P. 507. l. 7. pro voce *remesse* lege *remese.*

— 508. l. 4. Ibi sic lege: Christianorum, puto etiam ipsorum Graecorum.

— 515. l. 5. (infr.). Lege 459.:

— 518. l. 16. lege ὁ.

— 521. l. 8. Lege: quod partium quarundam . .

— 524. l. 6. Post τυφ. adde: 209ᵃ — 214ᵃ. Huic vero paginae hanc notam appone: Apographum Langbänianum solum initium huius monodiae repetit e codice Barocciano, et quidem unice lineas 18.; reliqua omissa sunt. Nuper haec ex Oxonio comperi.

— 525. l. 13. (infr.). Pro τήν lege τῆς.

— 549. parte dextra l. 16. lege 309., non 390.

VIA MILITARIS ROMANORUM
EGNATIA,
QUA
ILLYRICUM, MACEDONIA ET THRACIA
IUNGEBANTUR.

PARS OCCIDENTALIS.

THEOPHILUS LUC. FRIDERICUS TAFEL,
PHIL. DR. LIT. ANTIQ. IN REG. LIT. UNIVERSITATE TUBING. P. P. O.
MONACENSIS ACADEMIAE SODALIS,
SOCIETATI GEOGRAPHICAE FRANCOFURTENSI ADSCRIPTUS.

**PRAEMITTUNTUR NOMINA EORUM, QUI IN REGIA LITERARUM
UNIVERSITATE TUBINGENSI DOCTORES PHILOSOPHIAE
RENUNTIATI SUNT.**

TUBINGAE,
TYPIS HOPFERI DE L'ORME.

MDCCCXLI.

ORDINIS PHILOSOPHORUM TUBINGENSIUM

DECANATUM AGENTE
THEOPHILO LUCA FRIDERICO TAFELIO
PHILOS. DR. LIT. ANT. P. P. O.
SUMMOS PHILOSOPHIAE HONORES CONSECUTI SUNT HI:

I. 5 Mai. 1837. GUILIELMUS FÜISTING, *Ahlensis.*

II. — — — GUSTAVUS FRIDERICUS OEHLER, *Ebingensis.*

III. 7 — — IOANNES BERNARDUS GUGLER, *Norimbergensis.*

IV. — — — HENRICUS BECKEL, *Monasteriensis.*

V. 8 — — GODOFREDUS FRIDERICUS NAGEL, *Augustanus.*

VI. 19 Iul. — CAROLUS TILSTONUS BEKE, *Londinensis.*

VII. 2 Aug. — LAURENTIUS LANG, *Stettensis.*

VIII. 30 — — RUDOLPH. CAROL. HOLZAPFEL, *Charlottenburgensis.*

IX. 27 Nov. — CASPARUS RUDOLPHUS METGER, *Emdanus.*

X. 7 Dec. — GEORGIUS PHILIPPUS SCHIFFLIN, *Creveldensis.*

XI. 8 — — IOANNES GEORGIUS SCHLEMMER, *Norimbergensis.*

XII. 9 — — GUSTAVUS RÜMELIN, *Heilbronnensis.*

XIII. 1 Ian. 1838. OTTO FRIDERICUS GRUPPE, *Gedanensis.*

XIV. 15 — — CAROLUS AUGUSTUS MAYER, *Eisenbergensis.*

XV. 5 Febr. — HERM. CAR. L. B. DE LEONHARDI, *Francofurtanus.*

XVI. 6 — — GUSTAVUS PLIENINGER, *Wildbergensis.*

XVII. 12 Mart. — GEORGIUS LUDWIG, *Ratisbonensis.*

XVIII. — — — HERMANNUS MIDDENDORF, *Widenbrugensis.*

XIX. 26 Apr. — CAROLUS HENRICUS STIRM, *Stuttgartiensis.*

VIAE MILITARIS ROMANORUM EGNATIAE
PARS PRIOR,
SIVE STATIONES APOLLONIAM CUM DYRRACHIO ET THESSALONICAM INTERCEDENTES.

Regiae literarum universitati Gottingensi quum anno hujus seculi XXXVII prima solennia secularia agenti nomine Tubingensium universitatis gratularer, epistolae meae more apud nostrates recepto tentamen commentationis addebam

DE VIA MILITARI ROMANORUM EGNATIA, QUA ILLYRICUM, MACEDONIA ET THRACIA IUNGEBANTUR.

Ea scriptio non aliter ac coenantium precationes brevitati studebat; et monebant quoque temporis concessi angustiae, ut velis contractis solos rerum apices attingerem, uberiora, quae narrari possent, in alius occasionis opportunitatem procrastinans.

Ita factum est, ut illo tempore plenioris expositionis solum prooemium, non aliuḍ, legentibus quasi praegustandum offerrem, in quo, quaenam alia, ubi medias in res alio tempore veniri posset, exponere in animo haberem, minus spondebam, quam indicabam. Nihilominus promissis qualibuscumque standum esse videtur. Suadet ipsa rei argumentique gravitas; *) suadet, immo incitat totius itineris quasi literarii satis magna

---

*) Burmeisterus, Vismariensis, in censura prooemii mei (Zimmermanni Zeitschr. für die Alterthumswissenschaft. 1840. p. 1150 sq.): „Wird einmal die Zeit kommen, wo im Osmanischen Reiche das Bedürfniss guter und sicherer Landstrassen gefühlt wird, dann wird auch die Via Egnatia neu aus ihren Trümmern erstehen, und den Reisenden in sehr kurzer Zeit und bei sehr geminderter Gefahr durch erhabene Gebirgsgegenden und reizende Ebenen von Durazzo nach Constantinopel führen." Idem ibid. (not.): „Rechnet man bei der jetzt bestehenden Dampfschifffahrt von Triest nach Durazzo drei Tage, und von da nach Salonichi auf dem Landwege zwei Tage, und von da nach Constantinopel wieder durch Dampfschiffe einen Tag, so gewinnt man wenigstens vier Tage, und hat die Gefahren der herbstlichen Stürme nicht zu fürchten. Für England aber könnte die Insel Korfú, welche nach Polybius 2, 12. die illyrische Küste erobern half, von der grössten Wichtigkeit werden, da sie bei wenig veränderter Richtung der Stapelplatz zwischen dem jonischen und ägäischen Meere werden dürfte."

Quod Burmeisterus ultimo loco monuit, si quid aliud, verum est. Quid? quod ob varia Adriae, maris Peloponnesiaci, Aegaei incommoda et spatiorum longinquitates iis, qui ex Italia profecti Constantinopolin cum Asia minori petunt, majus omnino temporis opumque dispendium emersurum esse videtur, quam quod ipse Burmeisterus significavit. Id

1

difficultas; postremo non nihil movet aliorum exspectatio, qui uberioris operis nostram adumbrationem singularis tractationis ope illustrandam esse existimarunt.

Fiet, quod posci video.

In praevia igitur dissertatione primum de nomine viae Egnatiae populisque et terris egi, quas illa penetravit, item de mensura et longitudine; secundo de historia viae, i. e. de iis, qui ea usi sunt; tum de consilio eius faciendae; postremo de tempore, quo munita esse videtur.

quod veteres Romani satis perspexere, quum in Illyricum progressi, viamque aliquam barbarorum antiquam conspicati, a Dyrrachio et Apollonia suam ipsorum Egnatiam ibidem locorum per vallem Genusi (Scombi, Tobi) fluminis Macedoniam tenus et ultra munirent. Et hujus viae compendiariae beneficio factum est, ut brevissimo tempore legiones suas in Thraciam terrasque Hellespontiacas ad debellandos hostes transmitterent. Verum talia, ut inter omnes constat, bellum isto aevo juvabant, non mercaturam. Ego vero hanc ipsam et pacifica nationum Europae orientalis et meridionalis commercia specto. Libere dicam, quod sentio. Gentes Europae meridionalis, restituta veteri Egnatia, magis inter se jungendae, sunt hae: Turcae Europaei cum Asianis vicinis; Corcyraei aliique Graecorum insulani, Britannis nunc maxime subjecti; Itali; Austriaci meridionales. Jam vero Turcarum imperatoris, si quid aliud, interesse videtur, ut Graeciâ ipsi tantum non omni abstractâ cum Italiâ Austriacisque novas commercii vias aperiat, immo veteres restituat. Britannos, Corcyrae aliarumque insularum dominos, non minus juvabit restituta per Albaniae desertum via Romanorum valde compendiaria, ut suas hinc merces commodius trajicere ad Turcas interiores possint, aliasque istinc accipiant. Omitto Austriacos litorales, qui eadem in Macedoniam via uti poterunt. Verum Italorum orientalium prae aliis esse videtur, maiorum suorum viam,

cujus beneficio terras orientales olim illi intrabant et debellabant, post tot rerum vicissitudines iterum aperire, suamque fere facere.

Viae ipsius refectio, cujus longitudinem (milliaria geographica 107) in praeliminari dissertatione exposui, minores difficultates habebit, quam primo quorundam obtutu videbitur. Via inter Apolloniam et Elbassanum, deinde via inter Dyrrachium et Elbassanum parum incommodi habebit. Vallis Genusi (Scombi) fluvii relinqui non poterit; requirentur tamen munitiones quaedam per praerupta montium usque ad veterem Bulgarorum regiam Okri, paludi Lychnitidi (Okri) appositam. Inde per Lyncestida veteris Macedoniae sunt quidam ascensus descensusque asperiores, sc. inter urbes Okri et Monasterium (Bitogliam), idem per Eordaeam, unde Edessam, veterem Macedonum ante Philippum regiam, nunc Bulgarorum Vodinam, veniunt. Axii (Bardarii) inferioris pontes melius habendi postero tempore et curandi erunt, imprimis palustria terra Crestoniae, quam saepius vastat Echedorus (Gallico). — Thessalonicam Constantinopolitani jam nunc navium vaporiferarum beneficio uno die pervenire dicuntur. Nihilominus alteram quoque Egnatiae partem, orientalem, inquam, reficiendam puto, sc. eorum gratia, qui Mygdoniam veterem et oras Thraciae maritimas usque ad Hellesponti litora incolunt. Egnatia igitur, relicta Thessalonica, primo reficienda erit ad littora oc-

Jam vero de priori viae sectione agendum erit, quae Dyrrachium et Thessalonicam intercedit; posterior autem civitas medium apprime totius itineris locum obtinet.

Quod ut fundamento suo justaque ratione non careat, veterum itinerariorum tabulaeque Peutingerianae stationes numerosque uno conspectu juxta positos praemittam; sequetur b. Pouquevillii, Normanni, e sociis instituti Francici, epistola mihi data necdum edita, qua ut supplemento itinerarii Pouquevilliani lectores utentur, cujus altera editione de literis geographicis bene meruit vir celeberrimus; *) postremo singulas stationes et mansiones illustrabo.

---

cidentalia sinus Strymonii. Novae munitiones sequentur viam antiquam, cujus reliquias monstravit Clarkius Britannus. In ipsa Mygdonia lacus Prasiadis (Vasili) et lacus Bolbes (Beschik) oras boreales Romani secuti videntur, bono consilio: is ipse viarum tenor, quo et Turcae utuntur, repetendus erit. Venio ad sinum Strymonium (Orfano). Ab hoc ad urbem Thessalonicam uno die venitur, vitatis promontoriorum Macedoniae trium ambagibus, haud parum periculosis. Ergo ibi quoque, sc. in eo Strymonii sinus angulo, ubi Bolbe lacus fluvii Rechii alveo in Aegaeum mare exoneratur, naves, Thessalonicam ab oriente petentes, appellent. Inter hunc locum et Strymonis ostia nil equidem difficultatis conspicio. Strymon (Struma), antequam in mare exit, lentum aquarum decursum habet. Amphipolis (Popolia Bulgarorum), pridem vastata, duabus leucis a mari dissita, omittetur. Dehinc via veteris Eïonis reliquias et Orfanum urbem sequetur, hinc eam vallem, quam Panace fluvio rigari alio loco ostendam. Philippi igitur cum ruinis et vallis Angistae s. Andschistae (Zygactae) praetermittentur. Romani enim rectâ ut alibi utebantur, quod ex reliquiis viae

denno apparet. Inter Panacem fluvium et Caválam (Christopolin) sunt magnae viarum salebrae, quas infra illustrabo; maiores sequuntur. Sunt, puto, Byzantinorum fauces Christopolitanae, apud veteres Sapaeorum dictae. Sequitur planities fertilissima Thraciae, exundationibus Nesti s. Mesti (Carasù), fluvii violenti, obnoxia. Post hunc fluvium in faucibus quibusdam iterum occurrunt reliquiae viae Egnatiae, teste Bellonio, quae non relinquendae videntur. Hebrus fluvius (Maritza), ad quem per Chalcidensium colonias venitur, in ultima alvei parte num pontium patiens sit, nondum audivi; Nicaeni imperatores vado perequitabant. Sequitur Egnatiae finis, Thracum urbs olim grandis, Cypsela. Eam nequaquam, ut volunt, Hebri ripae ipsi impositam, vel proximam fuisse docebo, sed longiori spatio dissitam atque intus sitam. Inter hanc urbem et Maritzam angustiae, Romanis haud incogitatae, memorantur. Inter Cypsela et Hellespontum cum Propontide plana omnia et expedita esse constat.

*) Voyage de la Grèce, par F. C. H. Pouqueville, consul-général de France auprès d'Ali Pacha de Janina, cett. Deuxième edition. 6 voll. Paris, MDCCCXXVI.

Itinerarium Antonini.		Tabula Peutingeriana.	Itinerarium Hierosolymitanum.
a. Via a Dyrrachio Thessalonicam.	b. Via ab Apollonia Thessalonicam.	Via a Dyrrachio Thessalonicam.	Via a Thessalonica Apolloniam.
(A Dyrrachio) Clodiana M. P. XXIII.	(Ab Apollonia) Novas M. P. XXIV. Clodianis M. P. XXV.	(A Dyrrachio) . . . XXVI. Clodiana XX.	(Post Thessal. venit) Mutatio ad Decimum M. X.
Scampis M. P. XX.	Scampis M. P. XXII.	Scampis IX (?)	Mutatio Gephyra M. X.
Tres tabernas M. P. XXVIII.	Tribus tabernis M. P. XXX.	Genusus fl. VII. Ad Dianam IX. Caudavia IX. Pons Servilii XIX.	Civitas Pella, unde fuit Alexander M. Macedo M. X.
Lignido M. P. XXVII.	Lignido M. P. XXVII.	Lignido	Mutatio Scurio M. XV.
Nicia M. P. XXXIV.	Scirtiana M. P. XXVII. Castra M. P. XV.	Nicea XI.	Civitas Edessa M. XV.
Heraclea M. P. XI.	Heraclea M. P. XII.	Heraclea XXXII.	Mutatio ad Duodecimum M. XII. Mansio Cellis M. XVII.
Cellis M. P. XXXIV.	Cellis M. P. XXXIII.	Cellis XLV (?)	Mutatio Grande M. XIV. Mutatio Melitonus M. XIV.
Edessa M. P. XXVII.	Edessa M. P. XXXIII.	Edessa XLV (?)	Civitas Heraclea M. XIII. Mutatio Parembole M. XII.
Pella M. P. XXVIII.	Diocletianopolis M. P. XXX.	Pella XXVII.	Brucida M. XIX. Finis Macedoniae et Epiri.
Thessalonica M. P. XXVII. Summa: M. P. 280.	Thessalonica M. P. XXIX. Summa: M. P. 307.	Thessalonica XX. Summa: M. P. 279.	Civitas Cledo M. XIII. Mutatio Patras M. XII. Mutatio Claudanon M. IV. Mutatio in Tabernas M. IX. Mutatio Candavia M. IX. Mutatio Trajecto M. IX. Mansio Scampis M. IX. Mutatio ad Quintum M. VI. Mansio Clodiana M. XV. Mansio Marusio M. XIII. Mansio Apsos M. XIV. Mutatio Stephana Faua M. XII. Civitas Apollonia M. XVIII. Summa: M. P. 310.

PARIS, 1ᵉʳ Octobre 1833.

À Monsieur

THÉOPHILE LUCAS FRÉDÉRIC TAFEL,

Professeur de littérature ancienne à l'université de Tubingue,
Wurtemberg.

F. C. H. L. POUQUEVILLE,

Membre de l'institut né le 4. 9bre 1770 en Merlerault, en Normandie.

Monsieur,

Je vais essayer de répondre aux questions *) que vous m'avez adressées dans votre honorable lettre du 15 juillet dernier. Je serai sobre dans mon récit, et je me contenterai même de vous offrir des indications, plutôt qu'une narration qui nécessiterait un ouvrage de longue haleine, que vous seul pouvez entreprendre et exécuter. Heureux de contribuer à l'histoire dont vous enrichirez la littérature européenne, je me félicite de pouvoir contribuer à vos succès; ma récompense sera assez grande, si je puis mériter une place dans votre souvenir.

Vous savez qu'une armée suit bien rarement une même chaussée ou une même route, à cause des embarras occasionnés par le nombre des troupes et des bagages; elle tend cependant vers un point donné; alors elle se dirige d'après un plan, en ayant soin de maintenir des communications entre les différentes colonnes qui la composent. Ainsi, avant tout, une invasion suppose la connoissance au moins imparfaite du pays dans lequel on s'engage. J'admettrai que les Normands qui marchèrent contre Andronic, n'avaient jamais entendu parler des marches de César et de Pompée depuis Dyrrachium jusqu'à Pharsale, que j'ai essayé d'expliquer (Voy. T. III. 2ᵉ édition de mon voyage de la Grèce, liv. IX. ch. VIII.). Je prends la liberté d'appeler votre attention sur cette partie de mes topographies et sur les cartes jointes à mon ouvrage. Je crois encore que mes ayeux, les Normands, ignoraient qu'on appelait Egnatienne la grande route de Macédoine; mais il est probable qu'ils avaient entendu parler des entreprises des croisés et qu'ils avaient tâté le terrain dans les entreprises qui les avaient conduits sur le Pénée et jusqu'à l'Axius, lorsqu'ils formèrent la grande entreprise dont vous vous proposez d'écrire l'histoire.

---

*) Normannicis studiis isto tempore indulgens, Pouquevillium Normannum ob majorum suorum expeditiones Byzantinas adibam, alia quaerens, alia quoque docens et exponens.

Ils suivirent la voie Egnatienne, parce qu'elle était, quoique difficile, la seule praticable pour passer de l'Illyrie macédonienne dans la Macédoine proprement dite. C'est en me guidant d'après cette grande projection topographique, qui s'étendait depuis Dyrrachium jusqu'à Andrinople, que je vais soumettre quelques observations à votre sagacité et à la critique lumineuse que j'ai distinguée dans votre savante lettre (voy. pour quelques détails de la voie Egnatienne, la *Géograph. analyt. des grecs* par mon ami feu Mr. Gosselin, p. 20 et 86.). La voie Egnatienne (Strab. p. 322 et suiv.) partait d'Épidamnus *) et d'Apollonie, en se dirigeant à l'orient jusqu'à Cypsela et à l'Hébre dans une étendue de 535 milles, ce qui fait 142 lieues ⅔ de 20 au degré (Gosselin, Note 2 de la traduction franc. de Strabon, p. 102. tom. 3). La distance en ligne droite est de 100 à 107 lieues d'après nos cartes, mais la route ancienne faisait de grands détours. Ceux qui partent, continue Strabon, d'Épidamnus ou d'Apollonie, après avoir parcouru une égale distance de chemin, se rencontrent au même point de la route (Gosselin ibid. note 4).

Le savant géographe que je cite, croit que ce carrefour s'appelait Clodiana (itiner. Antonin. p. 318, 319.) qu'il met néanmoins à 43 milles de Dyrrachium, et à 49 milles d'Apollonie: différence 6 milles.

En ouvrant le compas à partir de Dyrrachium, on trouve que les 43 milles de Strabon nous conduisent au défilé du mont Djouri ou Dgirad, en passant par Elbassan, qui est suivant toute apparence la Bassana de T. Live et l'Albanopolis de Ptolemée (v. T. I. liv. III. ch. IX. de mon voyage de la Grèce, 2e édit. liv. XLIV. ch. 30. Ptolem. lib. III. ch. 13). Le gisement topographique d'Elbassan est de 12 lieues avec Bérat et de 6 lieues ⅓ du point le plus rapproché de l'Adriatique. Le Genussus, qui baigne la vallée d'Elbassan, est surnommé Iscomius, Scombi, Tubi (*flexuosus, sinuosus, gibbosus*), en langue schype ou albanaise. A' partir du grand village de Poulessi commence le défilé de Kiapha-Crabous (défilé du Crochet), que vous verrez bientôt surnommé χαχὴ πέτρα. Pour la suite de la chorographie de cette région voyez le chapitre déjà indiqué de mon voyage (p. 389, 390, 391, 392, 393), car je ne pourrais que me répéter, n'ayant aucuns éclaircissements nouveaux à donner, ni rien à retracter de ce que j'ai avancé dans mes écrits.

Au sujet de Dyrrachium conférez p. 395, 396, à 401, car je suis dans le même cas; ainsi, Monsieur, c'est sur ce calque qu'il faudra appliquer les sages raisonnements déja énoncés dans la docte épitre que vous m'avez adressée.

La voie qui partait d'Apollonie pour aboutir à Clodiana était de 49 milles. Elle recevait, dans l'intervalle de Gradista à Bérat, la route de Byllis qui traversait la voie

---

*) „Pline escrivant les longitudes de la Grèce le prend toujours de Dyrra- chium, disant que de Cple à Duras, il y a de compte fait 711 milles."

P. Belon fol. vers. 63.

Egnatienne à la hauteur de Scampis pour se rendre à Margus, comme l'indique une inscription rapportée dans mon voyage (T. I. liv. III. ch. VI. p. 340, 341. Nr. 1.). Vous savez, Monsieur, que les Normands avaient pratiqué cette route dans leur expédition contre Alexis Comnène; en partant de Durazzo ils durent se rendre à Cavailha éloigné de 12 milles, de Cavailha à Pekini 10 milles, de Pekini à Bérat 27 milles. Ce fut sur la route d'Avlone ou plutôt d'Apollonie, qu'ils battirent les troupes impériales qui se replièrent derrière le Charzane, Ergent, ou fleuve de Bérat. Le point astronomique d'Apollonie étant connu (V. voyage ch. *Apollonie*), on trouvera que la station de l'itinéraire d'Antonin nommée *ad Novas* qui est de XXV milles, convient à Bérat. De *Novas* à *Clodianis* il y a XXXVI M. P. distance qui correspond à peu près à la position d'Elbassan XXII M. P.

Nous nous arrêterons un moment à ces rapprochements topographiques, afin d'expliquer la marche des Normands partis de Dyrrachium, pour se rendre à Thessalonique, sur laquelle Eustate garde le silence. De Dyrrachium à Elbassan les Latins eurent à parcourir 34 milles romains en suivant la ligne la plus courte et un cinquième en sus, à cause des circonflexions du chemin, ce qui porterait la marche à 39 milles, ou 13 lieues de 25 au degré. D'Elbassan ils durent franchir un espace de 22 milles, qu'il faut porter à 26 pour la raison qu'on vient de déduire, afin de monter à Scampis que nous croyons être la Cucuse des Arnaoutes (V. pour le cours et les différents noms du Genusus le liv. III. ch. IX. p. 385 de mon voyage) ils se trouvaient dans les hauteurs du mont Dgirad, point culminant des monts Candaviens. De ce point ils avaient 30, c. a. d., 35 milles à faire pour se rendre à Tribus Tabernis que je crois être Strouga. (V. Ann. Comnen. p. 122, 126, 135. Theophylact. archiepiscop. Bulgar. epist. 41, 10. Phocas in descript. terrae sanctae N°. 20.). Enfin, de Tribus Tabernis, il leur restait 6, c. a. d., 7 m. pour arriver à la moderne Ochrida. Nous spécifions cette indication, car de Strouga à l'ancienne Lychnidus ou Achrida, il y a plus de 36 milles. Jusque là nous marchons assez bien avec les itinéraires romains, et en additionnant la somme des distances depuis Dyrrachium jusqu'à Ochrida, on traverse au plus haut terme 107 milles ou à peu près 35 lieues, qu'on évalue en heures de Turquie de 19½ au degré, à 29. h., c. a. d., à 4 Conaks ou stations environ. *)

---

*) Les Byzantins et quelques historiens des Croisades parlent souvent du Mont Bagora (v. Theophylacti ep. 65, in qua Boëmondi irruptionem in Illyric. narrat, tractum Achridensem regioni vel urbi conterminum *Μοχρὸν* appellatum testatur. Bagora mons dicitur Bagulatus a Fulcherio Lib. 1. c. 3. in gestis Dei per Francos); il formait le point de séparation entre le bassin du Lychnitis lacus et le territoire de Dyrrachium. Anne Comnène nous montre Alexis 1er vaincu devant Avlone par Robert, chef des Normands, passant le fleuve Char-

Je ne me dissimule pas que ces topographies à grands points sont vagues, c'est pourquoi nous allons vérifier la route qu'on vient de jalonner, eu la reprenant en sens inverse à partir de Strouga jusqu'à Durazzo. Au sortir de Strouga on trouve une chaussée pavée (V. T. 3. p. 63. et suiv. de mon voyage), c'est évidemment un des débris de la voie Egnatienne; ensuite on la trouve taillée dans le roc, aboutissant à des points romains. Vous voudrez bien relire le passage de mon voyage que je me dispense de copier. Le nom de χαχὴ πέτρα qui s'y trouve, correspond à χαχὴ σχάλα que les modernes employent, pour désigner un défilé (Acropolita p. 77.: ἐξορμήσας τοῦ Δυὁῥαχίου χ. τ. λ.). Veuillez observez, Monsieur, qu' Anne Comnène parle d'un officier nommé Comiscortas (espèce de connétable ou d'Embrocher des Turcs) à qui Alexis avait donné le commandement de Dyrrachium en 1087. Il était venu d'Arbane (Elbassan) ou de chez les Arbanes. On voit par un autre passage de l'Alexiade (lib. IV. p. 98. lib. XIII. p. 309.) qu' Arbane était une place forte située à quelque distance de Dyrrachium et dans un pays de montagnes, parce qu'elle donnait entrée à des Clausures, *Claustra Montium,* Κλεισοῦραι, *) qu' Alexis fit garder, lorsque Boëmund eut renouvelé l'entreprise de son père contre l'empire d'Orient.

Je vous prie, Monsieur, de lire attentivement avec la carte de mon voyage sous les yeux, ce que j'ai dit du lac d'Ochrida et du lac Lychnidus, c'est à dire les chapitres V et VI du livre VII de mon voyage. **) Je ne reviendrais pas aussi souvent sur mon oeuvre, si j'avais quelque chose de mieux à citer, car je me fais violence toutes les fois qu'il s'agit de parler de moi, pauvre ἀναλφάβητος! Il paraît que la route qui partait d'Achrida conduisait aux lacs de Prespa et de Drenovo où la Devol prend son origine (Stritter. memor. in Bulgaricis §. 168. Zonar. II. p. 228. Ann. C. 1073.) Ce réseau de routes mérite d'être étudié et je désirerais que vous eussiez la carte en neuf feuilles de la Pie qu'il a composée sur mes matériaux; quoiqu'il n'en dise rien, je ne m'en plains pas non plus, *car on ne vole que ceux qui ont quelque chose.*

---

zane, comme je l'ai déjà dit, ralliant ses troupes dans la forêt de Babagora, et arrivant par Strouga à Achrida, d'où il se réfugie à Devol ou Deabolis surnommé Dibolia par Bertins, et montagnes du Diable (Voy. liv. VII. ch. VI. de mon voyage). Consultez aussi ce que je dis au sujet du canton de Caulonias; ce nom est commun à plusieurs contrées suivant Const. Porphyrogen.: Κολωνοὺς δὲ τοὺς ὑψηλοὺς καὶ ἐπηρμένους τόπους

ἐκάλουν Ἕλληνες (de Themat. lib. I. Them. 10. p. 12). G. Stritt. Bulgar. c. XII. §. 171. Cedren. T. 2. p. 717. Zonar. p. 227. Glyc. p. 311.

*) Suid. s. v. Procop. lib. II. de bello Persico c. 29.; de aedific. Iust. p. 32. Const. Lib. I. Them. 3.; de adm. imper. c. 29. 30. Eustath. ad Dionys. per. p. 42. Anne Comnène a p. 389. ad 398.

**) Confer etiam Gott. Stritt. Bulgar. c. XII. §. 156. 160. 199.

Les Normands en poursuivant leur route, s'emparèrent de Monastir ou Bitolia, qu'on dit être Héraclée, ce qui me semble douteux. D'Achrida à Drénovo il y a entre 10 et 12 milles, et de Drénovo à Monastir, 12 à 14 milles; je porte toujours cette double estime, à cause de la déviation des chemins qui n'existent presque plus que sur les cartes. C'est là que se développe leur plan d'opérations par la conquête de Prelepé, de Florina, de Castoria, d'Ostrovo, de Vodena, de Caïlari, de Gnaousta ou Gniausta, de Verria, de Servia, de Jenidgé, de Pelagonia, de Moglena, de Scopia, de Pella et du pont du Vardar que les itinéraires appellent simplement Gephyra. [Voyez mes topographies pour toutes ces villes. *Scopia.* Ann. Comnen.: Lib. V. pag. 136. cum nota Cangii pag. 295. Cantacuzen. lib. III. c. 4. L. IV. c. 19. Steph. Byz. voc. Σκοῦποι. *Servia* Ann. Comnen. l. V. p. 136. Scylitz. p. 704. et l'excellent itinéraire de Cousinéry dans son voyage en Macédoine. *Moglena* Ann. Comnen. l. VI. p. 137. cum not. Cangii ad p. 297. Scylitz. p. 709, 710. Cantacuzen. lib. I. c. 44 et 46. Τὸ τῶν Μογλενῶν θέμα habet Zonaras p. 237. *Pelagonia.* Ann. Comnen. p. 137. *Pelagonia Macedoniae oppidum Livio notum, Castoriam inter et Axium fluvium,* ut habet Theobodus lib. I. et Cantacuzenus lib. I. c. 51. Nicet. in Manu. lib. III. Cinnam. lib. III. p. 73. Raymundus de Agiles ejus meminit. Confer. etiam Malchus de reb. Byzant. p. 78., excerpt. legat. p. 79. Paris. 1693]. Vous trouverez avec leurs distances respectives sur la carte les noms que je viens de citer et vous remarquerez que l'armée des Latins ne songea à assiéger Thessalonique qu'après s'être assurée de toute la Macédoine cisaxienne (voy. le livre de mon voyage qui traite de la Macédoine). Je vous recommande de nouveau les itinéraires de Mr. Cousinéry pour ce qui concerne la partie basse de la grande vallée de l'Axius ou Vardar. Voici maintenant comme on compte les distances de Thessalonique à Ochrida: de Thessalonique à Pella, 21 milles; de Pella à Jenidgé, 6 milles; de Jenidgé à Vodena (Edesse) 18 milles; de Vodena à Castranitza, 21 milles; de Castranitza à Florina, 30 milles; de Florina à Monastir, 18 milles; de Monastir à Resna, 21 milles; de Resna à Ochrida (ville qui n'est pas Achrida) 18 milles. Total 153 milles de 60 au degré.

Thessalonique est un des points qui vous intéressent particulièrement. Il faut voir ce qu'en disent les voyageurs P. Belon du Mans in 4°. Paris 1553, Paul Lucas que vous citez, Felix Beaujour (*Tableau du commerce de la Grèce* depuis la page 28, jusqu'à la page 45). Le jugement de ce dernier n'est pas irréfragable comme archéologue, et il n'a pas visité la Macédoine. C'est un compilateur qui a mal employé d'excellents matériaux, dans ce qu'il appelle *Voyage militaire* dans l'empire Ottoman publié à Paris en 1829. Si vous avez ce livre, je vous engage à le consulter, mais avec la plus grande réserve. Quant à l'histoire de Gauttier sur les Normands, vous pouvez vous dispenser de la lire; sa carte est copiée de la mienne. Mr. Cousinéry est un homme de bonne foi, très-savant numismate, observateur et explorateur digne de confiance, dont vous pouvez citer les renseignements topographiques jusqu'à la hauteur de Cypsela. Le voyageur comme le chasseur doit être doué d'une sorte *d'instinct*; ce sens manquait à mon vieil et excellent collègue et confrère, mort cette année à à l'âge de 86 ans. C'est lui qu'il faut prendre pour guide jusqu'à Philippi; la vue de Salonique et la carte jointes à son voyage sont bonnes.

J'ai dans ce moment près de moi à Paris Mr. de St. Sauveur, consul de France à Thessalonique, qui connait l'ouvrage de Mr. Cousinéry, mais je n'ai pu tirer de lui que les détails suivants: „La citadelle de Thessalonique est maintenant appelée chateau - des - *Sept tours*. Sa citerne n'existe plus. L'aqueduc, dont parle Paul Lucas et que Cousinéry laisse dans le doute, est remplacé par un Souterrazi ou hydrophore à syphons (voy. pour la description de cette sorte d'Hydraulique le voyage du comte Andréossy à l'embouchure du Bosphore). La prise d'eaux est dans le mont Cortiach, d'où il aboutit par des canaux aux différentes fontaines de la ville. La citadelle est séparée du mont Cortiach par un terrain onduleux composé de collines qui s'y rattachent en s'élevant graduellement. Je ne crois pas que l'Hepta - Pyrgion ou Yédi-Couléler des Turcs, date de l'ère de Justinien, mais il a pu être bâti sur le même emplacement vers le XIVe siècle. Depuis cette époque il a été restauré par les Turcs, car on y voit enclavés des fragments de colonnes, d'architraves, de chapiteaux provenants d'édifices anciens soit en marbre, soit en pierre." On n'a pu me dire, combien d'églises restent aux chrétiens, il faut s'en référer à ce sujet ainsi que pour les mosquées, à ce que dit Mr. Cousinéry. Le Gynaecocastron n'est plus connu aux environs de Thessalonique, et voici mon opinion particulière à ce sujet.

Vous savez que les Empereurs grecs avaient des Eunuques pour garder leurs femmes et des Harems dans lesquels ils les tenaient renfermées: cet usage est immemorial dans l'orient. D'après cela je suis porté à croire que l'air de Thessalonique ayant toujours été fiévreux, on envoyait les femmes passer la mauvaise saison dans quelque sérail fortifié qui aura reçu le nom de Gynaecocastron. Il devait être situé aux environs d'Ourendgick, où les francs avaient, il y a vingt-cinq à trente ans leur quartier d'été. Pour ce qui est du port de Thessalonique, il n'est défendu que par un misérable fort appelé *Tour du Sang;* où l'on étranglait les Janissaires, qui ne prétendaient pas être pendus comme des *Bacals* ou *regrattiers*. On voit sous les eaux les restes d'un môle. — Voila tout ce que j'ai pu apprendre de Mr. de St. Sauveur, et comme le voyageur prudent, je dois m'arrêter là, où finit la lumière. Espérons que: μετὰ δὲ τοῦ πληρώματος τοῦ καιροῦ ὁ θεὸς τὰ ἑαυτοῦ ποιεῖ, comme le disait un docte professeur de Tubingue. Cependant on retrouve à Salonique dans le quartier de tanneurs le port creusé par l'Empereur Philippe. Les églises converties en Mosquées sont Ste. Sophia et St. Démétrius; St. Minas incendiée en 1770 est maintenant restaurée (voi. Cousinéry).

Normanni Thessalonica capta ad urbem regiam CP. tumultuario fere agmine tendebant. Vous ajoutez, Monsieur, d'après Villehardoin que la route suivie par les Normands dut être au moins *de bien douze journées granzs.* Vous savez que Procope (de bello Vandalico Lib. l. c. l. p. 177.) évalue la journée de marche à 210 Stades, ou environ huit lieues de 20 degrés qui correspondent à peu près avec le Conak des Turcs. Or, ces douze *journées granzs* formeraient environ 96 lieues = à 288 milles géographiques. Cette mesure est trop faible pour la distance entre Thessalonique et Constantinople. Mais peut-être que Villehardoin divisant par douze les trois cent quatre-vingts un milles Romains que nous donne la table d'Antonin, a évalué sa *grande journée* à dix lieues de France environ, ce qui donnerait un résultat approximatif du routier des tables Peutingériennes. Je n'ai pas fait la route de Thessalonique à Andrinople, mais je me crois à même de l'ébaucher; le restant depuis Andrinople jusqu'à Constantinople a été en quelque sorte levé par mes ordres.

Je crois qu'il faut s'en référer à Pierre Belon, à Paul Lucas et surtout à M. Cousinéry, pour ce qui regarde la projection du mont Dysoron aujourdhui Cortiach et celle de Cissus que les Turcs appellent mont Salomon (*Voyage de la Macédoine* par Cousinéry T. l. ch. 2.). Son second voyage à Serrès (T. l. ch. V.) la description du mont Cercine et celle du bassin du Strymon. Ce fut en partie du côté de Serrès que les Normands se portèrent en quittant Thessalonique, pour marcher vers Constantinople. Serrès est éloignée de 18 heures environ de Salonique, et de Serrès on compte 14 lieues environ de 20 au degré, pour se rendre sur l'emplacement de Philippi.

La seconde route qui traverse la Chalcidique est de 8 heures jusqu'à Galatz, bourg situé à la base du mont Cortiach; de là on compte 10 h. en contournant le mont Salomon, pour arriver à la décharge du lac Bolbe près du cap Stavros; de cet endroit il y a six lieues ou heures à la décharge du lac Cercine ou Takinos. Après avoir passé la rivière qui en sort, on commence à longer le mont Pangée ou Castanaz, et au bout d'une heure on se trouve aux ruines d'Amphipolis. A sept lieues de ces ruines vers l'orient d'été on arrive à Prava ou Pravista: on est à 2 lieues de la Cavale et à 3 lieues de la plaine de Philippi (il est essentiel de consulter Mr. Cousinéry et Paul Lucas, pour se former une idée de cette plaine historique). La route de Constantinople longe le rivage de la mer depuis Pravitza jusqu'au Carasou ou Mestus, pendant neuf lieues et demie. On est en vue de l'Isle de Thasos, on aperçoit à main gauche au Nord le mont Hémus et on entre dans la Thrace (voy. les chapitres X, XI, XII du T. II. du voyage de M. Cousinéry. Pierre Belon ch. XLIX. fol. 44. ch. LVII. fol. 56, 57. ch. LIX. fol. 61. intitulé: *Du grand chemin de la Cavale à Constantinople.* Ch. LXI. fol. 62. de Cypsela. ch. LXIII. f. 64. de la Marissa, anc. Hebrus).

2 *

C'est à tort que Ducange et Buchon pensent que la Cavale est l'ancienne Kytros, jadis Pydna; cette place était située entre l'Axius et le Pénée à la base du mont Olympe. Il y a un autre Kytros dans la Thrace comme je le dirai ci-après. De Philippi à Drama il y a environ 5 heures ou lieues. Il n'y a pas de raison qui s'oppose à croire que Draginès et Draminès ne soient la même ville sous des noms altérés. Ainsi la Setre et la Serre sont une seule et même ville, il en est peut-être de même de Giga ou *Ζηχχίας* ou peut-être Angista?

Prava est une position de passage, parce quelle est sur le chemin direct de Thessalonique à Constantinople et au debouché de la plaine de Philippi. Au delà de Prava les montagnes s'écartent et on entre sur le terrain ou se donna la bataille parricide des Romains contre Romains, et où, comme à Pharsale, la fortune mit les lois au pouvoir du crime: *jus datum sceleri.* Le chemin de Prava à la Cavale coupe la plaine diagonalement. On monte en sortant de la Cavale sur la arête du contrefort qui porte l'aqueduc de cette ville, l'on descend ensuite dans un vallon d'une demi lieue de large, s'ouvrant au Sud sur la mer et après avoir traversé ce vallon d'orient en occident, on remonte sur la crète d'un autre contrefort fermé jadis par un mur appelé *Pergamus murus.* On descend de là dans un second vallon parallèle au premier et remontant un troisième contrefort, dont ce col était défendu comme les deux autres par une ancienne muraille nommée *Phagraeus murus*, on débouche dans la Thrace par un chemin qui cotoye d'abord le rivage de la mer, mais qui s'en écarte ensuite, pour aller passer le Mestus ou Nestus à deux lieues de son embouchure. V. *Voyage militaire dans l'Empire Othoman* par F. Beaujour T. I. p. 230. 231.

La route de Thessalonique jusqu'à Amphipolis et au passage du Strymon suit le tracé de la voie Egnatienne qui est couverte d'eau en hiver. Le chemin de Serrès s'en sépare, en s'élevant ou N. E. par Sokos, village sur le mont de Bertiscus, d'où elle descend par le hameau de Nigrita, ou par celui de Skapcha, voisin des ruines d'Anthemus près des bordes du Strymon, qu'on passe sur un pont en bois, une lieue à l'ouest de Serrès. Le Strymon que les Bulgare-Valaques appellent Strouma, les Turcs Kara-Sou et les Skypetars Stroume-lioume, naît aux environs de Radomir dans le mont Orbelus (voyez pour son cours la carte de Lapie, feuille 8e., pour Prava, Cypsela, Angista, Amphipolis et la route jusqu'à Andrinople Belon, Felix Beaujour *Voyage militaire dans l'empire Othoman* pages 222, 223, 224, 225 jusqu'à p. 233). Le chapitre VII. intitulé: *De la Thrace* doit être attentivement examiné et medité jusqu'à la page 254; vous pourrez y appliquer la géographie du moyen âge. Pour ce qui concerne la topographie depuis Andrinople jusqu'à Constantinople vous voudrez bien lire l'itinéraire détaillé et circonstancié qui se trouve dans le tome 3. de mon voyage page 161. Vous y verrez la position précise d'Tchiorlou. Vous jugerez quelle position convient à Épibates, bourg situé à 12. h. de Constantinople, célébré par la résidence de l'admiral Apocaucus; Selybrie fut remarquable par un palais que Grégoras dit avoir appartenu à Jean Cantacuzenus (Note k. p. 72. liv. II. de l'hist. ottomane de Cantemir).

Coutchouk - Tchekmedgé est l'ancien bourg d'Athyra. Le pont de Bouiouk-Tchekmedgé fut bâti par Selim II; il y a une inscription du poëte Hindai (voy. Cantemir 2 me partie p. 11. note H.). Parcourez Cantemir, mais défiez vous des distances qu'il donne; souvent il confond les milles avec les heures et il fait avec des milles Germaniques qui sont de 15. au degré, des milles Romains de 75. Vous pourrez tirer un bon parti de Paul Lucas, qui dit très-bien ce qu'il a vu, quoiqu'il ait vu le *Diable* dans la haute Egypte, et des colonnes en marbre noir au Parthenon d'Athènes. Malgré tout cela on lui doit de bonnes et intéressantes decouvertes; il faut faire la part du temps, où il écrivait, temps où l'on exigeait des voyageurs des choses merveilleuses, semblables aux recits de la legende de Theodoret.

Mosynopolis est une ville que Nicetas et Cedrenus mettent dans la Thrace, chez les Mosynöci. Ortelius croit qu'elle était entre la Thrace et Thessalonique. C'est, dit il, la même ville qu' Athénée liv. 8. appelle Mosynon; c'est aussi la même place que Mosyna de la Notice et le Mosynon de Leunclavius. De cette ville tirait son nom le peuple que Pline Lib. 5. c. 30. appelle Mossyni, et que Ptolemée lib. V. c. 2. nomme Μοξιανοὶ, pour Mosyni ou Mossuni. Tout cela peut être mais qu'en conclure pour la position de Mosynopolis; rien, absolument rien. Qu'il me soit permis, de hazarder une conjecture que je soumets entièrement à votre critique éclairée et judicieuse. Le père Joseph Boscowich, Jésuite dans son voyage de Constantinople en Pologne, imprimé à Lausanne en 1772, après avoir décrit ses journées de marche à partir de la capitale de l'empire ottoman, cite (à la date du 30. Mai) la ville de *Kircklisé*, chef-lieu d'un Sangiack que je crois être Mosynopolis, appelée, comme je viens de le dire Kircklisé ou les 40 *églises*. Là les routes se divisent; celle qui est à main gauche va en Hongrie par Andrinople, et celle qui est à la droite va en Moldavie et en Pologne par le lieu qu'on vient d'indiquer. Sur cette route commence le mont Rhodope. Kircklisé est une assez grande ville, dont les habitants sont la plupart Turcs; il y en a cependant un grand nombre de Grecs. On y voit plusieurs Mosquées, une belle fontaine, un beau bain et un Bezestein. Il y a de ce coté un village appelé Kytros, dont il faut remarquer le gisement (voyez le journal du voyage de Boscowich, à p. 1. jusqu'à p. 60. Conf. les lettres de Busbeck et le voyage de Sr. Poullet).

Je crois, Monsieur, que Bolerus est la même chose que Toperus et Doberus. Antiqua urbs Rhodopes fere undique ambita fluvio, colli arduo subjacebat (Procop. de

Aedific. lib. IV. c. 11. p. 90). Toperus urbium Thraciae maritimarum prima est; a Byzantio dierum duodecim distat itinere (Gott. Stritteri Sclavic. c. IV. §. 32.).

J'aurais desiré, Monsieur, pouvoir traiter en grand l'ébauche que j'ai l'honneur de vous adresser, mais l'état deplorable de ma santé ne me permet plus de travaux de longue haleine. *Solve senescentem.* *)

Monsieur,

Votre très-humble et très-obéissant
Serviteur.

POUQUEVILLE,
de l'institut Royal de France.

Via Egnatia occidentalis initium, ut in praevia commentatione vidimus, duplex habuit, alterum Apolloniae (meridionale), alterum Dyrrachii (boreale). Utraque viae sectio in loco Clodianorum convenit.

I. VIA INTER APOLLONIAM ET CLODIANA.

Eam solum describit Itinerarium Hierosolymitanum. De reliquiis ejus viri docti nil notarunt. Eâ legatos Hormisdae papae sec. VI. et Manuelem Comn. imp., cum illi ab Aulone (e meridie Apolloniae) Candaviam, inde Macedoniam seculo VI. peterent, hunc sec. XII., usos fuisse, in prolegomenis docui. Via autem in locum Clodiana est fere borealis.

APOLLONIA. De ejus situ Scylax cap. 25.: Ἐκ δὲ Ἐπιδάμνου εἰς Ἀπολλωνίαν πόλιν Ἑλληνίδα ὁδὸς ἡμερῶν δύο (versus meridiem). Ἡ δὲ Ἀπολλωνία ἀπὸ τῆς θαλάσσης ἀπέχει στάδια ν′ (stadia L), καὶ ποταμὸς Αἴας (l. Ἀῶος, Beratinó, Ergent) παραῤῥεῖ τὴν πόλιν. Aous e meridie, decem stadiorum discrimine, urbem praeterlabitur (Strabo 7. p. 219.); per mediam urbem flumen ducit Conon narratione cap. 30. Ruinarum urbis situs (*Pollini*) Straboni magis fidem facit. Erat civitas haud levis momenti ultimo reip. Romanae aevo, unde *magnam* et *gravem* dicit Cicero Philipp. II, 11; quare secundam fuisse post Dyrrachium puto. Alia de hac urbe v. apud Tzschuckium ad Pomponium Melam 2, 3, 13. Adde *Pouquevillium* in it. Graeco (ed. II.) T. 1. p. 72. 241. 326. 329. 354. 355. 357. 358. 359. 360. *Leake*, travels in northern Greece Vol. I. p. 368 sqq. Superstitem fuisse seculo post Christum quarto, Itinerarium Hierosolymitanum docet; immo extitit sexto, quod Hierocles monstrat in synecdemo p. 653. ed. Wesseling. Aulonem tamen (Αὔλωνα s. Ἀvlŏna neo-graece) vicinam e meridie temporum progressu magis quam Apolloniam crevisse, tabula Peutingeriana docet, quae Apolloniae nullam aediculam appingit, Auloni duas. Atque

---

*) Varia sunt, in quibus a b. Pouquevillio discedendum esse vidi. Ea in singulis stationibus exponam.

Aulon *) in scriptis medii aevi non semel tantum occurrit, Apolloniae nomen post Hieroclem non audivi. Leonis certe Sapientis Novella de thronis (anno 886 — 912.) Aulonem memorat, Dyrrachino metropolitae cum aliis urbibus subjectam ; Apolloniam omittit (Leunclavii Jus Graeco-Rom. Vol. I. p. 93.). Quod mihi testimonio est, Apolloniam pridem evanuisse; neo facit, ut sententiam mutem, seculi decimi scriptor Constantinus Porphyrog. de thematibus 2, 9., qui praeter alias urbes Apolloniam noni thematis s. provinciae (novae Epiri) civitatem dicit. Est enim ille Constantini locus, ut tot alia Ejusdem, ad verbum ex Hierocle repetitus, seculi VI. scriptore.

MUTATIO STEPHANA FANA. Abest ab Apollonia M. P. XVIII. Lectionem nominis corruptam esse, alii monuerunt. Mihi cum Wesselingio *Stephani Fana* legendum videtur; vel etiam *Stephani Fano*. Certe S. Stephani castellum in Epiro nova restauravit Justinianus imp. (Procop. aedif. 4, 4.). Aliud de hac mutatione non constat. Abest a mansione Apsos (Apsi) M. P. XII.

MANSIO APSOS. Ei Apsus fluvius, cui appositam fuisse puto, nomen dedit. Tabula Peutingeriana scribit *Hapsos*. Hunc fluvium (nunc Beratinó, Ergent, al.) **) molliorem dicit Lucanus pharsal. 5, 462 sq.; Genusum, vicinum ei e septentrione, volucrem. Hinc ad Marusium sunt M. P. XIV.

MANSIO MARUSIO. Aliunde mihi incognita.

MANSIO CLODIANA. Est mihi vox *Clodiana* neutrum plurale, coll. itin. Antonini. Sunt inter eam et Marusium M. P. XIII. Nec haec aliunde mihi cognita est. Fuisse tamen majus oppidum videtur, ut duo antecedentia, quia *mansio* dicitur, non *mutatio*. Comparabis hunc locum cum Albano Georgii Acropolitae (histor. cap. 67.), quae urbs mihi cum hodierna Elbassan eadem vel vicina ei esse videtur. Acropolitae locum dedi in historia viae nostrae. Junxit hic locus viam, quae a Dyrrachio atque Apollonia in Macedoniam ducit. Postremo de Clodianis etc. sic Leakius l. c. Vol. III. p. 279 sq.:

„In proceeding westward from the pass of Vodhená, the road crossed two gread valleys and three remarkable bridges before it arrived at Clodiana, from which there was a bifurcation to Dyrrachium and Apollonia. From the Tabular Itinerary we learn that at 19 M. P., beyond Lychnidus, the road crossed a bridge named Pons Servilii, which could have been no other than a bridge over the Drin, anciently Drilo, at its issue from the lake Lychnitis. We thus obtain the point from whence the road crossed Mount Candavia to Clodiana, which appears to have been situated on the Genusus, for the name Clodiana is probably derived from Appius Claudius, whose camp was upon that river when he was employed against Gentius, at the same time that the

---

*) De ea v. *Pouquevillii* voyage ed. II. Vol. I. passim. *Leake*, l. c. Vol. I. p. 1 sqq.

**) *Pouqueville*, l. c. Vol. I. p. 132 sqq. *Leake*, l. c. Vol. I. p. 336. 342. 390. Vol. IV. p. 113. 123.

consul Aemilius was carrying on the war against Perseus in Macedonia, in the year
B. C. 168 (Liv. 44, 30). And hence it becomes evident that the Genusus was the
river now called Skumbi, or Tjerma, consequently that the mountain which lies
between the sources of that river at the northern end of the lake Lychnitis was
the proper Candavia. It is the same mountain of which I observed the bearing from
Korytzá to be N. 23 W. by compass. Although the distance of Clodiana from Apollonia is no less than 8 M. P. greater in the Jerusalem than in the Tabular Itinerary,
yet as both these authorities place the Apsus about midway, we have thus an ap-
proximation which may assist in ascertaining the exact site of Clodiana." Idem deinde addit in nota 2.: ,,As 31 M. P. from Dyrrachium to Clodiana in the Jerusalem is
evidently much nearer to the truth than the 40 M. P. of the Table, the latter number is perhaps an error for 33." Idem deinde in ipsa narratione sic pergit l. c.
(p. 280): ,,Skumbi is obviously a corruption of *Scampis,* a name found in all the
Itineraries at about 21 M. P. eastward of Clodiana, consequently on or near the Genusus, perhaps at the modern Elbassán. The branch of the Genusus upon which that
town is situated may have been named Scampis as well as the town, and by a
common kind of change may have superseded the name of Genusus, as that of the
entire course of the stream below the junction." De Leakiana Clodianorum a Claudio
derivatione dubito. Namque post Lychnidum in itinerario Hierosolymitano occurrit
alius locus Claudanum (Claudianum), multoque inferius Clodiana.

Atque haec est via inter Apolloniam et Clodiana (M. P. 57) secundum itinerarium
Hierosolymitanum. Aliter itinerarium Antonini, quod post Apolloniam ponit locum *ad
Novas* (tabernas), M. P. XXIV.; deinde *Clodiana,* M. P. XXV. Haec via quomodo
a via itinerarii Hierosolymitani distinguenda sit, equidem nescio; discrimen notasse satis
habui. Fuit saltem ea via brevior.

II. VIA INTER DYRRACHIUM ET CLODIANA.

Ea, teste Beaujourio (Voyage milit. Vol. I. p. 329. 336.), versus orientem, mari
relicto, per montes *Grabatz* tendit Elbassanum. Idem fere Cantancsichio placet (ad
Tab. Peutingerianam T. I. p. 640). Accuratiora de hac viae parte apud neminem doctorum inveni.

DYRRACHIUM. Urbs nobilissima situ locorum fatisque, peculiari libello, ut
paucae, digna. Qui enim cum exercitibus Illyricum et Macedoniam petebant, hujus urbis possessione, id quod omnis historia docet, supersedere non poterant. Antiquam
ejus historiam alii fere totam praeoccuparunt: nostrum erit, alia superioribus addere,
alia emendare, alia disceptationi post nos venientium commendare.

De historia urbis *) statuque hodierno vide prae aliis Pouquevillii expositionem in itinerario Graeco ed. II. Vol. I. p. 395 sqq.; Leakii Graeciam borealem Vol. I. p. 1. 380 sqq.

Nomen urbis Romanos sibi tribuere constat. Pomponius Mela 2, 3, 12: *Dyr-rachium. Epidamnos ante erat. Romani nomen mutavere, quia velut in dam-num ituris omen id visum est.* Idem repetit Plinius H. N. 3, 26 (23): *Epidam-num colonia, propter inauspicatum nomen a Romanis Dyrrachium appellata.* *) Adde Anonymos apud Dionem Cassium 41, 49. Sed vide, ne lusus sit mere etymo-logicus, cujus fons forsan Plautus in menaechmis 2, 1, 38. 39., vel alius, quem poeta sequitur. Ergo Plautus l. c.:

> *Propterea huic urbi nomen Epidamno inditum est,*
> *Quia nemo ferme huc sine damno divortitur.*

(Notatur in antecedentibus magna Epidamniorum luxuries morumque labes). Idem v. 42: *Quid metuis? M.: Ne mihi damnum in Epidamno duis.* Dein Dyrrachii nomen in numis Graecis occurrit, qui facti sunt, antequam Romani Illyricum introissent, coll. Mionnet. descr. de médaill. ant. II, 37 sqq. Quid? quod Dyrrachium Latine omnino non sonat, quod debebat, si fuissent auctores Romani, quanquam hi coloniam deduxerunt (Plin. l. c.), incertum quando. Epidamni vero nomen quando in Dyrrachii formam abierit, non con-stat: certe ante Romanorum Illyrici debellationem id factum statuo. Mutationis et trans-positionis causam terrae forsan motus praebuit, qui non semel tantum hanc urbem vasta-vit, e. g. post Chr. anno 345 (Theophanes ad annum 9 Constantii, ed. Ven. p. 25); iterum, imperante Justino I. (anno 518—527), referente Jo. Malala libro 17. p. 417. ed. Bonn., qui scriptor Δοῤῥάχιον dicit et Δοῤῥαχηνούς; postremo, anno 1273. (Georgius Pachymeres in Michaele Palaeologo 5, 7. 6, 32): forsan et alio tempore. Ita fieri poterat, ut prisco tempore, cujus memoria intercidisse videtur, quum aliqua ca-lamitate urbs afflicta esset, incolae, loco relicto, novam urbi sedem, licet maxime vi-cinam, quaererent, novaeque urbi, abolito vetere, a peninsula aliud nomen impone-rent, coll. Strabone deinde citando. Quod ut statuam, fere movet Anna Comnena libro III. fin. (p. 99. ed. Ven.); licet ea, quae de causa novae urbis condendae ad-dit, equidem vix crediderim. *Καὶ δή,* ait Caesarissa, *ἐντὸς τῶν ἐριπωθέντων τει-χῶν τῆς πάλαι καλουμένης Ἐπιδάμνου 'καλύβας ἐπήγνυντο . . ἐν ᾗ βασιλεὺς ποτὲ*

---

*) Laurentius Lydus de magistratibus 3, 46: Δυῤῥάχιον αὐτὴν Κρῆτες ἀποικήσαντες ἐκεῖ προσηγόρευσαν, ἀπὸ Δουῤῥάχου (sic) τότε βα-σιλεύοντος Κρητῶν, ὡς ὁ Ῥωμαῖος Λουκα-νὸς ἐν τῇ δευτέρᾳ τῶν ἐμφυλίων φησίν, ἢ Κορκυραῖοι, Κορινθίων ἄποικοι κατὰ τὸν συγγραφία (Thuc. 1, 24). Lucanus phar-

sal. 2, 610. de *Brundusio*: *urbs est Dictaeis quondam possessa colonis.* Haec Lydus de Epidamno poetam dixisse putavit, eidemque, quod forsan aliunde acceperat de nomine hujus Cretensi, attribuit. V. editionem Lydi Bonnensem p. 239.

3

Πύῤῥος, Ταραντίνοις ἐνωθεὶς, Ῥωμαίοις ἐν Ἀπουλίᾳ καρτερὸν πόλεμον συνεστήσατο. Καὶ ἀνδροκτασίας ἐκεῖθεν πολλῆς γεγονυίας, ὡς ἄρθεν ἅπαντας ξίφους πα-
ραναάλωμα γεγονέναι, ἄοικος πάντῃ καταλέλειπται. Quanquam hoc ultimum si reapse
accidit, cur accolae urbem desolatam non occuparunt, sed aliam condiderunt? Mihi
alia calamitas, maximopere terrae motus, incolas Pyrrhi aevo vel brevi post movisse
videtur, ut sedem urbis suae mutarent. *) — Novi nominis causa in obscuro est. A
chersonneso, cui imposita est urbs, nomen traxisse narrat Strabo 7, 5: Ἐπίδαμνος ..
ἡ νῦν Δυῤῥάχιον, ὁμωνύμως τῇ χεῤῥονήσῳ λεγομένη, ἐφ' ἧς ἵδρυται. Idem ergo
nomen peninsula habuisse videtur. Quod haud negaverim. Veterum tamen quibusdam ludentibus ipsum Dyrrachii nomen idem fuit quod δυσράχιον (promontorium asperum praeruptumque). Verum hoc quoque, ut Epidamnus Romanorum, lusum poeticum
redolet, coll. Steph. Byz. v. Δυῤῥάχιον· ... Ἀλέξανδρος δ' ἐν Εὐρώπῃ Δυσράχιον
(δυσράχιον) αὐτὴν καλεῖ μετὰ τοῦ σ· Δυσραχίου τ' Ἐπίδαμνος ἐπ' ἀγχιάλου χθονὸς
ἀκτῆς. Hunc lusum secuti seriores, quos citat Dio Cass. l. c.: Οἱ δ' ἕτεροι Δυῤῥάχιον ἀντονομασθῆναι τὸ χωρίον ὑπὸ τῶν Ῥωμαίων πρὸς τὴν τῆς ῥαχίας δυσχέ-
ρειαν ἔφασαν, ὅτι ἡ τῆς Ἐπιδάμνου πρόσρησις, ζημιώδη **) δήλωσιν ἐν τῇ τῶν
Λατίνων γλώσσῃ ἔχουσα, δυσοιώνιστος σφίσιν ἐς τὸ περαιοῦσθαι ἐς αὐτὴν ἔδοξεν

---

*) Diu ante Annam dubitatum constat,
Dyrrachiumne idem sit cum vetere Epidamno. Dio Cassius 41, 49: Καὶ ἔστιν
εὐκαιρότατον (Δυῤῥάχιον), εἴτ' οὖν ἡ Ἐπίδαμνος ἡ τῶν Κερκυραίων, εἴτε καὶ ἑτέρα
τις οὖσα. Quid? quod Appianus de b.
civ. 2, 39. errare eos contendit, qui Dyrrachium idem cum Epidamno esse putent.
Idem ibidem fabulosa quaedam addit de
Dyrracho heroe, Epidamni genero, Dyrrachii conditore, quae futurus rerum Dyr-
rachinarum scriptor illustrabit, assumpto
Procopii Gazaei loco inferius afferendo.
Postremo Pausaniae locum (VI, 10, 8.)
de eadem civitate intelligo, ubi Dyrrachium urbs a vetere Epidamno parum distare dicitur. Pausanias ibidem vocem Ἐπίδαμνος veteris epigrammatis interpretatur. Aliud Dyrrachium, Laconicum,
habet quidem Stephanus Byz., seculi sexti
scriptor (s. v. Δυῤῥάχιον), alibi incogni-
tum. Noster vero Pausaniae locus illi ob-
versari non potuit: aliumque vetustioris

scriptoris locum de Dyrrachio Laconico
non vidi, praeter Stephanianum. Verum
ultimae Graecitatis scriptor quidam Dyrrachium Laconicum revera habet. Est is
Phrantza chron. 2, 2: Ἀλλ' οὖν καὶ οὗτος
(Theodorus princeps) δίδωκε πρὸς αὐτὸν
(Constantinum despotam) τὴν Βοστίτζαν..
τὸ κάστρον Ζαρνάτας καὶ Γαστίτζα, τὸ
Διάσειστον, Μελί, Δράχιον κ. τ. λ. Quae
codex Parisinus (ed. Bonn. p. 131) sic legit: Ζαρνάταν, τὸ ἀδιάσειστον Μελί, Διῤ-
ῥάχιον (sic) κ. τ. λ. Idem Phrantza 4, 18: Ὡς
δὲ ἰάθη ἀπὸ τοῦ τραύματος, περιωρισμένου δὲ
ὄντος καὶ φυλαττομένου ὅπως δήποτε περὶ
τὸ Δυῤῥάχιον κ. τ. λ. Ergo Dyrrachii nomen non Slavicum est, sed forsan Graecum.

**) Quantopere haec fabella de Epidamni
nominis vi Romanis se probaverit, testis
est Plinius l. c., ubi neutrum Epidamnum habemus pro masculino Epidamnus.

εἶναι. Ultimo Dionis loco lusum duplicem, sc. circa voces ῥαχία et *damnum,* coaluisse vides. De Dyrrachii nominis ulteriori origine nil equidem definio. Sed occurrit *Δω-ράχιον,* vicinae Praevalitanae eparchiae urbs, apud Hieroclem in Synecdemo p. 656., coll. ibidem Wesselingio. Est is locus in mediterraneis, censente Schaffarikio (über die Abkunft der Slawen p. 165), ad lacum Plava (Plawno), e septentrione Scodrae (Scutarii), forsan hodierna *Dragich.* Dracii nomen Eidem Slavicum esse videtur. Et *Δορράχιον* quosdam nostrum *Δυρράχιον* scripsisse, supra vidimus. Ptolemaeus vero (geogr. 3, 13. ed. Wechel.) *Δουρράχιον* habet: *Ταυλάντιων Δουρράχιον.* Adde Lexica Latina s. v. Deinde scholiastes Thucydidis (1, 24) sua (Byzantinorum) aetate a quibusdam scriptum narrat *Δυράχιον.* Sed Tzetza (Tschetscha), ejusdem aevi scriptor, chiliad. XI. hist. 396. (p. 438. ed. Kiessling.) sic habet: *Ἐκ Δυρράχιου.* Nunc italice dicitur *Durazzo,* apud Albanitas (Arnaútas) scypetarios *Dures* (Schaffarik. l. c. p. 166.), apud Franco-Gallos *Duras* et *Durazzo,* apud Turcas *Duradsch* (Hadschi Chalfa in Rumel. et Bosnia p. 135).

Vetus tamen Epidamni nomen pro Dyrrachio postero quoque tempore occurrit. Dexippus p. 36. ed. Bonn.: *Μακεδόνων Ἐπίδαμνον* (capiunt Gothi). Procopius Gazaeus in panegyrico Anastasii c. 2. (p. 491. ed. Bonn.): *Ἐπίδαμνον ᾄδουσι μὲν συγγραφεῖς, βοῶσι δὲ καὶ μετ' ἐκείνων αἱ φῆμαι.* Dicit deinde veteris urbis heroem indigenam Epidamnum; Graecos postea venisse, urbemque sua colonia ornasse. Procopius de bello Goth. 1, 7.: *Κωνσταντιανός .. ἄρας ἐξ Ἐπιδάμνου τῷ παντὶ στόλῳ, ὁρμίζεται ἐς Ἐπίδαυρον* (de qua v. Plin. H. N. 3, 26.), *ἥ ἐστιν ἐν δεξιᾷ ἐσπλέοντι τὸν Ἰόνιον κόλπον.* Adde Eundem ibid. 1, 2. 3., ubi sermo de portu Epidamni. Malchus p. 248. 249. 251. ed. Bonn. (de rebus Gothi Theodorici). Nicetas in Manuele Comneno 5, 4.; Andronico I, 7.; Isaacio Angelo 1, 2.; Alexio, Isaacii filio, 3, 9. Cantacuz. 1, 23. 2, 32. Nec rara tamen eodem aevo Dyrrachii denominatio. Nicephorus Bryennius hist. 3, 3.: *Δυρράχιον, ὃ μητρόπολίς ἐστι τοῦ Ἰλλυρικοῦ.* Eodem nomine Anna semper utitur in rebus Normanno-Byzantinis. Cinnamus 3, 3.: *Δυρράχιον, ὃ μητρόπολίς ἐστι τοῦ Ἰλλυρικοῦ.* Eustathius in narratione Normannica cap. 53. (Opuscc. p. 283, 22.): *Τὴν τῶν ἐκεῖσε μητρόπολιν, τὸ Δυρράχιον.* Adde Georgium Pachymerem supra laudatum, item Georgium Acropolitam histor. cap. 67.

In topographia agri Dyrrachini, satis obscura, qui teste Stephano Byz. s. v. situs erat inter Drilonem (Drinonem) et Aoum (Voïussam), varii *fontes fluviique* minus noti apud Vibium Sequestrem, paucis inspectum, occurrunt, quos futuro hujus civitatis regionisque illustratori commendo. Vibius igitur p. 5. ed. Oberlin.: *Alto Dyrrachii; decurrit in Illyricum* (sc. mare). Idem p. 13.: *Icanus Dyrrachii, ab Icano castello dictus* (i. e. *Ichini* pagus, e septentrione Dyrrachii, versus Scodram

s. Scutarium). *) Idem p. 20.: *Ululeus Dyrrachii est, unde aquae hujus ductae,* (forsan fluvius propinquus S. Stephani s. Lizana, e septentrione urbis, coll. fluvio isto, quem Malchus in praevia narratione allatus memoravit in historia expeditionis Theodoricianae). Pag. 33.: *Tenitrus Macedoniae, proximus* (?) *Apolloniae, in conspectu* (?) *Dyrrachii.* Pag. 31.: *Oeniphile Dyrrachii.* De his aliunde nil constare videtur.

Fuere quoque *castella* quaedam inter Dyrrachium atque Apolloniam, a doctis nondum satis illustrata. Occurrit *Balagrita* (prope Canina, juxta Aulonem, coll. Cantacuz. 2, 32.); *Canina* (e meridie Aulonis s. Vallonae); *Screparium* e meridie urbis Berat, ad fluvium hodiernum Scrapari s. Iscarpar, qui in Apsum influit; *Clissura* (Cleisura, in valle Aoi, supra urbem Tepelen s. Tebelen); *Timor* (*Tomor*, prope Balagritam, coll. Cantacuz. 2, 32). De his videatur Georgius Pachymeres in Mich. Palaeologo 6, 82. Cantacuz. 2, 32. 3, 12. Deinde *Belegrada* (Pachym. l. c.). Eam Nicephorus Gregoras 3, 5. dicit ὑψηλόν τε καὶ ὑπερνέφελον φρούριον. Adde Eundem 5, 6. 9, 5. Hanc Belegradam (Bellegradam) eandem esse statuo cum civitate *Berat* (*Arnaút-Bieligrad*) ad fluvium Apsum (Beratinó s. Ergent). Sententiam meam firmat Meletius (Geogr. Vol. II. p. 253): Τῶν δὲ Ἐορδετῶν πόλεις ἦσαν οἱ Σκαμπεῖς, τὴν ὁποίαν τινὲς λέγουσι νὰ εἶναι τὰ Βελαδάγρα (l. Βελαγράδα), ἤτοι τὸ Μπεράτι, λεγομένη ὑπὸ τῶν Τούρκων Ἀρναοὺτ Μπελιγράδ. Πόλις τετειχισμένη ἐπὶ τῆς κορυφῆς τινὸς βουνοῦ, μὲ θρόνον ἐπισκόπου. Ἄλλοι δὲ λέγουσιν, ὅτι οἱ Σκαμπεῖς νὰ εἶναι ἡ Στρούγγα, καὶ τὰ Βελαδάγρα νὰ εἶναι ἡ λευκὴ Πέτρα. Falsum in his, quod de Scampis dicitur, coll. sqq. De Berato v. quoque Hadschi-Chalfam in Rumelia et Bosnia p. 134.

Dioecesis s. Paroecia Dyrrachina. **) Ea medio aevo a finibus hodiernae Austriacorum Dalmatiae usque ad Epiri montes Ceraunios patuit, permagna, si longi-

---

*) Meletius (geogr. Vol. II. p. 251.) Icanum flumen inter Drinonem et Panyasin (Spirnatzam) collocat.

**) Michaelem Lequienium, ordinis fratrum praedicatorum, cum Thessalonicensia mea (Berolini 1839) ederem, saepius notavi, eundemque in hujus quoque commentationis decursu, ubi opus erit, notabo. Quid de amplo ejus opere (Oriens Christianus, in quatuor patriarchatus digestus. 3 Voll. fol. Paris. 1740) sentiam, libere jam nunc significabo. In ea historiae Christianorum ecclesiae parte, quae statistica dicenda videtur, cardo rei in indicibus patriarchatuum et archiepiscopa-

tuum cum suis suffraganeis versatur. Quippe ii indices fidem publicam habent. Jam vero cujus aevi est regni orientalis s. Byzantini index patriarchatuum integer? Vetustissimus, qui aevum tulit, est Leonis Sapientis imp. (post Chr. 885—907); et ne is quidem, ut vidi, vere integer est, ita ut quaedam ejus ex epistolis viri Summi, Pontificis maximi, Innocentii III., suppleri debeant. Alia restituendi subsidia aliunde petenda esse constat. Post hunc indicem sequitur indiculus quidam s. laterculus episcopalis apud Constantinum Porphyrogenitum de cerimoniis, quem eidem aevo assignaverim, quamquam Epiphanii Cy-

tudinem spectas, a borea versus meridiem; parva, si terram interiorem s. orientalem.
De ea videndus Leo Sapiens imp. (a. 886 — 912) in Novella de thronis (Leunclavii
jus Graeco-Rom. T. 1. p. 98. sq.): μγ´ (thronus ecclesiae Byzantinae 43). Τῷ
Δυῤῥαχίου (Dyrrachii metropolitae subsunt sequentes episcopi)· α. ὁ τῶν Στεφανιά-
κων. β. ὁ Χουνοβίας (l. Χουναβιας). γ. ὁ Κροῶν. δ. ὁ Ἐλισσοῦ. ε. ὁ Διοκλείας
(l. Δοκλείας). δ. ὁ Σκόδρων. ζ. ὁ Δριβάστου. η. ὁ Πολάθων. ϑ. ὁ Γλαβινίτζας,
ἤτοι Ἀκροκεραυνίας. ι. ὁ Αὐλωνείας (l. Αὐλῶνος). ια. ὁ Λυχινίδων. ιβ. ὁ Ἀντιβά-
ρεως. ιγ. ὁ Τζερνίκου (l. Τζερνίχου). ιδ. ὁ Πολυχερεπόλεως. (l. Πουλχεριοπόλεως).
ιε. ὁ Γραδιτζίου. Singula hujus indicis illustrare in animo habeo ob Michaelem
Lequienium, qui in Oriente suo christiano provinciam suam maxima socordia ad-
ministravit.

   In his locis *Stephaniaca* (forsan *Stephanacia*), e septentrione Dyrrachii, proxime ad urbem nostram invenio, ad fluvium S. Stephani supra memoratum. Epiri
castellum Stephanacium Justinianus imp. condidit (Procop. aedif. 4, 4). Aliis erit urbs
pagusve S. Stephano supra Lissum (Elissum), ad fluvium Drinonem. — *Chunabiam*
Georgius Acropolita quoque memorat cap. 67. Sedem ejus e septentrione et oriente
Dyrrachii, prope ad hoc ipsum, quaero, quod Georgii Acropolitae locus in prooemio

prii (?) esse fertur; is tamen Michaeli Lequienio tum temporis, ut nondum editus,
ad manus esse non poterat. Ultimo loco venit episcopatuum index, nomine Andronici II.; item alii quidem breviores laterculi
episcopales, ultimae Graecitatis foetus,
quos praeter alios Bandurius Ragusinus
in Imperio suo Orientali utcunque edidit.
   Michael igitur Lequienius provinciam
suam quomodo disposuit et administra-
vit? Disposuit secundum quatuor patriarchatus ecclesiae orientalis. Sed quanam
ratione? Debebat fundamenti et normae
instar uti Leonis Sap. indice, ut omnium
plenissimo, superiora usque ad Constantinum M. e conciliorum actis, rell., quantum fieri poterat, supplens, et prolegomenorum quorundam forma, non aliter,
singulis capitibus praemittens. Verum
iste vir reverendus, quem exscribere
multos hodie non pudet, Byzantinarum
provinciarum limites eos respexit, quos
e Notitia dignitatum et Hieroclis synecdemo cognoverat, posteriora nullo consi-

lio nulloque delectu intermiscens; id quod
unaquaeque libri pagina testatur. Namque opus Lequienianum regnum *Byzantinum* spectat, non christianae fidei in-
cunabula ejusque per priora secula historiam. Ita factum est, ut vir bonus haud
inutilia quidem ex suis copiis congere-
ret, scriptoribus post ipsum venientibus
profutura; sed prudenti consilio vastum
hominis opus carere videtur. Namque
Byzantinarum rerum Lequienius fere in-
scius est, atque, ut unum de multis
proferam, Constantini librum de thematibus s. provinciis imperii Byzantini
vix semel legisse videtur, quamquam
secularis et ecclesiastica provinciarum
divisio juncta fere fuit, ut alibi. Luci-
dum conspectum sanumque narrandi decursum in singulorum episcopatuum enarratione raro tenuit, alia aliis intermiscens.
Has narrandi tenebras num luce quadam
mihi in Thessalonicensibus dispergere
contigerit, doctiores judicabunt. In magnis
et arduis voluisse sat est.

allatus persuadet. — *Croae* sunt hodierna Croja (Ac- Hissar Turcarum, patria Scander-begi), e vicinia puto urbis antecedentis. — *Elissus* est Alessio (Lisch), ad ostia Dri-nonis, *Lissus* Plinii H. N. 3, 26. — *Dioclea* est Plinii Doclea (H. N. 3, 26), coll. Schaffarik. Abk. der Slawen p. 165. — *Scodra* (Plin. l. c.) i. q. Scutarium, ad la-cum cognominem, coll. Hadschi Chalfa in Rumel. et Bosn. p. 136. — *Dribastus* est juxta Scutarium (Melet. l. c. p. 251). — *Polatha* mihi incognita sunt. — *Glabinitza* Acrocerauniis vicina esse debet; eam habet Anna quoque Comnena ed. Paris. p. 125. — *Aulonia* est Aulon (Avlona), coll. Pouquevillio l. c. Vol. I. p. 67 sq. Leak. l. c. Vol. I. p. 1 sq. Hadschi Chalfa l. c. p. 131 sq. — *Lycinida* quibusdam erunt idem quod Lignidus s. Lychnidus; quanquam sic valde remota fuere a sua metropoli. Unde aliam urbem quaeres; namque regnum Graecorum seculis Bulgaricis (IX. X.) solam fere Illyrici oram maritimam spectabat, intus non ultra tres quatuorve leucas progres-sum. Forsan significatur *Lunetzi* s. *Lusna* ex oriente Aulonis, ad flumen Aoum (Voïussam), coll. tab. geogr. Franco-Galli Lapie, fol. VII. — *Antibaris* est hodiernum *Antivari*, prope fines Dalmatiae Austriacae, mari proximum, sic dicta puto quasi Barii Italici aemula, coll. Strabone 17, 19., p. 794. ed. Casaub.: ... Ἀντίῤῥοδος (parva insula e conspectu Alexandriae Aegyptiacae)· ἐκάλεσαν δὲ οὕτως, ὡς ἂν τῇ Ῥόδῳ ἐνάμιλλον. Ulti-mo tempore Antivari sedes archiepiscopatus evasit, cum novem suffraganeis, coll. Melet. l. c. T. II. p. 250 sq. — De *Pulcheriopoleos* sede obscura adi Wesselingium ad Hieroclem p. 652. — *Tzernicum* ignoro. — *Graditzia* est hodierna *Gradista* ad Aoum inferiorem.

Ceterum Mannertus (Geogr. Vol. 7. p. 393.) boreale Illyricum Slavos non obse-disse contendit: falsum, si quid aliud. Vide quaeso in tabb. geogr. Slavica locorum nomina fere innumera. Deinde si terrae **meridionales** (ipsa Graecia) vocibus locorum Slavicis scatent, quanto magis idem istud de ipso Illyrico valebit, ubi nunc soli fere sedent Bulgari et Albani (Arnaútae)? — Sed pergendum in via Egnatia, quantum inter Apolloniam cum Dyrrachio et Thessalonicam patuit.

III. VIA INTER CLODIANA ET THESSALONICAM.

CLODIANA. Inter hunc locum et Dyrrachium Itinerarium Antonini habet M. P. XLIII., nulla vel mansione vel mutatione intermedia. Tabula tamen Peutingeriana post Dyrrachium habet numerum M. P. XXVI., nomine stationis a librariis omisso; deinde Clodiana M. P. XX., quod a summa itinerarii Antoniniani non valde abludit, quam non recte refert Mannertus Geogr. Vol. 7. p. 411. Locum Clodiana agnoscit etiam itine-rarium Burdigalense. Est locus aliunde ignotus. An fuit prope hodiernum *Elbassan* (turcice Ilbessan)? Scampa Leakio cum Elbassano eadem esse videntur, cujus verba dedi p. 16.

MUTATIO AD QUINTUM. Eam habet solum itinerarium Hierosolymitanum. Abest a Clodianis M. P. XV. Iter jam vallem Genusi sequitur, cujus nomen tabula

Peutingeriana antea quoque habet, sc. e meridie Dyrrachii. Utrum fluvii litus significetur, sinistrum an dextrum, e tabula Peutingeriana definiri poterit: est dextrum.
Tabulae tamen recentiorum geographicae, item Pouquevillius cum Beaujourio in prooemio memoratus, contrarium suadent. His testibus est Genusi transitus prope urbem
Elbassan; deinde via diu pergit per montes, qui Genusi oram sinistram versus orientem sequuntur. *)

　　　SCAMPIS. **) Proprie *Scampa*, quamquam *Scampis* ablativus esse poterit.
De ea breviter egi in praeliminari commentatione; sequentur uberiora. Beatiorem civitatem vel seculo sexto fuisse, e literis legatorum pontificalium, Constantinopolin pe-
tentium, ibidem docui. Et seculo antecedenti, sc. Theodosii II aevo, Scampenses pseu-
docomitatenses, sub dispositione viri illustris, magistri militum per Illyricum, occurrunt
in Notitia dignitatum orientis cap. VIII. p. 35. ed. Böcking., coll. editore eruditissimo
p. 230 sq. Jam vero Ptolemaeus (geograph. 3, 13) Scampa Eordaeis assignat his
verbis: Ἐορδετῶν (l. Ἐορδαίων) Σκάμπεις. Quem geographi locum si recte intelligo,
hi Eordaei iidem Illyrii fuere, quos postea in Macedoniam strictioris s. vetustioris sensus transmigrasse puto, ubi inter Heracleam Lynci (Pelagoniam, Monasterium, Bitoliam) atque Edessam (Vodina Bulgarorum) sedem figentes, novam patriam Eordaeam
appellabant, donec a Macedonum regibus debellati fere exstinguerentur; quanquam eorum quaedam reliquiae, itinere, ut antea, orientali, in Mygdoniam concessere, de
quibus videnda Thessalonica mea p. 273.

　　　Quod de Macedonum Eordaeis, stirpe puto Illyrica, dixi, id aliis argumentis con-
firmari video. In Eordaeorum Macedonum regione occurrit locus Arnissa (Thucyd. 2,
128), quam Bulgarorum Macedonicorum Ostrovae vicinam fuisse puto, coll. Leakio Britanno, apud quem (Travels in northern Greece Vol. III. p. 315) simillima leges. En
vero juxta Dyrrachium (Epidamnum) in Illyrico Taulantiorum agro alia Arnissa occurrit apud Ptolemaeum geogr. 3, 12.: Ταυλαντίων Ἄρνισσα. Afferam alia argumenta.
Inter montes Illyrico - Epiroticos et Adriam occurrunt Elymiotarum et Orestarum stirpes,
coll. Ptolem. geogr. 3, 13.: Ταυλαντίων Ἄρνισσα, Ἐλυμιωτῶν δὲ Ἔλυμα, Ὀρεστίδος
Ἀμαντία. Verum Elymiotas quoque cum Orestis ***) Macedoniam stricti sensus ha-

---

*) De mutatione a d Q u i n t u m bene Catan-
csichius Ungarus l. c. p. 641.: „Dubitat
Wesselingius, quintus in Burdigalensi lapis quorsum spectet. „ „Aut VI M. P.,“ “
„inquit,“ „ „una detrahenda sunt, aut Ad
quintum decimum melius erit.“ “ Neutro
opus est, inquam. Quintus lapis erat ab
oppido Scampis, Clodiana versus, vicis non
sumtis, quos auctor itinerarii Burdigalen-
sis ubique fere computat.“ Ita Catancsich.

**) Formam nominis Wesselingius illustra-
vit ad Itinerarium Antonini p. 318; ad Hieroclem p. 653.

***) Operae mihi pretium videtur, eorum
quaedam repetere, quae alio loco publici juris feci (Pauly, Encyclopädie der
classischen Alterthumswissenschaft.Vol. I.
p. 737): „A r g o s in Epirus und Macedonien. Unter den eilf, von Stephanus
Byz. namentlich angeführten Städten er-

buisse, nota res est; neque minus, Temenidas Argivos, relicta Epiri Orestide, in superiorem Macedoniam immigrasse.

Egi de Eordaeis Ptolemaei Illyricis. Agam in transcursu de alio Ptolemaei loco 3, 13: Ἐορδετῶν (l. Ἐορδαίων) Σκάμπεις. Δήβομα. Δαύλια. De ultimo loco silendum puto, quoniam nil de eo apud scriptores deprehendo. Formam Δήβομα corruptam esse patet. Anne legendum Δήβρα (Δίβρα novitiorum)? Duplicem certe Dibram in terra Albanorum (Scypetariorum, Arnaútarum) deprehendo ad ripam fluvii Drilonis (Drinonis): priorem, *Dibre Sipre* (Dibram superiorem); posteriorem, *Dibre Post* (Dibram posteriorem s. inferiorem). Has Dibras Georgius Acropolita Debras dicit Annal. cap. 68. (ed. Bonn. p. 154), all. Jam vero eandem ferme formam (Doberum) in Macedonia paeonica deprehendo (Thuc. 2, 98. 100); Topirum in Thracia meridionali, mari Aegaeo apposita, coll. Procop. aedif. 4, 11. ed. Bonn. p. 304. 5.), quam formam loco Doberi Macedonicae habent codices Leunclavianus et Palatinus Zosimi 1, 43 (ed. Bonn. p. 39). Verum haec hactenus.

Quando Scampa interierint, id historia tradere non videtur. Factum hoc puto seculi sexti fine, quum Avari cum Slavis in regnum Byzantinum irrumperent; vel aevo

scheint als siebente: Ἄργος κατὰ Μακεδονίαν, als achte: Ἄργος Ὀρεστικόν. Diese beim ersten Anblick auffallende Unterscheidung hat ihren Grund in der Geschichte. Nach Strabo 7, 7. 8. (p. 326.) zählte Epirus zu seinen Völkerschaften auch die Orestae, nach der Sage von dem flüchtigen Muttermörder Orestes so genannt, der dort ein Argos Oresticum gründete (Strabo a. a. O). Ich setze diese Epirotischen Ὀρέσται um Ambrakia, da Stephanus sie Epirotische Molosser nennt. Das Macedonische Argos ist der bekanntern macedonischen Landschaft Orestia (Orestias) zuzuweisen, d. h. dem Macedonischen Berglande zwischen dem Thalgewinde des Haliacmon und den östlichen Illyrischen Seen (Okri u. s. w.). Ein Macedonisches Argos erscheint freilich auch bei Hierocles im Synecdemus (p. 641 bei Wesseling) neben Stobi, woraus aber eine obermacedonische Lage dieses Argos, etwa im Thale des Erigon (Tzerna), nicht folgt. Leake (travels in northern Greece IV. 122.) bezieht den campus Argestaeus bei Livius (27, 33) wo mit Recht auf das macedonische Argos, und findet dieses in dem heutigen Anaselitza (Stadt- und Thalgebiet) am obern Haliacmon (Vistriza bulgarisch, Indsché-Kara türkisch). An einen westlichen Zufluss des Haliacmon setzt er aber mit Unrecht Strabo's Ἄργος Ὀρεστικόν. Unterscheidet doch auch Ptolemaeus (Geogr. 3, 13. p. 158. 161. Wechel.) ganz deutlich ein Epirotisches und ein Macedonisches Orestis (Orestias), beide mit einer Stadt Amantia. Dieses, wie so vieles Andere, gehört zu der noch wenig erörterten Thatsache von dem allmäligen Vorrücken der Epirotisch-Illyrischen Völker von Westen nach Osten, welche mit der gleichfalls östlichen Einwanderung der Peloponnesischen Temeniden-Dynastie der nachmaligen Macedonischen Könige schwerlich ausser aller Verbindung steht."

Bulgarico, quum hi barbari e Scamporum vicinia paludi Lychnitidi splendidam suam regiam Ocri apponerent. Certe post annum Christi 519 Scamporum nomen in Actis ecclesiasticis omnibus omittitur.

GENUSUS FL. VII M. P. Hunc sola habet Tabula Peutingeriana. Fluvium Scombi esse, inter omnes constat. Habet vero ripas impeditas, teste Caesare b. c. III, 75. 76.

AD DIANAM M. P. IX (post Scampa). Ita Tabula Peutingeriana. Fuit fortasse Dianae fanum.

MUTATIO TRAIECTO M. P. IX. Sic itinerarium Hierosolymitanum.

Num utraque statio (Diana et Trajectus) eadem fuerit, ego nescio. Certe Trajectus aliquem Genusi transitum significabit.

MUTATIO CANDAVIA M. P. IX. (Itiner. Hierosol.). *Candavia* IX (Tab. Peutingeriana). *) Ergo non tantum montana ista regio Candavia dicebatur (v. praeviam dissertationem), sed etiam mutatio quaedam, initio fortasse montium occidentali sita. De Candaviae deserto s. saltu inter Genusum superiorem et lacum Lychnitida (Okri) nota sunt omnia. Praeter Mannertum (l. c. p. 413.) vide Catancsichium ad Tab. Peutingerianam Vol. I. p. 641. Pouquevill. voyage Vol. I. p. 76. 132. 225. 234 sqq. Leake trav. in North. Gr. Vol. I. p. 280. Candavia num eadem sit cum Bagora monte Theophylacti, Bulgarorum archiepiscopi, epist. 88. (coll. praevia commentatione), ut Wesselingio videtur ad Itinerarium Hierosolymitanum p. 608., mihi satis dubium etiamnunc videtur. De vero Candaviae ambitu deinceps agam.

TRES TABERNAS M. P. XXVIII. (Itinerar. Antonini). Idem itiner.: *Tribus Tabernis M. P. XXX.* Sed Itinerarium Hierosol.: *In Tabernas,* ubi pro *in* lege *III.* Maiores mensurae Antonini Scampa satis remota spectant; minores itinerarii Hierosolymitani vicinam Claudani (Claudiani) mutationem.

MUTATIO CLAUDIANUM M. IX (a Patris) secundum itinerarium Hierosolymitanum. A Clodianis est distinguenda. Vide nos in antecedentibus pag. 16. Mannerto haec mutatio eadem esse videtur cum ponte Servilii in Tabula Peutingeriana, quod equidem in ambiguo relinquam.

PONS SERVILII XIX. (post Candaviae mutationem). Eum Mannertus p. 414. et Leakius in itinere Graeciae borealis Vol. III. p. 279. fluvio Driloni (Drinoni), et quidem nigro, imponunt. Falsum, si quid aliud. Drilonem ibi apprime, ubi e lacu Ocri exit, non inferius, Egnatia superat. Et inter lacum Ocri cum Lychnido et Pontem Servilii alia

---

*) Peutingerianae tabulae fere affinis ut alibi est Ravennas Anonymus, cum hoc loco, tum aliis. Ergo ille libro IV, 9: *Praesidium, Licinium, Ponservilii, Candura, Duriana.* Haec sic lege: *Praesidium, Lychnidum* (Lychnidus), *Pons Servilii, Candavia, Ad Dianam.* Praetermisit haec ut alia Wesselingius et Catancsichius. Idem *Praesidium* Anonymus paulo post denuo habet, sed alio enarrandi tenore. De his deinceps agam.

mutatio occurrit, scil. Patras (Patrae). Ergo non possumus de ponte Drilonis cogitare, sed de ponte cujusdam rivi, qui ab occidente e Candavia veniens in Drilonem prope ad urbem Arnaütarum *Dibre* influit. Ita recte cum Delislio Catancsichius ad Tabulam Peutingerianam T. I. p. 641. Hic Servilii pons idem ille esse mihi videtur, quem Gothi, Italiam capturi, a. Chr. 479 transiere, Theodorico duce; de cujus itinere, per Macedoniam et Illyricum instituto, in praevia dissertatione quaedam a me exposita sunt. Causa nominis me latet, ut et Claudiani, quod a Claudiis formatum esse debet, ut inferius istud *Clodiana* a Clodiis, non a Claudiis, ut Leakio visum.

Neminem lectorum largam nominum Latinorum segetem fugisse puto, quae mansionibus et mutationibus, Adriam et finem Candaviae intercedentibus, imponuntur. A Patrarum statione incipiunt Graeca nomina et Macedonica: in ulteriore Egnatiae decursu Thracica Graecis intermiscentur. Jam vero e toto illo viae primo tenore, Latinis vocibus insigni, quid aliud fere cognosci videtur, quam coloniarum militarium copia satis magna, quibus vetus Roma, terrarum domina, Illyriorum et Epirotarum ferociam coercere volebat, ut ne suis quid obstaculi, in Macedoniam, Thraciam, Hellespontum commeantibus, nasceretur? Id quod bene illis cessisse video tum praesidiorum suorum beneficio, tum priscarum gentium s. expulsione s. diminutione tantum non internecina, quam veterum nemo Strabone melius docuit: fuit autem is auctor gravissimus Tiberio imperatori coaevus. (Quanquam vel ipsi Tiberio, imperante Augusto, gravissima per Pannoniam et Illyricum bella gerenda fuere. Postea omnia ibi pacata video. Jam vero ex Illyriis Epirotisque quid factum putem, interrogabunt lectores eruditi. Omnes hos barbaros a Romanis legionibus deletas fuisse, ego nunquam crediderim: neque etiam tributorum saevitiam, quae magna ut alibi fuit, tantum valuisse puto, ut Illyricum omni hominum cultu per Romanos destitueretur. Suntque ibi terrarum, naturae beneficio, praerupta montium et deserta, in quorum latibula tyrannorum asperitas et avaritia non semper pervenisse videtur. Ita factum puto, ut residui quidam veterum Illyriorum, insitae ferociae et latrocinationis tenaces, speciem quandam maiorum postero tempori traderent, non minus quam Vlachi et Moldavi, Trajani imperatoris coloni. Fine maximopere seculi sexti Slavorum immigratio in regnum Byzantinum meridionale evenit, insequenti et deinde Bulgarorum; et haec quidem aliquanto gravior. Quid tum illis Illyriis (Albanitis, Arbanitis, Arnabitis, Arnaütis) acciderit, de eo historiam tacere video, ut de permultis aliis. A Bulgaris, qui ibi quoque sedebant, atque etiamnunc numerosi sedent, male, dum illi regnarent, habitos esse, nemo dubitabit; quanquam Bulgari, ab Arnaütis diversissima stirpe, haud immites, ut et reliqui Slavi, esse feruntur. Initio seculi XI regnum Bulgarorum, cuius regia tum Ocri ad Lychnitidem paludem, eversum constat. Nihilominus seculi XII scriptor Graecus, Tzetza, omne imperium Byzantinum inter Dyrrachium, Larissam Thessaliae ipsamque Constantinopolin a solis fere Bulgaris suo aevo habitatum tradit chiliad. X. hist. 317 (p. 370. ed.

Kiessling.): Ἀπὸ τοῦ Πίνδου ὄρους δὲ καὶ τῶν μερῶν Λαρίσσης Καὶ ἐκ τοῦ Δυῤῥαχίου δὲ πάλαι κρατοῦντες ἦσαν (Bulgari, ipsi Tzetzae Paeones), Μέχρι σχεδὸν
τῆς πόλεως αὐτῆς τοῦ Κωνσταντίνου, Ἄχρι τοῦ αὐτοκράτορος κρατίστου Βασι-
λείου, Ὃς παντελῶς συνέτριψεν ἐκείνων τὸν αὐχένα, Καὶ δούλους τούτους τίθευκε
τῷ τῶν Ῥωμαίων κράτει. Cum his mirifice concinit Willermus, Tyri archiepiscopus,
Tzetzae coaevus, in historiae libro secundo, cap. 4. (Gesta Dei per Francos, ed.
Bongars., Vol. I. p. 653.): *Conjicere est ex his locis* (Bulgariae oppidis Niz s.
Nissa et Stralicia), *qui aliquando uberiores et uberioribus commoditatibus refertae
erant provinciae, quanta sit Graecorum miseria et eorum debilitas imperii. Inter
quas* (boreales nationes) *Bulgarorum gens inculta, a tractu septentrionali egressa,
à Danubio usque ad urbem regiam, et iterum ab eodem flumine ad mare Adriaticum
universas occupaverat regiones, ita ut confusis provinciarum nominibus et
terminis totus iste tractus, qui in longitudinem habere dicitur iter dierum XXX.,
in latitudinem vero X vel amplius, Bulgaria dicatur, miseris Graecis ignorantibus,
quod hoc ipsum nomen eorum protestetur ignominiam. Super Adriaticum enim mare
erat utraque Epirus, cujus alterius metropolis est Durachium* (sic), *regnum olim
viri strenui et admirabilis, Pyrrhi, Epirotarum regis ... Erant et aliae in eodem
tractu provinciae, Arcadia* (l. Achaia), *Thessalia, Macedonia et Thraciae tres,
quae pari cum aliis involutae sunt calamitate. Nec solum has praedictas provincias
sua Graeci amiserant mollitie, sed etiam, postmodum eodem Bulgarorum subjugato
populo per Basilium eorum imperatorem, in ulterioribus provinciis, et maxime,
quae regnis exteris collimitant, et per quas ad eos acceditur, in utraque videlicet
Dacia, etiam hodie non permittunt habitatores introire vel excoli regionem, ut silvis
et frutectis loca late occupantibus nullam praestent introire volentibus habilitatem;
maiorem habentes in viarum difficultate et veprium armatura, quam in propriis
viribus, resistendi fiduciam. Eodem modo et Epirum primam, quae a Durachio
habet initium, et usque ad montem, qui cognominatur Bagularius, itinere dierum quatuor protenditur, per quam omnes alii transitum habuerunt principes, desertam
et habitatoribus vacuam relinquunt, ut accedere volentibus nemora deserta et invia
et alimentis carentia repagulorum vice praebeant impedimentum. *)*.

---

*) Guilielmi memorabilem locum fere in-
tegrum dedi eam quoque ob causam,
ut socordiam Bandurii Ragusini, qui
Constantini Porphyrogeniti libros de thematibus (provinciis) Byzantinis commentario aliquo illustrare conatus est, notarem.
Nonne enim scriptoris Latini locus ita
comparatus est, ut Constantini caput
primum libri secundi, quod in tota expositione omnium gravissimum est, ad verba ferme et quidem egregie illustret?
Talia vero, ut alia, Ragusinus praetermittere solebat. Nec multo melius de geographia Byzantina meruit b. Wilkenius,
expeditionum Byzantinarum et Comne-
nicarum in ceteris bonus quidem interpres; in geographicis non item. Evolve
ejus librum Comnenicum, ubi sermo est

4 *

Fine seculi XII Bulgari antiquam libertatem restituere, non quidem in Illyrico, sed ad Danubium inferiorem, ubi regia eorum fuit Ternova. Albanitarum qui tum status fuerit, parum constat. Eorum in Illyrico praepotentia fini Byzantinorum regni assignanda videtur, ubi maxime eorum opera militaris mercenaria laudatur.

Verum haec hactenus. Namque a nostro narrandi deverticulo Bulgarico pes referendus ad viam Egnatiam.

MUTATIO PATRAS M. XII. Eam solum itinerarium Hierosolymitanum habet. *Parthus* legi vult Catancsichius l. c. Verum Parthus regio cum suis Parthinis Adriae multo propior fuit, de quo videndus Tzschuckius ad Pomponium Melam 2, 3, 11 (Vol. III. parte II. p. 341.). Neque aliter Leakii tabula geogr. Graeciae borealis, ubi Parthini e meridie Genusi (Scombi) inferioris collocantur. Adde b. Odofredi Mülleri tabulam Macedoniae geographicam (Ueber die Wohnsitze ... des maced. Volks. Berolini 1825). Haec mutatio mihi, ut Petro Wesselingio, aliunde incognita est.

LYCHNIDUS. De vocis scriptione videantur Wesselingius et Mannertus.

In hujus urbis expositione alia antecessorum confirmanda, alia emendanda video, praemittens in lectorum quorundam utilitatem Mannerti narrationem (Geogr. der Gr. u. R. Vol. VII. p. 414 sq.): „Lychnus, Lychnidium, Lychnidus (Λυχνούς, οῦντος, coll. Strab. 7. p. 497. 503.) lag 19 Millien östlicher, oder 27—28 Millien von Candavia: *) die alte Hauptstadt der Dessaretier (immo Dassaretier), deren Sitze und Flecken sich über die benachbarte Candavia verbreiteten. Bis in diese Gegend hatte der ältere Philipp seine Herrschaft gegen die Illyrier verbreitet (Diodor. 16, 8.). Die Römer hatten sie schon im Besitz, als Gentius noch über die Illyrier regierte (Liv. 43, 9.). Sie blieb auch in ihren Händen, und wurde ein Hauptpunct der angelegten Strasse. Daraus lässt sich auf Wohlhabenheit und einige Grösse schliessen, obgleich die alten Schriftsteller uns keine Merkwürdigkeiten von dieser Stadt erzählen. Erst aus spätern Zeiten erfahren wir, dass sie eine gesegnete, wohlhabende und feste Stadt war, welche auf einer Anhöhe lag, und viele Quellen in ihren Mauern hatte. **)

---

de expeditione Normannorum Thessalica; dein de expeditione eorundem cruciata, brevi post per Bulgariam, Illyricum et Macedoniam suscepta. Neque meliora Wilkenius assecutus est, ubi in libro suo, de expeditionibus cruciatis conscripto, Germanorum iter e Danubio per Haemum enarravit. De erroribus ejus, quos in Bonifacii, Thessalonicensium regis, itinere Thessalico commisit, alio hujus dissertationis loco agam.

*) Mannertus de Candavia statione loquitur, non de Candavia monte. Et recte quidem. Ubi enim in itinerariis numeri latini leguntur, ibi statio peculiaris intelligenda est, non totus aliquis tractus, licet eodem, quo statio, nomine insignis.

**) Malchus p. 250. ed. Bonn.: Λυχνηδὸν (sic) . . ἐπὶ ὀχυροῦ κειμένην, καὶ πηγῶν ἔνδον πλήρη. Ex his fontibus verus Lychnidi situs postero tempore definiri posse videtur. Addo Cedrenum Vol. II.

Die spätern lateinischen Itinerarienschreiber verderbten ihren Namen in *Lignidus*, und im Hierosolymitanum wird sie sogar Cledus genannt. *) Die Stadt fand vielleicht in den Gothischen Kriegen des fünften Jahrhunderts ihren Untergang; **) wenigstens ist es auffallend, dass weder Procop bei den vielen Orten, welche Justinian in dieser Gegend erneuerte, niemals Lychnidus nennt, und eben so wenig Hierocles. ***) Vielleicht stellten sie die Bulgaren wieder her. — Sie ist noch jetzt unter dem Namen *Akrita* oder *Achrida* vorhanden, steht aber auf unsern Charten zu weit gegen Norden. Die Stadt war wenigstens im neunten Jahrhundert auf einige Zeit Sitz eines Bulgarischen Königs, und bekam nebst dem See von dem Könige Mochrus den neuen Namen *Achris* und *Achrita*, welchen sie noch bis auf den heutigen Tag trägt (Anna Comn. p. 371. Cedren. II. p. 713.). Im Mittelalter unterschrieben sich die griechischen Bischöfe gewöhnlich: Erzbischof von Justiniana prima und von Achrida (Ἀχρι-

---

p. 468. ed. Bonn.: Πόλις δὲ ἡ Ἀχρὶς ἐπὶ λόφου κειμένη ὑψηλοῦ, ἔγγιστα λίμνης μεγίστης, ἐξ ἧς ποιεῖται τὰς ἐκβολὰς ὁ Δρῖνος ποταμὸς πρὸς ἄρκτον ἰὼν ... μητρόπολις οὖσα τῆς πάσης Βουλγαρίας. Ubi post vv. λίμνης μεγίστης sic pergit codex C.: Λυχνιδοῦ καλουμένης, ἀφ' ἧς καὶ ἡ πόλις Λυχνιδὸς ἐπικαλεῖται ὁμωνύμως τῇ λίμνῃ, Δυασσαρίτης (l. Δασσαρῆτις) ἔκπαλαι καλουμένη. Sequuntur deinde quaedam de piscibus Lychnitidis, Straboni respondentia; postremo alia narrantur de canalibus, sc. initio Drini fluvii. De his omnibus v. Nos paulo inferius.

*) Tales scribendi sordes librariis debentur.

**) Mannertus Malchum negligenter inspexit. Is enim Gothis urbem restitisse claris verbis testatur p. 250. 256. ed. Bonn.

***) Lychnidus reparatione fortasse supersedere poterat, ut etiam Thessalonica, quae ipsa quoque in catalogo urbium reparatarum, ut Lychnidus, non legitur, cum antea Zeno imp. id praestitisset. De his v. Nos in Thessalonicensibus p. 178 sqq. Lychnidum vero claris verbis habet Hierocles in synecdemo (p. 393. ed. Bonn.): ιγ'. Ἐπαρχία νέας Ἠπείρου, ὑπὸ κονσουλάριον, πόλεις θ'. Δυρράχιον, ἥ ποτε

Ἐπίδαμνος· Σκάμπα· Ἀπολλωνία· Βουλις (sic)· Ἀμαντία· Πουλχεριούπολις· Αὐλών· Λυχνιδοὺς μητρόπολις· Λιστρῶν καὶ Σκεπῶν. Ultima corrupta esse, unicuique patet, coll. Wesselingio p. 433. Maximam suspicionem, quod Wesselingius non vidit, movere debebat usus particulae καὶ inter Λ. et Σ., in talibus Hieroclis enarrationibus prorsus incognitus. Ceterum μητρόπολις Λιστρῶν καὶ Σκεπῶν jungi posse nego. Desiderantur alia urbium nomina, a Lychnido discreta. Ergo voces Λ. et Σ. nominativi erunt. Forma Λιστρῶν e Ptolemaeo corrigi posse videtur. Is enim geogr. 3, 13. p. 161. ed. Wech.: Ἐορδετῶν (l. Ἐορδαίων) Σκάμπεις· Δίβομα (l. Δίβρα)· Δαύλια. Λιστρωΐων Λίστραιον. Παιονίας Δήβορος (l. Δόβηρος). Jam attende ad tenorem Ptolemaei geographicum. Primo venit Scampa etc.; deinde Aestraeum; postremo Doberus. Ergo Aestraeum quoddam Illyrica quoque regio habuit (prope Lychnidum, puto), non tantum Macedonia Thracica (Liv. 40, 25., sc. prope Strumpitzam Bulgarorum). Apud Hieroclem igitur Λίστραιον lege, pro insano Λιστρῶν (Λύστρων). Vocem Σκεπῶν intentatam relinquo. Alia tamen vide apud Wesselingium.

δῶν), und liefern dadurch den Beweis, dass beide Orte verschieden, obgleich unter dem nemlichen Metropoliten vereint waren (Crusii Turcograecia p. 341.). — Sie liegt am See *Lychnitis* oder *Lychnidia*, welchen schon Polybius (5, 8., coll. Diodor. 16, 8. Scymnus Chius v. 429.) nennt. Strabo (p. 508.) spricht von mehrern Seen, weiss, dass sie sehr fischreich sind, und dass hier viele Fische gesalzen und geräuchert wurden. Scymnus kennt zwar den See Lychnitis, aber nicht die an demselben liegende Stadt. — Aus dem See entspringt der *Fluss Drymon* (der schwarze Drino), fliesst anfangs gegen Norden, und dann gegen Südwesten bei Lissus in das Meer (Anna Comnena p. 371.)." His praemissis, quaedam observanda sunt de Lychnidi nomine, situ, historia.

Nomen Graecum esse volunt, a lacu cognomine sumtum, cujus aquae limpidissimae (pellucidae) esse dicuntur; quod ego neque affirmaverim, neque negaverim. Illyrici certe finis in hoc lacu nondum quaerendus est, sed initio Lynci, ubi mons Pieria occurrit, teste Cantacuzeno 2, 21.: Τῇ Ἀχρίδι, πόλει ἑσπερίῳ ὑπὸ τὴν Πιερίαν τὸ ὄρος κειμένῃ. Pieriam vero, regionem montanam, ipsa quoque Macedonia stricti sensus habuit, juxta sinum Thermaeum occidentalem et montem Olympum; in quam hos Illyrios immigrasse statuo, donec ultra Strymonem a Macedonum regibus amoverentur, ubi aliam (tertiam) Pieriam incolebant. In voce loci Illyrica Macedones graecissasse puto, ut Byzantini e Bulgarico *Ocri* suum Ἀχρὶς, plur. Ἀχρίδες, formarunt; quod quare Pouquevillius in epistola mihi data neget, sc. *Ocri* et *Achrida* diversa esse oppida, ego nondum perspexi. Alias barbarorum voces satis multas Byzantini linguae suae genio adaptarunt more veterum Graecorum; cujus rei cum multa exempla afferre possim, praetermittere talia satius habeo. Achridae et Lychnidi situm distinguere Pouquevillius cum aliis poterat; sed formae *Ocri* et *Achris* non differunt. *)

In situ quoque hujus metropoleos definiendo a recentioribus dissentio. Mannertus veterem Lychnidum non ipsam urbis Ocri sedem habuisse putat, i. e. non in fine lacus boreali, sed potius in ripa Lychnitidis meridionali. Idem Leakio videtur, cujus verba (North. Gr. Vol. III. p. 281.) repetere lubet: „As there was a distance of about 17 M. P. from the bridge of Servilius to Lychnidus, this chief city of the Dassaretii was near the soutern extremity of the lake, on the eastern shore, where the road, after having been diverted by the lake to the northward of its general direction, recovered that line by following the eastern shore from the bridge of Servilius to Lychnidus.

---

*) De his videatur *Schaffarikius* in libello bonae frugis plenissimo: über die Abkunft der Slawen, nach Lorenz Surowiecky. Ofen 1828. p. 171.

Aliam Bulgarorum Achridem (Rhodopen Thracicam) in fine totius commentationis illustrabo.

From thence it crossed the mountains which rise from the eastern side of the lake into the plains watered by the Erigon and its branches. These mountains, which have a north and south direction, are divided into two parallel ridges by a longitudinal valley, where are situated Peupli and Prespá, and, if I am rightly informed, three lakes, *) of which the southern, called that of Ventrók, sends forth, as I have before observed, the river which flows through the pass of Tzangón, and forms the principal, or at least the longest branch of the Apsus, and which I suppose to be the Eordaïcus of Arrian (Exped. Alexandri 1, 5)". **) Tabula quoque Lapiei (fol. VIII) Lychnidi rudera quaedam meridionali paludis orae, et quidem ex oriente, apponit.

In his, inquam, a doctis iterum dissentio. Leakius in iis errasse videtur, quae de ultima Candaviae parte narravit. Ibi enim neglecta Patrarum statione viam nostram versus urbes Dibras duci vult; quod quam falsum sit, supra ostendi. Nam Pons Servilii non Drilonem fluvium spectat, sed rivum quendam, qui Driloni miscetur ab occidente, vel ipsum adeo Genusum (Scombi), Lychnidi vicinum. Ergo is pons fere in locum Arnaútarum *Kukusi* incidit, qui ab Okri oppido septem leucarum spatio (M. P.

---

*) De his lacubus egi in praefatione, ubi attendendum est ad Strabonis usum pluralis numeri. Hos lacus non illustravit Mannertus, cujus verba supra dedi p. 30.

**) Arrianus l. c.: Ἀλέξανδρος δὲ παρὰ τὸν Ἐριγόνα (Tzernam Bulgarorum) ποταμὸν πορευόμενος, ἐς Πέλλιον πόλιν ἐστέλλετο· ταύτην γὰρ κατειλήφει ὁ Κλεῖτος, ὡς ὀχυρωτάτην τῆς χώρας. Καὶ πρὸς ταύτην ὡς ἧκεν Ἀλέξανδρος, καταστρατοπεδεύσας πρὸς τῷ Ἐορδαϊκῷ ποταμῷ, τῇ ὑστεραίᾳ ἐγνώκει προσβάλλειν τῷ τείχει. Pellium (Pelium) Dassaretiorum esse constat, qui teste Strabone 7, 7, 8. p. 326. Lychnitida paludem accolebant, coll. Liv. 31, 40.: *Ab Celetro in Dassaretios processit, urbemque Pelium* (sic) *vi cepit.* Ex his bene vides, ubinam Arriani fluvius Eordaicus quaerendus sit. Nequaquam ibi revera, ubi Apsum fl. (s. Voïssam) habemus; significatur Genusus (Scombi), e septentrione et oriente Apsi. Consul Romanus, Celetro Macedonico (Castoria) relicto, per vallem Biklistae (Haliacmonis superioris) Dassaretios petiit; ergo Pelium (Pellium) vix aliud esse poterit, quam hodiernum

Devol (Deabolis), aut Geortscha. Egregie igitur Arrianus Ptolemaeo opitulatur, qui Scampa Eordaeis Illyricis, Genusi fluvii accolis, assignat. De Alexandri M. itinere haec addo. Relicta Heraclea (Bitolia) initia Genusi petebat, quae sunt in ea valle, ubi hodie sunt Bulgarorum lacus Prespa et Drenovo, cett. Ipsa vero urbs Prespa Arriani Pellium esse non poterit, quia scriptor in copiosa illius expeditionis enarratione lacuum unum vel alterum vix puto praetermisisset, e quibus Genusus (Eordaïcus) oritur. Arrianei loci lectionem futuro peregrinatori, ut in ipsis istis locis vetera cum novis comparet, commendatam velim. Postremo si Müllerus (über die Wohnsitze ... des macedon. Volks p. 14, 18.) Eordaïcum Erigoni (Tzernae) ex Eordaea Macedonica misceri putat, admodum falsus est. Pellium (Pelium) Livii et Arriani fuit urbs Dassaretiorum. Ergo Eordaïcus Arriani fluvius est Genusus (Scombi) superior, nomine ab Eordaeis tracto, qui potiora vallis tenebant. Et vide, ne Dassaretii pars Eordaeorum Illyricorum (Scampensium Ptolemaei geogr. 3, 13) fuerint.

XVII vel XIX) dirimitur. Quodsi de Drilonis quodam ponte juxta Dibras cum Lea-kio aliisque cogitas, tum plura M. P. efficientur, quam quae in ipsis Itinerariis oc-currunt. Quare, donec probabiliora afferentur, acquiescendum erit in aliorum sententia, qui Lychnidum ab Achride *) non distinguendam esse censuerunt. **)

Lychnidi metropolis, cujus et Scamporum civitatis numos nondum vidi, post Ju-stinianum imperatorem, cujus aevo Hierocles assignandus dicitur, in quorum barbaro-rum manus et quando venerit, scire velim. Bulgarorum fuerat per aliquot secula, quum initio undecimi sub jugum Byzantinorum rediret. Antea fortasse alii Hyperborei tenuere, Avari forsan cum Slavis. Dirutam unquam fuisse, nullibi inventum puto. Bulgaros regiam suam in amoenissima Illyriorum (Arnaútarum) urbe collocasse puto, quos posteriores XIV seculo invenio inter Deabolin et Achridam, coll. Cantacuzeno I, 55.: Ὀκτὼ δὲ ἡμέραις (a. 1328) τῇ Ἀχρίδι ἐνδιατρίψαντα βασιλέα οἵ τε τὰς Δεαβόλεις νεμόμενοι Ἀλβανοὶ (Albanitae) νομάδες καὶ οἱ τὰς Κολωνείας, ἔτι δὲ καὶ οἱ Ἀχρί-δος ἐγγὺς, προσεκύνησαν ἐλθόντες.

Lychnidi (Achridis) metropoleos status inter Justinianum et Basilium Bulgarocto-num (sec. VI—XI) impp. quinam fuerit, nondum ego extricavi. Et Michael Lequie-

---

*) Catalogus urbium, quae subsequenti ae-vo nomen mutarunt (Bandurius ad Con-stantinum Porphyrog. de thematibus I. p. 281. ed. Bonn.): Τρίβαλλις ἡ Ἀχρίδα. Ubi lege Πρίβαλις ἡ Ἀχρίδα. Erat enim Ἀχρὶς (Lychnidus) Praevalitanae Romano-rum provinciae urbs. De Triballis (Ser-bis) cogitari non potest. Bulgari Lychni-dum tenuere, non Serbi. Ibidem loco-rum occurrit urbs Selasphorus, quam eandem esse cum Deaboli idem index perhibet his verbis: Σολάσφορος (all. Σε-λάσφορος), ἡ νῦν Διάβολις. Huius nomen A. Maius ut adjectivum male legit apud Ephraemium in Caesaribus v. 8601 sqq. (p. 345. ed. Bonn.): Ἀμ᾽ Ἰλλυρικῷ καὶ Δυῤῥαχίῳ πόλει, Ἔτι Πριλάπον, Πελαγο-νίας ὅλης, Κλεινῆς Ἀχρίδος, σελασφόρου καὶ Πρέσπης. Verum nobilis (σελάσφορος) tum non erat Prespa Bulgarorum, dudum sc. ignobilis. Deinde inter Prespam et Achridam desideramus Deabolin (Devol). Ergo Ephraemii ultima sic lege: Κλεινῆς Ἀχρίδος, Σελασφόρου καὶ Πρέσπης. Sic habebimus tres urbes, non duas.

**) Achridem et Lychnidam non diversas urbes fuisse, Byzantini crediderunt. E-phraemius v. 7669.: Ἀχρίδα καὶ Πρίλαπον (Pirlepe), Πελαγονίαν (Bitoliam). Idem v. 8091.: Πρέσπαν, Διάβολιν, Ἀχρίδα, Ἀλβανὸν ἅπαν. Idem v. 9149.: Δι᾽ Ἀχρίδος πίφθακεν Ἀλβανοῦ τόπον. Jam vero idem Ephraemius de eadem urbe Achride v. 8728 sq. haec habet: Λυχνιδὸν πόλιν ... Διά-βολιν καὶ Καστορίαν. Talia purissimum scriptorum Byzantinorum circa Graecas voces spectant. Barbaricis urbium no-minibus, id quod nemo notabit, uti re-vera debebant. Nonnumquam tamen ve-teribus vocibus utebantur, sc. ne antiqui-tatis plane obliti viderentur. Cantacuze-nus tamen, puritatis studiosior aliis, fere semper Edessae nomine utitur pro Bodi-nis; bis tamen Bodinis. V. nos in Thes-salonicensibus p. 308 sq. De Achridis et Lychnidi ταυτότητι adde subscriptio-nem episcopalem apud Mich. Lequienium in Oriente Christiano Vol. II. p. 287 sq.

nius in suo catalogo aliorum Bulgarorum, forsan borealium, episcopos Achridensi metropoli falso assignare videtur.

De Justiniana prima (Justiniani imp. patria) a Lychnido s. Achride distinguenda post Petri Wesselingii egregiam expositionem (itiner. Antonini p. 652 sqq.) si quid addere in animo haberem, acta agere omnibus viderer. Adeo vir egregius veterum commenta delevit. Est reapse Justiniana prima nil aliud, quam Turcarum urbs *Kostendil*, prope fontes Strymonis (Strumae), ubi ad Serbos meridionales et Maritzae (Hebri) fontes e Dardania transitur, coll. Thessalonica mea p. 246. Hadschi Chalfa in Rumelia et Bosnia p. 22. Ibi autem locorum, sc. in Dardania orientali, Justinianum imperatorem natum esse, nota res est, coll. P. Wesselingio ibid. Justinianae primae titulus metropolitanus cur Achridensi metropoli annexus fuerit, ejus rei causam nondum inveni. Erat fortasse is honor mere externus, sine re. Malim tamen sic statuere, ut quodam tempore Justinianae primae metropolis ad Achridam usque patuisse putem. Ita postero tempore, in honorem antiquitatis, utriusque metropoleos nomina, ut alibi, juxta ponebantur.

Tempore Photianae synodi Bulgariae meridionalis dynastae christiani Achridem, ut sedem Graeci suorum metropolitae, elegisse videntur, licet Byzantino regno nondum isto tempore obnoxii, coll. Lequienio l. c. p. 291. Ultimorum seculorum dioecesin Bulgarorum Achridensem exponit idem Lequienius. *) Multum ea patuit. Erant enim partes ejus Lychnitidis lacus accolae; Lyncus veterum Macedonum; Eordaea vetus; Pelagonia vetus; Maedica (thracica), all. Sic fere inter Justinianam primam (Kostendil) et Adriam patuit. Namque Strumbitza ibi memoratur, quae vergit ad Strymonem fluvium; accedit Canina, Adriae apposita. Achridensem dioecesin quondam inter Axium (Vardarium) et Drilonem fl. locum habuisse, ex epistolis Theophylacti, tempore

---

*) Oriens Christ. l. c. p. 283.: „Achridae metropoli decem olim episcopatus suberant sexque insuper metropoles aliae. Hodie vero Achridenus septem metropolitas, totidemque episcopos sibi obnoxios numerat. Metropolitae sunt 1. *Castoriae* [Göl-Kesrje Turcarum]. 2. *Pelagoniae*, quae nunc *Bitalia* [Bitolia, Monastir] dicitur, et *Perleapi* [Prilapus Byzantinorum, Pirlepe Turcarum]. 3. *Edessae*, quae hodie *Bodena* vel *Bodana* [Vodina]. 4. *Corytzae* [Geordschae, infra urbem Devol] et *Selasphori* [Devol, ad initia fluvii Scombi]. 5. *Belgradorum* [Arnaút-Bielgrad] et *Caninorum* [juxta mare Adriaticum]. 6. *Tiberiopolis* sive *Strumnitzae* [initio ejus fluvii, qui in fluvium Strumam s. Strymonem ob occidente incidit]. 7. *Grebenorum* vel *Grebeni* [in Macedonia occidentali, coll. Leak. trav. in North. Gr. I. 302]. Episcopi vero: 1. *Sisanii* [mihi non constat]. 2. *Moglinorum* s. *Moglenorum* [juxta Edessam s. Vodina]. 3. *Moleschorum* aut *Moleschi* [Moleka]. Unus nunc Moglenorum et Moleschi episcopatus factus est. 4. *Presporum* [Prespa, ad lacum cognominem]. 5. *Dibrorum* [Dipre Sipre et Dibre Post]; uterque vero episcopatus in unum nuper evaluit. 6. *Citzaborum* [Critzovo juxta Pirlepe?]. 7. *Corae* et *Mocrae* [Doiae et Mocri?]."

Alexii Comneni I., Bulgarorum archiepiscopi, didiceram (Opp. ed. Ven. T. 3. p. 671). Verum alibi talia diligentius exponam. Quaedam enim Lequienii mihi suspecta videntur.

Achridem imperante Alexio I Comneno (1081 — 1118) thema (provinciam) singulare fuisse, testatur Theophylactus, Bulgarorum metropolita, epist. XIV. (Opp. ed. Ven. Vol. III. p. 726.): Τὸ γὰρ τῆς Ἀχρίδος [adde θέμα], πανσέβαστε ἡμῖν ἀντιλῆπτορ, εἰ μὴ ὑπὸ τῆς κραταιᾶς σου χειρὸς περιέποιτο, θᾶττον ἢ ἐλπίσαι ἐκ μέσης Βουλγαρίας οἰχήσεται. Μικρόν τε γάρ ἐστι καὶ πανάπορον καὶ ὀλιγελαίαν [l. ὀλιγηπελίαν, virium defectionem] νοσοῦν, πάντων θεμάτων οἰκτρότατον... Ἱκανῶς γὰρ, ὡς ἔφην, οἱ ἐκβληθέντες τὴν τοῦ θεματίου μείωσιν ἐξειργάσαντο. Οὐ γὰρ Πελαγονία τὰ ἡμέτερα, ἀλλ' ἡ παροιμιασθεῖσα βραχεῖα Μύκονος. In his metropolita pro suis adit majorem aliquem Byzantini imperatoris magistratum, huic puto regioni praesidentem, ut ne Achridensium regio, Pelagonia (agro superioris Tzernae s. Erigonis cum adjacentibus versus boream et orientem) multo minor minusque etiam fecunda, peditum nimio delectu ad ultimam inopiam redigatur.

Cui maiori themati (provinciae) Ocri (Achris) tum temporis, i. e. imperante Alexio I Comneno, attributa fuerit, id nondum, ut alia, constare videtur. Putem tamen, Achridam tum fuisse, ut semper, partem Thessalonicensis thematis, non Dyrrachini: namque eam cum Thessalonica urbe plus commercii, quam cum Dyrrachio, habuisse, significare videntur Theophylacti epistolae. Deinde maior episcopatuum Achridensium pars, si Lequienio fides habenda (Theophylactus pauca refert de suis suffraganeis), veteri Macedoniae assignanda est, non Illyrico.

De Mocro, Achridensis provinciae parte boreali, ejusdem Theophylacti verba dedi in praevia commentatione. Cerameam tabulae Peutingerianae eidem provinciae paulo inferius vindicabo. Hodiernam Achridem Pouquevillius illustravit in itinerario Graeco ed. II. libro VII. cap. VI. Pergo in Egnatia illustranda.

MUTATIO BRUCIDA M. XIX. *) Deinde itinerarium Hierosolymitanum, in quo solo haec mutatio legitur, sequentem locum addit: FINIS MACEDONIAE ET EPIRI. Sequitur in eodem: CIVITAS CLEDO (Lychnidus) M. XIII. Istum finem deinceps respiciam.

Ergo post Lychnidum iis, qui Macedoniam petebant, proxima mutatio Brucida fuit. Vocem corruptam esse, cum Petro Wesselingio non dubito. Is vero p. 607.: „An Brugiada? Urbem Macedoniae Brygiadem Stephanus memorat (a Brygis, gente eius regionis in Illyricum vergentis, ut credibile fit, appellatam)." Haec Wesselingii

_____

*) M. P. XIX., sc. ab antecedenti mutatione Parembole, itinere inverso. Itinerarium enim Hierosolymitanum a Macedonia ad Adriam ducit; reliqua itineraria ab Adria in Macedoniam.

opisio, si quid aliud, multam veri speciem prae se ferre videtur. Etenim Brygae severa ibi locorum sedebant, Dassaretiorum puto particula, vel etiam Lyncestarum, coll. Stephano p. 83. ed. Westerm.: Βρυγίας [lege Βρυγιάς], πόλις Μακεδονίας. Τὸ ἐθνικὸν Βρύγιος καὶ Βρυγιεύς. Idem ibidem: Βρὺξ τὸ ἔθνος, καὶ Βρυγαί [l. Βρύγαι]. Εἰσὶ δὲ Μακεδονικὸν ἔθνος, προσεχὲς Ἰλλυριοῖς. Hos Brygas a Lychnitide in Macedoniam strictioris sensus, i. e. in regionem supra Berröam (Cara-Verjam Turcarum), immigrasse puto, non aliter, ac Dassarenses (Liv. 45, 26.); prope Scodram (Scutarium, Scutari) sedentes, quos cum Dassaretiis (Liv. ibid.), Lychnidi accolis, eosdem esse puto, a borea versus meridiem progressi videntur.

De Phrygibus Illyrico-Macedonicis mutata in quibusdam repetere libet, quae nuper narravi in libro: Real-Encyclopaedie der classischen Alterthumswissenschaft, edente Augusto *Pauly*, Vol. I. p. 1183.: „*Bryges*, *Brygi*, eine nördlich von Berröa (Cara-Verja der Türken), in den sogenannten Gärten des Midas (Herodot. 8, 138. und dort Bähr) wohnende, vermuthlich aus dem benachbarten Illyrien eingewanderte, ungriechische Bevölkerung, die noch um die Zeit des Perserzuges unter Mardonius dort saas (Herodot. 6, 45.). Die Alten lassen einen Theil derselben in unbekannter Zeit nach Vorderkleinasien auswandern, und dort das Lydisch-phrygische Reich stiften (Herodot. 7, 74. Strabo 7, 3, 2. S. 295. Vergl. Dens. 10, 3, 16.). Die Macedonier sprachen ihren Namen *Βρίγες* aus (Herodot. 7, 74. Stephanus Byz. u. d. W. *Βρίγες*). Der letztere Geograph u. d. W. *Βρίγες* nennt (vielleicht aus Strabo 7, 3, 2.) diese macedonischen Phrygier *Thrazier*, wie in der That auch anderwärts im Altmacedonischen (zwischen dem Peneios und Axios), nebst Chalcidice, allenthalben viele Thrazier saasen; wenn anders nicht Macedonien in der vorgeschichtlichen Zeit überhaupt thrazisch war. Dann könnten die thrazischen Brigen des Stephanus auch Theile der Brigen um Berröa seyn, von denen einige, auf ihrer östlichen Auswanderung (nach Asiatisch-Phrygien), im europäischen Thrazien (östlich vom Strymon) zurückgeblieben wären. Zu diesen Macedonischen Brygen (Brigen) zähle ich namentlich auch die von Stephanus Byz. (u. d. einzelnen Worten) angeführten Macedonisch-Illyrischen Orte *Brygion* und *Brygias*, so wie die *Bryges* am illyrischen See Ocri.“ De his ita Stephanus Byz.: Βρίγες, ἔθνος Θρᾳκικόν. Ἡρόδοτος Ἰβδόμῃ (cap. 74.): „οἱ δὲ Φρύγες, ὡς Μακεδόνες λέγουσι, καλέονται Βρίγες.“ Καὶ Βρυγία ἡ Τρωϊκή, τουτέστιν ἡ Φρυγία, ἀπὸ Βρίγου τοῦ κατοικήσαντος ἐν Μακεδονίᾳ. Herodoti locum (7, 74.) docte, ut assolet, Schöllius illustravit in suae Graeci scriptoris interpretatione theotisca p. 872.

Hierosolymitanus viator inter Brucidam (Brygiadem) et Cledum (Lychnidum) addit: FINIS MACEDONIAE ET EPIRI. In his Macedonia non vetustissimo quidem sensu intelligenda erit, sed eo, quo Philippi I. tempore intelligebatur. Is enim ad istum Illyrici terminum teste Diodoro Siculo 16, 8. regni Macedonici fines protulerat. Postea docti veteres Macedoniam cum Epiro et Illyrico Macedoniam dicebant, quia in istis regionibus (Epiro, inquam, et Illyrico) primo cum Macedonibus conflictati, postremo (ante Chr. 168.) hos ipsos sibi subjecerunt. Verum is usus loquendi privatus fuit, non publica auctoritate nitens. Illyricum et Epirum senatus Romanus cum suis imperatoribus Epirum veterem et novam nuncupabat.

In Epiro Hierosolymitani viatoris consuetudo Latina obtinet, quam modo memoravi. Etenim supra Lychnidum vetus Illyrici limes fuit (tempore Philippi I.), non Epiri.

Verum de *Finibus* Hierosolymitani viatoris diligentius aliis inquirendum esse videtur. Simillime enim in eodem fere Macedoniae tractu etiam Ravennas Anonymus habet 1, 9.: *Edessa, Cellis, Enriston, Ceraune, Istuba, Heraclea, Nicea, Praesidium, Fines.* Edessam Cellasque paulo inferius invisam. Pro forma *Enriston* tabula Peutingeriana *Euristo* habere videtur, de quo loco videatur Catancsichius ad Tabulam Peutingerianam Vol. I. p. 654. Docti volunt esse *Aestraeum*, quod mihi dubium esse videtur. Namque hoc Aestraeum, ut alibi docere memini (Thessalonica p. 314.), idem esse videtur cum oppido Bulgarorum Macedonicorum Strumitza, initio vallis fluvii Strumitza (minoris Strymonis), qui majorem Strymonem ab occidente petit. Corrupta forma *Ceraune* magis facit ad nostram disputationem. Eam sana lectione primus habet Tabulae Peutingerianae auctor: *Lychnido, Euristo, Ceramie (Ceramia), Heraclea.* Sequitur Anonymus Sancti Demetrii §. 196. (Acta SS. ad Octobr. VIII.): Κρατῆσαι τὸν Κεραμήσιον κάμπον. Situm loci non male aperit Georgius Pachymeres in Michaele Palaeologo 4, 32. (ed. Bonn. T. I. p. 335.): Προσβαλόντες τῷ (l. τῇ) Ἀχριδῶν Κεραμίᾳ. Haec igitur Ceramea inter Lychnidum (Ocri) et Heracleam Lynci (Pelagoniam, Bitoliam, Monasterium) quaerenda erit; incertum, quo loco. Docti apud Catancsichium (ad Tab. Peuting. Vol. I. p. 655.) varia hariolati sunt, quae repetere piget. Cerameam a figulorum fabricis nomen traxisse opinor, ut Ceramicum Athenarum etc. Haec viae Romanae pars, quatenus Tabulae Peutingerianae auctor cum Ravennate eam refert, cum via reliquorum itinerariorum Egnatia non prorsus eadem mihi esse videtur, quanquam maxime vicina e septentrione. Ravennatis Anonymi locus *Istuba* erit *Stobi* (in Pelagonia), non *Astapus* Paeonum. Id suadet Anonymi tenor narrandi. De *Nicea* (Nicaea) et *Praesidio* v. Nos deinceps.

Venio ad locum Hierosolymitani viatoris nomine FINIS MACEDONIAE ET EPIRI. Haec verba doctis idem esse videntur quod additamentum quoddam viatoris historicum de finibus Macedoniae veteris. Id ut haud nego, ita aliud subesse puto. Namque formae *Fines, ad Finem, ad Fines*, cett., sunt Romanorum voces propriae in ipsorum geographia, coll. Wesselingii indice itinerariorum s. vv. Unde veterem Macedoniae et Epiri (*Illyrici*) finem FINES a Romanis dictum existimo.

De finibus Macedoniae et Illyrici supra Lychnidum statuendis Strabonianus locus occurrit libro 7, 7, 4 (p. 322. ed. Casaub.): Ἡ δὲ πρώτη (prima Egnatiae sectio) ἐπὶ Κανδαουίας *), λέγεται, ὄρους Ἰλλυρικοῦ διὰ Λυχνίδου πόλεως καὶ Πυλῶνος, τόπου ὁρίζοντος ἐν τῇ ὁδῷ τήν τε Ἰλλυρίδα καὶ τὴν Μακεδονίαν. Is locus Πυλὼν (Portae, dixerim) nomen proprium cujusdam stationis mihi fuisse videtur, in Pieria monte puto: an Ravennatis Anonymi Fines? Erantne angustiae a Philippo I munitae? Nihil ut alibi decerno: interrogasse satius habui.

SCIRTIANA M. P. XXVII. De voce v. Wesselingium ad itineraria p. 330. *Scirtarios*, Illyriorum stirpem supra Dyrrachium e borea, Plinius habet N. H. 3, 22. An hi in nostram Macedoniae partem (Lyncum) immigrarunt? Et *Scirtonas* etiam Ptolemaeus memorare fertur, ut Macedoniae accolas (Σκίρτωνες πρὸς τῇ Μακεδονίᾳ): Cellarius tamen, Wesselingius, Mannertus all., e quo Ptolemaei loco sua hauserint, non significarunt: certe in libro geographiae tertio, cap. 13., ubi talia exspectabam, Scirtonas non invenio. Cum loco quodam Turcarum *Istriga* s. *Istirga* recentiorum quidam Scirtiana veterum comparant Reichardi orbis antiquus); quod mihi ut tot alia ambiguum esse videtur. Ipse enim hujus Istrigae situs incertus est.

Post urbem Ocri (Lychnidum) via Egnatia Pieriam montem petiit, eoque superato Bulgarorum urbem Resnam; hinc alia montium praerupta (Genusi initium) permeanda erant usque ad Bitoliam (Heracleam Lynci, Pelagoniam). Et hac viae parte Turcae etiamnunc utuntur. Alius vero et secundus nunc trames e Bitolia vallem Genusi petiit; quem ab Egnatia ego prorsus distinguo. Namque vetus Romanorum via, relicto prope Patras Genuso, ad Lychnidum (Ocri) tendebat. **) Quae in antecedentibus de via nostra exposui, omnem veri speciem, si quid aliud, prae se ferre mihi videntur. Via enim, quae per Resnam ducit, est valde compendiaria, atque etiamnunc publica

---

*) Candaviam inter Candaviae stationem et urbem Lychnidum (Ocri) poni constat. Alia tamen suadet Ptolemaeus geogr. 3, 13 (p. 180. ed. Weebel.): Ὁ δὲ Ἀλιάκμων ποταμὸς (oritur) ἀπὸ τῶν Κανδαουίων ὁρίων. Ubi Κανδαουίων legendum esse, nemo non videbit, coll. b. Odofr. Müllero in Macedonicis pag 6. not. 6. Idem vero addit: „Der Gebirgszug ist freilich durch den Genusus unterbrochen." Id falsissimum esse, docesi posse video. Genusus (Scombi) juxta Haliacmonem (Iessidsche-Karasu) oritur. Ille boream petit, hic meridiem; de quo videnda tabula geographica Franco-Galli

Lapie, fol. VIII, Ergo Candavia omnia Genuso superiori et medio adjacentia, cum ipsa valle, spectat, non tantum ea, quae Clodiana et Lychnidum intercedunt.

**) De his v. Felicis Beaujour Voyage militaire cett. T. I. p. 204 sq. Verba ejus dedi in praevia commentatione p. 16. Trames Beaujourii, ultimo memoratus, idem ille est, quo Alexander M. usus est, cum Erigone (Tzerna) relicto Bordaïcum (Genusum) fluvium peteret, castellum Pelium (Geortscha) oppugnaturus. In voce *Geordscha* formam *Eordaeae* haud male servatam vides.

et primaria; deinde Byzantinorum et Turcarum imperatores in viarum publicarum munitione non multa novasse constat.

Nihilominus Leakio Britanno aliud videtur. Namque Lychnidum ab urbe Ocri distinguit, illamque fini paludis meridionali apponit, magisque etiam versus meridiem Patras collocat, quod posterius itinerariis repugnat. Quae omnia quo jure fecerit, ipse excusabit. Ita enim factum est, ut ipsam quoque Egnatiam multo magis meridionalem fuisse statuat, quam omnino concedi potest. Deinde a Lychnide sua tres Egnatiae sectiones usque ad locum Lynci Parembole statuit, sola diversitate puto numerorum in Itinerariis obtinentium s. motus s. seductus. Verum his itinerariorum diversitatibus non magis confidendum constat, quam ipsi adeo numerorum consensui. Etenim praeter itinerariorum millia passuum ipse locorum situs respiciendus est, deinde historicorum documenta.

NICAEA M. P. XXXIV. Eam itinerarium Antonini habet cum Tabula Peutingeriana, sed numeris diversis, et haec quidem alio tenore et ordine, quam quo Euristum (Curistum) et Cerameam habuit. A victoria quadam Macedonum reportatâ nomen traxisse puto. Nicaeam Illyriorum hoc loco spectari vult Surius apud Wesselingium. Ita in Lyncestide quoque locum Illyriorum, Nicaeam graece dictam, habebimus. De hac Nicaea tacet P. Wesselingius. Postremo Nicaeae tabula Peutingeriana duas aediculas appingit, ut Heracleae. Fuit igitur maioris momenti civitas. Novitium ejus nomen non constat, multo minus sedes.

MUTATIO PAREMBOLE M. P. XII. Romanos hinc sua Castra fecisse cum aliis puto: namque παρεμβολή Macedones dicebant, reliqui στρατόπεδον (castra). Fuit ea mutatio Heracleae satis vicina. Aliam mutationem Parembolen etiam Philippopolis Thraciae habuit (Itinerar. Hierosolymitanum p. 568. ed. Wesseling.).

HERACLEA M. P. XI. De ea optime Wesselingius ad itineraria p. 319 sq.: „Tu Heracleam in Lyncestide intellige ex Strabone l. VII. p. 323., *) quam modo Heracleam Pelagoniae, modo Lyncestidum appellant. Concilio Constantinopolitano sub Justiniano Benignum Heracleae Pelagoniae scribendo adfuisse, subscriptio testatur... Dionysius Heracleae Lyncestidum concilii Chalcedonensis pars fuit. Nimirum Heraclea haec in confinio Pelagoniae et Lyncestidis erat posita; quam ob causam nunc huic, nunc illi tribuitur. Πελαγονία Hierocli [p. 641] dicitur, Nicetae Choniatae [in Manuele Comneno 2, 6. 7, 5] et aliis; immo Livio 45, 29. **) et Dexippo [apud hunc nil de Pelagonia invenitur], qui IV Macedoniae caput faciunt."

---

*) Strabo l. c.: Ἐντεῦθεν (a Pyloue) δ' ἐστὶ (via Egnatia) παρὰ Βαρνοῦντα διὰ Ἡρακλείας καὶ Λυγκηστῶν καὶ Ἐορδῶν εἰς Ἔδεσσαν κ. τ. λ. Idem p. 326.: .. Δασσαρτίους· πρὸς δὲ τούτοις Λυγκησταί τε καὶ Δευρίοπες καὶ ἡ τριπολῖτις Πελαγονία καὶ Ἐορδοὶ κ. τ. λ. In Straboniania voces Ἡρακλείας καὶ Λυγκηστῶν idem sunt quod Ἡρ. καὶ τῶν ἄλλων Λυγκηστῶν.

**) Liv.: Quartae (regionis Macedonicae urbem principalem) Pelagoniam fecit (consul Romanus). Idem cap. 30.: (Quartam Eordaei et Lyncestae et Pelagones incolunt.

His, quae Wesselingius bene cum aliis perspexit, Leakius Britannus adversantur, more suo numeris Itinerariorum nimis confidens. Ergo vir doctus in itinerario Graeciae borealis Vol. III. p. 281.: „The disagreement of numbers in the several Itineraries renders it difficult to deduce from them the exact position of any of the places on the road between Lychnidus and Edessa; the only one of any importance was Heracleia, the chief town of the province of Upper Macedonia, called Lyncus or Lyncestis. Heracleia was distant from Lychnidus about 46 M. P., from Edessa 64, — total from Lychnidus to Edessa 110; which, compared with the 55 G. M. of direct distance on the map, gives a rate of 2 M. P. to the horizontal G. M., not an unreasonable rate in itself, as the road is in great part mountainous, nor as compared with the rate on the level road from Edessa to Thessalonica, which is 1. 4. M. P. to the G. M. According to the proportional distances, Heracleia stood not far from the modern town of Filárina, at about 10 G. M. direct to the southward of Bitólia, which is now the principal town in that part of the country, and occupies the site of the ancient Pelagonia, thus agreeing in reference to the supposed position of Heracleia of Lyncestis, inasmuch as the ancient authorities show that the Lyncestae were situated to the southward of the Pelagones, and between them and the Eordaei, who appear to have occupied the country of Ostrovo and Sarighioli."

Quae hoc loco Anglus receptae doctorum sententiae opponit, ea non alium fontem habent, quam itinerariorum circa numeros discrepantiam. Alios scriptores, ut alibi, Leakius non inspexit, quod maxime valet de Joannis Cinnami testimonio gravissimo, ec. historiarum libro 3, 17. (p. 127. ed. Bonn.): Ἐν Ἡρακλείᾳ .. τῇ Μυσῶν, *) ἣν Πελαγονίαν τινὶ γλώσσῃ κατακολουθοῦντες Ῥωμαῖοι (Byzantini) νῦν ὀνομάζουσιν.

Una eademque veteris Macedoniae urbs duplex nomen habuit, non aliter, ac

---

*) Hi Mysi secundum usum loquendi Byzantinorum fuere Bulgeri, atque sunt etiamnunc. De his videatur Hadschi Chalfa in Rumelia et Bosnia p. 36.: „Gerichtsbarkeiten, welche zum Sandschak des Kapudan Pascha gehören: Toli Monastir [Bitolia, Betolia], zwischen Filorina [Florina, Florina], Pirlipe [Prilapus Byzantinorum], Persepe [bulgarice Prespa] und Ochri .. Die Einwohner sind Bulgaren ... Das Schloss ist verwüstet. Die Südseite ist ein walliger Berg, und die Vorderseite ein weites Feld. Von den Bergen fallen viele Bäche, welche die Viertel der Stadt und dann die herumliegenden Felder bewässern. Das berühmteste Erzeugniss dieser Stadt ist Baumwolle. Idem ibidem (de Filorina): Filorina (Florina), zwischen Monastir, Kesrje [Castoria] und Ostrova, am östlichen Saume des Berges Monastir. Der Fluss von Monastir [Erigon, Τζερνα] bewässert die Gärten Filorina's. Idem ibidem: Von Filorina führet ein sehr beschwerlicher Felsweg hierher [Castoriam Byzantinorum; Caetrum Macedonum, Götkesrje Turcarum] hinab. Die Berge werden von einem von Serviern und Walachen erzeugten Stamme bewohnt...

hodie apud Arnautas, Bulgaros, Vlachos, Graecos, Turcas idem locus diversissimis nominibus utitur.

Quaenam natio pristino aevo Pelagoniae nomine usa sit, quaenam Heracleae, difficile dictu videtur. Certe Pelegones Macedonici apud Homerum (Il. 21, 159) occurrunt. Pauci vero Graecorum (Strabo, Ptolemaeus, Malchus, Hierocles) Heracleam nuncupant, Byzantini scriptores tantum non omnes Pelagoniam. Is usus Romanis fortasse debetur, qui (coll. Livio supra memorato) caput quartae partis Macedonum Pelagoniam dicebant, non Heracleam. Ultima (Graeca) forma Macedonas Graecos usos puto; fuit autem Hercules inter deos patrios Temenidarum. Eordaeam, Lyncum, Pelagoniam Livius quartae regioni assignat. Ex his Pelagoniam potiorem et ampliorem fuisse autumo; unde hoc nomen in urbem quoque principalem transiit, quamquam ea proprie Lynci erat, non Pelagoniae.

Lyncum (Lyncestida) inter Barnuntem montem (in vetustissima Pieria, prope Lychnidum) et Filorinam pono: ita fuit ab occidente Pelagoniae provinciae. Eordaei inter Edessam (Vodina) et Filorinam quaerendi sunt.

De arce Heracleae egi in praevia commentatione, ubi Gothorum expeditionem Illyricam enarravi. Ascensus ibi in montes Lyncestidis asperrimus esse videtur.

Medio aevo Heraclea (Bitolia) magnum momentum habuit. Ibi enim viae inter Illyricum, Serbiam et Macedoniam coëunt, coll. Niceta in Manuele Comneno 2, 6. (p. 119. ed. Bonn.): Ἀπαίρει μὲν (Manuel Comn. imperator) ἐκ τοῦ Αὐλῶνος . . εἰς δὲ Πελαγονίαν ἀφιγμένος . . κατὰ Σέρβων ἔγνω μεταθέσθαι τὸ πρόθυμον . . καὶ δὴ τὸ εὔοπλον ἀπολαβὼν τοῦ στρατεύματος . . . τὴν Σερβίαν εἴσεισι. Huius situs commoda multo minus in Florinam cadunt (eam cum Heraclea Leakius eandem esse putat), quam in Bitoliam (Monasterium).

Veteres quasdam Heracleae (Bitoliae) inscriptiones Böckhius edidit in thesauro Inscriptionum Graecarum Nr. 1999—2006.; ex iis Graecam civitatem fuisse, cognoscitur. Numos Graecos, qui Heracleae Sinticae tribui solent (Mionnet. descr. de médaill. antiques, Vol. I. p. 476 sq.), nostrae Heracleae tribuerim, non Sinticae (prope Strymonem), quae fuit ob locorum situm multo minoris momenti; quamquam utrique Heracleae signa civitatis (aediculas) appingit tabula Peutingeriana. Hierosolymitanus vero viator nostram urbem civitatem dicit. Et haec quidem de Heraclea. *)

MUTATIO MELITONUS M. XIV. - (post Heracleam). Eam solum itinerarium Hierosolymitanum habet. De ea bene P. Wesselingius p. 606.: „Nomini mutationis conjectura fortasse lucem adferet, quanquam non admodum certe. Locus alendis apibus

---

*) De Heraclea nostra v. quoque Mannertum Vol. VII. p. 482 sqq. In indice episcoporum Heracleae vera falsis Lequienius more suo miscet (Oriens Christ.

Vol. II. p. 81 sqq.). Nostram Heracleam cum Sintica is quoque vir doctus confudit, qui iudices Dexippi, Malchi cett. confingit (ed. Bonn. p. 622.).

destinatum μελιττῶνα vocant. Varro de re rust. 3, 16.: *Dic igitur, inquit, ubi et cujusmodi facere oporteat alvearium, ut magnos capiam fructus? Ille:* μελιττῶνας *ita facere oportet, quos alii* μελιττοτροφεῖα *appellant, eandem rem quidam mellaria.*" Numeri milliarium, si fides illis habenda est, fere in hodiernam *Florinam* cadunt, quam a floribus nomen traxisse mihi verisimile est; non aliter atque Anthemus regio e meridie Thessalonicae. Et vide, ne hodiedum ibi mellificatio exerceatur, ut juxta Thessalonicam (ex oriente) in veteribus itinerariis locus *Melissurgus* occurrit, qui nomen et artem mellificandi etiamnunc tenet, coll. Leakio in itinere Graeciae borealis Vol. III. p. 461.: *On the road from Thessalonica to Apollonia of Mygdonia, a Melissurgi occurs in two of the Itineraries: this place still preserves its ancient name in the usual Romaic form of Melissurgús, and is inhabited by honey-makers, as the word implies. It was 20 or 21 M. P. from Thessalonica.* Locus Melitto, Μελιττὼν (sic legendum videtur), Lyncestidis est, ut ipsa Heraclea. Et Florina, a qua Melittonem parum differre puto, in planitie Heracleensi situm habet, ubi, e meridie Bitoliae (Heracleae), unus et alter rivus in Tzernam (Erigonem Macedonum, Kutschuk-Karasou Turcarum), e borea venientem, illabitur. Tzernam autem ab Erigone non diversam esse, omnes nunc credunt, estque manifestissimum e sequenti Cedreni loco (T. II. p. 460. ed. Bonn.): Πέμψας δὲ καὶ (Basilius Bulgaroctonus) στρατιὰν, χειροῦται τὸ φρούριον Περιλάπου (Perlepe) καὶ τοῦ Στυπείου (Stobi?). Ἐκεῖθεν καταλαμβάνει τὸν Τζερνᾶν (l. Τζέρναν) λεγόμενον ποταμὸν, ὃν σχεδίαις καὶ θυλάκοις πεφυσημένοις διαπεράσας, ἐπάνεισιν εἰς τὰ Βοδηνὰ (Vodina, Edessam), κἀκεῖθεν τῇ δ᾽ Ἰανουαρίου μηνὸς (IX. Januarii) ἦλθεν εἰς Θεσσαλονίκην. Inter Prilapum et Edessam non alius maior fluvius, ratibus et utribus superandus, reperitur, quam Erigon Ptolemaei, all.; *) itaque Erigon a Tzerna Bulgarorum discerni prorsus nequit.

---

*) Geogr. 3, 13.: Καὶ (sc. ἄρχεται) ἀπὸ τῶν ὑπὸ Δαλματίαν ἀφ᾽ ὧν (l. ὀρῶν) ὁ ποταμὸς καλεῖται (l. ὃς καλεῖται) Ἐριγώνων (l. Ἐριγὼν). De Erigone in Axium illabente legatur Strabo 7, 7 (p. 327): Ὁ δὲ Ἐριγων (l. Ἐριγὼν) πολλὰ δεξάμενος ῥεύματα ἐκ τῶν Ἰλλυρικῶν ὀρῶν καὶ Λυγκηστῶν καὶ Βρυγῶν καὶ Δευριοπίων καὶ πλειόνων, εἰς τὸν Ἀξιὸν ἐκδίδωσι. Ibi πλειόνων mihi idem est, quod ἄλλων πλειόνων; et Guarinus sic Strabonem interpretatur. Namque ἄλλος ita saepissime omittitur. Ergo non ἄλλων πλειόνων emendandum est. Ceterum Coraes pro πλειόνων legit Πελαγόνων; Deuriopas autem Strabo a Pelagonibus distinguere videtur. E Strabonis loco bene etiam intelligitur, Tzernam ex Eordaea nil fere aquae accipere, sed e Lynco et Pelagonia; deinde Eordaïcum Arriani fluvium plane distinguendum esse ab Eordaea Macedonica. De Tzernae affluentibus v. imprimis tabulam geographicam Franco-Galli Lapie, fol. VIII. Bevum flumen (Liv. 31, 33) cum Müllero (Macedon. p. 17. not. 47) Tzernae valli assigno (erat enim Lynci fluvius, Liv. l. c.): Illyricum vero locum, nomine Beva, apud Scombi (Genusum) fluvium prope Scampa invenio (Lapie, fol. VII.).

6

Relicta Lynco, pervenimus ad Eordaeos. *) Ibi occurrit MUTATIO GRANDE M. XIV (itinerar. Hierosol.). Hanc ignorare me cum P. Wesselingio confiteor. Vox omnem corruptelae speciem prae se fert, velut supra, alio Egnatiae loco, pro *Candavia* legebatur corruptum *Grandavia*. Hanc mutationem ibi fere quaero, ubi montes conscenduntur, e quorum meridie Ostrova Bulgarorum sita est, cum lacubus et rivis quibusdam, qui deinde, ut alii, infra Vodina (Edessam) Ludiam flumen faciunt.

MANSIO CELLIS M. XVII. Sic itinerarium Hierosolymitanum. Reliqua itineraria habent M. P. XXXIV., XXXIII., XLV. Haec scil. antiquitatis monumenta quasdam intermedias stationes praetermittere videntur; quanquam vel sic inter numeros eorum magnus dissensus conspicitur. In sede Cellarum constituenda iterum Hierosolymitano viatore utor, cujus index omnium uberrimus est. Is ergo post Melittonem (Florinam) ponit Cellas, discrimine millium XVII. Post multas dissentiendi occasiones tandem aliquando cum Leakio consentire mihi licet, qui in sua tabula geographica Graeciae borealis Cellas ibidem ponit, qua nunc occurrit Ostrova Bulgarorum, initio rivorum quorundam et lacuum, e quibus paulo inferius Ludias fluvius, in sinum Thermaeum effluens, efficitur. Alia sedes Cellis vix unquam assignari poterit. Ostrovae mentio (Leakiana tabula falso habet *Ostova*) inde a Bulgarorum debellatione, initio seculi XI facta, haud rara est apud scriptores Byzantinos, nomine Ostrobus s. etiam Strobus;**) unde majoris momenti civitatem Bulgarorum fuisse puto; id quod etiam Hierosolymitanus viator suadet, qui Cellas mansionem dicit, non mutationem. Omnis autem vetus Macedonia, inter Axii (Bardarii) fontes et sinum Thermaeum sita, medio aevo vere Bulgarica fuit, non Graeca, coll. prae aliis Cedreno; atque hodiedum incolae tantum non omnes Bulgari sunt, pauciores Serbi, Vlachi, Arnautae; rarissimi omnium Graeci.

Ostrovam viatores eruditiores neglexisse videntur. De situ ejus ita Turca Hadschi Chalfa in Rumelia et Bosnia p. 99.: „Ostrova, zwischen den Gerichtsbarkeiten von *Vodina, Filorina, Dschuma-Basár, Lanka;* 13 Tagereisen von Ken-

---

*) Stephanus Byz.: 'Ορδαία, πόλις Μακεδονίας. Το εθνικον "Ορδοι. Λέγονται και 'Ορδαιοι, ως Νίκανδρος. Hos Ordos (Ordaeos) ab Eordaeis non diversos fuisse cum Berkelio statuo ad Steph. Byz. Fortasse lingua popularia Ordaeos pro Eordaeis dixit. Num hi Ordaei Illyrico an Macedoniae tribuendi sint, equidem non definio. Stephani vox πόλις idem erit, quod *regio*, more apud hunc auctorem s. ejus epitomatores (corruptores) consueto.

**) Anna Comnena 5, 5 (ed. Bonn. Vol. I.

p. 242). Georgius Acropolita cap. 46., ubi pro Στρόβον legendum "Οστροβον. Idem 49 (ubi Ostrobi s. Ostrovae lacus memoratur). Ephraemius in Caesaribus v. 8596. 8697 (ubi iterum Ostrobi lacus). Georg. Pachymeres in Michaele Palaeologo 2, 11., ubi pro Βόστρον lege Στρόβον ("Οστροβον). Cantacuzenus 4, 19. Ostrovae situs tum ob Ludiae vallis initium, tum ob ascensum ad Erigonem fluvium momenti haud levis esse videtur.

stantinopel." Apud Hieroclem (p. 638) est Ἔδεσσα, Κέλλη; quod ultimum Κέλλαι legendum erit. De monachorum cellis, ut nominis causa, Du Cangius cogitat (ad Annam Comnenam lib. V. p. 300); quod recte improbat P. Wesselingius ad itiner. p. 606. Cellae, Romanorum nomen, aliquam eorum coloniam significare videntur; fortasse etiam antecedens Florina: Cellas autem in itinerariis non paucas habemus, ubi christianorum monachorum latibula nondum significari poterant. De ultimis v. Petrum Wesselingium in indice urbium locorumque etc. Cellas Erigoni Mannertus apponit, id quod omni itinerariorum tenori adversatur. Anne his Romanorum Cellis, [Bulgarorum Ostrovae, respondet Macedonum vetus Arnissa (Thuc. 2, 128)? Leakio et mihi hoc probabile visum est, collata hac dissertatione p. 22. De Cellis nostris nil, quod sanum dici possit, Cantacsichius congessit ad Tabulam Peutingerianam Vol. 1. p. 651.

Antequam in Eordaeorum terra ad Edessam accedo, crucis cujusdam geographorum mentio habenda videtur, et quidem maximae. Est locus *Diocletianopolis*, de qua Itinerarium Antonini Augusti (p. 330. ed. Wessel.) sic habet: EDESSA M. P. XXXII. DIOCLETIANOPOLIS M. P. XXX. THESSALONICA M. P. XXIX. Ubi haec Diocletianopolis quaerenda est? Certe non inter Edessam et Thessalonicam: ibi enim alias stationes intercurrere constat, non Diocletianopolin. Ergo fortasse a latere, occidentali puto, Edessae. Verum inspiciamus Wesselingii expositionem. Is ergo, postquam veram lectionem (*Diocletianopolis*) bene, ut assolet, revocavit, ita pergit (p. 330): „Id solum dubium est, quaenam haec Diocletianopolis? Hierocles pariter (p. 642) ac Procopius (aedific. 4, 3) hoc nomine urbem in Thessalia habet, cujus nulla hic potest esse ratio, utpote longius ab Edessa et Thessalonica semotae: memorat alteram Hierocles (p. 330) in Thracia sub Philippopoli, quae si nostra sit, oportet iter in Thraciam deflectat, et post deinde in Macedoniam se vertat. Si cui tamen ad credendum id difficile videatur, praestabit, itinerario fidem addicere, et tertiam hoc cognomine urbem in Macedonia fuisse arbitrari: *infinita* illa *cupiditas aedificandi*, qua Diocletianus tenebatur, quamque Lactantius (de mortibus persecutorum cap. 7) notavit, haud invalidum huic opinioni robur addet." Ita caute, ut solet, Wesselingius. Verum ego veterum verba repetam. Ergo Hierocles p. 642.: Καισάρεια, Διοκλετιανούπολις, Φάρσαλος κ. τ. λ. Procopius l. c. (Opp. ed. Bonn. T. III. p. 273): Πόλις δὲ ἦν τις ἐπὶ Θεσσαλίας, Διοκλητιανούπολις ὄνομα, εὐδαίμων μὲν τὸ παλαιὸν γεγενημένη, προϊόντος δὲ τοῦ χρόνου βαρβάρων οἱ ἐπιπεσόντων καταλυθεῖσα καὶ οἰκητόρων ἔρημος γεγονυῖα ἐπὶ μακρότατον· λίμνη δέ τις αὐτῇ ἐν γειτόνων τυγχάνει οὖσα, ἣ Καστορία ὠνόμασται. Καὶ νῆσος κατὰ μέσον τῆς λίμνης τοῖς ὕδασι περιβέβληται. Μία δέ τις εἰς αὐτὴν εἴσοδος ἀπὸ τῆς λίμνης ἐν στενῷ λέλειπται, οὐ πλέον ἢ ἐς πεντεκαίδεκα διήκουσα πόδας. Ὄρος δὲ τῇ νήσῳ ἐπανέστηκεν ὑψηλὸν ἄγαν, ἥμισυ μὲν τῇ λίμνῃ καλυπτόμενον, τῷ δὲ λοιπῷ ἐγκείμενον. Διὸ δὴ ὁ

6 *

βασιλεὺς (Iustinianus) οὗτος τὸν Διοκλητιανουπόλεως ὑπεριδὼν χῶ-
ρον, ἅτε που διαφανῶς εὐέφοδον ὄντα καὶ πεπονθότα πολλῷ πρότερον, ἅπερ ἐῤῥήθη, πόλιν ἐν τῇ νήσῳ ὀχυρωτάτην ἐδείματο, καὶ
τὸ ὄνομα, ὡς τὸ εἰκὸς, ἀφῆκε τῇ πόλει. Retuli verba Antoniniani Itinerarii, Hieroclis, Procopii. Itinerarium illud bis habet viam inter Dyrrachium et Thessalonicam, quanquam semel tantum (p. 330) Diocletianopolin memorat, priori loco
(p. 319) sic habens: EDESSA, PELLA, THESSALONICA, omissa Diocletianopoli.
Hierosolymitanum Diocletianopolin ignorat. Jam quo jure inter Edessam et Thessalonicam auctor Antoniniani pro Pella Diocletianopolin intruserit, difficile intellectu est.
Mannertus (Geogr. der Gr. u. R. VII. 479), neglecta Wesselingii cautela, talia cre-
dulus repetit his verbis: „Aus einer Stelle des Itin. Ant. (p. 330) wissen wir, dass
die Stadt (Pella) neben ihrem eigentlichen Namen auch die Benennung Diocletianopolis annahm, welchen sie aber bald (?) wieder verlohr." Inter Edessam et
Thessalonicam 15 leucae intercedunt; *) unde istud spatium unam et alteram Diocletianopolin capere poterat. Num vero Pellae nomen in Diocletianopoleos formam vel
per breve tempus abiisse quis credet, nisi aliis scriptorum testimoniis edoctus?

Pergo ad Hieroclem. Is Diocletianopolin inter medias urbes vere Thessalicas
habet, cui rei ego non repugno. Erat enim Diocletianus imperator aedificandi insatia-
bilis; et poterat Thessalicorum oppidorum unum et alterum, pristino nomine abjecto,
novum eligere, in honorem sc. Diocletiani.

Verum Procopius inspiciatur, deinde doctorum viatorum itineraria. Ille igitur Diocletianopolin, quam Thessaliae assignat, insulae s. peninsulae impositam narrat. Paludem hujus insulae Castoriam dicit; a tergo urbis (castelli) montem quendam praerup-
tum memorat. Urbi Diocletianopoleos nomen non abstractum ab Iustiniano imp. addit, his verbis: καὶ τὸ ὄνομα, ὡς τὸ εἰκὸς, ἀφῆκε τῇ πόλει. **) Jam vero Thessaliam urgebunt eruditi lectores, a Procopio memoratam. Scio equidem. Contra ex illis
equidem quaero: lacumne Thessalia (i. e. inter Peneum et Spercheum) cum insula
(peninsula) habuit? Lacus Thessaliae unicus est Böbeis, absque insula cum monte praerupto. Nessonis autem, inter Larissam et Tempe, est stagnum, non palus. Hinc
Procopii Castoria alio nos ablegat, sc. in Macedoniam veteris sensus. Ibi revera urbs
Castoria hodiedum invenitur, cum lacu cognomine, in quem, si quid aliud, Procopii
narratio de insula lacus Castoriae cadit. Videatur Leake, travels in Northern Greece
Vol. I. p. 323 sqq.:.. *The lake of Kastoria .. The town appears on the opposite*

---

*) Beaujour, Voyage milit. T. I. p. 205.

**) I. e. *Urbem vetus nomen retinere sivit,*
sc. reversus Diocletianum. In loci sensus esse videtur. Aliter tamen interpreta-
tio latina: *Suoque, ut par erat, dona-*
vit nomine. Quanquam sic desiderabatur
τὸ αὐτοῦ ὄνομα, et ἀφῆκε hoc contextu esse
poterit *sivit, permisit, concessit* (sc. *non*
mutando).

side, build on an isthmus, which connects a high rocky peninsula with the north-western shore. The peninsula extends into the middle of the lake ... Kastoria (Καστωρεία), or, according to the vulgar transposition of the accent in this termination, Kastoriá, contains about 600 families .. The lake of Kastoria is reckoned a six hours' ride of circumference, but does not appear to me to be above six miles long and four broad. The peninsula is near four miles in circumference, and the outer point is not far from the centre of the lake. The present fortification of Kastoria consists only of a wall across the western extremity of the isthmus, which was built in the time of the Byzantine Empire, and has a wat ditch, making the peninsula an island. The wall has been slightly renewed by the Turks, who keep et well whitewashed, which among them often serves instead of a repair. In the middle of the wall stands a square tower, through which is the only entrance into the town. A parallel wall, flanked with round towers, which in Byzantine times crossed the peninsula from shore to shore, and excluded all the eastern part of it, although now in ruins .. The remainder of the peninsula eastward of the Greek quarter is a high rock ..</i>"* De Castoria reddidi Angli Leakii descriptionem: is autem in hac Macedoniae parte pro teste oculari habendus est. Accedit Hadschi-Chalfa in Rumelia et Bosnia p. 97.: „Kesrje (Gölkesrje, d. i. Kesrje am See, Kastoria), zwischen Horpischta, Bilischta, Filorina und Persepe, hart am Ufer eines Sees. Es hat ein Schloss, eine Brücke...“ Anna vero Comnena libro VI, 1. (Tom. L p. 269. ed. Bonn.) non aliter ac reliqui Castoriae locum sic describit.. τὴν Καστορίαν .. ἐστι δὲ θέσις τοῦ τόπου τοιαύτη. Λίμνη τίς ἐστιν ἡ τῆς Καστορίας, ἐν ᾗ τράχηλος ἀπὸ τῆς χέρσου εἰσέρχεται, καὶ περὶ τὸ ἄκρον εὐρύνεται, εἰς πετρώδεις βουνοὺς ἀποτελευτῶν. Περὶ δὲ τὸν τράχηλον καὶ πύργοι καὶ μεσοπύργια ᾠκοδόμηνται κάστρου δίκην, διόπερ καὶ Καστορία *) ὀνομάζεται. Ex his scriptorum testimoniis lectores eruditi facile, ni fallor, intelligent, Procopium non aliam urbem significasse, quam quae Castoria (Celetrum Macedonum) dicitur. Quare vero Diocletianopolin Graecus inter Thessalicas urbes, quas Justinianus reparavit, recensendam putavit, non inter Macedonicas? Procopius ipse, vel librarius quidam, Diocletianopolin falso loco posuit, paulo inferius collocandam, ubi de Pallene Macedonica loquitur. Quod si cui non probabitur, is a Procopio duplicem **) usum loquendi confu-

---

*) Latinorum *Castra*, siquidem antea locus noster ita dicebatur, in formam *Castoria* mutare non opus habebant Byzantini. Namque κάστρον est vox Byzantina. Ergo alia *Castoriae* causa quaerenda erit. Anne ibi *Castores* celebantur, qui etiam Ἀνάκτορες dicebantur? Et Anactoropolin urbem juxta Strymonem inveni, quod alio hujus dissertationis loco ostendam.

**) Idem Procopii caput magna lacuna foedat. Graecus absoluta Thessalia cum reliqua Graecia ad Euböam insulam transit (Opp. ed. Bonn. Vol. III. p, 275.). Ibi de ponte loquitur, qui Euboeam et

sum statuet, veterem et novitium. Macedonia enim jam medii aevi initio Thessalia (propter Thessalonicam) dicebatur, quod ego larga exemplorum segete congesta in Thessalonicensibus meis docui pagg. 11. (not. 19.) 30. 40 sqq. Ergo noster locus primo Celetrum dicebatur; dein Diocletianopolis; hinc fortasse Justinianopolis; postremo e lacu cognomine Castoria. De rebus Castoriae praeter Annam conferatur Georgius Acropolita 49. 67. 80. Ephraemius in Caesaribus vv. 3500. 3503. 8691. 8729. 9148. 9378. Georgius Pachymeres in Michaele Palaeologo 2, 11. (Vol. I. p. 107. ed. Bonn.). Nicephorus Gregoras 2, 8. (Vol. I. p. 48. ed. Bonn.). Cantacuzenus 1, 51.: Καστορίας .. ὀχυρωτάτης οὔσης διὰ τὸ πανταχόθεν περικλύζεσθαι τῇ λίμνῃ. Idem deinde saepius ejus nomen repetit, coll. indice editionis citatae.

Relicta Diocletianopoli, ad lacum Ostrovae (*Cellarum*, puto) recurro, ut quasdam tabulas geographicas scriptorum recentiorum, deinde alios scriptores emendem. Ita enim Cedrenus historiarum compendio (Ed. Bonn. Vol. II. p. 453.): Φρούριον δὲ τὰ Βοδηνὰ, ἐπὶ πέτρας ἀποτόμου κείμενον, δι᾿ ἧς καταρρεῖ *) τὸ τῆς λίμνης τοῦ Ὀστροβοῦ ὕδωρ, ὑπὸ γῆς κάτωθεν ῥέον ἀφανῶς, κἀκεῖσε πάλιν ὑποδυόμενον. Byzantinis ea loca, ubi fluvii lacusque terram subeunt, brevique post resurgunt — καταβόθρα novitii dicunt — non incognita fuisse puto; et his καταβόθροις nil frequentius quam in flaviorum quorundam Moreae (Peloponnesi) alveis, de quibus videatur tabula Franco-Gallorum Moreotica. Neque aliter Cedrenus cum Glyca intelligendus esse videtur. Verum signa talium καταβόθρων non habent tabulae geographicae Lapiei, Leakii, Mülleri. Uno enim tenore aquas ab occidente Edessam (Vodinam) petere dicunt. Ii docti, num Cedrenus cum Glyca veram locorum naturam descripserit, quaerere debebant.

Eam Egnatiae partem, quae Vodinam et Florinam intercedit, novitii homines alio loco collocant, quam veteres. Nostri geographi locum Castranitza magno spatii

---

terram continentem jungit. Ultima Procopii verba haec sunt: ἑνός τε ξύλου ἐπιβολῇ καὶ ἀφαιρέσει καὶ πεζεύουσι καὶ ναυτίλλονται (Euböenses). Statim sequitur: ἐντὸς καθειργμένην καλοῦσι Παλλήνην (isthmo a terra continenti seclusam Pallenen vocant, i. e. *peninsula est Pallene*). Sole clarius est, Procopii caput tertium isto loco misere esse mutilatum. Jam post eam narrationem, quae Pallenen cum Potidaea (Cassandria) ab Justiniano munitam esse tradit, haec sequuntur: ταῦτα μὲν οὖν ἐν πρώξεσιν αὐτῷ ταῖς ἐπὶ Μακεδονίαν (l. Μακεδονίας) διαπεπόνηται.

Ergo Procopius in antecedentibus de unius et alterius Macedonicarum urbium reparatione locutus est, non tantum de Potidaeae.

*) Hunc locum Cedreni ad verbum repetit Glycas annalium parte IV. (ed. Bonn. p. 576.), ubi Bekkerus Glycae vocem κατίρξει emendare debebat in formam καταρρεῖ. Ceterum lectorum summo incommodo Cedrenum in libros et capita Bekkerus non divisit, Glycam ne in capita quidem. Quanto meliora cum hic, tum alibi praestat Annae Comnenae nuperus editor atque restaurator, Schopenus Bonnensis!

dispendio infra Ostrovam, e meridie, poni volunt, ubi nunc via publica Turcarum conspicitur. Iidem deinde lineam rectam, boreali fere itinere, repetunt, quae tendit Edessam. Ita vero ab Egnatiae tenore admodum aberratur. Decernent alii, veteresne hoc jam viae tenore usi sint, nec ne. An nostrum (Turcarum) aevum talia mutavit? Viatores eruditiores (Cousinerius cum Felice Beaujour, et Leakius) ultra Edessam omnino non progressi videntur. Talia Turcarum exercitibus pervestiganda sunt, non eruditis.

Lyncum et Eordaeam (terras inter urbes Ocri et Vodina) medio aevo *Moglena* dictam esse, Mannertus refert in Geogr. der Griechen und Römer Vol. VII. p. 486. his verbis: „Die beiden Landschaften Lyncestis und Eordaea tragen bey den Byzantinern des Mittelalters den Namen *Moglena*, auch *Landschaft der Mogleni*, welchen sie ohne Zweifel von den Bulgaren erhielten." Mannertus suos ipse testes ita citat: „Cedrenus T. II. p. 709. Zonaras T. II. p. 226." Ea Mannertus ad verbum e Strittero (Memoriae populorum rell. Vol. II. p. 636.) ita exscripsit, ut ipsum Cedrenum cum Zonara non legisse mihi videatur. En Cedreni verba (ed. Ven. T. II. p. 709. ed. Bonn. T. II. p. 461.). . . . μετὰ δυνάμεως ἐκπέμπει (duces quosdam Basilius imp. Bulgaroctonus) ἐν τῇ χώρᾳ τῶν Μογλένων. Ὧν τὴν πᾶσαν λῃϊσαμένων ἐκείνην γῆν, καὶ τὴν πόλιν πολιορκούντων, ἔφθασε (advenit) καὶ ὁ βασιλεύς, καὶ τὸν παραῤῥέοντα τῇ πόλει μετοχετεύσας ποταμὸν .. [Moglenetico] .. Ἑάλω καὶ ἕτερον φρούριον, Ἐνώτια κεκλημένον, γειτονοῦν τοῖς Μογλένοις. Ex his *Cedreni* verbis nihil de Moglenorum provinciae finibus et nomine incolarum cognoscitur; neque etiam aliunde. Zonaras vero histor. 17, 9. p. 226. Moglena omnino non habet; immo nec alibi apud Zonaram nomen Moglenorum deprehenditur. Ea Mannerti fides in rebus Byzantinorum esse solet, ubi sc. Illyricum cum Epiro, Macedoniam, Thraciam exponit; cujus rei cum alibi exempla dedi, tum per alias hujus commentationis opportunitates plura dabo. *) Quid multa? Moglena fuere urbs et regio juxta Bodina (nil aliud), suo praefecto subdita, ut alia Macedoniae (Bulgariae) oppida. Cui maiori themati (provinciae) Moglena tum paruerint, non inveni. Episcopus Achridensi metropolitae paruit. Leakius (travels in North. Greece Vol. III. p. 270.) Moglenorum episcopum Μογλενῶν καὶ Μολεσχῶν antistitem esse dicit, nullum testem proferens. Molescum certe, ad Genusum superiorem, Leakius significare vix potuit, de quibus v. Nos pag. 33. not.

MUTATIO AD DUODECIMUM M. XII. Ita solus Hierosolymitanus. Locus mihi incognitus est.

---

*) De Moglenorum incolis non contemnenda narrat Ephraemius in Caesaribus v. 3552 sqq.: Ὁ δ' αὐτοκράτωρ (Alexius I. Comnenus) ἐκ Σκυθῶν ἀποκρίνας Νέοις σφρηγῶντας, εὐσθενεῖς καὶ μαχί- μους, Ἐν Μογλένων ᾤκισε τούτους χωρίοις, Οἰκεῖον οἱ σύνταγμα τούτους καλέσας. Οἳ καὶ μέχρι νῦν ἀπὸ Μογλένου τόπου Πάσι καλοῦνται Μογλενοπατζινάκαι.

EDESSA M. P. XXVII. Sic habet prior pars itinerarii Antoniniani. Altera ejusdem pars: EDESSA M. P. XXXIII. Tabula Peutingeriana: EDESSA XLV. Denique Hierosolymitanus viator: CIVITAS EDESSA M. XV. Numerorum discrepantiam ut alibi non tango. Pergo ad ipsam Edessam.

De ea in meis Thessalonicensibus pag. 308. multa praeoccupavi. Cum hodiernis Vodinis unum eundemque locum esse, ibidem e scriptoribus Graecis docui, et habeo consentientem h. Müllerum (Ephemer. Götting. 1840. pag. 341.), ubi Leakiani operis censuram ὁ μακαρίτης egit. Ceterum ea Graecorum plurimorum ante me persuasio fuit, cui nonnihil tribuendum esse videtur.

Edessam ab Aegis non diversam fuisse, docti statuunt, coll. Justino 7, 1, 8 sqq.: *Sed et Caranus cum magna multitudine Graecorum, sedes in Macedonia responso oraculi jussus quaerere, cum in Emathiam venisset, urbem Edessam, non sentientibus oppidanis propter imbrium et nebulae magnitudinem, gregem caprarum imbrem fugientium secutus, occupavit; revocatusque in memoriam oraculi, quo jussus erat ducibus capris imperium quaerere, regni sedem statuit, religioseque postea observavit, quocunque agmen moveret, ante signa easdem capras habere, coeptorum duces habiturus, quas regni habuerat auctores. Urbem Edessam ob memoriam muneris Aegeas* (l. *Aegas), populum Aegeatas vocavit.* Idem ibid. cap. 2.: *Post hunc* (Caranum) *Perdicca regnavit, cujus et vita illustris, et mortis postrema, veluti ex oraculo praecepta, memorabilia fuere; siquidem senex moriens Argaeo filio monstravit locum, quo condi vellet, ibique non sua tantum, sed et succedentium sibi regum ossa poni jussit, praefatus, quoad ibi conditae posterorum reliquiae forent, regnum in familia mansurum; creduntque, hac superstitione extinctam in Alexandro stirpem, quia sepulturam mutavit.* Itaque teste Justino primo Edessa urbs ista dicta fuit, dein Aegae; denuo Edessa, testibus numis reliquisque historiae monumentis. Num vero eadem fuit Edessa cum Aegis? Plinius utramque distinguere videtur. Ergo scriptor gravissimus N. H. 4, 10.: *Oppida Aege* (l. *Aegae), in quo mos sepeliri reges; Beroea, et in regione, quae Pieria appellatur a nemore, Aeginium.* Idem Plinius 6, 34.: *Thessalonice, Pella, Aedessa* (l. *Edessa), Beroea* (l. *Berroea).* Neque aliter Ptolemaeus geogr. 3, 13. (p. 162. ed. Wechel.): Ἡμαθίας Τύρισσα .... Αἴδεσσα, (l. Ἔδεσσα), Βέῤῥοια, Αἴγαια, Πέλλα. Antecesserat locupletissimus testis Theophrastus in historia plantarum 6, 8, 12 (p. 640. ed. Schneid.): Διὸ ἐνιαχοῦ τὰ νέφη τοῖς πνεύμασιν ὑπεναντία φέρεται, καθάπερ περὶ Αἰγειὰς (sic) τῆς Μακεδονίας, βορέου πνέοντος πρὸς βορέαν. Has Aegas a Ptolemaei Aegis ego nolim distingui. Utut vero statues, diversos Macedoniae locos, Aegas et Edessam, Ptolemaei aevum agnovit. Quid igitur de Justini narratione statuendum videtur? Lucem praebere videtur istud, quod cap. 2. de postrema Perdiccae voluntate narratur. Is igitur quodam loco sua et successorum ossa condi volebat. Quonam? Non Edessae, id quod postu-

lare opus non habebat; sed alio, sc. ibi, ubi primo habuerat capras regni futuri
duces. Ergo hanc mihi genuinam Macedonicae narrationis formam effingo. Aegas,
inter Celetrum puto et Edessam sitas, secundum famam quandam Caranus venerat,
hinc (itinere orientali) Edessam. Et hanc Aegas nuncupavit a pristina sede. Ejus
autem successor Aegis, sede regni prima, sepeliri voluit cum posteris, coll. Plinio
modo citato, qui Aegas, ut Macedonum νεκρόπολιν, ab Edessa *) luculenter distinguit.
Ergo, si Iustino sive fontibus ejus fides habenda esse videtur, Edessa Aegarum nomen aliquamdiu obtinuit, quanquam hoc non duravit, cum Polybius aliique dehinc
Graecorum Edessae nomen habeant, non Aegarum. Quid? quod Plutarchus, paulo
inferius memorandus, Aegas et Edessam ut urbes diversas citat.

　　Popularis quaedam narratio Edessae nomen a capris (αἶγες) deduxit, quarum beneficio Caranus regni sedem quaesiverit, coll. Iustino supra citato pag. 48. Adde
Müllerum in Macedonicis p. 24 sq. Theophrastus tamen, cum Aristotele Macedone in
hujus terrae descriptione testis locuples, aliud suadet, coll. ejus verbis, quae dedi
pag. 48. In Aegarum enim regione turbines quidam et procellae singularis naturae
accidere solebant: αἰγὶς autem, ut inter omnes constat, procellam significat. Quare
Theophrasto duce Aegarum nomen non capras, sed turbines spectat. **) Namque isti
reges, regionem (sic autumo) procellis obnoxiam relinquentes, vel etiam procellarum
signis divinis utentes, novam regni sedem quaerebant, Edessam, cui Aegarum nomen
aliquamdiu impositum fuisse non addubito; Aegas autem et Edessam a veteribus luculenter discretas fuisse supra monui, magisque id e Plutarcho patebit, cujus verba
paulo inferius dabo.

　　Futuris Macedoniae viatoribus praeter ea, quae modo monui, Cousinerii verba
legenda commendo (Voyage Vol. I. pag. 81): „.. Ce fut en vain que je m'informais

---

*) Diodorus Siculus 19, 52.: Μετὰ δὲ ταῦ-
τα (Cassander Macedo) .. Εὐρυδίκην μὲν
καὶ Φίλιππον τοὺς βασιλεῖς .. ἔθαψεν ἐν
Αἰγαῖς, καθάπερ ἔθος ἦν τοῖς βασιλεῦσιν.
Idem in Excerptis de virt. et vit. p. 563
(Fragmm. libri XXII p. 307. ed. Bip.):
Ὅτι τὰς Αἰγέας (sic) διαρπάσας ὁ Πύῤῥος
(ante Chr. 274), ᾗ τις ἦν ἑστία τῆς
Μακεδονικῆς βασιλείας, τοὺς Γαλά-
τας ἐκεῖσε κατέλιπε. Vides, quaenam signi-
cetur ἑστία (penetrale) Macedonum regni.
Sunt sepulcra regum ibi (Aegis) conditorum, coll. Iustino supra citato, qui
lucem suam e Diodoro Siculo nancisci-
tur. Postremo ex antecedentibus ea emendare licet, quae Mannertus (l. c. p. 408) et

Müllerus (Macedon. pag. 24 sq. ibique
not. 18) de Edessa ut Macedonum necropoli statuunt. Erravit quoque Schöllius ad Herodoti (8, 138) interpretationem theotiscam. Aegae revera, non Edessa, regum Macedonicorum νεκρόπολις
fuere.

**) E Theophrasti verbis vera Aegarum
sedes erui quandoque poterit. Ipsa enim
terrarum natura non tantopere mutatur,
quantum incolae. Omnino Macedoniae
veteris geographiam et topographiam ex
iis, quae Aristoteles et Theophrastus de
animalibus plantisque cett. illarum terrarum narrant, saepius illustrari posse
persuasum habeo.

si l'on ne trouvait pas *aux environs de la ville* (Edessa, Vodina) les anciens tombeaux des rois que les soldats de Pyrrhus pillèrent et profanèrent impunénement.
Cette recherche est encore à faire par les voyageurs qui visiteront la Macédoine auprès moi." *) Cousinerius in his Plutarchi Pyrrhum significat cap. 26.: Τῶν δὲ Αἰ-
γαίων (sic) κρατήσας (Pyrrhus), τά τε ἄλλα χαλεπῶς ἐχρήσατο τοῖς ἀνθρώποις, καὶ
φρουρὰν Γαλατικὴν ἐν τῇ πόλει κατέλιπε τῶν μετ' αὐτοῦ στρατευομένων. Οἱ δὲ
Γαλάται, γένος ἀπληστότατον χρημάτων ὄντες, ἐπέθεντο τῶν βασιλέων αὐτόθι κεκηδευμένων τοὺς τάφους ὀρύττειν· καὶ τὰ μὲν χρήματα διήρπα-
σαν, τὰ δ' ὀστᾶ πρὸς ὕβριν διέῤῥιψαν. Ita Plutarchus in Pyrrho. Idem vero de
eadem plane re cap. 43.: Ὁ δ' οὖν Δημήτριος, ἐπισφαλέστατα νοσήσας ἐν Πέλλῃ,
μικροῦ τότε Μακεδονίαν ἀπέβαλε, καταδραμόντος ὀξέως Πύῤῥου, καὶ μέχρις
Ἐδέσσης προελθόντος. Sic Aegas ab Edessa iterum distinctas videmus.

Edessae situm optime sic describit Cousinerius in itinere Macedonico Vol. I. p. 78.:
„Qu'on se figure une plaine de quinze lieues de profondeur et de prèsque autant de
largeur, qui a son horizon sur la mer, couverte de bois, de métairies, de villages,
de ruisseaux signalés par de grands arbres, et de lac de Jenidgé qui en forme le
contre, et on aura une idée de ce magnifique tableau. Sur le devant du plateau
jaillissent vingt cascades plus ou moins considérables, qui se réunissent dans la vallée.
Du côté de l'est et des hauteurs d'un coteau voisin tombe une grande colonne d'eau
qui, sans toucher au rocher d'où elle se précipite, paraît se plonger dans un abîme
où elle a creusé son bassin."

Ita Cousinerius. Anglus vero Leakius in itinerario Graeciae borealis Vol. III.
p. 271.: „Vodhená, in the grandeur of its situation, in the magnificence of the
surrounding objects, and the extent of the rich prospect which it commands, is not
inferior to any situation in Greece. As Horace said of Tibur and the precipitous
Anio (Od. 1, 7), neither Sparta nor Larissa, although bot combining sublimity and
beauty of scenery in the highest degree, appear to me so striking as the rocks, cascades, and smiling valleys of Vodhená, encased in lofty mountains which expand
into an immense semicircle, and embrace the great plains at the head of the Ther-
maic Gulf."

Idem deinde Leakius bona monet de situ Edessae quoad res militares. Ibi enim
angustiae sunt inter Macedoniam superiorem et inferiorem (Lyncum cum Eordaea et
Bottiaea). Neque aliter Romani sensere de momento Edessae militari (Leake l. c.
p. 279); iis autem *nobilis urbs* fuit, ut *Pella et Berroea* (Liv. 45, 30). Arx hujus
urbis, immo urbs ipsa, situ locorum maxima commoda habet. Namque Cantacuzeno

---

*) Leakius post Cousinerium in talia non inquisivit. Omisit qcoque Felix Beaujour.

teste (histor. 3, 42. 4, 19) seculo XIV frustra per XV annos a Serbis oppugnata fuit. De ejus situ reliqua vide in meis Thessalonicensibus pag. 308. not. 22.

Fluvii, qui supra Pellae lacum coeuntes in hunc ipsum influunt, sunt Bistritza (in valle Edessae) et Mogleneticus (in valle urbis Moglenorum). Uberior mihi Bistritza esse videtur, sc. e pluribus lacubus profluens; quanquam Leakio aliud placere video. E lacu Pellae (Yenidsche) Ludias deinde fluvius oritur, per quem e sinu Thermaeo ἀνάπλους erat usque ad urbem Pellam, non ulterius, coll. meis Thessalonicensibus pag. 311.

Alteram Edessam, Syriae, Macedones condidere, et quidem duce catarractarum Macedonicarum similitudine, coll. Steph. Byz. s. v. Ἔδεσσα. Ἔδεσσα, πόλις Συρίας, διὰ τὴν τῶν ὑδάτων ῥύμην οὕτω κληθεῖσα ἀπὸ τῆς ἐν Μακεδονίᾳ. Ergo e Macedonicae Edessae situ et natura Syriacae situs posthac indagari poterit.

Numi Edessae non ultra Romanos imperatores ascendunt; sunt autem omnes Graeci, coll. Mionnet. in Descript. de méd. ant. Vol. I. p. 474. Unam Edessae inscriptionem Graecam Böckhius dedit in Inscriptt. nr. 1998.; tres Leakius l. c. Vol. III. Mansit puto ante Sclavinorum et Bulgarorum adventum urbs Graeca, velut nunc est mere Bulgarica. De episcopis urbis paucula bona, malis mixta, habet Michael Lequienius in Oriente Christiano, Vol. II. p. 79. Idem de Mannerto valet l. c. p. 481., qui doctus urbem Edessam Erigoni (Tzernae) apponit, quanquam ibidem (p. 481) Bodinam unam eandemque esse putat cum Pella. Postremo Catancaichius ad Tab. Peutingerianam (Vol. I. p. 651) Tzernam adeo cum Bistritza confundit.

MUTATIO SCURIO M. XV. Sic Itinerarium Hierosolymitanum (p. 606), quod solum itinerariorum ejus nomen habet. De ea nil aliunde constat. Fuitne hodiernus locus *Vistritza*, medio fere situ inter Edessam et Pellam?

Cyrrhum Ptolemaei (geogr. 3, 13 all.) ibi fere sedem habuisse quidam putant. Et vocum soni conspirare videntur. Fuit autem Cyrrhus cum Edessa, Berroea, Aegis, Pella, all., Emathiae pars.

PELLA. Itinerarium Antonini duplicia habet, ut supra vidimus: nimirum primo loco M. P. XXVIII., deinde M. P. XXX. Tabula Peutingeriana: XXVII. Itinerarium Hierosolymitanum: CIVITAS PELLA, UNDE FUIT ALEXANDER M. MACEDO M. X., sc. inverso itinere, i. e. post mutationem Gephyram, quae erat medio spatio inter mutationem ad X et Pellam.

De Diocletianopoli supra egi p. 43 sqq. In reliquis itinerariorum numeri fere concordant. Namque Hierosolymitanus habet XXX M. P. inter Thessalonicam et Pellam; reliqui XXVII—XXX. Ergo efficiuntur leucae s. horae XII.; secundum nostri aevi viatores XIV vel XV, quod discrimen nihili fere faciendum videtur.

7 *

Relicta Edessa, *) ripam Bistritzae dextram via hodierna primo sequitur; mox ibi est transitus in alteram ripam, ubi Bistritza et Mogleneticus aquas miscent, quae dehinc in lacum Pellae (Yenidsche) illabuntur, e quo Ludias (Lydias) exit, inter lacum Pellae et sinum Thermaeum CXX stadiorum spatio secundum veteres navigabilis (Scylax cap. 67. p. 202. ed. Klaus.).

De singulis postea disputabimus. Jam videamus de nomine et origine. Stephanus Byz.: Πέλλα, πόλις Μακεδονίας, Θεσσαλίας... Ἡ δὲ Μακεδονίας Βούνομος τὸ πρότερον ἐκαλεῖτο, καὶ Βουνόμεια· ἐκλήθη δὲ ἀπὸ Πέλλα τοῦ κτίσαντος. In his Βούνομος est *pascuum*, neque aliud Βουνόμεια; et vide, ne haec vox ab irrisione Atheniensium originem traxerit, quorum quidam Pellam χωρίον ἄδοξον καὶ μικρὸν dixere (Demosthenes pro corona p. 247. ed. Reisk.). Maioris momenti conditoris nomen esse videtur. Is igitur, teste Stephano, Pella (Pellas) fuit. De hoc heroe aliunde nil constat. Fuit forsan genius quidam fluviatilis, coll. Leakio deinde citando.

Regni sedem Philippi I patrem in locum Pellae transtulisse ferunt; Pellae Philippum educatum, Alexandrum M. natum esse. Transpositionis causa in aperto est. Volebant Macedonum illi reges mari propius habitare: bono quidem consilio, quum teste Scylace, quem modo citavi, a mari in lacum Pellae ἀνάπλους sit stadiorum CXX, i. e. leucarum non amplius sex. Quare vero Thermam (Thessalonicam) non elegerunt? Alii respondebunt. Ita seculorum decursu factum est, ut Edessa, locorum eximio beneficio arx quaedam Macedoniae superioris maneret; Pella, planitiei uberrimae imposita, a mari tamen remota, brevi post Macedonum Romanam debellationem ad ultimam miseriem delaberetur, quanquam aquis suis bene defensa; Therma vero vel Romanorum aevo Macedoniae domina evaderet. Verum isti Macedones cum suis Illyriis (hi vere Macedones fuere) rerum nauticarum inscii et incuriosi erant; spectabant terrae continentis possessionem, non mercaturam maritimam, ut Graeci.

De Pellae situ ita Livius 44, 45.: *Consul, a Pydna profectus, cum toto exercitu die altera Pellam pervenit, et quum castra mille passus inde posuisset, per aliquot dies ibi stativa habuit, situm urbis undique adspiciens, quam non sine causa delectam esse regiam advertit. Sita est in tumulo vergente in occidentem hibernum. Cingunt paludes inexsuperabilis altitudinis aestate et hieme, quas restagnantes faciunt lacus. In ipsa palude, qua proxima urbi est, velut insula eminet, aggeri operis ingentis imposita, qui et murum sustineat, et humore circumfusae paludis nil laedatur: muro urbis conjuncta procul videtur. Divisa est intermurali*

---

*) Anne *Amyntas* etiam *regia* dicebatur, qui Philippi I pater hinc imperii sedem in Pellam urbem transtulisse dicitur? Talia fere suadet Procopius (aedif. 4, 4

p. 279. ed. Bonn.): Ἐπὶ Μακεδονίας (se. reparata sunt ab Iustiniano) Βασιλικὰ Ἀμύντου .. Αὐλὼν, Βολβὸς κ. τ. λ.

amni, et eadem ponte juncta, ut nec oppugnante externo aditum ab ulla parte habeat, nec, si quem ibi rex includat, ullum nisi per facillimae custodiae pontem effugium.

Livii egregia, ut videtur, locorum descriptio eruditum, si quod aliud antiquitatis monumentum, interpretem atque investigatorem exspectat. Ego, ut alibi, manum de tabula retraho, aliorum narrationes meliores repetens, adjecto meo judicio, quantum homini concessum putari poterit ipsam Macedoniam nondum ingresso. Cousinerium (Voyage I, 87 sqq.) non moror. Sed inspiciendus Leakius Britannus in itinerario Graeciae borealis Vol. III. p. 260 sqq.: „Midway between the artificial height and Aláklisi, (Pella) which is 1 hour and 10 minutes beyond it, a tumulus rises close to the road on the right, then five more, nearly in a line, the last of which is at a musquet shot from Aláklisi. These tumuli stand on the last slope of the mountain, where a mile on the left begins an immense marsh .. The tumulus nearest to Aláklisi is a great heap of hearth based upon the rock, which all around is covered only with a thin layer of mould. An opening cut in the rock, covered above with a semicircular arched roof of masonry, and having a small chamber on either side of it, leads on a descent 33 feet long, to two chambers, which are excavated in the rock, under the centre of the tumulus, and are now nearly filled with the earth washed into them through the entrance... Ibid. p. 261.: On the descent from Aláklisi into the main route, the fields are covered with fragments of former buildings, and of ancient pottery .. A little beyond these foundations, following the road towards Yenidjé, occurs a fountain, below which, on the edge of the marsh, is a small village, named Neokhori or Yenikiúy, where a low mound of considerable extent, and apparently artificial, seems to have been intended as a defence against the encroachment of the marsh. At 20 minutes from Aláklisi, and 10 beyond the first fountain, is another much more copious source, which is received into a square reservoir of masonry, and flows out of it in a stream to the marsh. This source is called by the Bulgarians Pel, and by the Greeks Πέλλη... Below the fountain are some remains of buildings, said to have been baths, and still called τὰ Λουτρά ... All the cultivated land around is covered with pottery and stones, and hereabout the coins which the labourers of Aláklisi collect in great abundance, are chiefly found. Eight minutes beyond the baths begins a second line of tumuli, of which there are three parallel to the road, at a short distance to the right of it. The westernmost, or last towards Yenidjé, is the largest of all, and has either been excavated, or has fallen in by natural decay, for it now exhibits the appearance of a double summit, with a hollow in the middle. It might naturally be supposed, that some of these tumuli were royal sepulchres, especially the last mentioned, as well as that nearest to Aláklisi, which contains chambers in the rock; but as we are informed upon good

authority *) that Aegae continued to be the burial place of the royal family, even
after the seat of government was transferred to Pella, that the body of Alexander
was destined to be sent to the same place, hat not Ptolemy caused it to be carried
to Egipt (Pausan. 1, 6.), and that Philip Aridaeus, his wife Eurydice, and her mother
Cynna, were buried at Aegae by Cassander (Diodor. 19, 52. Athen. 4, 14.); it is
more probable that the tumuli of Pella are the tombs of some of the noble families
of Macedonia.“

Ultima optime Britannus, coll. iis, quae de Aegis, non Edessa, ut necropoli regum istius terrae, monui pag. 48 sq. Ista Pellae sepulcra nobiliores quosdam Macedonas spectare puto, fortasse etiam exteros quosdam altioris notae, qui diem ibidem
obierunt. **) Pellae rudera Leakius ipse inspexit, licet breve, ut video, tempus in-
clytae Macedonum regiae impendens. Ita factum esse puto, ut vir egregius Livii verba
examini suo, in ipsis istis locis breviter commorans, non subjiceret. Neque enim at-
tendit vir celeberrimus ad Livii locum de *paludibus Pellae inexsuperabilis altitudinis aestate et hieme, quas restagnantes faciunt lacus;* ubi Liviana vox *faciunt*
idem est quod *gignunt:* spectantur vero, ni fallor, varii lacus in Eordaea siti ex
occidente Bodinorum, e quibus maxima undarum copia ei fluvio ministratur, qui infra
paludem Pellae Ludias dicitur. Moglenorum certe ager, unde Mogleneticus fluvius,
nil stagni habet. In loco deinde Pellae, a Macedonum regibus electo, horum sapien-
tiam Livius laudat. Namque aggerem ingentem, si Livium recte intelligo, velut insulam
quandam paludi Macedones injecerant vel auxerant, ubi regiam suam habebant, inter-

---

*) Pausan. 1, 6, 3.: Τὸν Ἀλεξάνδρου νεκρὸν
εἰς Αἰγὰς κομίζειν ἀνέπεισεν αὐτῷ παρα-
δοῦναι.

**) Ioannis Malalae chronographia libro
VII. (p. 189. ed. Bonn.): Μετὰ δὲ τὸ
τὸν .. Ἀρταξέρξην, βασιλέα Περσῶν, ἀποθανεῖν ἐβασίλευσεν Ὦχος, υἱὸς αὐτοῦ, ὅστις
ἐπολέμησεν Αἰγυπτίοις .. βασιλεύοντος τῶν
Αἰγυπτίων τότε τοῦ Νεκταναβώ· ... ὃς καὶ
κουρευσάμενος τὴν ἰδίαν κόμην τῆς κεφαλῆς
αὐτοῦ, καὶ ἀλλάξας αὐτοῦ τὰ βασιλικὰ
ἱμάτια, ἔφυγε διὰ τοῦ Πηλουσίου ὁ αὐτὸς
Νεκταναβώ, καὶ εἰς Πέλλην, πόλιν τῆς
Μακεδονίας, διέτριβεν. Ἐν τῷ χρόνῳ οὖν
αὐτῷ ἦν τὰ κατὰ τὴν Ὀλυμπιάδα καὶ τὸν
αὐτὸν Νεκταναβὼ θρυλλούμενα, ὡς διὰ
χλεύης τινὸς (illusionis cujusdam ope)

ἐπορεύθη ὑπ’ αὐτοῦ, καὶ συνέλαβε τὸν
Ἀλέξανδρον, ὃν λέγουσιν ὑπὸ Διὸς Ἄμμω-
νος συλληφθῆναι. Eandem Olympiadis
calumniationem (poetis Atheniensibus talia deberi puto) jam Eusebius habet chro-
nici libro I (Chilmead ad Malalam p. 546.
ed. cit.): Φυγόντος Νεκτανεβὼ (sic), ὥς
τινες, εἰς Αἰθιονίαν, ὡς δὲ ἕτεροι, εἰς
Μακεδονίαν, ἡνίκα καὶ Ὀλυμπιάδι μιχθεὶς
διὰ γοητείας υἱὸν ἔσχεν Ἀλέξανδρον. Ista
Aegyptii *γοητεία* spectasse mihi videtur
ejusdem *λεκανομαντείαν,* i. e. divinatio-
nem per pelvim, coll. Allatii dissertatione de engastrimytho pag. 423. Euripides quoque, summus poeta, Pellae
conditus fertur. De his alio huius dissertationis loco agam.

murali amne ab ipsa urbe discretam; non aliter ac Syracusanorum reges in Insula
(Νάσῳ) sedem habuerunt, quam pons a Syracusia dirimebat. Jam vero iste agger
s. peninsula etiamnunc conspicitur? Deinde vero Livii amnis *) unde veniens in Pellae lacum illabitur? Restantne vestigia muri, quo Pella discreta fuit a peninsula (aggere),
i. e. ab ipsa regia? De his Leakium non quaesivisse doleo. Neque etiam de aliis quae-
sivit, e. g. de fama quadam veterum Graecorum, qui Axii (Bardarii) quoddam ἀπόσπασμα (particulam) in lacum Pellae delabi credebant, coll. Strabone in Excerptis
libri 7, 9.: Ἔχει δὲ (Pella) λίμνην πρὸ αὐτῆς, ἐξ ἧς ὁ Λουδίας ποταμὸς ῥεῖ· τὴν
δὲ λίμνην πληροῖ τοῦ Ἀξιοῦ τι ἀπόσπασμα. Axius fluvius si Pellae paludem petere
volebat, id efficere debebat καταβόθρων quorundam beneficio, de quibus supra egi;
quanquam omnia κατάβοθρα unum eundemque alveum fluvii vallisque sequuntur, ubi
paulo inferius eaedem undae denuo emergunt: lacus vero Pellae diversum plane locorum situm habet, aliamque vallem sequitur. Axiumne cum Pella Macedones fossae
ope junxerint, nondum audivi. Talia vero, si locorum naturam inspexeris, valde ardua
esse apparet. Nihilominus geographi quidam Axii particulam, dace, ni faller, Strabone, in lacum Pellae illabi narrant, coll. tabula Franco - Galli Lapie, fol. VIII., ubi
inter Axium et lacum Yenidge i. e. Pellae haec leguntur: *cours souterrain du Vardar*. Haec, ut tot alia, futuris Macedoniae viatoribus extricanda relinquo, velut Pellae lacus descriptionem et quasi historiam; Ludiae **) navigationem, antiquo,
medio, nostro aevo exercitam, quod attigi in meis Thessalonicensibus pag. 310 sqq.;
postremo diligentiora de isto fluvio, qui ab occidente, sc. ex urbe Turcarum *Gni-
aùsta*, ***) in lacum Pellae illabitur (Lapie fol. VIII.).

---

*) Ex oriente lacus puto, et quidem
e meridie, coll. tabula geographica Franco - Galli *Lapie* (fol. VIII.)

**) Ludiam a Macedonibus Borborum qui-
dam dictum volunt, coll. Plutarcho de
exilio p. 603.: Ἀριστοτέλην δὲ καὶ λελοι-
δόρηκε Θεόκριτος ὁ Χῖος, ὅτι, τὴν παρὰ
Φιλίππῳ καὶ Ἀλεξάνδρῳ δίαιταν ἀγαπήσας,
„εἵλετο ναίειν Ἀντ' Ἀκαδημίας Βορβό-
ρου (stercoris) ἐν προχοαῖς.“ Fluvium
quendam, Pellae vicinum, Borborum dictum fuisse non addubito; id vero addubito, Ludiasne significetur. *Ludiae fluvio* Pella non apposita fuit, sed *lacui*,
e quo Ludias e meridie originem habet.
Macedonum igitur Borborus istam amnem
significabit, qui arcem regiam urbemque
Pellam dirimebat, coll. Livio, cujus ver-

ba supra dedi pag. 52 sq. Denominationis
causa mihi in obscuro est. An amnis,
arcem et urbem interfluens, lutulentus
fuit? Poetae versiculi invidiam Atheniensium spectant, qua Aristotelem, sc. *Macedonem*, exagitabant.

***) De situ loci videatur Leakius (travels
in Northern Greece, Vol. 3. p. 284). Nomen urbis idem dicit Νιάγουστα, quod
ipsi videtur corruptum e *Νία Αὐγούστα*
(Nova Augusta). Talia eruditorum iu-
venta in ambiguo reliuquamus. Ceterum
Niaùsta urbs jam apud Byzantinos occurrit,
coll. Georgio Acropolita annal. cap. 44
(p. 84. ed. Bonn.): Μέχρι Πελλάπου καὶ
τῶν Πελαγονίας χωρίων, Νευστάπολις
(sic) τι καὶ Πρόσακος. Acropolitae Neu-
stapolin (si lectio vera) sic scribit Ephrae-

Pellam Philippus I rex auxit, ibi sc. (ac Thebis) educatus, coll. Strabone in Excerptis libri VII, 9.: Ὅτι τὴν Πέλλαν, οὖσαν μικρὰν πρότερον, Φίλιππος εἰς μῆκος ηὔξησε, τραφεὶς ἐν αὐτῇ. Filius ejus Alexander M. eam auxisse non videtur, coll. Themistio in oratione II (Tzschucke ad Pomponium Melam 2, 3, 1.). Oratores Attici (Demosth. pro corona p. 247. ed. Reiske) χωρίον ἄδοξον et μικρὸν dicunt; quod mihi non incredibile videtur. Namque Philippus demum Graecas artes suis militibus (Illyriis) applicuisse videtur. Victis apud Pydnam Macedonibus (ante Chr. 168.), Macedonia in IV partes a Romanis dilacerata est (Liv. 45, 29. 30.). Pellam tertiae partis caput consul Romanus fecit (Liv. 45, 29.). Ita fieri poterat, ut Pella quandam vitae speciem procrastinaret, et coloniam Plinius vocat (H. N. 4, 17, 10), ab Iulio Caesare missam (Tzschucke l. c. p. 158.). Verum Pliniani aevi scriptor Graecus, Dio Chrysostomus, oratione XXXIII (Opp. ed. Reiske. Vol. II. p. 12) de Pella haec habet: Εἴ τις διέρχοιτο Πέλλαν, οὐδὲ σημεῖον ὄψεται πόλεως οὐδέν. Ergo jam tum fere κωμόπολις (rusticorum habitatio) Pella erat, ut diu antea Βούνομος (boum pascuum) ab irrisoribus puto Atticis dicebatur.

Pellae urbis rudera num loco Turcarum Yenidsche *) respondeant, ego addubito. A Turcis locus ille dicitur Yenidsche - Vardar, coll. Hadschi Chalfa in Rumelia et Bosnia p. 84. 85. Turca tamen, egregius in aliis scriptor, in quibusdam errare videtur. Namque vocem Turcicam Vardar alibi quoque in Macedonia inveni, non ibi tantum, ubi Axius (Vardarius) memoratur, sed etiam juxta Tzernam (Erigonem). Hujus enim rivus quidam, ipsi affluens a meridie, apud Franco-Gallos (Lapie fol. VIII.) dicitur Vardar du Sarigeul. Et locus Yenidsche non Axii (Vardarii) ripam spectat, sed longe aliam regionem.

Pellae numi ultra Philippum I Alexandri M. patrem non ascendunt; ergo vetustiores reges a vicinis Graecis (Chalcidensibus, Thasiis, all.) monetam suam habebant. Unam Pellae inscriptionem Graecam (siquidem Yenidsche idem est quod Pella) Boeckhius protulit in Inscriptionibus Graecis nr. 1997.

Pella episcopum Christianum nunquam habuit; id quod, si quid aliud, testimonio esse poterit, quantopere Alexandri M. patria brevi post Pydnae pugnam (ante Chr. 168) decreverit, quanquam etiam tum erat particulae cujusdam Macedonicae metropolis

---

mius in Caesaribus v. 9033 (p. 361. ed. Bonn.): Διὰ Ναυτζαπόλεως, ἀνύδρου τόπου. Posterior scriptio hodiernae rationi convenit, ubi dicitur Niaústa s. Niágostos (turcice Agostos). Quare vero Ephraemius locum ἄνυδρον dicat, nondum inveni. Secundum tabulas geographicas est ἔνυδρος, immo εὔυδρος (aquis abundans). Niaústa e septentrione Berröae jacet, ex occidente Pellae.

*) Ioannis Anagnostae narratio de capta per Turcas a. 1430 Thessalonica cap. 20 (p. 524. ed. Bonn.): Τοῖς ἀπὸ τῶν Γεγητζῶν ἀπαναστᾶσι Τούρκοις. Eos sc. imperator in urbem Thessalonicam, modo captam, transposuit.

(Liv. l. c.). Hodie Bulgari, Turcarum mancipia, armenta sua ibi locorum pascunt. *Alaklissa* (Allae i. e. Dei ecclesia) sedes istorum pastorum nunc dicitur, lingua Graecorum et Turcarum ut alibi mixta. *Palatisia* quoque nuncupari fertur, quod nomen diminutivi formam, Byzantinis usitatissimam, significare videtur. Byzantini fortasse cum Bulgaris suis palatiorum reliquias conspexerant.

De lacubus, unde Ludias cum palude sua oritur, supra egi. Ludias, quanquam talia Mannerto (l. c. p. 474) videntur, stagna non facit, sed ipse oritur e stagno (palude) Pellae. Livium Mannertus indiligenter inspexit. Eidem Pella idem est quod Vodina, quam opinionem paulo superius explosi; et Vodina rupi imposita est, non Pella, ubi, ut in campo palustri, parum saxi vivi inveniri existimo.

MUTATIO GEPHYRA M. X. Ita solus Hierosolymitanus (p. 605), in talibus omnium uberrimus enarrator: reliqui tacent. Significatur Axii (Vardarii) inferioris pons, Graeco nomine γεφύρα (Γεφύρα). Macedones igitur vel quarto seculo nomen suum Graecum tenuere; Romanis dicere licebat *Pons*, ut supra habuimus locum *Pons Servilii*; pontibus autem strenue Romani invigilabant. Et *Pontis* nomine in Romanorum itinerariis nil frequentius, de quo videatur Petri Wesselingii index itinerariorum s. vv. *Pons, Ponte, ad Pontes* rell. In eodem plane transitu Axii inferioris nunquam non pons fuit, et ibi quidem, ubi nunc duo alvei conspiciuntur. De Axio flumine acta agere non decet. Ergo vide meam Thessalonicam pag. 287—310., ubi disputavi de nomine, fonte, pontibus, vadis, alveo fluvii, cett. Ibi quoque geographiam Macedoniae occidentalis physicam exposui.

MUTATIO AD DECIMUM M. X. Hunc locum solus Hierosolymitanus habet, ut tot alia. Est mihi statio ignota. Omisit eam Wesselingius. Lete Macedonum vix erit, coll. meis Thessalonicensibus pag. 65 sq. 284. Namque via publica mari propius ducebatur: Lete erat intus, de qua vide Nos l. c. p. 65 sqq. p. 284.

THESSALONICA M. P. XXVII. Itineraria varios numeros inter Pellam et Thessalonicam habent, quae vide.

Thessalonicam anno 1839 peculiari libro illustravi. *) Egnatiae Thessalonica fere centrum fuit, medio loco inter Cypsela Thraciae et Dyrrachium Illyrici posita. Et ipsa quoque urbs Thraciam cum Illyrico ope Macedoniae ita junxit, ut praeter Thessalonicam alia ibidem civitas vix inveniri posse videatur, quae magna regionum fertilissimarum commercia magis juvare possit. Macedonum antiqui reges, quum Edessa relicta Pellam, ut sedem regiam, eligerent, sinum Thermaeum ejusque momentum maritimum insuper habebant, de quo vide Nos supra pag. 52. Sic Pellam eligebant, non Thermam (Thessalonicam), marium istorum vere dominam.

---

*) De Thessalonica eiusque agro, dissertatio geographica. Berolini 1839. 18. CIX. 553 pagg.

8

Liber meus Thessalonicensis tripartitus est. Namque in Prolegomenis exponitur: Thessalonicensis historiae momentum. Urbis nomina eorumque scriptio. Civitatis conditor. Incolarum genera. Historia urbis antiquissima. Thermae nominis mutatio in Thessalonicam. Macedonia a Romanis subacta. Thessalonica ultimo aevo libertatis Romanae. Thessalonica libera civitas. Forma civitatis sub Romanorum imperio. Thessalonicae decora christiana. Sacra ethnica, mores civium, instituta publica. Bellorum Thessalonicensium quaedam series: primo Gothi. Iulianus imperator de Thessalonica. Eadem urbs mater totius Macedoniae. S. Demetrius. Thessalonica orthodoxa. Constantinus M. paganis sacra sua interdicit. Theodosius M. cladem urbi infert. Sclavinorum primus adventus Macedonicus. Bellorum Macedonico - Slavicorum initia et decursus.

In ipsa Dissertatione exponitur: Situs urbis. Antiquitas urbis et nomina. Magnitudo atque opulentia. Dignitas politica. Dignitas ecclesiastica. Diöcesis. Portae. Aedes partesque urbis potiores. Munimenta. Suburbia. Arx. Aquaeductus, putei, cisternae, cloacae. Portus. Sinus. Mercatura. Nundinae Demetriacae. Demetria. Ager.

Tertia pars (Appendix) haec habet: Belleii Thessalonicensia. Eustathius Thessalonicensis (epistolae Eustathio datae; monodiae in obitum eiusdem; inedita Eustathiana). Marmor viride veterum. Tributa Atticorum seculo XII praestita. Beniamini Tudelitani itinerarium (specimen novae editionis). *) Codicis Barocciani CXXXI descriptio.

Schedas meas Thessalonicenses, antequam publici juris fierent, in istis ipsis terris secum habere non dedignavit vir eximius, Ernestus *Zachariae*, prof. juris Heidelbergensis. **)

Diligenter, ut vidi, in easdem regiones oculos ille convertit, quas meas curae tum temporis spectabant, atque etiamnunc spectant. Muros urbis Macedonici fere aevi esse,

---

*) De his meis curis Beniaminianis v. *Asherum* in optima Hispanici itinerarii editione Vol. II. p. XIV. 28 — 55. Libri titulus est: The itinerary of Rabbi Beniamin of Tudela. Translated and edited by A. *Asher*. Londini et Berolini. 1840. 41. 2 Voll. Adde Wassermannum, philos. doctorem, in Philippsohni ephemeridibus: Allgemeine Zeitung des Judenthums. 1840 (Literatur-Blatt pag. 409 sq.). Is vir eruditissimus speciminis nostri censuram egit, quod novam Beniamini Tudelitani editionem promisit.

**) Dr. E. *Zachariä's*, correspondirenden Mitgliedes des archäologischen Instituts zu Rom, Reise in den *Orient*, in den Jahren 1837 und 1838. Ueber Wien, Venedig, Florenz, Rom, Neapel, Malta, Sicilien und Griechenland nach Saloniki, dem Berge Athos, Konstantinopel und Trapezunt. Mit einer Charte des Berges Athos. Heidelbergae 1840.

idem mecum statuere videtur. In ecclesiarum historia mecum facit, id quod maxime
gaudeo factum in historia ecclesiae Demetriacae. Viam Egnatiam non per montem
Hortasch ductam fuisse, idem rite perspexit, sed juxta lacum Mygdoniae utrumque.
Verum talia per proximae occasionis opportunitatem diligentius persequar. *)

---

*) Quae mihi b. Pouquevillius de Gynae-
cocastro arce, e septentrione Thessalonicae, p. 10. scripsit, ea falsa esse, ex
meis Thessalonicensibus p. 279. apparet.
Dicitur locus *mulierum arx* (Turcice
Avret-Hissar), adeo sc. firma et munita,

ut vel mulieres eam defendere possint.
Ad reliquas Ponquevillianae epistolae partes tum in antecedentibus responsum
est, tum in posterioris dissertationis decursu respondebitur.

Errata typographica.

Pag. 16. L. 22. pro *deletas* lege *deletos.*
— 35. L. 15. pro *metropolis* lege *metropolin.*
— 35. l. 5. (infra) pro *suae* lege *sua.*

AUGUSTISSIMI REGIS WÜRTTEMBERGIAE

GUILIELMI

FESTUM NATALITIUM

DIE XXVII. SEPTEMBRIS

ANTE CONCIONEM SACRAM

IN AULA NOVA

ORATIONE SOLENNI CELEBRANDUM

INDICIT

RECTOR ET SENATUS

LITERARUM UNIVERSITATIS TUBINGENSIS.

PRAEMITTITUR
DE VIAE ROMANORUM MILITARIS EGNATIAE,
QUA ILLYRICUM, MACEDONIA ET THRACIA IUNGEBANTUR,
PARTE ORIENTALI
DISSERTATIO GEOGRAPHICA.

TUBINGAE,
TYPIS HOPFERI DE L'ORME.

MDCCCXLI.

Inter vias Romanorum publicas primum locum eas obtinere constat, quae dicuntur *militares.* *) Harum una fuit *Egnatia,* cuius partem occidentalem nuperrime illustravimus. Jam ad sectionem eius orientalem transgredimur, praefationis loco optimam Franco-Galli Adolphi *Blanqui* expositionem de viis Romanorum publicis praemittentes: **)

Les grands chemins de l'empire romain ont dépassé en grandeur et en solidité tout ce qui a été exécuté de plus magnifique en ce genre, de temps immémorial; leurs ruines que nous admirons encore sous l'herbe qui les couvre, ne permettent pas de douter de toute l'importance qui s'attachait au perfectionnement de ces prodigieux élémens de puissance et de civilisation. Et cependant, ces grands chemins ne semblent pas avoir rendu à la civilisation tous les services qu'elle en retire aujourd'hui; ils ne sont pas devenus pour Rome la source d'une grande prospérité commerciale; ils ont rarement prévenu la disette et les malheurs qu'elle entraîne à sa suite. Les Romains n'y ont vu que le moyen de transporter rapidement leurs armées du centre à la frontière, en un mot, qu'un instrument de conquête et non pas d'industrie. Jamais, en aucun pays du monde, des trésors plus nombreux ne furent consacrés à cette oeuvre importante, et jamais aucun peuple ne recueillit un moindre profit d'aussi grands sacrifices.

La raison de ce fait est fort simple. Les Romains ne s'occupaient que de l'agriculture, dont les produits étaient généralement consommés sur place ou dans un rayon fort peu éloigné des centres de production. Les grands approvisionnemens de la capitale se faisaient habituellement par mer, la seule voie par laquelle arrivaient les blés de la Sicile et de l'Égypte, ces deux greniers de l'empire. On ne peut donc s'expliquer la magnificence des voies romaines que comme une conséquence nécessaire du système militaire de ce peuple anti-industriel et anti-commercial. Ils y faisaient contribuer avec une égale ardeur leurs soldats, leurs administrateurs et leurs sujets. La surveillance des routes était une magistrature imposante dont les plus grands citoyens se montraient honorés. Aucun impôt ne paraissait trop élevé quand il s'agissait de les entretenir, et la sévérité du gouvernement était si grande à cet égard, que l'on vit plus d'une fois des légions se révolter, par suite des travaux excessifs auxquels elles étoient condamnées pour suffire à ce soin. Quelles qu'aient été les vicissitudes de l'empire, jamais l'entretien des routes ne fut abandonné; les plus méchans princes y ont veillé avec la même sollicitude que les plus justes: Néron et Caligula en ont construit presque autant que Trajan et Adrien. On y travaillait par corvées et par contributions, chacun suivant l'importance de ses propriétés riveraines, estimées par arbitres et taxées en conséquence. Les communications étaient partagées en deux grandes classes, les routes royales ou militaires, et les chemins vicinaux ou communaux. Les premières étaient entretenues par l'état et les seconds par les bourgs ou villages.

---

*) Cicero de provinciis consularibus 2. Liv. 36, 15. Columella I, 5.
**) Histoire de l'économie politique en Europe depuis les anciens jusqu'à nos jours . . Par Adolphe *Blanqui* (Aîné). 2 Voll. Paris. 1837. Vol. I. p. 86 sqq.

Les sympathies populaires ont été acquises de tout temps aux princes, aux magistrats et même aux simples particuliers qui se dévouaient à cette tâche difficile. On leur prodiguait les couronnes, les médailles et les arcs de triomphe. Aussi l'histoire est-elle toute pleine des efforts extraordinaires qui ont été faits pour mériter ces hautes preuves de reconnaissance du peuple romain. Dès le règne de Tibère, on pouvait parcourir l'Italie toute entière, la Gaule et une partie de l'Espagne avec une rapidité inouïe, et Pline raconte que ce prince fit, dans un voyage vers la Hollande, près de cent lieues en vingt-quatre heures. La nature de cet ouvrage nous interdit de rappeler ici des détails, d'ailleurs bien connus, sur le mode de construction des chemins impériaux; mais il faut avouer que sous ce rapport nous sommes bien inférieurs aux anciens, et quoique leurs routes n'aient pas eu une grande influence sur les destinées du commerce, on ne peut s'empêcher d'admirer qu'elles aient duré plus de mille ans, quand les nôtres, plus nécessaires, durent à peine quelques années intactes. Rien n'y était oublié; les piétons avaient leurs trottoirs, et les cavaliers leurs bornes de repos pour monter à cheval et pour en descendre; les monumens consacrés aux morts s'élevaient habituellement dans leur voisinage, comme pour obtenir les respects des vivans. La voie Appienne est en ce genre le plus admirable chef-d'oeuvre qui soit sorti des mains de l'homme.

Il semble donc que les Romains auraient dû retirer des profits immenses du beau système de routes dont ils avaient couvert l'empire comme d'un vaste réseau. Mais ces routes voyaient rouler plus souvent les chars des guerriers que les paisibles voitures du commerce et de l'industrie; elles ne contribuaient en aucune manière à la hausse ou à la baisse des profits et des salaires, parce que le travail libre n'existait pas encore, et que tout était constitué pour la grandeur, comme nous l'avons dit, plutôt que pour l'utilité. Les grands chemins de l'empire n'avaient pour but que de faciliter le transport des soldats et du produit des contributions. Le mouvement d'espèces qui s'opérait continuellement de tous les points de la Gaule vers la ville de Lyon pour le compte du trésor public était immense, mais il n'y avait aucune circulation commerciale dans le sens que nous attachons à ce mot. Chose étrange! il a suffi parmi nous de l'invention de la lettre-de-change pour remplacer la principale utilité des grandes routes des Romains, et le service spécial pour lequel elles semblent avoir été créées est précisément celui dont on se passe le mieux aujourd'hui. Ainsi, les magnifiques travaux de l'administration romaine en matière de chemins publics n'ont exercé aucune influence sur la production générale, parce qu'ils participaient du caractère exclusivement militaire de la nation et de l'esprit général de ses institutions. *)

Pergamus ad ipsam commentationem.

---

*) De viis Romanorum videatur: Bergier, histoire des grands chemins de l'Empire romain. 2 Voll. Ed. II. Bruxellis 1736.

Adde Everardum Ottonem de tutela viarum publicarum. Trai. ad Rhenum 1734.

VIAE MILITARIS ROMANORUM EGNATIAE PARS POSTERIOR,

SIVE STATIONES THESSALONICAM ET CYPSELA INTERCEDENTES.

Thessalonicam, ut nuper docui, [*] via militaris Romanorum Egnatia a parte occidentali cum Dyrrachio atque Apollonia, Illyriorum civitatibus, junxit; a parte orientali cum urbe Cypsela s. Cypselis, ad Hebrum sita (Strabo 7, 7). Prior Egnatiae pars, occidentalis, multas reliquias tum alibi, tum in ipsius Thessalonicae vicinia ostendere dicitur (*Beaujour*, voyage militaire dans l'empire Othoman, Vol. I. p. 205., coll. p. 199); quas cum nulla tabula recentiorum geographica delineatas ostendat, operae pretium vix esse videtur, de ipso viae tractu ac longitudine uberius disputare, in qua definienda jam veteres dissensisse constat (*Pouqueville*, voyage dans la Grèce ed. II. Vol. III. p. 39—63. *Beaujour*, l. c. p. 205 sq.) Namque ejus stationes, si ad unam omnes in recentioribus nominibus detegantur, quid lucis ei affundent, qui viae totius anfractus et ambages cum ascensibus ac descensibus montium ignorat? Posterior quoque viae antiquae pars, orientalis, inquam, quae inter Thessalonicam Hebrumque intercurrit, haud raras reliquias ostendere dicitur, coll. Cousinerio Vol. I. p. 140., quo teste in ipsis viae Egnatiae reliquiis viatores, per portam Thessalonicae Vardariam (Axianam) ab occidente venientes, urbem intrant. De vicina Mygdonia v. Clarkium in itinerario 2, 3, 376 sq.; quem locum paulo inferius memorabo. Alias Viae reliquias apud viros doctos rarius inveni.

De via Egnatia, quae Thessalonicam tangit, Ioannes Cameniata ad annum 904. loquitur in narratione Turcica cap. 9. (Theophanes continuatus pag. 500. ed. Bonn.), licet nomine illius non significato; Λεωφόρου γὰρ, ait, δημοσίας, τῆς πρὸς ἀνατολὴν ἀγούσης ἀπὸ τῆς δύσεως, διὰ μέσου τῆσδε χωρούσης τῆς πόλεως, καὶ ἀναγκαίως πειθούσης τοὺς παροδεύοντας πρὸς ἡμᾶς ἐνδιατρίβειν καὶ τὰ πρὸς τὴν χρείαν πορίζεσθαι, πᾶν ὁτιοῦν ἄν εἴποι τις τῶν καλῶν ἐξ αὐτῶν ἐκαρπούμεθά τε καὶ προσεκτώμεθα. Aliam ejus mentionem (si locum recte intelligo) apud Annam Comnenam deprehendisse mihi videor libro X (p. 289. ed. Paris., p. 229. ed. Ven.), ubi *via recta* (εὐθεῖα), inter Dyrrachium et Constantinopolin intercedens, ei opponitur, quae ex urbe Dyrrachio per Philippopolin Thraciae eodem (Cpolin) ducit.

---

[*] Via militaris Romanorum Egnatia, qua Illyricum, Macedonia et Thracia jungebantur. Pars occidentalis. 1841. p. 3.

1

Numerum dierum, quibus per terram continentem Constantinopolin pervenitur ex urbe Thessalonica, Byzantini scriptores non exponunt, ea opera Francis, Cpoleos a. 1204 victoribus, relicta. His igitur testibus dierum duodecim iter inter utramque civitatem intercedit, licet singulis stationibus non significatis, quas ego in fine totius opusculi duce Clarkio enumerabo. Ergo Godofredus Ville-Hardouin de la conqueste de Constantinople cap. 160. (ed. Paris. p. 125., ed. Ven. p. 50.): *Et la terre de Constantinople trosque Salonique ére si seurs, que il i pooient bien aller, qui aller i voloient. Et si avoit d'une cité à autre bien douze jornées granz.* Ab hoc dierum numero parum abludit Turca Hadschi-Chalfa in Rumelia et Bosnia p. 78. Is XIII diebus ex urbe Thessalonica Cpolin perveniri dicit, quod cum Ville-Harduino (*bien douze jornées granz*) bene convenit. Dies XV huic itineri assignat Pocockius in Beschreib. des Morgenl. Vol. III. p. 216. Dies XVIII poeta medii aevi theotiscus (Hug-Dieterich's Brautfahrt und Hochzeit. Herausgeg. v. *Oechsle.* Oehringae 1834. p. 7.): *An dem achtzehnden Morgen waren sie gen Salneck komen* (e Constantinopoli).

Physicam Macedoniae orientalis geographiam in Thessalonicensibus meis p. 232 sqq. commentarii uberioris ope illustravi. Egi (ut minora praetermittam) de Mygdoniae ambitu et finibus, qui sc. inter Axium (Vardarium) et Strymonem (Strumam), immo ulterius patebant. Exposui ipsam Mygdoniam, maximopere urbem ejus principalem, Apolloniam. Ibidem Crestoniam et Bisaltiam partes Mygdoniae fuisse docui. Varia deinde narravi de lacubus et fluviis istarum regionum, non omisso Philipporum campo palustri, lacu Cercine (Takinos), Strymone fluvio cum Amphipoli. Ibidem inquisivi in Bolben lacum (Beschik); lacum Prasiadem (Basilii, Langazae); fluvium Procopii Rechium; montem Dysorum; Echedorum et Axium fluvios (pagg. 232—310).

Postremo quod Leakius Britannus itinerariorum circa numeros dissensu more suo ita utitur, ut plures tractus ejusdem viae, quam Romani munivere, statuendos existimet, id in sua quoque tabula borealis Graeciae geographica admisit. Ita factum est, ut sibi unam et alteram Egnatiam, per campos Mygdoniae palustres ductam, effinxerit; id quod in ea quoque tabula geographica factum video, qua iter suum per Asiam minorem institutum illustravit. *) Nec melius popularis noster Reichardus egit, cum duplicem Melissurgin sibi excogitaret (in Mygdonia et ad sinum Thermaeum), pro una, quae sufficiebat.

Sequenti tractationi, ut antea, praemitto veterum itinerariorum eas Egnatiae orientalis partes, quae mediae sunt inter Thessalonicam et Cypsela, Thraciae urbem, totius viae terminum.

---

*) Iournal of a tour in Asia minor... by William Martin *Leake.* London. 1824.

Itinerarium Antonini.		Tabula Peutingeriana.	Itinerarium Hierosolymitanum.
a. Via inter Thessalonicam et Cypsela.	b. Via inter Thessalonicam et Cypsela.	Via inter Thessalonicam et Cypsela.	Via inter Cypsela et Thessalonicam.
Melissurgin (a Thessalonica) M. P. XX.		Melissirgin (a Thessalonica) XVIII.	Mansio Cypsela M. XII.
Apollonia M. P. XVII.	Apollonia M. P. XXXVI.	Apollonia XXX.	Mutatio Demas M. XII.
			Civitas Traianopoli M. XIII.
Amphipoli M. P. XXX.	Amphipoli M. P. XXXII.	Amphipoli XXXIII.	Mutatio Adunipara M. VIII.
Philippis M. P. XXXIII.	Philippis M. P. XXXII.	(Philippis)	Mutatio Salei M. VII.
Neapoli M. P. XII.		Fons Co. XX.	Mutatio Melalico M. VIII.
		Neapolis XLIII.	Mutatio Berozica M. XV.
Acontisma M. P. IX.	Acontisma M. P. XXI.	Acontisma XVIII.	Mutatio Breirophara M. X.
Topiro M. P. XVII.	(Otopiso M. P. XVIII.)	Topiro XIII.	Civitas Maximianopoli M. X.
Cosinto M. P. XIII.	(Stabulo Diomedis M. P. XXII),	Consinto XXIII.	
Porsulis, quae modo Maximianopolis M. P. XXIII.	Impara s. Pyrsoali, nunc Maximianopoli M. P. XVIII.	Porsulis XX.	Mutatio ad Stabulo Dio M. XII.
			Mutatio Rumbodona M. X.
			Civitas Epyrum M. X.
Brendice M. P. XXI.	Brizice M. P. XX.	Brendici XII.	Mutatio Purdis M. VIII.
Milolito M. P. XII.		Micolito XXIII.	Mansio Hercontroma M. IX.
Timporo M. P. XVI.			Mutatio Neapolin M. IX.
Traianopoli M. P. IX.	Traianopoli M. P. XXXVII.		Civitas Philippis M. X., ubi Paulus et Sileas in carcere fuerunt.
Dymis M. P. XVI.	Cypsela M. P. XXIX.	Dymis XX.	Mutatio ad Duodec. M. XX.
			Mutatio Domeros M. VII.
Summa: M. P. 248.	Summa: M. P. 265.	Summa: M. P. 235.	Civitas Amphipolin M. XIII.
			Mutatio Pennana M. X.
			Mutatio Peripidis M. X.
			Mansio Apollonia M. XI.
			Mutatio Heraclenstibns M. XI.
			Mutatio Duodea M. XIV.
			Civitas Thessalonica M. XIII.
			Summa: M. P. 272.

Viam Egnatiam, quae inter Edessam ac Thessalonicam XV leucarum spatio intercedit, per terram planam, satis tamen iniquam, sc. saepe inundatam, a Romanis fuisse
ductam, e dissertatione mea geographica de Thessalonica ejusque agro apparuit. *) Quod
incommodum vitari non poterat. Jam quaenam via erat inter Thessalonicam atque
Apolloniam? Eane, quae oram borealem lacus minoris (Prasiadis), dein maioris
(Bolbae), sequitur, de quibus ibidem egi pag. 258 sqq. An ea, quae, magnam Chortaeti montis partem superans, ad maiorem lacum descendit, deinde initium sinus Strymonii petit? Prior puto via, si quidem Mygdonicae vallis palustris incommoda etc. de-
clinanda videbantur. Quod a Romanis factum non dubito, quamquam sic ambages quaedam non evitabantur, inprimis montium et convallium loca aspera et salebrosa, quae
ibidem exposui; deinde torrentes haud pauci a borea in utrumque lacum illabentes.
Persuasum omnino mihi est, viam Egnatiam ibi locorum flexu fere septentrionali
atque orientali juga convallesque Chortaeti superasse, deinde ad oram occidentalem
lacus Prasiadis (S. Basilii, item Langazae) descendisse, postremo oram utriusque
lacus (Prasiadis et Bolbae) septentrionalem legisse, atque sinum Strymonium atti-
gisse. Cousinerium Vol. I. p. 116. in reliquias viae Egnatiae (*Appianam* et *Appiam* dicit miro errore) non diligentius inquisisse doleo. Ejus loco videatur Clarkius
(travels II, 3. p. 376 sq. ed. quatern.): *We then descended* (a Chortaeto monte) *into
the very extensive and fertile plains of Lagadno and Baleftchino; so called
from two villages having these appellations .. Upon the south-western side of this
plain is a large lake: it was upon our right, our roate being south-east. This lake
is called that of St. Basil.. In this plain there are little tumuli close to the
road, marking the distances. They are easily distinguished from antient sepulchres,
because their size is more diminutive; and when used as marks of distance, they
occur in pairs, one being on either side of the way. In this manner they appear in
the whole route to Constantinople. Idem ibid. not. 2.: The author more than
once alighted from his horse to measure the distance, by paces, from one of these stations to the next ensuing; and found it to equal, as he thought, two roman miles, of
a thousand paces each.. They are much more frequent, and occur with greater regu-
larity, as the traveller approaches Constantinople.* — Zachariae, Reise in den
Orient in den Jahren 1837. 1838. pag. 216.: „Um Mittag endlich machten wir uns
eilig auf die Reise. Auf einem gepflasterten Wege, der von Saloniki ausgeht, und
südlich vom Chortiatsch und Cholomon an Galatista vorüberführt, gelangten wir in
vier Stunden nach Nisworo. Dieser Weg ist von türkischer Arbeit: man behauptet
gewöhnlich, dass er der Richtung folge, die einst die römische Strasse von Thessa-

---

*) De Thessalonica eiusque agro, dissertatio geographica. Berolini 1839.
18. CIX. 553 pagg.

Ioníke nach Constantinopel, die *Via Egnatia*, eingeschlagen habe. Indessen lassen sich nirgends weder Spuren einer römischen Kunststrasse, noch auch Ruinen von Städten, die einst daran gestossen, entdecken: und wenn man bedenkt, dass die Gegend südlich vom Chortiatsch und Cholomon fast unwegsam ist, und dass eine durch dieselbe angelegte Strasse, um nach Konstantinopel zu führen, einen ganz unnützen Umweg machen würde, so kann man kaum glauben, dass die Via Egnatia nicht den weit bessern und nähern Weg im Norden der Gebirge und den Seen entlang eingeschlagen haben sollte."

Itinerariorum numeri, qui viae inter Thessalonicam atque Apolloniam intercedenti tribuuntur, parum variant; magis nomina *mutationum*, per quas ad Apolloniam, sc. *mansionem*, perveniebatur. Verum in veterum itinerariis mutationes minoris momenti esse constat, quam mansiones; unde saepius pro temporum ratione ipsae quoque mutabantur.

MUTATIO AD DUODECIMUM. Sic procul dubio legendum pro insano *Mutatio Duodea*. Haud raro enim *mutationes* lapide significantur, e. g. *mutatio ad quintum, sextum, octavum, nonum, decimum, undecimum, duodecimum, quartum decimum, quintum decimum, septimum decimum* etc., coll. indice Wesselingiano ad suam itinerariorum editionem. *Mansionem* ita significatam nusquam legi. Itinerarium Hierosolymitanum post *Duodea* addit M. P. XIV. Expectabas M. P. XII. In illis enim mutationibus, quae lapidis milliaris nomen gerunt, millia passuum, in fine posita, tantum non ubique lapidis nomini numeroque respondent, e. g. MUTATIO AD DECIMUM M. X. Rariora sunt exempla diversi generis, e. g. MUTATIO AD QUINTUM M. VI. (Itin. Hierosol. p. 608.).

Hanc mutationem in ea via colloco, qua Clarkius, Thessalonica egressus, Constantinopolin tetendit, itinerar. 2, 3, 376.: ... *we rode through the eastern gate of the city. Entering the plain without the walls, we passed a tumulus at half an hour's distance from the town, almost as large as the one we measured in coming from Tekále. It is also close to the road upon the left hand .. We afterwards saw a mound, on which there seemed traces as if a fortress had stood there: beneath it were the remains of walls, and hard by a fountain, the water of which was received into the operculum of a antient soros.* Clarkius ibidem pergit: *Thence passing over some hills, in two hours' time we entered a defile, where we saw ruins upon the heights above us, as of a fortress on either side. There is also part of an aqueduct.* De hac mutatione nil aliunde cum Wesselingio (p. 605) comperi.

MELISSURGIN. Hanc formam bis habet Itinerarium Antonini; tabula Peutingeriana *Melisirgin*. Inter eam ac Thessalonicam M. P. XVIII vel XXI intercedunt. Vox bene graeca est μελισσουργὶς, a Suida (v. μειλισσουργὶς) api, ut mellificae, tributa; quod praedicatum e veteri scriptore petitum videtur. Mihi vicus quidam esse videtur, mellificatione olim puto clarus. Quid? quod vel hodie Thessalonica mel ceramque vendit, referente Clarkio travels II, 3, 366. Idem de montis Atho monasteriis constat, cujus monachi praeter alia hanc quoque mercaturam exercebant, coll. Bondelmontii libro insularum Archipelagi cap. 70. (ed. de Sinner p. 127.).

Melissurgum, ut dixi, Antonini Itinerarium habet, deinde tabula Peutingeriana. Locus cum suo nomine hodiedum extat, coll. Leakio (Travels in North. Greece Vol. 3. p. 461.): *On the road from Thessalonica to Apollonia of Mygdonia, a Melissurgi occurs in two of the Itineraries: this place still preserves its ancient name in the usual Romaic form of Melissurgus, and is inhabited by honey-makers, as the word implies.* Ex hujus Melissurgi sede et loco quaestio pendet de ea Egnatiae parte, quae Mygdoniam inter sinum Strymonium et Thermaeum penetrat. Alius locus, nomine Melissurgus, occurrit prope ad lacum Janninae (Ioanninae) in Epiro. Vide tabulam geographicam Franco-Galli Lapie fol. XI.

Duplicem Melissurgum juxta Thessalonicam statuit Reichardus in Orbe antiquo: „Mellisurgis (sic). It. Ant. Wessel. p. 328. Messimuri, Palma, Vaudoncourt. Messimera, Riedl. Utriusque itinerarii viam per septentrionale quidem Bolbes lacus littus duxisse, Egnatiae monet series, et alterum hujus nominis oppidum ibi jacuisse certum est, quod Tabula, Ravennas et Itinerarium Antonini p. 320. XX M. P. a Thessalonica remotum habent. Nihilo tamen minus nostrum illud existimamus, quod in secundo Antonini itinere (l. Itinerario) occurrit. Iter enim hoc oppido finitur, et XX M. P. numerantur, quae vero spatio egregie respondent. Alterius memoria videtur extincta." Ita Reichardus; qui initio suae expositionis ita scribere debebat: „Itinerarium Antonini p. 320. 328. ed. Wesselingii." Bis enim in isto Itinerario Melissurgus occurrit. Palmae, Vaudoncourtii, Riedlii futilitates non moror. Quare vero Reichardus duplicem Melissurgum statuit? Peutingeriana certe tabula id vix suadere poterat. Ravennas vero Anonymus (4, 19) hoc solum habet: *Philippi, Amphipolis, Apollonia, Melisurgi* (sic), *Thessalonici* (sic), *Pella*, cett. Reichardus nihilominus alteram Melissurgum e meridie Thessalonicae sinui Thermaeo apponit.

HERACLEUSTIBUS (Ἡρακλέους στίβος). Est mutatio, non mansio, Apolloniae satis vicina, coll. Itinerario Hierosolymitano. Hunc locum sub montibus inter Thessalonicam atque Apolloniam intercedentibus quaerendum esse puto. Causa nominis in obscuro est. Herculisne vestigium rupi cuidam vicinae impressum cernere sibi veteres videbantur, ut aliorum deorum vestigia alibi monstrabantur? Revera montium illorum saxa singulares formas referunt, narratque Paulus Lucas in itinerario anni 1714 etc. (ed. Amstelod. 1720. Vol. I. p. 33.) fabellam incolarum de hominibus ibi in saxa mutatis. Adde Clarkium l. c. pag. 378., qui prope urbem *Clissele* (in Bolbes fine occidentali) miras saxorum formas memorat. Verum saxa P. Lucae et Clarkii Bolbae vicina sunt, non monti Chortaeto.

APOLLONIA. Mansionem disertis verbis dicit Itinerarium Hierosolymitanum, cui egregie convenit, quod eam Livius (hist. 45, 28.) itineris diei spatio ab Amphipoli distare dicit. Neque aliter intelligenda SS. Apostolorum Acta 17, 1., ubi S. Paulus apostolus, relictis Philippis, Amphipolin, deinde Apolloniam, hinc Thessalonicam venisse dicitur. Divus enim Lucas, haec narrans, mansiones memorat, non mutationes. His non admodum adversatur Cantacuzenus histor. 3, 38.: Ῥεντίνα, φρούριόν τι, Θεσσαλονίκης ἡμέρας ὁδὸν διέχαν. H. e. Rhentina (inter Bolben et Amphipolin) castellum, a Thessalonica unius diei itinere distans. Cantacuzenus de maiore diei unius itinere loqui videtur, veteres auctores de itinere vulgari. Et via Thessalonicensis in boreali Bolbae litore, quam imperator faciebat, brevior esse debebat. Bolbae vicinam dicere videtur Scylax cap. 67.: Βόλβη λίμνη, Ἀπολλωνία Ἑλληνίς. Cousinerio l. c. p. 115. sq. eadem esse videtur cum hodierna Polína, cujus utinam sedem Idem definisset. Mihi Apollonia eadem esse videtur cum pago hodierno Clissele (Clissely, Clissala), inter Prasiadem et Bolbem lacus sito, septem horarum spatio a Thessalonica distans (Clarke l. c. p. 377.). Apolloniae certe sedem e vicinia orae Bolbes occidentalis quaerendam esse, satis testatur ordo verborum, quo de ea loquitur Scylax l. c. Neque obstat Plinius H. N. 4, 10. (17.): Regio Mygdoniae subjacens, in qua recedentes a mari Apollonia, Arethusa. Haec enim (Arethusa, inquam) ex oriente Apolloniae, utut de hujus situ statues, quaerenda est, Pliniusque potiorem urbem primo loco memorat. Cum nostra vero Apollonia nolis confundere aliam, inter Nestum Strymonemque fluvios sitam, de qua Pomponius Mela 2, 2, 9.: Interque eum (Nestum) et Strymona urbes sunt Philippi, Apollonia, Amphipolis. Quibuscum plane consentit Strabonis epitomator (7, 8, 5.): Εἶτα αἱ τοῦ Στρυμόνος ἐκβολαί· εἶτα Φάγρης, Γαληψός, Ἀπολλωνία, πᾶσαι πόλεις· εἶτα τὸ Νέστου στόμα. Eandem agnoscit Hierocles in synecdemo p. 640. Wessel.: Φίλιπποι, Ἀμφίπολις, Ἀπολλωνία, Νεάπολις. Ubi Wesselingius de Apollonia montis Atho cogitat: vix recte. Obstat enim Neapolis deinde memorata. Mirum vero in textu ejusdem Hieroclis, quod post Neapolin affert Acanthum. Num haec seculo VI superstes erat? Vix credo. An lectio corrupta est? Tertiam Apolloniam, item Macedonicam, aperui in Thessalonicensibus p. 63.: est montis Atho.

De Apollonia Mygdoniae in Thessalonicensibus egi pag. 238 sqq., ubi hoc potissimum evincere conatus sum, hanc Apolloniam fuisse coloniam Chalcidensium Pallenae, auctore Perdicca Macedone s. conditam s. auctam. Ibidem de sacris hujus Apolloniae disputavi. Historiam hujus Apolloniae Christianam alibi tangam.

MUTATIO EURIPIDIS M. X. Ita solum Itinerarium Hierosolymitanum. Legendum esse MUTATIO EURIPIDIS (sc. sepulchrum), alii viderant, coll. Petro Wesselingio pag. 604 sq. Addit Itinerarium: Ibi positus est poeta Euripides. Ibi locorum Euripidem, summum Atheniensium poetam, canes dilacerasse feruntur. Ammiaaus Marcellinus 27, 4.: „*Arethusa* convallis et statio est, in qua visitur Euripidis sepulcrum, tragödiarum sublimitate conspicui.“ Bromiscum (Bormiscum), ibidem sitam, mortis locum fuisse, Stephanus Byzantius testatur his verbis: Βορμίσκος, χωρίον Μακεδονίας, ἐν ᾧ κυνοσπάρακτος γέγονεν Εὐριπίδης, οὓς κύνας τῇ πατρῴᾳ φωνῇ ἐστερικὰς καλοῦσιν οἱ Μακεδόνες, ὁ δὲ ποιητὴς τραπεζῆας. Ἐκ δὲ τῶν τραυμάτων ἀρρωστήσαντα αὐτὸν ἀποθανεῖν. Sepultum Arethusae veteres tradidere, coll. Ammiano Marcellino, cujus verba supra repetii. Addo Addaei epigramma (Anthologia Graeca Palatina VII, 51. Vol. L p. 321):

Οὔ σε κυνῶν γένος εἷλ’, Εὐριπίδη, οὐδὲ γυναικὸς
    Οἶστρος, τὸν σκοτίης Κύπριδος ἀλλότριον,
Ἀλλ’ Ἀΐδης καὶ γῆρας· ὑπαὶ Μακέτῃ δ’ Ἀρεθούσῃ
    Κεῖσαι, ἑταιρείῃ τίμιος Ἀρχελέω,
Σὸν δ’ οὐ τοῦτον ἐγὼ τίθεμαι τάφον, ἀλλὰ τὰ Βάκχου
    Βήματα καὶ σκηνὰς ἐμβάδι πιθομένας.

Alii Pellae sepultum narrant, coll. Anonymo Anthologiae modo citatae VII, 44 (p. 319):

Εἰ καὶ δακρυόεις, Εὐριπίδη, εἷλέ σε πότμος,
    Καί σε λυκορραῖσται δεῖπνον ἔθεντο κύνες,
Τὸν σκηνῇ μελίγηρυν ἀηδόνα, κόσμον Ἀθηνῶν,
    Τὸν σοφίῃ Μουσῶν μιξάμενον χάριτα·
Ἀλλ’ ἔμολες Πελλαῖον ὑπ’ ἠρίον, ὡς ἂν ὁ λάτρις
    Πιερίδων ναίῃς ἀγχόθι Πιερίδων.

Hanc narrandi discrepantiam sic equidem conciliari posse existimo, ut Arethusae vere conditum fuisse, Pellae cenotaphium habuisse statuam.

De Arethusa quaedam eorum repetere lubet, quae nuper exposui in libro: Realencyclopaedie der classischen Alterthumswissenschaft Vol. I. p. 712,: „*Arethusa*, Stadt in Macedonien, zwischen Amphipolis und dem Bolbe-See, nach Steph. Byz. in Thrazien, was dasselbe ist, da das Land zwischen Axius und Strymon früher thrazisch war; nach Ptol. (Geogr. III, 13.) in Amphaxitis, was nur so verstanden werden kann, dass eine Kolonie vom untern Axius (Amphaxia) dorthin verpflanzt worden war (s. die Analogie von Bottiäa, Pieria u. s. w.); oder ist bei Ptol, Ἀμφακτίας zu lesen (in der Nähe der Acte, d. h. des Berglandes des Athos). Die Stadt lag in Bisaltia, einem Theile Mygdoniens (s. m. Thessalonica S. 241 ff.). Dass diese Stadt altgriechische Kolonie war, sagt Skylax c. 67., vielleicht von den Chalkidiern Euböa’s . . . . . . gestiftet, die auch dort Anlagen hatten. Ob sie mit dem thrazischen Bromiskus jener Gegend identisch sei (dort das Grab des Euripides, Amm. Marc. XXVII, 4. Itin. Hierosol. S. 604.), ist nicht entschieden. S. übrigens Mannert VII. 469. Leake Travels in North. Gr. III. 170 f. 460. Ich vermuthe, dass später aus einem der beiden Orte der feste Platz Rentina entstand, worüber meine Thessalonica S. 68. nachzusehen ist.“

MUTATIO PENNANA M. X. Mihi cum Wesseliagio incognita est. Situm habuit ex orientali ejus fluvii latere, cuius alveo Bolbe lacus in sinum Strymonium exoneratur, sc. Rechii (Thessalonica pag. 272). An fuit Argilus Herodoti 7, 115.? Non decerno; namque Itinerarii lectio corrupta mihi videtur.

AMPHIPOLIS. Numeri Itinerariorum parum inter se discrepant. Situm ejus in laeva Strymonis ora quaerendum esse, ubi iste fluvius e lacu Cercine (Takinos) exit, nota omnibus res est. De nominis quoque causa nil est, quod eruditos moneam. De Amphipoli ita Leakius (Travels in northern Greece Vol. 3. p. 183): „The site of Amphipolis is now called Mármara, and there was formerly a village of that name (Cantacuzenus I, 35. *) Neokhóri, as the word implies, is a recent construction." Locum Neokhóri (turcice Lenikiöi, Neustadt) Amphipoleos ruderibus fere respondere, nec ego addubito.

Amphipolin ab Eïone, Christopoli, Chrysopoli distinguendam esse, in Thessalonicensibus docui pag. 499 sqq.

Post Böckhium (Inscriptt. Gr. nr. 2008) de Amphipoli Kutzenius egit in libro: De Atheniensium imperio, Cimonis atque Periclis tempore constituto. Grimmae 1837. p. 12 sqq. Pauly, in libro: Realencyclopädie der class. Alterth. Wissensch. Vol. I. p. 438 sq.

Pugnam Atheniensium et Lacedaemoniorum Amphipolitanam Leakius illustravit l. c. Vol. 3. p. 191 sqq.

De numis urbis videatur Mionnetus in Médaill. antiqu. I. 462 sqq. Adde Leakium l. c. Vol. 3. p. 483.

Amphipoleos rudera plurimam partem Byzantina esse videntur. Cantacuzenus I, 38.: Ἀμφίπολιν δὲ, τὴν ἐν Στρυμόνι, πόλιν Ἑλληνίδα παλαιὰν, ἐκ πολλῶν ἐτῶν κατεσκαμμένην, αὖθις ἐτείχισεν ὁ βασιλεὺς (Andronicus junior circa annum 1341), καὶ συνῴκισεν ἐκ τῶν πέριξ πόλεων πέμψας ἀποικίας.

De via Egnatia, Amphipolin, Philippos Neapolinque intercedente, ita Leakius (Travels in Northern Greece Vol. 3. p. 179): „Although the modern route from Con-

---

*) Leakius falli videtur. Medio aevo Amphipolis dicebatur *Popolia*, coll. meis Thessalonicensibus p. 498 sq. Locis Nicetae ibi memoratis alium ejusdem addo. Sic igitur scriptor Byzantinus in Alexio, Isaacii Angeli fratre, I, 4.: Ἐπῄει κατὰ τῶν περὶ Στρυμόνα τε καὶ Ἀμφίπολιν ἐπαρχιῶν. Ubi codex B.: Κατὰ τὸν τόπον τοῦ Στρυμόνος, περὶ τὴν σήμερον λεγομένην Ποπωλίαν. Cantacuzeni locus a Leakio citatus (I, 53., non I, 35., ut falso habet Britannus) est is: Ἤλαυνεν ἐπὶ Θεσσαλονίκην διὰ Στρυμόνος. Καὶ διαβὰς τὸν ποταμὸν κατὰ

τὸ Μαρμάριον προσαγορευόμενον, μικρὸν (non Μικρὸν, ut falso habet editio Bonnensis; nondum enim legi de Marmario maiori et minori) ἐκέλευσε τὴν στρατιὰν τυχεῖν ἀναπαύλης, καταβάντας ἀπὸ τῶν ἵππων. Oppidum vero Marmara in dextro litore lacus Cercinae Belonius collocat, non juxta Strymonem, et quidem supra (Observat. cap. 55). Ergo Byzantinus imperator Strymonem supra Cercinem (Takinos) superavit, ibique Marmara hodie occurrit (Lapie, fol. VIII).

stantinople to Orfaná and Saloníki, leading by Právista through the Pieric valley, along the southern side of Mount Pangaeum, exactly in the line of that of Xerxes, is the most direct, it does not coincide with the Roman road, or via Egnatia, which passed along the opposite base of that mountain through Philippi and Amphipolis, probably for the sake of comprehending in the line both those important cities, the former of which was a Roman colony. Were it not certain from the Itineraries that such was the direction of the Roman road, there might be some doubt whether Neapolis, which lay on that route about 12 M. P. short of Philippi, were not at Nesterópoli; but as there would have been in that case a needless detour of near 20 miles by an angle to the north-east, such a supposition cannot be intertained."

De his deinceps videbo.

MUTATIO DOMERUS M. VII. Inter Amphipolin et Philippos situm habet. A *Demeritza* Byzantinorum (Nicetas in Isaacio Angelo I, 2.) non differre putat Schaffarikius in Annal. Vindobon. Vol. 46. p. 56. Moneo tamen, Nicetam ex ed. Hieronymi Wolfii p. 390 hanc vocem aliter legere, sc. litera τ ante ϱ (ἦν δὲ οὗτος ὁ τοῦ Δημητρίζη λεγόμενος τόπος, i. e. *erat is Demetrizae locus*). Editio Veneta caret litera τ; Bekkeriana vero (p. 469) habet hanc literam. In hoc campo Normanni septimo Novembris die a. 1185 ad internecionem usque a Graecis victi sunt, coll. Niceta l. c. Graecum vocabulum *Demeriza* (*Demetriza*) sive ab itinerarii voce *Domeros* distingues, sive non, Amphipoli multo propior locus fuit, quam Philippis, coll. Niceta l. c.

De hac mutatione, quam solus Hierosolymitanus habet, v. quoque Nostra Thessalonicensia p. 497. Adde Asherum ad Beniaminem Tudelitanum Vol. II. p. 42.

MUTATIO AD DUODECIM (l. *Duodecimum*). De hac Hierosolymitani mutatione ego cum Petro Wesselingio alibi nil inveni. Utramque stationem (Domerum et Mutationem ad XII) in valle fluvii Panacis, quem deinceps illustrabo, locandam puto, non in valle Angitae.

PHILIPPI M. P. XXXIII (etc.). De situ urbis videatur Appianus b. civ. 4, 105: Ἔστι δὲ ἡ πόλις ἐπὶ λόφου περικρήμνου, τοσαύτη τὸ μέγεθος, ὅσον ἐστὶ τοῦ λόφου τὸ εὖρος. Ἔχει δὲ πρὸς μὲν ἄρκτῳ δρυμοὺς, δι᾽ ὧν ὁ Ῥασκούπολις ἤγαγε τοὺς ἀμφὶ τὸν Βροῦτον· πρὸς δὲ τῇ μεσημβρίᾳ ἕλος ἐστὶ, καὶ θάλασσα μετ᾽ αὐτό· κατὰ δὲ τὴν ἕω τὰ στενὰ τῶν Σαπαίων καὶ Κορπίλων· ἐκ δὲ τῆς δύσεως πεδίον μέχρι Μονκίνου (l. Μυρκίνου) τε καὶ Δραβίσχου (l. Δραβήσχου) καὶ Στρυμόνος.*)

---

*) Myrcini Drabescique situs his verbis satis clare significatur. Priorem locum in valle Angitae quaero, qui in lacum Cercinem se exonerat; Drabescus vero inter Myrcinum Amphipolinque sedem habere debuit. Et mirum sane, quod Dra-

besci nomen servatum videtur in nomine pagi *Drawik*, unius leucae vel amplius spatio versus orientem boreamque a ruinis Amphipoleos remoti. V: tabulam geograph. Lapiei fol. VIII.

Huic Appiani loco innituntur geographi recentiores in sede Philipporum ruinis assignanda, quam in orientali (et septentrionali) memoratae planitiei latere quaerunt
(Beaujour, Voy. milit. Vol. I. p. 223. Cousinéry Voy. Vol. II. p. 16 sqq.). Paulo
aliter Dio Cassius 47, 35., qui urbem in planitie (ἐπὶ τῷ πεδίῳ) sitam fuisse tradit,
deinde locum quendam Κρηνίδας (Fontes), cui Philippos a Philippo rege impositos
vulgo ferunt, ibidem distinguit. *) Utut statues de sede Philipporum (ruinis omnia paludis latera insignia sunt, non solum boreale atque orientale), alia restat
quaestio de via Egnatia, Philippos, hinc Neapolin ducente, coll. Leakio, supra citato
pag. 9 sq. Et vide Nos pag. 12.

Tabulae enim geographicae recentiorum viam monstrant, qua, qui Amphipoli egre-
ditur, in sinistra Angitae (Andschistae) fluvii ripa per terram satis editam urbem Anghistam venit; deinde, fluvio illo *non* transito, per *portas* quasdam (les portes), postea per
arcem quandam destructam proficiscitur, in cujus vicinia locus est *Palaeochori* (oppidum antiquum s. desertum), orae paludis meridionali proximus; hinc urbem Prahn-
stam, initio vallis sitam, assequitur; denique (aliâ viâ) in ora paludis orientali et
meridionali, itinere paene septentrionali, ruinas Philipporum, quas volunt, adit. Num
per hanc regionem viam Egnatiam munitam fuisse putabis? An, fluvio Angita prope
oppidum Anghistam superato, per planitiem, urbibus Alistrati Dramaeque contermi-
nam, i. e. in ora Angitae Zygactaeque fluviorum boreali, Philippos adiit? Decernant
homines docti, qui istam quandoque regionem campumque pugnae Philippensis, duce

---

*) Crenidas a Philippo Macedone in Phi-
lipporum nomen mutatas fuisse, veteres
quidam tradunt. Videatur Artemidorus
Stephani Byz. s. v, Φίλιπποι· Φίλιπποι,
πόλις Μακεδονίας, οἱ πρότερον Κρηνίδες.
Ἀρτεμίδωρος ἐν ἐπιτομῇ τῶν Ἕνδεκα· „καὶ
πόλις Φίλιπποι, τὸ παλαιὸν Κρηνίδες. Τοῖς
δὲ Κρηνίταις, πολεμουμένοις ὑπὸ Θρᾳκῶν,
βοηθήσας ὁ Φίλιππος Φιλίππους ὠνόμα-
σεν.“ Diodorus Sic. 16, 3.: Ἅμα δὲ τούτοις
πραττομένοις Θάσιοι μὲν ᾤκισαν τὰς ὀνο-
μαζομένας Κρηνίδας, ἃς ὕστερον ὁ βασιλεὺς (Philippus) ἀφ᾽ ἑαυτοῦ ὀνομάσας Φιλίππους ἐπλήρωσεν οἰκητόρων. Idem ibidem
cap. 8.: Μετὰ δὲ ταῦτα παρελθὼν ἐπὶ πόλιν Κρηνίδας, ταύτην μὲν ἐπαυξήσας οἰκητόρων πλήθει μετωνόμασε Φιλίππους. Strabo libro VII, 17.: Ἐν ταῖς Κρηνίσιν, ὅπου
νῦν οἱ Φίλιπποι πόλις ἵδρυται. Ibid. 20.:
Ἡ νῦν Φίλιπποι πόλις Κρηνίδες ἐκαλοῦντο

τὸ παλαιόν. Aliter Cassius l. c., diuque
ante eum Theophrastus caus. plant. 5, 14,
5. 6. ed. Schneider., ubi Philippi et
Crenides clare distinguuntur his verbis:
Ἔν τε Φιλίπποις πρότερον μὲν μᾶλλον
ἐξεπήγνυτο (antea magis gelabat)· νῦν δ᾽,
ἐπεὶ καταποθεὶς ἐξήρανται τὸ πλεῖστον, ἢ
τε χώρα πᾶσα κάτεργος γέγονεν, ἧττον πο-
λύ. Καίτοι λεπτότερος ὁ ἀὴρ δι᾽ ἄμφω,
καὶ διὰ τὸ ἀνεξηράνθαι τὸ ὕδωρ, καὶ διὰ
τὸ κατειργάσθαι τὴν χώραν. Ἡ γὰρ ἀρ-
γὸς ψυχροτέρα, καὶ παχύτερον ἔχει τὸν ἀέ-
ρα, διὰ τὸ ὑλῶδες εἶναι, καὶ μήτε τὸν
ἥλιον ὁμοίως διικνεῖσθαι, μήτε τὰ πνεύμα-
τα διαπνεῖν· ἅμα δὲ καὶ αὐτὴν ἔχειν ὑδάτων συρροὰς καὶ συστάσεις πλείους. Ὃ καὶ
περὶ τὰς Κρηνίδας ἦν, τῶν Θρᾳκῶν κατοι-
κούντων· ἅπαν γὰρ τὸ πεδίον δένδρων πλῆ-
ρες ἦν καὶ ὑδάτων.

Appiano (inprimis c. 106., ob transitum inter colles et paludem fluviumque Angitem) et Dione Cassio lustrabunt, haud neglecto alio scriptore, rerum geographicarum sedulo doctoque investigatore, qui istarum terrarum plurima ipse adiit. Est is Cantacuzenus histor. 4, 45 (ad annum Christi 1355): Ἐπί τινος γὰρ ὑπωρείας τῆς Φιλιππησίων πόλεως κειμένης, τὸ μὲν ὑπὲρ τὴν πόλιν ἄβατόν ἐστι διὰ σκληρότητα, φάραγξι βαθείαις καὶ κρημνοῖς καὶ πέτραις περιειλημμένον· τὸ δ' ὑπὸ τὴν πόλιν, λεῖον ὄν, τέναγός ἐστι καὶ τέλμα βαθὺ ἑλῶδες καὶ ὕδασι πολλοῖς κατάρρυτον. Στενὴ δέ τις δίοδός ἐστι μεταξὺ τῆς πόλεως καὶ τοῦ τενάγους. Horum alia cum Appiano, alia cum Dione concordare satis apparet, obiterque moneo, Bruti Cassaeque castra ad Angistam oppidum quaerenda esse, coll. App. l. c. cap. 106. Urbem Philippos a. Chr. 1355. superstitem fuisse, idem Cantacuzeni locus docet; quando eversa fuerit, me latet. Metropolitas ejus (fuit thronus XL secundum Novellam Leonis p. 98. ed. Leunclav.) enarrat Mich. Lequienius in Oriente christ. Vol. II. p. 67. De tota regione illa cfr. Cousin. Voy. Vol. II. p. 16 sq.

FONS CO. Sic tabula Peutingeriana: reliqui eam s. mansionem s. mutationem omittunt. Verba corrupta esse patet. Locus puto fluvii cuiusdam Thracici fons fuit, velut in Istria locum habemus nomine *Fons Timavi* (Itinerar. ed. Wesseling. p. 270. 273.). De nostro loco sic Catancsichius ad Tabulam Peutingerianam Vol. I. p. 714.: „*Fons Cō.* Aedicula instar fani. Velserus *Fons Con.* Appianus (l. c.), ubi Crenidas et Daton memoravit, κρῆναι γάρ εἰσι περὶ τῷ λόφῳ, ait, in quo Philippi sunt. Addit, ab occasu urbis esse planitiem CCCL stadiorum, amoenam et fertilem, ubi Proserpinam dicant raptam. Ibi fanum forsan ei dicatum erat, nisi Divae Augustae s. Iuliae, cuius epigraphae meminerunt, malis. Proximum urbi fontem fuisse, ex eo colliges, quod numerus non additur; quanquam id et vitio scribarum accidere potuit." Ultima caute Hungarus. Namque milliarium numeri raro absunt a Tabula Peutingeriana. Verum in reliquis quid idem voluerit, me nondum assecutum esse confiteor. Anne forma *Fons Co* idem illi visa est, quod *Fons Co[rae]*, i. e. Κόρης, Liberae, Proserpinae? Quanquam hoc vix ego crediderim. Graece enim parum doctus erat bonus Catancsichius; et Latina Graecis ita non miscentur. Nec magis intelligo, quae Idem affert de Diva Augusta s. Iulia. Fontem Basilacii (Vaslak) pulcherrimum, ibidem fere locandum, in Thessalonicensibus exposui p. 501 sq. Thraciae fluvius Cossinites ni alio loco quaerendus videretur, ulcus ego Tabulae Peutingerianae sic sanarem: *Fons Co[ssinitae]*.

NEAPOLIS, quae **Christopolis** quibusdam esse videtur. Via Egnatia, Amphipoli relicta, recto cursu orientem petit, quo hodierna via ad Prahustam Cavalamque tendit, non septentrionem cum oriente, i. e. per vallem fluvii Angistae, ut Mannerto videtur. Clarkius enim, qui anno 1801 vallem inter Strymonem et Prahustam permeavit, toto isto die rudera viae Romanorum calcavit, et per eandem viam stratam montem conscendit, ut deinde Prahustam veniret. V. Clarkii travels Vol. 4. cap. 12. Praeter

Itinerariorum auctores Neapolin habet Hierocles in Synecdemo pag. 640., siquidem Neapolis ab eo memorata una eademque est cum nostra; post Hieroclem vero Procopius de aedificiis IV, 4 (pag. 279. ed. Bonn.). Neapolin nunc Caválam dici, Mannertus narrat (Geogr. Vol. VII., p. 209.), incertum, quibus scriptorum veterum locis fretus. Christopolin aevi Byzantini nunc Caválam quibusdam dici, ego quidem novi, testante expositione nova Andronici imp. (Antiquitt. Cpolit. lib. VIII. pag. 196. ed. Ven.): Χριστούπολις, ἤτοι (sive) ἡ Κάβαλλα (Cavála). Quamquam objicies, in Byzantinorum indicibus episcopalibus vocem ἤτοι non semper esse sive eo sensu, ut vetus urbis alicujus nomen in recentius mutatum esse significetur. Namque eadem Expositio Andronici imperatoris ibid. p. 195 haec habet: Τραϊανούπολις, ἤτοι τὸ Διδυμότειχος (Traianopolis sive Didymotichus). Id vero idem est quod: Traianopolis, cujus thronus transiit in thronum Didymotichi, coll. eadem Expositione paulo inferius (p. 196): Διδυμότειχος ἐπισκοπὴ ἦν τῆς Τραϊανουπόλεως, ἐτιμήθη εἰς μητρόπολιν, εἰς θρόνον νδ΄ (44). Verumtamen in Expositione Andronici ἤτοι revera idem est quod sive, ut hodierna Cavala eadem esse possit cum medii aevi urbe Christopoli, apud Cantacuzenum Gregoramque saepissime memorata.

Christopolin vero a vetustiore Neapoli differre, sequentia monstrare quibusdam videbuntur. Acta SS. Apostolorum 16, 11 sq.: Ἀναχθέντες οὖν ἀπὸ τῆς Τρωάδος, εὐθυδρομήσαμεν εἰς Σαμοθράκην, τῇ τε ἐπιούσῃ εἰς Νεάπολιν, ἐκεῖθέν τε εἰς Φιλίππους. Cum his confer Georgium Acropolitam histor. cap. 43.: Καὶ τέλος φθάνει τὴν Φιλίππου, παραμείψας τὴν Χριστούπολιν (Nicaenus imperator sec. XIII). Nicephorus Gregoras histor. 13, 1, 1.: Λήγοντος δ᾽ ἤδη τοῦ ἔαρος (a. 1342.), ἄρας ὁ βασιλεὺς Καντακουζηνὸς ἐκ τῶν τοῦ Νέστου ποταμοῦ ἐκβολῶν, κἀξ εὐωνύμων ἀφεὶς τοὺς τὰ στενὰ τῆς Χριστουπόλεως παραφυλάττοντας, διὰ τῆς ἄκρας τοῦ ὄρους τὰς οἰκείας διεβίβασε δυνάμεις, μακροτέρᾳ μὲν καὶ ἐπιπόνῳ χρησάμενος τῇ πορείᾳ διὰ τὰς δυσχωρίας τῶν τε πετρῶν καὶ φαράγγων καὶ τῶν ἐκ τῆς λόχμης ἐκείνης δένδρων καὶ ἀκανθῶν. Διεβίβασε δ᾽ οὖν, καὶ κατεστρατοπέδευσε περί που τὰ ἱππήλατα τῶν Φιλίππων, ἔνθα πάλαι Βροῦτος καὶ Κάσσιος ἐπολέμησαν Ὀκταβίῳ Καίσαρι. Videtur Graecorum imperator ab alia paulo parte Philippos venisse, quam Brutus et Cassius (Appian. b. civ. 4, 104. Dio Cass. 47, 35): hi enim per Harpessi convallem ad Nestum medium venire debebant, dein Dramam ac Philippos. Imperator Byzantinus montes Cavalae vicinos, ni fallor, superavit, ut eodem aevo (a. 1307) Hispani, Graecorum hostes, referente Moncada in libro: Expedicion de los Catalanes y Aragoneses contra Turcos y Griegos. Madrid. 1805. cap. 54 (p. 305). Quocum conferendus Nicephorus Gregoras 7, 6, 1. His adde eundem Nicephorum Gregoram 13, 5, 1., qui Graeci imperatoris milites Serbiotas, audito, fauces inter Christopolim Philipposque sitas ab hostibus teneri, per ignaviam retrocessisse narrat (a. 1343). Cantacuzenus hist. 3, 37 (ad ann. 1342): Αὐτὸς τὴν ἄλλην ἔχων στρατιάν, τὸ παρὰ τὴν Χριστούπολιν τείχισμα διελθὼν ἐστρατοπέδευσεν ἐν Φιλίπποις.

Jamque Byzantinorum scriptorum verbis cum Actorum loco comparatis, unus et alter harum literarum intelligens, habita locorum illorum ratione, Divum Lucam et scriptores illos de una eademque urbe loqui putabit, primo Neapoli dicta, dein Christopoli, e qua per viam Egnatiam D. Paulus Philippos adierit. Nec tamen veram rei rationem assecutus videbitur. Vidimus quidem, Christopolin medii aevi nunc Caválam dici. Ubi vero ipse Christopoleos situs quaerendus? Ubi Caválae? Fertur enim hodie duplex Cavala, prior proprie sic dicta, posterior *vetus* (Cousinéry itin. Maced. Vol. II. p. 116 sqq., coll. Ejusd. tab. geogr.), a priori duarum leucarum spatio remota, et quidem ad occidentem meridiemque, mari, ut prior, apposita. Haec autem (vetus) Cavala locum Neapoleos prope isthmum tenet, qui latus meridionale egregii portus Neapolitani efficit, coll. Cousiner. l. c. Jamque hoc loco positam Christopolin putabis? Ego non puto. Namque ex veteris Caválae denominatione quis concludet, Christopolin quondam veteris Caválae (Neapoleos) locum tenuisse, dein transpositam in eum locum, ubi nunc est Cavala proprie sic dicta? Immo Neapoleos incolas Cavalam hodiernam, i. e. Christopolin, transpositos existimo aevo urbis incognito; dein, cum Christopoleos nomen in Cavalam abiisset, veteris Neapoleos reliquias, prope locum Turcicum *Leutere* sitas, veteris Cavalae nomen induisse, coll. Cousin. l. c. p. 124. Quod ut statuam, sequentia maximopere suadent. Ex urbe Philipporum arduo quidem descensu via Egnatia Neapolin ducebat per oppidum hodiernum *Prava s. Prahusta* (Beaujour, Voy. militaire Vol. I. p. 230); angustiis tamen et munimentis Neapolin diremtam a Philippis fuisse, nunquam audivi. Ea impedimenta satis magna inter Cavalam proprie dictam Nestumque flumen intercedunt, de quibus praeter alios adeundus Beaujour l. c. p. 230. 231. Deinde portus Neapoleos antiquae in omni Christopoleos historia non occurrit, quod secus foret, si Cavala (Christopolis) locum antiquae Neapolis teneret.

. Christopoleos nomen jam Mauritii imperatoris aevo primo occurrere quibusdam videtur, coll. Theophylacto Simocatta hist. I, 7.: Διὸ (ob Sclavinorum adventum) καὶ δεδιὼς βασιλεὺς (Mauritius imp. a. 586), τὰ μακρὰ διεφρούρησε τείχη, καὶ τὰς περὶ αὐτὸν τῶν στρατευμάτων πληθεῖς ἀπεξῆγε τῆς πόλεως, ὥσπερ ἀξιολογώτατον ἔρυμα περὶ τὸ ἄστυ αὐτοσχέδιον μηχανώμενος. Verum is locus ab interpretibus pessime habitus est. Imperator Byzantinus copias ex urbe Constantinopoli eduxit, iisque velut propugnaculo quodam tumultuario urbem tuitus est. Murum Anastasianum non excessit, sed inter hunc Constantinopolinque se tenuit; Commentiolum extra murum Anastasianum Sclavinis obviam misit, qui apud flumen Erginiam (Riginiam s. Erigonem epitomatoris Straboniani lib. VII. fin. §. 23) hostes fudit. His non intellectis, interpretes locum sic latinum fecere: *et circum Christopolin tumultuarie veluti vallum ac tutamentum imprimis eximium molitur.* *) Sed *vallum* fuit ejus exercitus;

---

*) Bekkeri editio latinam Theophylacti interpretationem (ed. Bonn. p. 46.) intactam reliquit ut alibi.

Christopolinque Graeca non habent. Et quid erit *Christopolis*, si vel Theophylacti codicibus insit? Nil nisi Constantinopolis ipsa, quae ob pietatem, barbaris ethnicisque oppositam, Christi urbs s. christianissima dicitur. Mirum, quod hoc commentum Stritterus repetiit (Memorr. Vol. II. p. 52., in indice historico et geographico p. 59), hanc Christopolin ut urbem peculiarem enumerans, unam eandemque cum vera Christopoli.

Christopoleos nostrae nomen non ante ordinem praesidentiae Leonis Sapientis imp. (a. 886 — 907) invenio. Is igitur index haec habet: Θρόνος XL. *Τῷ Φιλίππων Μακεδονίας* (subditi sunt episcopi)· ὁ Θεωρίου, ὁ Πολυστύλου, ὁ Βελικείας, ὁ Χριστουπόλεως, ὁ Σμολαίνων, ὁ Καισαροπόλεως, ὁ Ἀλεκτρυοπόλεως. Ex his corrige corruptam Innocentii vocem *Casiropolis.* *) Est revera *Caesaropolis.* In his urbibus Theorii sedem ignoro; Polystylo (Abderae) vicinum fuisse, ex ordine verborum verisimile est. Polystylum (Innocentii editio male *Polistrios*) veteri Abderae respondet, prope sinistrum Nesti litus, ubi is in mare exit, positae, coll. Cantacuz. hist. 3, 37.: Τὸ νῦν μὲν Πολύστυλον, ἐν τοῖς Ἑλληνικοῖς δὲ χρόνοις Ἄβδηραν ὠνομασμένον, πολίχνιον παράλιον ὄν. Nicephorus Gregoras 12, 16, 3.: Τὸ φρούριον, ὃ Πολύστυλον ὀνομαζόμενον πάλαι πρὸς θάλατταν, νῦν αὐτὸς ἐξ οἰκείας δαπάνης συνεστήσατο παρὰ τὰς τοῦ Νέστου ἐκβολάς. Cum Cantacuzeno facit quoque Index urbium, quae nomen ultimo mutarunt (ad calcem Codini de officiis aulae Byzantinae p. 495. ed. Paris., p. 348. ed. Ven.): Αὔδειρα (l. Ἄβδηρα), τὸ νῦν Πολύστυλον. Polystyli primam mentionem invenio in Actis Concilii noni (Photiani) a. 879., ubi subscripsit episcopus Polystyli (Mansi Concil. Vol. XVII. p. 375). Beliceam eandem esse puto cum urbe *La Blache* Ville-Harduini (ap. Buchon. p. 111 sq.). *Smolaena* Nicetas quoque in Alexio Comneno 3, 2. memorat; cum Moglenis Macedoniae, Edessae vicinis, male confundit Stritterus in Memorr. (ind. geogr. p. 298). Fuere *Smolena* (sic vocem scribit Nicetas ex editione vulgari, neque aliter Ephraemius v. 6602. p. 269. ed. Bonn.; sed codex Nicetae Augustanus habet *Smolaena*) singularis ditio (θέμα), referente Niceta l. c. Eius sedem codex Nicetae Augustanus illustrat, ibidem addens: Καὶ τὰ περὶ τὸν Πάναχα ποταμὸν πλησιάζοντα χωρία (et loca circa fluvium Panacem), quae manifesto addita videntur ad significandum Smolenorum locum. Is *Panax* sonum habet a Graecitate pa-

---

*) Innocentius III epist. 15, 56 (Ed. Baluz. Vol. II. p. 621): *Wilhelmo, Philippensi archiepiscopo … Philippensis ecclesia .. metropolin Philippensem .. casale, quod dicitur Candaka .. et vineas, quas habet apud Chrysopolim; casale, quod dicitur Stravo; casale, quod dicitur Pravicaresta .. domus, quae dicitur Platon; casale, quod dicitur Caresta; … ecclesias, quas habet in castro* Christopoli; *episcopatus quoque inferius annotandos ecclesiae Tuae metropolitico jure subjectos Tibi Tuisque successoribus .. confirmamus, videlicet Eleutheropolim (l. Anactoropolim), Casiropolim (l. Caesaropolim), Polistrios (l. Polystylum), Vilikios (l. Velikj s. Beliceam), Morenos (l. Smolenos).*

rum abludentem, ejusque nomen iterum deprehendo in Actis S. Germani, abbatis in Cosinitra, ad 12. Mai. cap. 12. (Acta Sanctorum ad mensem Maium Vol. III.): *Urbe Christopolitana excedit .. ac Philippos praeteriens, ad montem quemdam devenit, ex adverso quidem Popoliae* (Πωπολίας) *.. ad Panacis ostia*) constitutum, et stadiis plus quam quinquaginta ab oppido quodam distantem, cui Drama nomen .. Antrum* (in eo monte) *a natura apte efformatum* (in quo sc. S. Germanus aedem S. Mariae condidit). Ibidem alius mons notatur, *Maticia*, aditu difficillimus, ibidemque pagus, incolarum sermone *Tzernista*. In his *Popolia* idem est quod *Amphipolis; id quod supra ostendi. Panacis igitur ostia fluvium rivumve aliquem spectant, Amphipoli et Strymoni ab oriente vicinum, fortasse eum rivum, qui prope pagum *Orfano* in mare exit inter locos *Macala* et *Karea*, coll. tabula Cousinerii Macedonica. Reliqua Actorum nomina (*Maticia* et *Tzernista*) nondum exputavi. Graeca horum Actorum vide in Appendice ejusdem voluminis. Assignatur sancto huic Germano seculum 9., coll. Editoribus p. 161. Quando ejus vita scripta sit, non liquet. Triballorum pro Serbis ibi occurrens mentio aetatem seriorem mihi quoque redolet. Attende quoque ad illa stadia inter montem et Dramam intercedentia. Non memorantur Philippi propiores, sed Drama, aliquanto remotior. Quod non secus apud Nicetam, qui, ubi Philippos afferre poterat, Dramam affert (Isaac. Ang. 3, 2), Philipporum nomine omnino abstinens in toto opere: scilicet Philippi tum vix extitisse videntur. Ceterum Smolaena secundum antecedentia in pago Orphano deprehendere mihi videor, qui parum remotus est a mari. *Caesaropolis* (pro quo Innocentii textus male *Casiropolis*) eadem esse videtur cum Caesaropoli Actorum Synodi nonae s. Photianae (ann. 879), coll. Mansi concil. Vol. XVII. p. 377.; quamquam ejus locum nondum inveni. Situm puto inter Christopolin et Orphanum habuit. Aleotryopolin, formam admodum suspectam, ex Anactoropoli, veterum *Eïone*, corruptam puto, coll. Cantacuzeno 4, 17.: Ὁδοῦ δὲ πάρεργον καὶ τῆς Ἠϊόνος, πόλεως παραλίου κατὰ τὴν Θρᾴκην, ἣ νῦν Ἀνακτορόπολις καλεῖται, τῶν τειχῶν ἀπεπειρᾶτο, ἧς ἦρχεν Ἀλέξιός τις ... ὃς .: οὐ τὴν Ἠϊόνα μόνον δὴ ταύτην ἑαυτῷ περιεποίησε κρατήσας, ἀλλὰ καὶ Χριστούπολιν ἐκάκου.., καὶ Θασίοις καὶ Λημνίοις λυπηρὸς ἦν.. Δι᾽ ἃ ὁ βασιλεὺς καταπλέων ἐπέθετο τῇ Ἠϊόνι.. Βασιλεὺς δὲ.. ἐχώρει τὴν εἰς Θεσσαλονίκην ἐκ τῆς Ἠϊόνος ἄρας, καὶ τὴν νύκτα ἐκείνην ὡρμίσατο ἐπ᾽ ἀγκυρῶν Ἀμφιπόλεως ἐγγὺς κ. τ. λ. Aliis magis placebit forma Innocentii *Eleutheropolis.* In fine noto, *Eïonem* ad sinistram Strymonis oram supra mare collocatam fuisse, coll. Kutzenio l. c. p. 9 sqq. Nominis mutatio in Anactoropolin difficilis intellectu videtur. Anne Castor et Pollux (Ἄνακες s. Ἄνακτες), Samothracum daemones, ibi colebantur? His autem sacris Philippus I Macedo initiatus fuerat cum Olympiade conjuge (Plutarchus in Alexandro cap. 2).

---

*) Situm fluvii definit Cantacuzeni contextus 4, 45.: Ἐστρατοπέδευσεν ἐπὶ Πάναχα τὸν ποταμόν. De Angistae valle nemo cogitabit.

Recurro ad Christopolin s. Caválam. Ea urbs saxo praerupto, quod in mare prominet, imposita est (Beaujour l. c. Vol. I. pag. 230.); castellum dicit Ville-Harduinus l. c. p. 111. ed. Buchon, Portum non habet (tab. geogr. Cousin.). Situs autem loci is est, ut portarum instar sit, quibus Macedonia et Thracia dirimuntur. Habet enim Cavála a parte orientali, quae ad flumen Nestum vergit, plures convalles asperrimas, medio aevo muris castellisque clausas, de quorum reliquiis v. Felicem Beaujour in Voy. milit. Vol. I. p. 230. 231. Ea munimenta si non primus fecit, tamen valde auxit Graecorum imperator initio sec. XIV., coll. Nicephoro Gregora hist. 7, 6, 4. Moncada l. c. cap. 60. p. 333. Totus ille tractus, per quem ab urbe Cavala (Christopoli) via Egnatia ad Nestum ducit, in libris scriptorum Byzantinorum *Angustiae Christopolitanae* (τὰ στενὰ τῆς Χριστουπόλεως) dici solet. Male huic tractui quidam tribuunt Thracum Pieriorum castella, Phagren et Pergamum (Herodot. 7, 112.). Ea enim (τείχη dicit Herodotus) inter Neapolin Amphipolinque quaerenda esse, Herodoti contextus docet, collato Scylace cap. 68.: Ἀμφίπολις, Φάγρης (pergit Scylax ab occidente versus orientem). Quatenus portae Sapaeorum cum faucibus Christopolitanis conveniant, ocularis locorum cognitio monstrabit. V. tamen sqq.

ACONTISMA. Abest a Neapoli secundum itineraria M. P. IX. vel XVIII. itinere sc. orientali. Puto ab hoc loco omnino non differre Christopolin (Cavalam) ejusque regionem, quae eodem fere spatio a Cavala vetere (Neapoli) distat. Acontismatis nomen quare loco datum fuerit, me latet. Forsan rupes illa s. promontorium hastae cuspidatae instar (ὡς ἀκόντισμα) in mare procurrit. De hoc s. Thraciae s. Macedoniae angulo videatur Ammianus Marcellinus 27, 4: *Ex angulo orientali Macedonicis jungitur* (Thracia) *collimitiis per artas praecipitesque vias, quae cognominantur Acontisma.* Hunc totum tractum, duarum fere leucarum longitudine, cum faucibus Sapaeorum (Christopolitanis) eundem esse persuasum habeo, non Mannerti quidem rationibus obsequens, qui ex Appiano (bell. civ. 4, 106) concludit, inter Neapolin faucesque Sapaeorum LXX stadia intercessisse. Dicere decebat *inter Neapolin et initium orientale faucium Sapaeorum.* Sunt enim LXX stadia idem, quod leucae tres cum dimidia. E Neapoli vero ad locum Acontisma, initium faucium *occidentale,* est via M. P. IX. Dein Appianum non inspexisse videtur Mannertus. Graecus scriptor de LXX stadiis loquitur, *quae intercedebant inter Bruti Cassiique castra Philippensia et Neapolin, non de spatio inter Acontisma (fauces Sapaeorum) et Neapolin.* Alius tamen Appiani locus (b. civ. 4, 104) meam sententiam de faucibus Sapaeorum, post Symbolum, quod dicunt, venientibus, confirmat. Ibi narratur, Norbanum, qui stabat e partibus Octaviani atque Antonii, cum Brutum Cassiumque, ad fauces Sapaeorum (in maris litore *prope Thasum,* coll. Plut. Brut. cap. 35) adventantes, alio deflexisse Philipposque venisse audisset, *Amphipolin* cum copiis suis aufugisse, non memorato Symbolo (i. e. montibus inter Neapolin et Philippos sitis),

3

quod habet Plutarchus Brut. cap. 38. Scilicet fugit Amphipolim via brevissima (per hodiernam puto Prahustam), non per Philippos, inter quos et Neapolis Symbolum; hinc apud Appianum id ipsum recte omittitur.

Brutus et Cassius quam viam elegerint, ut faucibus Sapaeorum evitatis Philippos venirent, id paucis (ni fallor) curatum quaesitumque doleo. Referente Appiano (l. c. cap. 103. 104) itinere septentrionali per quatriduum ad Harpessum fluvium proficiscebantur, qui Hebro immittitur, via valde impedita, silvosa, siticulosa; postero die Philippos venerunt. Ille fluvius ab Arda hodierna differre vix potest; neque praetermittendum, a Philippis et Drama urbibus viam, forsan veterem, nunc esse ad Hebrum superiorem et Philippopolin, quae via Ardam sequitur, coll. tab. geogr. Lapie. fol. 8. Quare vero legiones Romanae Nestum fluvium non sequebantur, Philippis Dramaeque hodiernae propinquum? Nam sic quoque fauces Sapaeorum vitabantur, et via quidem commodiore, ubi aquam habebant, quam in altera via incredibili labore secum ferebant. Norbanum puto latere volebant. Quare faucibus Corpilorum (prope Mosynopolin) superatis, cum in regionem hodiernae urbis Comotenorum (quam deinde illustrabo) descendissent, itinere septentrionali atque occidentali Ardae fluvii initia petebant; hinc, superato Nesto flumine, Philippos. Oppones, Nestum non memorari in mirifico Bruti Cassiique itinere. Omittit hoc Appianus non absque consilio atque industria. Confecta enim totius viae parte impeditissima, reliqua ejus omitti poterant. *)

MUTATIO PURDIS M. VIII (a Topiro). Ita solum Hierosolymitanum. Ad eum locum Wesselingius (p. 603.): „Mihi *Purgis* sive *Pyrgis* non displiceret, si *turres* hic fuisse aliunde constaret." Optime Batavus conjecit. Forma enim *Pyrgi* alibi in Itinerariis bis occurrit (p. 290. 301. ed. Wessel.). Et *Turres* eadem crebro habent,

---

*) Agesilai per has regiones iter in transcursu tangam. Ergo vir summus, Asia relicta, cum exercitu suo Thraciam Macedoniamque eadem, qua Xerxes, via peragravit, coll. Xenophonte H. Gr. 4, 2, 8.: Καὶ Ἀγησίλαος ... ἔχων τὸ στράτευμα, ἐπορεύετο τὴν αὐτὴν ὁδὸν, ἥνπερ βασιλεὺς, ὅτι ἐπὶ τὴν Ἑλλάδα ἐστράτευεν. In eo itinere Amphipolin venit (Xenoph. l. c. 4, 3, 1). Haec paulo plenius Diodorus Siculus narrat 14, 83.: Ἀγησίλαος δὲ τὴν δύναμιν ἐκ τῆς Ἀσίας διαβιβάσας εἰς τὴν Εὐρώπην, τὸ μὲν πρῶτον Θρᾳκῶν τινων ἀπαιτησάντων αὐτῷ μετὰ πολλῆς στρατιᾶς, μάχῃ τε ἐνίκησε, καὶ τοὺς πλείστους τῶν βαρβάρων ἀνεῖλε· μετὰ δὲ ταῦτα διὰ Μακεδονίας τὴν

πορείαν ἐποιεῖτο, τὴν αὐτὴν διεξιὼν χώραν, ἣν καὶ Ξέρξης ἐπορεύθη, καθ' ὃν καιρὸν ἐστράτευσεν ἐπὶ τοὺς Ἕλληνας. Agesilaus ubinam insidias barbarorum passus sit, non dicit Diodorus, certe in angustiis, quarum haud paucae inter Hellespontum et Macedoniam. Putabis, factum illud esse in faucibus Christopolitanis; addit enim scriptor, Agesilaum, victis barbaris, per Macedoniam iter continuasse. Manlius tamen, eodem, quo Xerxes et Agesilaus, itinere cum legionibus suis utens, initio viae, in Cypselorum saltu, antequam ad Hebrum veniret, Thracas hostes obvios habuit (Liv. 38, 40. 41.); iterum in Tempyrorum faucibus (Liv. l. c.).

coll. indice Wesselingiano sub vv. *ad Turrem, ad Turres, Turres, Turribus, Turris.* Ergo faucium Christopolitanarum (in his ipsis versamur) statio quaedam potior, Acontismati ab oriente vicina, significatur, nomine Graeco *Pyrgi* (*Turres*). Hierosolymitanus ibi addit: *Finis Rhodopeae et Thraciae.* Recte. Nam ad Topirum civitatem accedimus, quae erat in fine meridionali et occidentali Rhodopeae provinciae, fortasse ipso nostro loco posita. Procop. aedif. 4, 11. (Opp. ed. Bonn. Vol. III. p. 304.): Ἔστι δέ τις ἐν Ῥοδόπῃ πόλις ἀρχαία, Τόπερος ὄνομα κ. τ. λ. De his v. Nos paulo inferius. Alium Rhodopes locum, *Toparum*, Procopius ibidem habet p. 305. Et in Illyrico idem (libro 4, 4.) habet castellum Τόπερα. Has formas confer cum forma Macedonica Δόβηρος.

TOPIRUS. Hujus urbis nomen jam sec. V. occurrit in Actis synodalibus. V. Concilium Ephesinum (Mansi Concil. Vol. 6. p. 873.), ubi est subscriptio Episcopi Toperi (Τοπήρου). De ea deinde haec habet (sec. VI.) Hierocles pag. 634. ed. Wessel.: Τόπειρος, νῦν Ῥούσιον. Ultima tamen vix Hieroclis, sec. VI. scriptoris, esse puto, sed librarii recentioris. Repetit vero hanc notitiam Index urbium, quae nomen ultimo mutarunt (ad calcem Codini de officiis aulae Byzantinae p. 404. ed. Paris., p 348. ed. Ven.): Τόπειρος, τὸ νῦν Ῥούσιον (*Topirus, quod nunc Rusium*). Rusii nomen diu post recurrit, sc. in synodo IX s. Photiana, a. 879., ubi subscripsit episcopus Rusii, coll. Mansi Concil. Vol. XVII. p. 373. Sequitur aevum Comnenorum, coll. Anna Comnena lib. VII. p. 200-203. ed. Paris., ubi non semel tantum memoratur. Nesti fluminis litoribus imponi a geographis solet, procul a mari; quod num verum sit, necne, is exputabit, qui sequentia Procopii (de aedific. 4, 11) verba, istum quandoque tractum non sine libris peragrans, rite ponderaverit. Nestum enim ego non admitto, sed alium fluvium rivumve, de quo v. infra. Procopius igitur, ἔστι δέ τις, inquit, ἐν Ῥοδόπῃ πόλις ἀρχαία, Τόπερος (sic) ὄνομα· ἡ ποταμοῦ μὲν ῥείθρα περιβάλλεται ἐκ τοῦ ἐπιπλεῖστον, λόφον δὲ αὐτῇ ἐπανεστηκότα ὀρθὸν εἶχεν. Eodem Procopio teste (de bello Goth. 3, 38) fuit Iustinianeo aevo πρώτη Θρᾳκῶν καὶ παραλίων, dierum vero XII (?) itinere a Constantinopoli remota. Ejus muros, cum a Sclavinis capta esset, Iustinianus imperator altiores fecit (Procop. de aedificiis 4, 11). Ῥωσία (*Rosia*) dici videtur a Nicephoro Callisti (H. E. 14, 39.), Ῥώσιον (*Rosium*) a Nicephoro Chumno orat. adv. Niphonem (Boissonad. Anecdd. Gr. Vol. V. p. 280.): eam tamen a Rusie nostro diversam esse puto, eandemque cum urbe *Ruskiöi*, de qua deinceps agam. Suadet huc locorum Chumni tenor: *) Περὶ δὲ τῆς Θεσσαλο-

---

*) Schaffarikius in Annal. Vindobb. Vol. 46. p. 50.: „Es wurde die Vorsilbe τὸ (in voce Τόποι) für den Artikel angesehen, und nach und nach abgeworfen, wie diess mit andern Städtenamen der Fall ist. So schreiben z. B. Hierocles, die Episkopallisten und die Byzantiner Pyrus (?), Porus, statt Topi.

νίκης, Βεῤῥοίας, Μαρωνείας, Φιλιππουπόλεως, Λήμνου, Ῥωσίου, Σηλυβρίας, Δέρκους ... τί καὶ περὶ τούτων ἔχεις εἰπεῖν; Iamque de Topiro ita praecipit Meletius (geogr. ed. Anthimus Gaza Vol. III. p. 104): Τοπηρὸς, ἥτις καὶ Τοπήριον καὶ Κισσούπολις καὶ κοινῶς Κισσὰν καὶ Ῥούσκοι. *) Ubi vero urbs Meletii Cissam quaerenda? Duarum leucarum spatio a Nesto flumine, itinere orientali remota, in tabula Franco-Galli Lapie geographica sectione VIII., Cizza s. Tchitza nuncupata, in fluvii rivive ora, qui veteris Topiri nomen, quod mireris, leni mutatione servasse videtur. Dicitur enim Sopari. De numis graecis Topiritarum (Τοπειριτῶν) v. Eckhel. D. V. N. Vol. II. p. 47. Mionnet. Descript. de médaill. antiques Vol. I. ed. I. p. 422. Ramus. catal. numorum Vol. I. p. 111. (Τοπίρου). Museum Wiczai s. Hedervar. Vol. I. p. 96. Postremo in Topiri scriptione memorandum videtur, quod Zosimi (1, 43) codices Leunclavianus et Palatinus superioris Macedoniae urbem Doberum scribunt Τόπηρον. Alio vero Zosimi loco, sc. 2, 33., habent Τοπήρου (l. Τοπίρου), pro vulgato Δοβήρου. Quanquam Doberus nullo tempore provinciae Rhodopeae fuit, sed Τόπιρος (Topirus).

Spatium, quod inter Caválam et Cizzam (Acontisma Topirumque) intercedit, a millibus XVII passuum itinerariorum haud multum discrepat: tabula Peutingeriana minorem numerum habet. Urbem vero Meletii Cissam in Cisso Georgii Acropolitae quidam invenient. Is enim hister. cap. 43., ἐπεὶ γοῦν, ait, περὶ τὰ μέρη τῆς Κισσοῦ ὁ βασιλεὺς (Nicaenus imperator sec. XIII., cui omnia tum inter Hellespontum et Zichnam prope Serras parebant) ἐγένετο, κἀκεῖσε διημερεύσας, τὴν ἐπαύριον τῆς πορείας εἴχετο. Audiebat vero in Hebri transitu (ἐπεσφάχει δὲ περὶ τὸν ποταμὸν, ὃν Εὖρον καλοῦσι), Bulgarorum regem mortuum esse. Unde tamen contrarium sequitur. Venit enim imperator post Cissum urbem ad Hebrum, iter ad occidentem faciens, neque obstat plusquamperfectum ἐπεσφάχει pro ἔφθασε. Quod ut statuam, alius me Acropolitae locus movet, sc. cap. 30.: Εἶχε δὲ ὁ βασιλεὺς τὸ τοῦ Κισσοῦ φρούριον, καὶ

---

rus; so fiel bei Ptolemaeus in dem Flussnamen Τομόσχιος das τὸ aus; so entstand bei Constantinus Porphyrogeneta aus τὸ Λόντο und τὸ Δόκλα das Wort τὸ Λοντοδόκλα." De loco Poros (Pori) inferius agam. In Schaffarikii sententiam deinceps inquiremus.

*) Ultima Meletii falsa esse, Hadschi-Chalfae locus, paulo inferius afferendus, demonstrabit. Urbs Ῥούσκοι inter Melana et Hebrum fluvios quaerenda est. Facitque omnino diversitas scribendi, ut Rosium a Rusio distinguam. Sed fuit aliud quoque Rusium, Adrianopoli vicinum, de quo videndus Nicetas in Balduino Flandro s. urbe capta cap. 13., ubi nomen Rusii bis occurrit. Situm habuit inter Adrianopolin et Apron (Ἄπρων), coll. Niceta l. c. Rosii (Ῥωσίου) praesulem habemus apud Leunclavium in jure Graeco Romano libro IV. p. 269., ubi agitur de anno 1084., coll. Mich. Lequ. in Oriente Christiano Vol. I. p. 264 sq. Seculo vero XIII vel XIV iterum occurrit Rosii episcopus (Lambec. biblioth. Vindob. ed. Kollar. Vol. 6. p. 62).

μέχρι ποταμοῦ, ὃν Μαρίτζαν ὁ πολὺς μετονομάζει λαός. H. e. Habuit in sua po-
testate imperator (Nicaenus) Cissum arcem, et quae ad fluvium patent, quem Maritzam (Hebrum) mutato nomine vulgus appellat. Ubi observo, Acropolitam haec
atque alia loca enumerare ab oriente versus occidentem. Quare fallitur Meletius; quod
inde quoque patet, quod ibidem memorat locum Ruscioï, de quo v. sequentia. Quid
multa? Meletii urbs Cissan est urbs Turcica Kechan, prope quam oppidum occurrit
Kiescaban (tab. geogr. Lapiei sect. 9.). De urbe vero Kechan (Keschan) ita Hadschi
Chalfa in Rumel. et Bosn. p. 67.: Keschan, auf dem Wege von Konstantinopel nach Salonik, zwischen Migalgara und Ipsala, eine Gerichtsbarkeit,
deren Hauptort Ruskiöi heisst. Man legt den Weg in fünf Tagen zurück. Von
hier aus setzt man über die Mariza, und kommt (dann) in einem Tage nach
Feredschik. Denique eodem, quo Hadschi-Chalfa, loco Cissum collocat Cantacuzenus histor. 2, 22.: Τὸν Ἑλλήσποντον διαβᾶσα στρατιὰ Περσῶν (Turcarum), καὶ
εἰς δύο διαιρεθεῖσα, οἱ μὲν αὐτῶν περὶ Κισσὸν καὶ Πολύβοτον καὶ Ἀκονίτην, πόλεις
Θρᾳκικὰς, ἐπερχόμενοι δῃοῦσιν· ἡ δ' ἐχώρησε (a. 1301) πρὸς Ῥαιδεστόν. Ubi iterum
terrae, a sinistro Hebri inferioris litore jacentes, manifesto spectantur.

RUMBODONA M. P. X (a Diomedis Stabulo). Ita solum Hierosolymitanum.
Locum ego nondum inveni. Petrus Wesselingius pag. 603. nil tentat, quod voci cor-
ruptae ullam medelam afferat.

COSINTO. Sic Antonini Augusti itinerarium pag. 321. Tabula Peutingeriana:
Consinto. Male. Lege Cosinite s. Cossinite. Significatur fluvius, Abderae vicinus, Cossinites, coll. Aeliano H. A. 15, 25.: Λόγος ἔχει, τοὺς ἵππους τοὺς πίνοντας ἐκ τοῦ
Κοσσινίτου ποταμοῦ (ἔστι δὲ οὗτος ἐν Θρᾴκῃ) δεινῶς ἐκθηριοῦσθαι. Ἐκδίδωσι δὲ
ὁ ποταμὸς οὗτος εἰς τὴν Ἀβδηριτῶν, καὶ ἀναλίσκεται εἰς τὴν Βιστονικὴν λίμνην.
Ἐνταῦθά τοι καὶ τὰ βασίλεια γενέσθαι ποτὲ Διομήδους τοῦ Θρᾳκὸς, ᾧ καὶ αἱ
ἀνήμεραι ἐκεῖναι ἵπποι κτῆμα ἦσαν ὁ Ἡρακλέους ἄθλος. De hoc loco Aeliani
v. inprimis Iacobsium.

STABULO DIOMEDIS. Sic Itinerarium Antonini p. 331 (antea, p. 321., habebat
Cosinto). Hierosolymitanum p. 603.: MUTATIO AD STABULO DIO (l. ad Stabula Diomedis). Num haec mutatio ab antecedenti prorsus differat, decernere nolim.
Aqua Cossinitae, equos efferos reddentis, fabulae Diomedeae occasionem praebuisse
videtur. Stabuli s. Stabulorum etc. formae haud infrequentes sunt in Itinerariis. V.
indicem Wesselingianum. Ego Stabula Diomedis legerim.

Nostram mutationem bene illustrat Pomponius Mela 2, 2, 8. 9.: „. . . Maronia.
Regio ulterior Diomedem tulit, immanibus equis mandendos solitum obiectare advenas,
et iisdem ab Hercule obiectum. Turris, quam Diomedis vocant, signum fabulae rema-
net, et urbs, quam soror eius suo nomine nominavit, Abdera." Ad quem Melae locum videatur Tzschuckius (III, 2, 133).

MAXIMIANOPOLIS. Eam cum Mosynopoli unam eandemque esse, Du-Cangius ait ad Ville-Harduinum cap. 141., adstipulante Schaffarikio (Annal. Vindob. Vol. 46, pag. 56); qui posterior „innumeris“ scriptorum Byzantinorum locis Mosynopolin occurrere refert l. c. Locos veterum quosdam v. apud Du-Cangium l. c., e quibus tamen id, quod suasit vir summus Du-Cangius, nondum evictum puto; quamquam ego ab ejus sententia non dissentio. Quid? quod Wilkenium de situ urbis dubitantem video (Kreuzzüge Vol. V. p. 349. not. 67). Quodsi vero idem Wilkenius Mosynopolin eandem esse putat cum urbe quadam Drusipara, prope Nicopolin ad Nessum (Nestum, Mestum) sita, ejusque opinionis gratia Meletium citat (Geograph. ed. Gaz. Venet. 1807. Vol. III. p. 103), illi ego, qualem viae ducem sibi elegerit, luculenter demonstrabo. Meletius igitur l. c.: Εἶτα Βεργούλη, ἥτις καὶ Βεργοῦλαι, καὶ Ἀρκαδιούπολις κατὰ τὸν Κεδρινὸν (sic), κοινῶς Πουργάζι . . . Πανταλία (sic), καὶ μετὰ ταύτην Νικόπολις, ἡ περὶ τὸν Νέσον ποταμόν. Δρουσίπαρα πόλις, ποτὲ μὲ θρόνον ἐπισκόπου ὑπὸ τὸν Ἀδριανουπόλεως μητροπολίτην, τὴν ὁποίαν λέγουσι νὰ εἶναι ἡ Μοσχούπολις, κοινῶς τανῦν Μισυνί. Πλησίον ταύτης, κατὰ τὴν λεωφόρον, εἶναι τὸ Καριστηρὰν, ὅπου εἶναι βασιλικὰ παλάτια. Τούρουλος, ἥτις καὶ Τερλώη, καὶ κοινῶς Τζουρουλούπολις, μὲ θρόνον ἐπισκόπου ὑπὸ τὸν Ἡρακλείας μητροπολίτην .. κεῖται ἡ Τζορλοῦ πρὸς τὸν Βαθανίαν (l. Βαθυνίαν) ποταμὸν, μεταξὺ τῆς Κωνσταντινουπόλεως καὶ Ἀδριανουπόλεως. I. e. *Deinde Bergula, quae etiam Bergulae, atque Arcadiopolis secundum Cedrenum* [p. 568. ed. Bonn., ubi tamen *Bergulium*, antequam a Theodosio in *Arcadiopolin* e filii nomine mutaretur], *lingua vulgari Purgazi (i. e. Burgas), .. Pantalia; post hanc Nicopolis prope Nesum (Nessum, Nestum, Mestum). Drusipara urbs, quondam cum throno episcopali sub Adrianopolitano metropolita, quam dicunt Moscyopolin esse, lingua vulgari nunc Misyni. Prope ad hanc, in via publica, est Caristeran, ubi palatium imperiale. Turulus, quae etiam Terloa, vulgari lingua Tzurulopolis, cum throno episcopali sub metropolita Heracleae ... Situm habet Tzorly* (turcice nunc loquitur Meletius, pro *Turulo* etc.) *ad Bathaniam* (Bathyniam) *fluvium, inter Constantinopolin atque Adrianopolin.* Ergo Nicopolin, ad Nestum sitam, inter Constantinopolin atque Adrianopolin Meletius collocat, somnians scilicet! Addit deinde Drusiparam (Moscyopolin, s. Misiny, ut vult). Bene hoc quidem. Quomodo vero ex hoc Meletii loco Wilkenius concludere poterat, *Mosynopolin* nostram e mente Meletii l. c. Nesto fluvio admovendam esse? Urbis enim Misiny situm optime Nicetas jam definit in Balduino Flandro cap. 8.: Ἥ τε λαχοῦσα πολιστὴν τὸν (l. πόλις κτιστὴν) Ἀρκάδιον, καὶ Μεσύνη ἐπὶ τῇδε, καὶ πρὸς αὐτῇ Τζουρουλός. Neque alium ordinem diu ante Nicetam habet tabula Peutingeriana sect. VIII; item Itinerarium Antonini Aug. p. 323.: *Bergulae. Drusiparo. Tirallo* (l. Zurulo). *) Eodemque fere ordine, si quis Adria-

---

*) Epiphanii, episcopi Cypri, index episcoporum (Constantinus Porphyrogenitus de cerimoniis aulae Byzantinae 2, 54): Ἐπαρχίας Εὐρώπης ὁ Δριδηπάρων (sic). Pro quibus

nopoli egressus Constantinopolin petit, in tabulis geographicis recentiorum, e. g. Fran-
cogalli Lapie, sequuntur urbes Burgas (Bergulium s. Arcadiopolis), Misini (Missini),
Tzorlu. De hujus Misynes situ cfr. etiam Michaelem Lequienium in Or. Christ.
Vol. I. p. 1131. 1132. Addo Ducam (histor. Byz. c. 42), qui Mesenen dicit his verbis: *Πλησίον κώμεως* (l. *κωμοπόλεως*), *Μεσήνης λεγομένης* (a. 1453 mortua est Turcici imperatoris mater in itinere). Notandum vero, jam hoc loco Meletium vel Anthe-
mium Gazam, qui Meletii editionem II procuravit, paulo post (p. 104) Moscyopoleos
suae (i. e. Mosynopoleos nostrae) sedem melius definire; quod alio hujus tractationis
loco exponemus.

Antequam ad Mosynopolin accedimus, age pauca de Maximianopoli, cujus nomen in
Mosynopolin corruptum esse videtur, praelibabimus. Eam, praeter Itineraria, auctorum
historicorum primus Ammianus habet histor. 27, 4: *Rhodopa, huic* (Europae, Thracicae provinciae) *annexa, Maximianopolin habet et Maroneam et Aenum.* *) Sequitur Hierocles p. 634. ed. Wessel.: Ἐπαρχία Ῥοδόπης ὑπὸ ἡγεμόνα. Πόλεις ζ (7)·
Αἶνος· Μαξιμιανούπολις· Τραϊανούπολις· Μαρώνεια· Τόπειρος, νῦν Ῥούσιον·
Νικόπολις· Κερεόπυργος. Habentque urbem nostram ante Hieroclem Acta Synodi
Chalced. a. 451 (Mansi concil. Vol. 6. p. 945.). Adde Epiphanium, Cypri episcopum,
in indice episcopali (Constantinus Porphyrogenitus de cerimoniis aulae Byzantinae 2, 54):
θ'· ἐπαρχίας Ῥοδόπης ὁ Μαξιμιανουπόλεως (*in eparchia Rhodopes est Maximianopoleos archiepiscopus*), sc. independens (s. αὐτοκέφαλος). Quodsi vero serus auctor
Constantinus Porphyrogenitus cujus aevo alia provinciarum divisio atque alia haud raro
urbium nomina erant, Maximianopoleos nomen repetit, antiquitatis hoc studio debetur;
quod facit, ut, Hieroclem maximopere secutus, aliarum quoque urbium nomina anti-
quiora reddat, in quorum locum pridem alia successerant. Constantinus igitur de thematibus II, 1. (p. 21. ed. Paris.): Ἐπαρχία Ῥοδόπης. Ὑπὸ δὲ αὐτὴν πόλεις
ζ (VII): Παρθικόπολις, Ἡράκλεια Στρύμνου, Αἶνος, Μαξιμιανούπολις, Σέρραι,
Φίλιπποι, Τραϊανούπολις. Ultimus scriptorum, antequam nomen ejus, incertum quando, in Mosynopolin abiret, sc. Procopius de aedificiis 4, 11. (is brevi post Hieroclem
suum de aedificiis librum composuit), Maximianopolin affert. Eo igitur teste (v. locum

---

eadem Notitia, ut edita est ad calcem
Codini de officiis (p. 339. ed. Paris. p.
292. ed. Ven.) habet ὁ Δριζιπάρων, ἤτοι
Μεσήνης (Driziparorum [Drusiparorum]
sive Mesenae episcopus).

*) Prolepsin historicam committunt Acta
Sanctae Glyceriae virginis etc. ad 13
Maium (AA. SS. ad mensem April. Vol.

3. p. 189): *Anno primo imp. Antonini*
(post Chr. 161) .. *multa erat consensio*
Christianorum (in persecutione), *qui*
habitabant in urbe Traianopoli .. Prae-
ses sacrificium in templo apud Maxi-
mianopolin offerebat (i. e. in urbe, quae
posthac Maximianopolis dicta fuit). Graeca hujus vitae vide in Appendice Voluminis citati p. 12.

ejus infra ad v. *Traïanopolis*) Iustinianus imp. nostram urbem, praeter Aenum, Trajanopolin, Anastasiopolin Toperumque instauravit.

In Mosynopoleos ventilatione quid inter Du Cangium ac Nos discriminis intercedat, optime apparebit, si auctoribus, quibus Du Cangius usus est, praemissis, omnem loci difficilis tractationem ab integro instituerimus. Du Cangius igitur (ad Ville-Harduinum cap. 141., qui auctor haud raro eam affert nomine *Messinople*) Novellam Leonis Sapientis imp. de thronis citat, Cedrenum, Annam Comnenam, Nicetam, provinciale Romanum, Ortelium. Auctorum verba non affert, atque unam eandemque esse cum Maximianopoli simpliciter suspicatur, opinionis suae argumentis non expositis. Diligentius in eam rem Wilkenius inquisivit (Kreuzz. Vol. V. p. 349.): a quo tamen quare dissentiendum putem, supra exposui, alia additurus in fine totius disceptationis.

Age vero *Mosynopoleos* historiam e multorum seculorum tenebris revocabimus.

1. *Antiquissima ejus mentio.* Eam non ante annum 879 invenio. In Actis igitur nonae s. Photianae synodi subscripsit Paulus, episcopus Mosynopoleos ($\Pi\alpha\tilde{\nu}\lambda o\varsigma$ $\dot{o}$ $Mo\sigma\upsilon\nu o\upsilon\pi\acute{o}\lambda\varepsilon\omega\varsigma$). Videatur Mansi in SS. conciliorum nova collect. Vol. XVII, p. 375. 376. Ejusdem plane aevi est Leonis Sapientis imp. Novella de thronis s. ordo praesidentiae cett. Ibi *Misinopolis* (sic) dicitur urbs nostra, Videatur Leunclavii Jus Gr. Rom. Tom. I. p. 98.): XXXVIII: $T\tilde{\omega}$ $T\rho\alpha\ddot{\iota}\alpha\nu o\upsilon\pi\acute{o}\lambda\varepsilon\omega\varsigma$ $'Po\delta\acute{o}\pi\eta\varsigma$ (subditi sunt) $\dot{o}$ $\varDelta\iota\delta\nu\mu o\tau\varepsilon\acute{\iota}\chi o\upsilon$, $\dot{o}$ $M\acute{\alpha}\kappa\rho\eta\varsigma$, $\dot{o}$ $M\iota\sigma\iota\nu o\upsilon\pi\acute{o}\lambda\varepsilon\omega\varsigma$, $\dot{o}$ $'A\nu\alpha\sigma\tau\alpha\sigma\iota o\upsilon\pi\acute{o}\lambda\varepsilon\omega\varsigma$, $\dot{o}$ $\Pi\acute{o}\rho\omega\nu$, $\dot{o}$ $\Xi\alpha\nu$- $\vartheta\varepsilon\acute{\iota}\alpha\varsigma$, $\dot{o}$ $\Pi\varepsilon\rho\iota\vartheta\varepsilon\omega\rho\acute{\iota}o\upsilon$, $\dot{o}$ $\Theta\varepsilon o\delta\omega\rho\acute{\iota}o\upsilon$.

2. *Basilii jun. imperium.* Centesimo ferme anno post Actorum ecclesiasticorum mentionem Mosynopolis in civili demum historia Byzantinorum emergit. Cedrenus ed. Bonn. T. II. p. 452.: $'E\pi o\iota\acute{\eta}\sigma\alpha\tau o$ $\delta\grave{\varepsilon}$ $\kappa\alpha\grave{\iota}$ $\varepsilon\dot{\iota}\varsigma\beta o\lambda\grave{\eta}\nu$ $\dot{\varepsilon}\nu$ $Bo\upsilon\lambda\gamma\alpha\rho\acute{\iota}\alpha$ $\delta\iota\grave{\alpha}$ $\Phi\iota\lambda\iota\pi$- $\pi o\upsilon\pi\acute{o}\lambda\varepsilon\omega\varsigma$ $\dot{o}$ $\beta\alpha\sigma\iota\lambda\varepsilon\grave{\nu}\varsigma$ (Basilius Bulgaroctonus a. 977—1026) .. $\kappa\alpha\grave{\iota}$ $\pi o\lambda\lambda\grave{\alpha}$ $\dot{\varepsilon}\nu$ $T\rho\iota\alpha\delta\acute{\iota}\tau\zeta\eta$ $\varphi\rho o\upsilon\rho\acute{\iota}\omega\nu$ $\kappa\alpha\tau\alpha\sigma\tau\rho\varepsilon\psi\acute{\alpha}\mu\varepsilon\nu o\varsigma$ $\dot{\varepsilon}\pi\alpha\nu\tilde{\eta}\lambda\vartheta\varepsilon\nu$ $\varepsilon\dot{\iota}\varsigma$ $Mo\sigma\upsilon\nu o\acute{\nu}\pi o\lambda\iota\nu$. Eadem iisdem ferme verbis repetit Zonaras 17, 8. (p. 224. ed. Paris.). Factum hoc, teste Cedreno l. c., anno Chr. 999. Idem Cedrenus l. c. p. 460.: (Capta Melenico urbe 8 Octobr. 1014) $\mu\varepsilon\tau\acute{\varepsilon}\beta\eta$ $\dot{o}$ $\beta\alpha\sigma\iota\lambda\varepsilon\grave{\nu}\varsigma$ (idem Basilius) $\pi\rho\grave{o}\varsigma$ $Mo\sigma\upsilon\nu o\acute{\nu}\pi o\lambda\iota\nu\cdot$ $\dot{\varepsilon}\nu$ $\tilde{\eta}$ $\delta\iota\acute{\alpha}$- $\gamma o\nu\tau\iota$ $\tauo\acute{\nu}\tau\omega$ $\kappa\alpha\grave{\iota}$ $\dot{o}$ $\tau o\tilde{\nu}$ $\varSigma\alpha\mu o\upsilon\grave{\eta}\lambda$ $\dot{\alpha}\gamma\gamma\acute{\varepsilon}\lambda\lambda\varepsilon\tau\alpha\iota$ $\vartheta\acute{\alpha}\nu\alpha\tau o\varsigma$ $\kappa\alpha\tau\grave{\alpha}$ $\tau\grave{\eta}\nu$ $\kappa\delta$ (28) $\tau o\tilde{\nu}$ $'O\kappa\tau\omega$- $\beta\rho\acute{\iota}o\upsilon$ $\mu\eta\nu\acute{o}\varsigma$. $K\alpha\grave{\iota}$ $\varepsilon\dot{\nu}\vartheta\grave{\nu}\varsigma$ $\dot{o}$ $\beta\alpha\sigma\iota\lambda\varepsilon\grave{\nu}\varsigma$ $\dot{\alpha}\pi\acute{\alpha}\rho\alpha\varsigma$ $\dot{\varepsilon}\kappa$ $Mo\sigma\upsilon\nu o\upsilon\pi\acute{o}\lambda\varepsilon\omega\varsigma$ $\kappa\acute{\alpha}\tau\varepsilon\iota\sigma\iota\nu$ $\varepsilon\dot{\iota}\varsigma$ $\Theta\varepsilon\sigma$- $\sigma\alpha\lambda o\nu\acute{\iota}\kappa\eta\nu$, $\kappa\dot{\alpha}\kappa\varepsilon\tilde{\iota}\vartheta\varepsilon\nu$ $\dot{\alpha}\pi\varepsilon\iota\sigma\grave{\iota}\nu$ $\varepsilon\dot{\iota}\varsigma$ $\Pi\varepsilon\lambda\alpha\gamma o\nu\acute{\iota}\alpha\nu$, ut ibi, se. Monasterii s. Bitoliae, rebus novis in Bulgaria instantibus commodius immineret. Idem ibid. p. 463. .. $\dot{\varepsilon}\pi\alpha\nu\acute{\varepsilon}\sigma\tau\rho\varepsilon\psi\varepsilon\nu$ (idem imp. a. 1015) $\varepsilon\dot{\iota}\varsigma$ $\Pi\varepsilon\lambda\alpha\gamma o\nu\acute{\iota}\alpha\nu$ .. $\dot{\alpha}\pi\tilde{\eta}\lambda\vartheta\varepsilon\nu$ $\dot{\varepsilon}\nu$ $\Theta\varepsilon\sigma\sigma\alpha\lambda o\nu\acute{\iota}\kappa\eta$. $K\dot{\alpha}\kappa\varepsilon\tilde{\iota}\vartheta\varepsilon\nu$ $\delta\iota\acute{\varepsilon}\beta\eta$ $\varepsilon\dot{\iota}\varsigma$ $Mo\sigma\upsilon\nu o\acute{\nu}\pi o\lambda\iota\nu$.. Idem ibidem p. 464.: $T\tilde{\omega}$ $\delta\grave{\varepsilon}$ $\varsigma\varphi\kappa\delta$ $\dot{\varepsilon}\tau\varepsilon\iota$ (1016) $\dot{\alpha}\pi\acute{\alpha}\rho\alpha\varsigma$ $\tau\tilde{\eta}\varsigma$ $\beta\alpha\sigma\iota\lambda\acute{\iota}\delta o\varsigma$ $\dot{o}$ $\beta\alpha\sigma\iota\lambda\varepsilon\grave{\nu}\varsigma$ $\dot{\alpha}\pi\varepsilon\iota\sigma\iota\nu$ $\varepsilon\dot{\iota}\varsigma$ $T\rho\iota\alpha\delta\acute{\iota}\tau\zeta\alpha\nu$, $\kappa\alpha\grave{\iota}$ $\tau\grave{o}$ $\varphi\rho o\acute{\nu}\rho\iota o\nu$ $\Pi\acute{\varepsilon}\rho\nu\iota$- $\kappa o\nu$ $\pi\varepsilon\rho\iota\kappa\alpha\vartheta\acute{\iota}\sigma\alpha\varsigma$ $\dot{\varepsilon}\pi o\lambda\iota\acute{o}\rho\kappa\varepsilon\iota$ ... $\dot{\alpha}\pi\rho\alpha\kappa\tau o\varsigma$ $\dot{\nu}\pi\varepsilon\chi\acute{\omega}\rho\eta\sigma\varepsilon$, $\kappa\alpha\grave{\iota}$ $\varepsilon\dot{\iota}\varsigma$ $Mo\sigma\upsilon\nu o\acute{\nu}\pi o\lambda\iota\nu$ $\dot{\alpha}\pi\tilde{\eta}\lambda$- $\vartheta\varepsilon\nu$. $'E\nu$ $\tilde{\eta}$ $\tau\grave{o}\nu$ $\lambda\alpha\grave{o}\nu$ $\delta\iota\alpha\nu\alpha\pi\alpha\acute{\nu}\sigma\alpha\varsigma$, $\breve{\varepsilon}\alpha\rho o\varsigma$ (anni 1017) $\dot{\varepsilon}\pi\iota\sigma\tau\acute{\alpha}\nu\tau o\varsigma$ $\breve{\alpha}\rho\alpha\varsigma$ $\dot{\varepsilon}\kappa$ $Mo\sigma\upsilon$-

νουπόλεως ἄπεισιν εἰς Βουλγαρίαν, καὶ περικαθίσας φρούριον, τὸ λεγόμενον Λόγ-
γον, εἷλε πολιορκίᾳ. Idem ibid.: Μηνυθέντος δὲ τῷ βασιλεῖ (Basilio) τοῦ θανάτου
τοῦ Ἰωάννου (regis Bulgarorum a. 1018).. ἔξεισι (e Constantinopoli) παραυτίκα ὁ
βασιλεύς. Deinde Mosynopolin abiit, hinc Serras.

2. *Michaelis Paphlagonis imperium.* Cedrenus l. c. p. 533.: (Alusianus, Bulgarorum dux, post oppugnatam irrito Thessalonicam fugiens a. Chr. 1040.) ἔρχεται ἐν
Μοσυννουπόλει πρὸς τὸν βασιλέα.. αὐτὸς δὲ (imperator) ἄρας ἐκ Μοσυννουπόλεως
ἄπεισιν ἐν Θεσσαλονίκῃ.

4. *Alexii I. Comneni imperium* (a. 1081—1118). Anna Comnena lib. VII
p. 154. ed. Paris.: Ἐκεῖνος δὲ τὴν Μοσυννούπολιν καταλαβών, αὐτόθι αὐτοῦ που
προσέμενεν, ὑποκρινόμενος δι' ἄλλ' ἄττα ἐγκαρτερεῖν, τὸ δέ γε ὅλον τὴν αὐτῶν
ἀναμένων ἄφιξιν (Manichaeorum, quos ad orthodoxam ecclesiam convertere volebat).

5. *Andronici Comneni atque Isaacii Angeli imperium* (a. 1183—1194). Capta
a. 1185 urbe Thessalonica, Normannorum Siculorum pars ad eam custodiendam ibidem
substitit; alia Serrarum agrum vastavit; tertia, propere agmine ulterius progressa, ad
urbem Mosynopolin pervenit, ibidemque pedem aliquantisper fixit, nemine resistente
(Nicetas in Andronico Comneno II, 1. 2. Idem in Isaacio Angelo I, 1). Quarta Normannorum pars, classis, Hellespontum ac Propontidem petiit (Nicetas in Andronico
Comn. II, 1.). Tandem Graecorum exercitus (jam imperabat Isaacius Angelus mense
Septembri anni 1185) de montibus, Mosynopoli imminentibus, *) duce Brana, descen-
dere ausus, exercitum Normannorum (fuit initium mensis Novembris), in regione
Mosynopolitana incaute praedantem vagantemque invadit. Normanni opprimuntur, Mosynopolis capitur (Nicetas in Isaacio Angelo I, 2.). Graeci, hac victoria laeti, secundae hostium parti, apud Amphipolin Serrasque moranti tardantique, obviam eunt. Normannos nuntius de clade suorum Mosynopolitana consternat; eos Graeci supervenientes
ad Strymonem inferiorem, in campo Demetritzae, ad internecionem caedunt Novembris
die VII., anno Chr. 1185. Recuperata deinde Thessalonica (Nicetas in Isaacio Angelo I, 2 sq.).

Finem imperii Isaacii Angeli spectare videtur id, quod de se ipso narrat Nicetas
in Isaacio Angelo III, 1.: Ἐπεὶ δὲ, τῆς Δράμας ἀπάραντες, εἰς Μοσυννόπολιν ἀφικό-
μεθα, καὶ τῷ Παπυκίῳ προσβαίνειν ἐμέλλομεν, ὡς ἂν τὰ τῶν μοναχῶν τελέσωμεν
ἐπ' αὐτῷ (sc. Alexio, Manuelis imp. filio spurio) κ. τ. λ. Idem paulo ante de eodem:
Καὶ τὸν συνίστορα δὲ τούτῳ (Andronico Comneno, Bryennii Annaeque Comnenae
filio) τῆς βασιλείας λεγόμενον Ἀλέξιον, τὸν τῆς Κομνηνῆς Θεοδώρας υἱόν, ἀποκει-

---

*) De his montibus, Boleri nomine, sic statuo, comprehensis, vide Nos paulo inferius.

4

ραι εἰς μονάζοντα, ἡμῶν ὑπουργησάντων τῷ ἔργῳ καθ᾿ ἓν τῶν ἐν τῷ Παπυκίῳ σεμνείων. Hunc montem jam Zonaras respicere videtur histor. 18, 26., qui Alexium I Comnenum annis 1115. 1116., Constantinopoli egressum, cum tota familia ad radices montis Papycii (in ejus puto monasterio quodam) hiemasse, dein veris initio Philippopolin venisse tradit, ut cum Manichaeis s. Paulicianis, ibi frequentibus, disputaret. *) De eodem monte videndus (ad annum puto 1200) Nicetas in Alexio, Isaacii fratre, libro 3, 7.: Ἦν δὲ οὗτος ἡγεμὼν τῶν Τριβαλλῶν· ἀλλ᾿ ὁ μὲν βραχὺν ἐπιμείνας τῇ ἀρχῇ χρόνον, τὸ ὄρος ἄνεισι τὸ Παπύκιον, καὶ βίον ὕπεισι τὸν μοναδικόν (sc. Stephanus, Neemanis filius, Serborum princeps, cui Alexii Comneni filiam Eudociam Isaacius Angelus imp. desponderat). Eum montem quare Stritterus in Serbia collocet (Memorr. populorum etc. indic. histor. et geograph. p. 287.), non perspicimus. An eam ob causam, quod princeps *Serborum* ibi vestem monasticam induit? Sed fuit Stephanus, Serborum princeps, imperatoris Byzantini per Eudoxiam gener; unde eum post regnum abrogatum s. amissum in lauram aliquam Graecam secessisse quis improbabile inveniet?

6. *Alexii, Isaacii fratris, imperium* (1194—1203). Nicetas in Alexio, Isaacii fratre, libro 3, 2 (ad annum 1199): Ἀριστῶν (Alexius Ibancus s. Iwan Bulgarus) Ῥωμαίων, ὁπόσα ἐς Μοσυνόπολιν ἐπινένευκε, μέχρι καὶ Ξανθείας αὐτῆς, καὶ πρὸς ὄρος τὸ Πάγγαιον καὶ ἐπ᾿ Ἄβδηρα παρατείνουσιν.

7. *Latinorum imperium Constantinopolitanum* (1204—1260).

a. *Balduinus.* Mosynopolin fugit Alexius imp. Georgius Acropolita c. 5.: Ὁ μὲν οὖν Ἀλέξιος ὁ Ἄγγελος .. περὶ τὴν Φιλιππούπολιν ἀφικόμενος, καὶ μὴ πρὸς τῶν οἰκητόρων δεχθεὶς, περὶ τὴν Μοσυνούπολιν ἀφικνεῖται, κἀκεῖσε τὰς διατριβὰς ἐποιεῖτο. Ville-Harduinus (chronique etc. p. 106. ed. Buchon.): *Et cil empereres Alexis ert à une cité que on apele Messinople, à tot la soe gent, et tenoit encore grante partie de la terre.* Eodem fugit Alexius Ducas Murzuflus, Graecorum post Alexium imperator, coll. Georgio Acropolita l. c. cap. 5. De hujus fuga adi Ville-Harduinum l. c. pag. 107.: *L'empereres Morchuflex .. s'en ala trosque vers Messinople, où l'empereor Alexis ère... Ensi se herberja l'empereres Morchuflex devant Messinople.* Murzuflum Alexius ibi luminibus privavit; ipse deinde Thessalonicam

---

*) Strymonis voce provinciam Strymoniam significat Cinnamus hister. 6, 6.: Τὴν τρίχα ἐκάρη (Alexius protostrator, imperante Manuele Comneno), καὶ ἐς τοὺς μοναχοὺς μεταθέμενος (l. μετατιθέμενος), ἐπί τι τῶν ὀριστέρων ἀπήχθη σεμνείων, ἅπερ ἐπὶ Στρυμόνος ἐν ὄρει Παπικίῳ (sic) ἵδρυνται πλεῖστα. Rem ipsam, a Cinnamo relatam, narrat quoque Nicetas in Manuele 4, 6. (p. 187. ed. Bekk.), Παπύκιον scribens ut alibi, et quidem neutraliter.

discessit. Murzuflum veró Latini, comprehensum in agro Mosynopolitano, Constantinopoli supplicio affecerunt (Georg. Acropolita l. c. cap. 5., coll. Ville-Hard. l. c. p. 107. 108.).

Mosynopolin eodem tempore adit Balduinus imperator, ex Adrianopoli veniens, ac Thessalonicam proficiscens. Ville-Hardouin. l. c. p. 109. ed. cit.: *Lors fu le consels l'empereor Baudoin, qu'il chevaucheroient droit à Messinople; où l'empereres Alexis ère . . Ensi s'en parti l'empereor Baudoins d'Andrenople; et chevaucha vers Messinople, où il cuida l'empereor Alexis trover . . Et quant ce vit l'empereor Alexis, si vuida Messinople, et s'en fui. Et l'empereres Baudoins chevaucha tant que il vint devant Messinople. Et cil de la vile vont encontre lui, et lui rendent, la vile à son commandement. Et lors dist l'empereor Baudoins, que il se jornerait por attendre Bonifaces, li marchis de Montferrat, qui n'ère mie encor venuz en l'ost, porce que il ne pot mie si tost venir comme l'empereor, que il amenoit avec lui l'empereris sa fame. Et chevaucha tant que il vint vers Messinople sor un flum; et enqui se herberja, et fit tendre ses trez et ses paveillons. Et lendemain ala parler à l'empereor Baudoin . .* De hac Balduini commoratione Mosynopolitana v. quoque Nicetam in Balduino Flandro cap. 1. Obiter noto ad Ville-Harduini locum (*Messinople sor un flum*), Du-Cangii editionem Ville-Harduini pro *un* habere *le*. Quodsi vero Wilkenio (Kreuzz. Vol. V. p. 549. not. 67.) Ville-Harduini fluvius idem esse videtur, qui Melas Herodoti (VII, 58., non VII, 198. 199., ut est apud Wilkenium), vel adeo Nestus, id qua ratione suadeat, ipse viderit. Certe Melas, non in Hebrum influens, sed in sinum Melana, cogitari nunquam poterit, cum is inter Chersonesum Thracicam Hebrumque quaerendus sit (Herod. l. c., coll. Scylace cap. 68. Liv. 38, 40.), i. e. a parte Hebri sinistra; Mosynopolis verò ipse Wilkenius claris verbis a latere Hebri dextro collocat, ad Nesti sc. oram. Neque vero fluvius apud Cypsela urbem fluens (*le flum, qui cort sos la Capesale,* ut est apud Ville-Harduinum p. 191. ed. Buchon.) Melas esse poteat, ut Wilkenio videtur l. c., sed alius.

.. Balduinus imp., Mosynopoli relicta, Thessalonicam tendit, quo itinere locos cepit Cristople (Christopolin), *la Blache* (Beliceam), *la Setre*. Ville-Hardouin pag. 111. ed. Buchon.: *L'empereres Baudoins chevaucha adès droit à Salenike, et vint à un chastel qui ot à nom Cristople, qui ère un des plus fors del monde; et li fut renduz; et li furent féalté cil de la vile. Et après vint à un altre que on apeloit la Blache, qui ère mult fors, et mult riche; et li fut renduz altressi, et li firent féalté. Et d'enqui chevaucha à la Setre, qui ère une cité fort et riche; et vint à son commendement et à sa volenté; et li firent féalté. Et se herberja devant la vile, et i fu par trois jorz; et cil li rendirent la vile, qui ère une des meillors et des plus riches de la chrestienté à cel jor, par tel convent, que il les tendroit as us et as coustumes que li empereres Grieu les avoit tenuz.*

4 *

De Christopoli et Belicea supra egimus p. 12—15. Iam de urbe *la Setre* videndum. Ea Du Cangio (ad hunc Ville-Harduini locum), Buchono et Wilkenio est urbs Κίτρος (*Citros*, veterum *Pydna*), iis, qui e Constantinopoli veniunt itinere occidentali, ultra Thessalonicam in occidentali litore sinus Thermaici sita, a Thessalonica leucarum X vel XII spatio remota. Hanc ergo, relicta Christopoli et Belicea, Balduinus imperator adiit, antequam Thessalonicam veniret? Quo consilio? Immo Balduinus, dum viveret, Thessalonicam venit, non ultra. Antequam vero Thessalonicam adiret, venit in urbem opulentissimam *la Setre*, denuo sic dictam l. c. p. 115., i. e. *Serras* (*la Serre*, quae scriptio vulgaris inferius apud Ville-Harduinum frequentatur pag. 153—155. 178. 191. 192.). Eam scribendi varietatem non mirabitur, qui Franco-Gallorum istius aevi inconstantiam in repetendis Graecorum nominibus noverit. Serras igitur Balduinus adiit, unius diei dispendio, cum sit per Amphipolin iter Thessalonicense aliquanto brevius. Sed voluit antea urbem illam, cujus magnum semper momentum isto seculo et seqq. fuit, in suam potestatem redigere, antequam Thessalonicam iret, a Serris remotam leucarum fere XVI spatio, fere versus occidentem. Perquam simile imperatoris Nicaeni eodem seculo iter occidentale fuit, cui omnia tum temporis parebant inter Hellespontum et Zichnam, prope Serras sitam. Is igitur (Georgius Acropolita histor. cap. 43), Hebrum flumen perequitans, cum audisset mortem regis Bulgarorum, itinere strenue continuato, per Christopolin Philippos venit, ubi de Serris oppugnandis consilium agitavit, quas deinde cepit. Praeter Thessalonicam vero, Berroeam et Serras nullam Macedoniae urbem opum laude tum floruisse audivi, certe non Citrum oppidum (sc. κωμόπολιν, i. e. rusticorum sedem).

    b. *Henricus imp.* (a. 1205 sqq.). Balduini per Bulgaros cladem et captivitatem Adrianopolitanam (12 Apr. 1205) regno Latinorum gravem fuisse constat. Barbari enim, Balduini victores, quem Ternobae supplicio affecere, Thraciam ab Haemo meridionalem, ac Macedoniam, qua inter Thessalonicam et Heracleam (Erekli) Propontidis patet, immaniter vastarunt, homines in servitutem abegerunt, urbes everterunt, inter quas fuit Mosynopolis. Georgius Acropolita hist. cap. 13.: Κατέσκαψ (Bulgarorum et Vlachorum rex Ioannes s. Iwan) γοῦν ἐκ βάθρων αὐτῶν τὴν Φιλιππούπολιν, θαυμαστὴν ἄγαν οὖσαν, ἥτις παρὰ τῷ Εὔρῳ κεῖται· εἶτα τὰς ἄλλας πάσας πόλεις, τὴν Ἡράκλειαν, τὸ Πάνιον, τὴν Ῥαιδεστὸν, Χαριούπολιν, Τραϊανούπολιν, Μάκρην, Κλαυδιούπολιν, Μοσυνούπολιν, Περιθεώριον καὶ ἄλλας πολλάς. Idem plane narrat Ephraemius v. 7815. p. 315. ed. Bonn.

    Henricus imp. Cypselae (?) cum Bonifacio, Thessalonicensi rege, convenit (a. 1205). Ville-Harduinus l. c. (p. 191. ed. Buchon.): *En cel termine Bonifaces, li marchis de Montferrat, qui ere à la Serre, que il avoit refermée, fu chevauchiez tresque à Messinople, et la terre se rendi à son commandement. Lors prist ses messages; si les envoia à l'empereor Henri, et li manda que il parleroit à lui sor le flum qui cort ses la Capesale; et il n'avoient mais en pooir de parler ensemble, tros que la terre fu conquise; que il avoit tant de lor enpemis entre als, que lis uns ne posient venir as autres. Et quant l'empereor et son conseil oï que li marchis Boniface ère à Messinople, si en furent mult lié; et li manda par ses messages arrievs, que il iroit parler à lui al jor que il y avoit mis. Idem ibidem p. 192. Lors donna li marchis Boniface à Geoffroi de Ville-Harduin, le mareschal de Roménie et de Champaigne, la cité de Messinople à totes ses appartenances, ou celi de la Serre, laquelle que il ameroit mielz: et cil en fu ses hom liges, sauve la fealté l'empereor de Constantinople. Ibidem: Li marchis s'en ala à Messinople, et l'empereres Henri vers Constantinople. — Quant li marchis fu a Messinople, ne tarda mie plus de cinq jors, que il fist une chevauchie, par le conseil as Grieu de la terre, [en la montaigne de Messinople plus d'une grande jornée loing.*

Henricus imperator Thessalonicam proficiscitur. Continuation de l'histoire de Ville-Hardouin d'apres les mémoires de Henri de Valenciennes pag. 220. (ed. Buchon.): *Toutes voies erra tant li empereres (Henry) qu'il vint à Machre et puis à Traïanople, et de là vint à Messinople; et de là fist tant par ses jornées k'il vint a Cristople.*

8. *Theodorus Comnenus*, Epiri despota, regnante Henrico imp. Constantinopolitano, varia Thraciae loca, interque ea Mosynopolin capit. Georgius Acropolita histor. cap. 24.: Ἐπεὶ γοῦν Μοσυνούπολις καὶ Ξάνϑεια καὶ ἡ Γρατζιανοῦ αὐτὴ ὑπὸ τούτου ἐτέλει, τὸ τῆς Σταγείρας ὑπερβὰς ὄρος, ὃ δὴ Μάχρην ὀνομάζουσιν οἱ πολλοί, τὰ ἐκεῖϑεν τοῦ Εὔρου κατέδραμεν. Ephraemius v. 6479. pag. 264. ed. Bonn.: Τὰς πρὸς Βολερὸν (πόλεις) μέχρις αὐτῆς Ξανϑείας. Idem v. 8088. p. 326.: Βολερὸν εἷλε καὶ Ξάνϑειαν καὶ Σέῤῥας.

9. *Imperator Constantinopolitanus Io. Palaeologus* (a. 1344). Nicephorus Gregoras hist. 14, 4. 5.: Ἔδοξε .. τῷ βασιλεῖ Καντακουζηνῷ, περὶ Μοσυνούπολιν, ἐξιόντι Κομοτηνῶν τῆς πολίχνης, πήξασϑαι τὸ στρατόπεδον. Paulo ante (14, 4, 1.) Comotenam dicit et Gratianopolin vicinam: πόλεις δύο, τήν τε Κομοτηνὴν καὶ τὴν Γρατιανοῦ καλουμένας. Neutrum urbis Comotenorum genus recurrit infra (14, 4, 7.). Saepius apud Cantacuzenum haec urbs legitur, quam apud Nicephorum Gregoram, et quidem Camutzenorum nomine, quod Turcicae urbis formae praelusit, coll. sqq. Fuit oppidum mari vicinum (Cantacuz. hist. 2, 28.).

Sed ad Mosynopolin redeo. Eam seculo XIV dudum eversam fuisse, dictamque *Mesenem* (Neograece *Mesini* s. *Misini*), evincit Cantacuzenus hist. 3, 70.: Βασιλεῖ δὲ τῷ Καντακουζηνῷ, ἐν Κουμουτζηνοῖς τὴν ἐπάνοδον τῆς στρατιᾶς καὶ αὐτῷ ἐκδεχομένῳ, ἐδόκει δεῖν προελϑεῖν ἐπὶ μικρόν, εἴ πως ἐγγένοιτο παρά τοῦ τι περὶ τῆς στρατιᾶς πυϑέσϑαι. Καὶ προῆλϑεν ἄχρι πόλεως Μεσήνης παλαιᾶς, ἐκ πολλῶν ἐτῶν κατεσκαμμένης. Idem ibidem: Ὅτι ἐν Μεσήνῃ τὸ νῦν ἔχον διατρίβει. I. e. Audierat Momitzilas, Cantacuzenum imp. invasurus, esse eum (sc. imperatorem) in praesentia ad Mesenen. Idem ibidem: Ἦν γὰρ ὀλίγον, ἐν ᾧ διεῖχε Περιθεάριον Μεσήνης. Idem ibidem: Ἐβάδιζεν εὐτάκτως διὰ Μεσήνης τὴν ἄγουσαν εἰς Κουμουτζηνά. I. e. Rediit cum suis ordinato agmine (imp. Cantacuzenus) per Mesenen in via, quae ducit Cumutzena. Idem ibid.: Ἐν τοῖς ἐρειπίοις τῆς πόλεως (Mesenae). Notandum vero hoc loco, ea, quae Cantacuzenus narrat de imperatore, in insidias Momitzilae prope Mesenen urbem illapso, plane eadem esse cum narratione Nicephori Gregorae (14, 4, 5.), supra allata, ubi Mosynopolis sermone puro memoratur, pro vulgari Mesene (Mesini), quod proxime accedit ad formam Misinopolis in Leonis novella de thronis.

Ultima urbis nostrae memoria occurrit anno 1347. Cantacuzenus lib. 4, 10.: Τῇ ἐπιούσῃ δὲ ἐν Μεσήνῃ τῇ πόλει συνηνέχθη τὰ στρατόπεδα ἀμφότερα (Graeci et Turcae), καὶ γενομένης συμβολῆς, ἐνίκων οἱ Ῥωμαῖοι κατὰ κράτος. Sermo est de imperatore Graeco, qui ex urbe Adrianopoli Turcis obviam ierat, circa Mosynopolin in angustiis castra habentibus; ubi etiam montis Lipicis mentio injicitur. Hac victoria parta, imperator Didymotichum (ad Hebrum) se contulit (ἐκ Μεσήνης εἰς Διδυμότειχον), coll. Cantacuz. l. c.

Post has res gestas Mosynopoleos s. Mesenes nomen apud veteres non inveni.

Habes, erudite lector, Mosynopolitanae historiae capita potiora, immo unica fere puto; ex quibus quomodo urbis momentum situsque illustrari queat, sequens tractatio docebit.

Fuit medio aevo Mosynopolis ea urbs, quam, qui inter Thessalonicam et Constantinopolin iter faciebant, adire solebant, medio fere spatio inter utramque positam. Neque enim, ut nunc fere fit, inter Cumutzina (Gumurdschina) et Raedestum urbes ita proficiscebantur, ut mari Aegaeo propiores essent. Sed post Cumutzina flexu septentrionali atque orientali (v. tabulam geogr. Lapiei fol. θ.) plagam mediterraneam, ubi Mosynopolis, petebant; qua peragrata ad Hebrum pergebant, in cujus vicinia orientali erat viae Egnatiae finis.

Non aliud Mosynopoleos momentum fuit, si terram Hebro superiori medioque adjacentem spectas. Per eam veniebant, qui e Nesti regione profecti Adrianopolin et Philippopolin petebant, et vice versa. Quid? quod via, Mosynopolin Hebrumque intercurrens, pro trivio quodam intermedio habenda videtur, unde vel Adrianopolin vel Constantinopolin tendebant.

Urbis nostrae non leve pondus fuisse videtur in bellis, quae ad Hebrum superiorem vel in Macedonia gerebantur. Eâ enim imperatores et arce quadam et receptaculo usos vidimus, unde vel Adrianopolin ac Philippopolin, vel Thessalonicam peterent. Ibidem Normannos a. 1185 substitisse novimus, Constantinopolin petentes; qui si ad Mesynea Tzurulo propinquam substitissent, Hebrum antea trajecissent. Quod ultimum Nicetas tacere non poterat.

Qui Constantinopoli egressi terras occidentales adibant, Cypselam veniebant, deinde Traianopolin; inde longiori per montes, ut videtur, itinere, et quidem per Tempyra, Milolitum Brendicenque itinerariorum, assequebantur Mosynopolin.

In sede Mosynopoleos definienda verum quidem tetigisse Du Cangium puto, sed non alio duce usum, quam Ville-Harduino: locos enim Graecorum, quorum paginas etc., non verba, Du Cangius attulit, ad quaestionem ventilandam non sufficere, unusquisque harum rerum intelligens sponte videbit. Luculentiorem rem totam fecisset, si ad manus habuisset Continuatorem Ville-Harduini a nobis allatum pag. 29. Hujus enim verba ita intelligenda sunt, ut inter Mosynopolin et Christopolin (Cavalam), quam posteriorem petebat Henricus imp., non unius tantum diei intervallum intercesserit, sed duorum vel aliquanto plus; quo etiam trahendus videtur Nicetas in Isaacio Angelo I, 2., ubi Normanni, apud Amphipolin moram agentes, consternati dicuntur nuntio de clade suorum Mosynopolitana, *tertio ante die* (προτρίτα) illis inflicta.

Hoc ipsum revera intervallum inter utramque urbem, Mosynopolin et Cavalam, intercedit, coll. Paulo Luca (itinerar. ed. 1724. Vol. I. p. 63.), qui, Cavala egressus, leucarumque XVIII spatium emensus, venit ad ruinas magnae urbis, quae Turcarum lingua *Singuenet Tallet* (immo *Czingane Calessi*) dicuntur, i. e. *Zigenorum* (Bohemiorum) *arx*. Itinerarium Antonini Aug. inter Acontisma et Porsulas (Maximianopolin) habet M. P. 53., quod a Pauli Lucae itinere non admodum abludit; Mannertus vero (Geogr. Vol. VII. p. 222.) itinerariis in ea re tribuit M. P. 683., vasto typographorum errore. Alius magnae urbis reliquiae ibi locorum non inveniuntur; unde, si omnia rite ponderaveris, non poteris non ita statuere, ut Maximianopolin veterum, Mosynopolin (Mesini, Messinople) medii aevi, denique ruinas magnae urbis, s. Zigenorum arcem apud Paulum Lucam, unam plane eandemque urbem esse evinctes; et vide, ne hodiernum *Basilion*, ibidem locorum in tab. Geogr. Lapiei positum, nostrae Mosynopoli respondeat. Est enim Basilion (βασίλειον) i. q. *urbs regia*, quod nomen a Graecis facile ruinis quibusdam maioribus dabatur, quibus nova habitacula imposuerant. Viam inter Cumutzina et Basilien delineatam v. in tabula geogr. Lapiei. Quamquam in hac Basilii oppidi electione aliquid difficultatis equidem conspicio. Paulus enim Lucas, relictis illis ruderibus, venit ad oppida *Artaqueux*, *Gurgine* et *Feret*, quae non sunt in illa via, quae orientali et septentrionali flexu per Basilion et Milolitum ad rivum Tschernam ducit, supra Trajanopolin Hebro mixtum, sed in illa via vere orientali, quae, relictis a sinistra montibus, duarum fere vel trium leucarum a mari discrimine, infima Hebri petit, in cujus litore dextro viatores, relicta urbe *Feret*, ascendentes, post duas horas Ipsalam veniunt. V. tabulam geogr. majorem Franco-Galli Lapie (sect. 9.). Minor tamen ejusdem tabula (a. 1833 edita) nostrae opinioni favet, nec vero Livius 38, 41., ubi Romanus exercitus, superatis Tempyris, in Macedoniam venisse dicitur. *) Decernant viri docti, in ista quandoque deserta cum libris venturi. Viam autem antiquam in illis alicubi regionibus vidit Beaujour in Voy. milit. Vol. I. p. 235. Adde Petrum Belonium inferius memorandum.

Fluvii (rivi) nomen, cui appositam Mosynopolin Villa-Harduians dicit, equidem nescio. Fluvium *Cáratsch* (Kará-Su?) ex ista fere regione descendentem habet tabula Lapiei.

Montes quosdam Mosynopoli imminentes supra vidimus p. 25. 30., sc. Papycium et Lipicem.

His jam accedat alius istarum regionum tractus, *Bolerus* (*Volero*). Occurrit solummodo in scriptoribus historiae Byzantinae. Cedrenus. p. 709. ed. Paris., p. 461. ed. Bonn. Vol. II.: Ὄυς πάλιν ἐν τῷ Βολερῷ μετοικίσας.. (Bulgaros, Edessae Macedonicae s. Bodinorum incolas, quorum urbs expugnata fuerat a Graecis). Nicetas in Andronico Comneno 2, 1. secundum codicem Augustanum (ed. Bekker, p. 413): Τὸ μὲν κρεῖττον καὶ στρατηγικώτερον ἔπεμψεν ἐλθεῖν μέχρι τῆς Μοσυνουπόλεως καὶ τοῦ Βολεροῦ. Idem ibidem: Κατὰ τὴν Μοσυνόπολιν. Ubi codex Augustanus; Μέχρι Μοσυνοπόλεως καὶ Βολεροῦ. Idem in Isaacio Angelo 1, 1 secundum codicem Augustanum: Καὶ μέχρι Ποπολίας (i. e. Ἀμφιπόλεως) καὶ Βολεροῦ ἐλθόντων. Idem ibidem, secundum eundem codicem: Ὡς δὲ καὶ ὁ Βρανᾶς μετὰ τοῦ Ῥωμαϊκοῦ στρατοῦ περὶ τὰ ὄρη καὶ τὰ βουνὰ τοῦ Βολεροῦ ἔφθασεν (οὐ γὰρ ἠθέλησε τὸν πόλεμον φανερῶς περὶ τὸν κάμπον ποιῆσαι, κατενόησε δὲ καὶ τοὺς Φράγγους οὕτως ἀσυντάκτως ἐξερχομένους), δημηγορεῖ καὶ διεγείρει τὸ στράτευμα, ὀλίγον ἀπὸ τῶν βουνῶν ἐπὶ τὸν κάμπον κατελθεῖν, καὶ συμμῖξαι τοῖς βαρβάροις αὐτοῖς. Ephraemius in Caesaribus v. 5367 (Angeli Maii Nova Collectio Vol. III. Pars II): Καὶ μέχρι Σερρῶν καὶ Βολεροῦ πεφθάκει. Idem ibidem v. 5707.: Εἷλον Βολερὸν, Μοσυνόπολιν πόλιν. Georgius Acropolita hist. cap. 25.: Εἶτα Βολερὸν ἅπαν, Σέρρας, Πελαγονία καὶ Πρίλαπος. Georgius Pachymeres in Andronico Palaeologo (ad annum 1308) 7, 33: Εἰς τὸ πέραν (dextrum) κατήπειγον Μαρίτζης (prope Aenum), ἐφ᾽ ᾧπερ ἐκ Βολεροῦ

---

*) Duplicem viam claris verbis agnoscit Hadschi-Chalfa in Rumelia et Bosnia p. 69.: *Megri* (*Makri*), jenseits des Ausflusses der Maritza, am Ufer des Meeres, sieben Tagereisen von Konstantinopel, hat eine Moskée und zwey kleine Karawanseraj. Der Weg nach Salonik theilt sich hier in zwey. Der von *Wagen befahrene geht durch Megri;* der aber für *Reiter und Fussgänger geht im Gebirge über Gögerdsinlik und Schapdschilar fort. Dann vereinigen sich wieder beide zu Komuldsina, das eine Tagereise von Megri abliegt.*

σιταρχοῖντο (Hispani, duce Tzime). Intelligis ex his locis Boleri situm. Fuit regio, Maritzae (Hebro) ab occidente contigua, cujus partes Papycium et Lipicem montes fuisse statuo, de quibus v. Nos pag. 25. 30. Alia de Bolero veterum scriptorum loca, rem magis illustrantia, paulo inferius (p. 36.) afferam.

Finem tractationis de Bolero institutae faciam loco Nicephori Bryennii afferendo, quem a Wilkenio (Histor. Comnen. pag. 63. not. 77) non intellectum esse video. Igitur Bryennius histor. 4, 18: Ὁ Κομνηνὸς δὲ διὰ Μακεδονίας καὶ Βουλεροῦ (sic) διελθών, τὸν Στρυμόνα καταλαμβάνει. H. e. *Comnenus vero, cum Macedoniam Bulerumque peragrasset, ad Strymonem venit* (contra Basilacium rebellem proficiscens). Ad hunc Bryennii locum ita Wilkenius l. c.: *Quod qua ratione fieri potuerit, non video; quum Macedonia a Romaniae provincia Strymone separetur, nisi per ingentes ambages Thessalonicam proficisci voluerit. Praeterea in voce* Βουλεροῦ *corruptelam suspicor.* Mihi quoque Βουλεροῦ corruptum videtur, legendumque Βολεροῦ. In reliquis erravit vir celeberrimus. Alexius Comnenus eam terram petebat, quae more aevi medii tum dicebatur *Thessalia* s. *Thessalonica*, i. e. *Macedonia veterum*. De his v. Nos agentem in Dissertatione geographica de Thessalonica urbe eiusque agro cap. 4. pag. 39 sqq. Unde vero Alexius venit? E Macedonia sensu medii aevi, i. e. e Thracia meridionali atque orientali, et quidem ex Adrianopoli, coll. Bryennio l. c. cap. 17. Macedoniam vero dictam fuisse istam Thraciam, certo consequitur e Constantini Porphyrogeniti loco (in Basilio Macedone cap. 9.), ubi Basilius Macedo e Macedonia Thraciae (ἐκ Μακεδονίας τῆς Θράκης), et quidem ex urbe Adrianopoli, Constantinopolin profectus esse dicitur. Neque aliter Symeon Magister et Logotheta in Basilio Macedone cap. 1.: Ἀπὸ Ἀδριανουπόλεως τῆς Μακεδονίας. V. quoque Georgium Monachum in Leone Armenio cap. 4. Quid? quod jam Stephanus Byz., qui sub Anastasio vixit, Philippopolin (s. v.), quae sita est ad Hebrum superiorem, Macedoniae assignat. His addo alia seriorum scriptorum testimonia. Nicetas in Ioanne Comneno 2.: Μία δ᾽ αὕτη τῶν εὐδαιμόνων καὶ κρατίστων παρὰ Μακεδόσιν πόλεων (Orestias, i. e. Adrianopolis). Idem in Alexio, Isaacii Angeli fratre, 2, 3.: Πᾶσαν τὴν Μακεδονίαν ἐπῆλθον. Quod ita narrat Nicetae codex Augustanus: Πᾶσαν τὴν Θράκην ἐκούρσευον (ubi significatur Thracia Adrianopolitana). Georgius Acropolita histor. c. 40.: Ἐπεὶ δὲ παρῆλθε τὰ τῆς Θράκης καὶ Μακεδονίας χωρία, ἤδη δὲ καὶ τὴν Χριστούπολιν παρήμειψε καὶ τὸν Στρυμόνα, τῷ φρουρίῳ τῆς Ῥεντίνης προσέσχεν ὑπό τινων τηρουμένῳ τῶν Ἰωάννου. Ubi *Thracia et Macedonia* nil est nisi *Macedonia Thracica*, s. terrae Hebro adjacentes. Idem ibid. c. 13.: Ὡς γοῦν οἱ Ἰταλοὶ πᾶσαν τὴν τῆς Μακεδονίας χώραν ὑφ᾽ ἑαυτοὺς ἐποιήσαντο. Ubi Macedonia iterum est Thracia, coll. contextu, qui de Bulgarorum incursionibus contra Adrianopolin agit. Idem ibid. cap. 24.: Οἳ καὶ διαπεράσαντες τὸν Ἑλλήσποντον, καὶ διὰ τῆς Μακεδονίας διελθόντες, εἰς Ἀδριανούπολιν ἀφίκοντο. Idem ibid. cap. 35.: Τὸ τῶν Σκυ-

5

ϑῶν γένος .. ἀσκοῖς τὸν Ἴστρον διαπεράσαντες .. τοὺς τῆς Μακεδονίας χώρους κατέλαβον. Ubi Thraciam, Hebro adjacentem, significari, contextus iterum docet, quod non secus alio ejusdem capitis loco. Adde Eundem cap. 59. 61. Eandem regionem pleniore forma Macedoniam et Thraciam dicit Pachymeres in Andronico Palaeologo 1, 29. 4, 15. 5, 3.

TEMPYRORUM angustias, veteribus infames (Liv. 38, 41., coll. Ovid. Trist. I, 9, 19.), ibidem quaerendas esse autumo, coll. Cantacuzeno hist. 4, 10.; quod caput cum locis modo allatis eum doctum legere iubeo, qui futuro tempore illum tractum lustrabit. Ibidem Corpiliorum fauces quaero, per quas Brutus et Cassius venere, Philippos petentes (Appianus b. civ. 4, 102.).

Maximiano Galerio imperatori, non alii Maximiano, Maximianopolin (Mosynopolin) deberi, mihi verisimile videtur: Galerius enim in Illyrico, et quidem Thessalonicae, sedem imperatoriam habuit; Diocletianus in Asia minore. Alia de civitatis auctore non invenimus. Romanus igitur imperator, Porsularum (id urbis antea nomen) momento situque perspecto, urbem veterem colonia deducta auxisse, suoque nomine ornasse videtur. Sunt autem ibidem locorum aliae urbes, brevi intervallo ab urbe nostra diremtae, aliorum imperatorum nominibus insignes: *Traianopolis, Anastasiopolis, Gratianopolis, Claudiopolis;* ad quas iam, item ad alias quasdam, sermonis tenor finisque nos transmittit.

Urbium modo dictarum aliae semel, aliae saepius cum Mosynopoli junguntur, ut earum et Mosynopoleos historia separari non queat; item *Peritheorium, Theodorium, Pori, Comotena, Xanthia, Macra, Vera;* denique *Cypsela.*

TRAIANOPOLIS. Eam praeter vitam S. Glyceriae supra allatam p. 23. itineraria Romanorum agnoscunt, Hierocles et Novella Leonis Sap. imp. de thronis, Epiphanii Cyprii index, *) Constantinus Porphyrogenitus, Scylitza p. 858. ed. Par. (p. 728.

*) Epiphanii, archiepiscopi Cypri (?), expositio praesessionum patriarcharum et metropolitarum (Constantinus Porphyrogenitus de cerimoniis aulae Byzantinae 2, 54.): κθ' (29)· ἐπαρχίας Εὐρώπης (l. Ῥοδόπης) ὁ Τραϊανοπόλεως. Idem ibidem: Ἐπαρχία Εὐρώπης (l. Ῥοδόπης). Μητρόπολις Τραϊανοῦ, ἔχει ὑπ' αὐτὴν πόλεις ἤτοι ἐπισκόπους β', τὸν Πήρου (l. τὸν Πόρου), τὸν Ἀναστασιουπόλεως. De Poro s. Poris, episcopatu Traianopoli subjecto, v. Nos supra pag. .. Traianopolitana metropolis postero tempore aucta fuit, coll. Leonis novella de thro-

nis, quam supra attuli p. .. Obiter noto, utcumque de aetate Expositionis Epiphanianae statuas, antiquiorem videri Novellā Leonis de thronis. Namque primo loco ponit Papam (patriarcham) Romanum etc. Leonis autem aevo Constantinopolitanus patriarcha se primum dixit patriarcharum. Acta synodalia Traianopolin aliquoties memorant. V. Concilium Chalcedonense (a. 451), apud Mansium Vol. 6. p 846. 907. 916. 942. Concil. V (Constantinopolitanum) a. 553 (Mansi Vol. 9. p. 175). Concilium Nicaenum II (a. 787) apud Mansium Vol. XII.

ad. Bonn.). Hanc praeter Aenum, Mosynopolin et alias restituit Iustinianus imperator. Procopius de aedificiis 4, 11.: .. Ἐπεὶ Ῥοδόπῃ ὀχυρωμάτων ἐκ παλαιοῦ ὑπεσπάνιζεν .. Καὶ μὴν καὶ ἄλλων τῶν ἐπὶ Ῥοδόπης πόλεων, ὅσα δὴ ἐνδεῖν (l. ἐνδεᾶ εἶναι) καὶ καταπεπονηκέναι ξυνηνέχθη τῷ χρόνῳ, σπουδῇ πάσῃ ἀνέστησεν· ἐν αἷς Τραϊανούπολίς τε καὶ Μαξιμιανούπολίς εἰσιν· ὥπερ ἐπηνώρθωσε τὰ ἐν τοῖς προβόλοις σαθρὰ γεγονότα. Unde momentum satis grave hujus quoque urbis cum Aeno, Maximianopoli atque aliis quibusdam Rhodopes provinciae intelligis. Sequitur deinde apud Procopium index magnus castellorum Rhodopes, per Iustinianum de novo conditorum. Recurrit autem Traianopoleos mentio seculo XI in historia Nicephori Bryennii, qui ibi purpuram sumsit, coll. Scylitza p. 727. ed. Bonn., Nicephoro Bryennio 3, 9. 10. Seculo XV superstitem fuisse, Mannertus (Geograph. Vol. VII. p. 225.) inde concludit, quod librarius Ptolemaei Coislinianus margini codicis adscripserit: „Traianopolis nunc reperitur longitudinis gradu 52, 55', latitudinis 41, 35'". Verum Mannertus Georgium Acropolitam non legit, qui scriptor supra allatus (p. 28.) histor. cap. 13. a Bulgaris anno 1205 eversam esse narrat. Quodsi vero imperante Andronico seniore (a. 1282 – 1328) ejus memoria apud Nicephorum Chumnum recurrit (in oratione adversus Niphonem, in Boissonadii Anecdd. gr. Vol. V. p. 279. 280.), item imperante Andronico juniore (a. 1328 – 1341) apud Nicephorum Gregoram hist. 11, 7, 3., id non aliter intelligendum est, ac loci quidam de Mosynopoli supra allati (pag. 29 sq.): significantur ruinae s. reliquiae quaedam urbis, non urbs ipsa vetus. Cantacuz. hist. 1, 38.: Προῆλθέ γε ἄχρι Βήρας καὶ Τραϊανουπόλεως. Idem ibid. 2, 13.: Τὰ περὶ Τραϊανούπολιν ληΐζεται καὶ Βήραν. Idem ibid. 3, 68.: Βασιλεὶς δὲ εἰς τὸ στρατόπεδον πρὸς Τραϊανούπολιν ἐπανελθών. Idem ibidem: Ἐν Τραϊανοῦ στρατοπεδευομένοις. Num ex his Cantacuzeni verbis consequitur, Traianopolis tum superstitem fuisse? Minime vero. Superstes erat Vera, quod aliunde constat, non Traianopolis. Vide Cantacuzenum 3, 67.: Εἰς τὴν Τραϊανούπολιν, κατεσκαμμένην οὖσαν ἐκ πολλῶν ἐτῶν, sc. initio sec. XIII. a Bulgaris. Nihilominus post urbis eversionem passim occurrunt praesules Traianopolitani. Georgius Pachymeres in Mich. Palaeologo (ad annum 1273) 5, 6.: Τὸν Τραϊανουπόλεως Κοινδουμηνόν. Adde Mich. Lequienium in Oriente Christ. I, 1196. Traianopolis nunc dici fertur Orichova, dextro Hebri inferioris orae imposita, referente Beaujourio in voy. milit. Vol. L. p. 237. (un méchant village, pagus deformis). Numeri de longitudine loci et latitudine astronomica apud librarium Ptolemaei Coislinianum conferendi

---

p. 1107. Concilium IX (Photianum) a. 879 (Mansi Vol. XVII. p. 373. 377). Adde Hormisdae papae epistolam 75 (Conciliorum T. X. Paris. 1644. p. 605.), ubi occurrit Abundantius episcopus Traiano-

politanus. In Maroneam ultimo tempore episcopatus Traianopolitanus translatus est, coll. Mich. Lequienio in Oriente Christ. Vol. I. p. 1196.

sunt cum tabula geographica Franco-Galli Lapie sect. 9. — Trajano imperatori non
quidem nomen, sed originem debere fertur, coll. Scylitza (ad calcem Cedreni ed. Bonn.
Vol. II. p. 728.): Ἡ γὰρ Τραϊανούπολις αὕτη οὐκ ἐπὶ τῷ ὀνόματι τοῦ βασιλέως
τοῦ Τραϊανοῦ ᾠκοδόμηται, ἐπὶ ὀνόματι δὲ τῶν μεγιστάνων τινὸς Τραϊανοῦ καλου-
μένου, γενναίου τὸ τηνικαῦτα κατά τε χεῖρα καὶ κατὰ ψυχὴν, ὃν ὁ Καῖσαρ Τραϊα-
νὸς διά τι πταῖσμα τῶν ὀφθαλμῶν ἐστέρησεν. Ἐπὶ Πέρσαις δὲ, διιὼν ἐνταῦθα,
τοῦτον ἐθεάσατο πρώτως. Περιώδυνος δὲ τῇ θέᾳ γενόμενος, τῶν στρατηγημά-
των καὶ τῆς ἀνδρίας ἀναμνησθεὶς, ἐν αὐτῷ τῷ τόπῳ πόλιν ἐκέλευσε πολίσαι
εἰς μνήμην ἄληστον τοῦ ἀνδρός. Eandem s. narrationem s. fabulam habet Cedrenus in Traiano suo (Hist. compend. Vol. I. ed. Bonn. pag. 436.), ita tamen, ut
urbis nomen taceatur, et solummodo ille Traianopoli, ab imperatore conditae, prae-
fectus fuisse dicatur ad pensandam injuriam. De numis hujus Graecae urbis v. Eckhel.
D. V. N. T. II. pag. 47 sq. Mionnet. Descript. de médail. antiqu. Vol. I. ed. I.
p. 423 sqq. Ramus. catal. Numor. Vol. I. p. 112. Museum Wiczay Vol. I. p. 96. —
Prope Traianopolin fuit monasterium *Adelorum*. Nicephorus Gregoras 16, 1, 4.:
Ἐς τὸ τῆς Τραϊανοπόλεως ἔγγιστα φρούριον, τὴν τῶν Ἀδέλων λέγω μονήν.

Antequam ad Anastasiopolin transeo, quaedam de Bolero provincia superioribus addenda videntur. Procopius de aedificiis 4, 11 (Opp. ed. Bonn. Vol. 3. p. 303.): .. Ῥο-
δόπη ὀχυρωμάτων ἐκ παλαιοῦ ὑπεσπάνιζεν. Ἦν δέ τις κώμη ἐν τῇ μεσογείᾳ, Βέλ-
λουρος ὄνομα, πλούτου μὲν δυνάμει καὶ πολυανθρωπίᾳ ἴσα καὶ πόλις, τῷ μέντοι
τειχήρης οὐδαμῆ εἶναι ληϊζομένοις διηνεκὲς ἐπαρκοῦσα βαρβάροις, ἀγροῖς τε τοῖς
ἀμφ' αὐτὴν κειμένοις πολλοῖς γε οὖσι ταὐτὸ πάσχουσα. Καὶ αὐτὴν δὲ ὁ βασιλεὺς
οὗτος πολίζει τε καὶ ἀποτειχίζει, καὶ αὐτοῦ ἐπαξίαν τίθεται εἶναι. Καὶ μὴν καὶ
ἄλλων τῶν ἐπὶ Ῥοδόπης πόλεων κ. τ. λ. Eam Bellorum Procopii Byzantinorum regioni Bolero nomen dedisse et reliquisse existimo. Anne vero etiam a litere Hebri
(Maritzae) sinistro Bolerus patuit? De his inspiciantur Annales Turcici pag. 315. ed.
Paris. (ad annum 1328): „*Inde* [a Zemenico s. Chiridocastro, i. e. Sesto in Cherso-
neso Thracica] *cum navibus .. Bolairen Ezes begus petiit. Est autem propter Bo-
lairem portus maris, qui portus albus dicitur.*“ Ubi Leunclavius (pag. 410) haec
annotat: „*In his verbis observandum, illam Bolaïris planitiem Turcis dictam prae-
tori Graeciae nostro vocari* Bolerum, *qua scilicet per ipsam Chersonesum, Adrianopoli procul ad dextram relicta cum Didymoticho, versus Aenum oppidum et Maritzam fluvium, quondam Hebrum dictum, ac longius inde Thessaliam versus itur.*“
Bolerum nostram significari, nec ego addubito.

Idem ibid. p. 317. (ad annum 1383): „Ingressusque Romaniam, obsidione *Magalgaram*
cinxit ..“ Ibidem: „Ad obsidendam *Bolinam*, locum munitum, profecti sunt.“ P. 317. (ad
a. 1386): „*Gumutzina .. Marolia .. Serras .. Cavalam, Diren* (Doiran?) .. *Sirum*

(Serras?) .. *Monastirum* (Bitogliam) *et Selerucam* (1. Selenicam s. Selanicam, i. e. Thessalonicam). *)

ANASTASIOPOLIS. Hanc cum aliis VII urbibus metropolitae Traianopolitano subjectam fuisse, testatur Novella imp. Leonis Sap. de thronis, supra allata pag. 24. Tenebat locum dignitate quartum, Mosynopolis tertium, Peritheorium vero septimum. Occurrit eodem aevo in Actis concilii noni (Photiani) a. 879., coll. Mans. Concil. Vol. XVII. p. 375.; diuque antea in Actis synodi VII (a. 796) ap. Mans. Concil. Vol. XII. p. 995.; deinde in Actis synodi Nicaenae II (a. 787) ap. Mans. Vol. XII. p. 1099. Leonis tamen imperatoris indici adversatur Cantacuzenus hist. 3, 32. (ad annum 1342): Τὴν 'Ἀναστασίου πόλιν, ἣ Περιθεώριον ὑπὸ βασιλέως 'Ἀνδρονίκου προσηγορεύετο. Litem docti quandoque resolvent. De ea vero alium Cantacuzeni locum vide in *Peritheorio*. Locum tertium obtinebat in Anonymi notitia metropolitanorum, quae tamen Leonis Novellâ junior est (ad calcem Codini de officiis aulae Byzantinae p. 377 sq. ed. Paris., p. 324. ed. Ven.): κθʹ. Ἐπαρχία Ῥοδόπης. Ὁ Τραϊανουπόλεως. Ὁ τοῦ Πήρου (l. ὁ Τοπίρου)· Ὁ 'Ἀναστασιουπόλεως. Anastasiopolitanus episcopus in synodo Photiana subscripsit, referente Michaele Lequienio l. c. p. 206; antiquiorem urbis memoriam deprehendi in Actis synodi septimae (a. 787), ubi subscripsit episcopus Anastasiopoleos (Mansi concil. Vol. XII. p. 995. 1100. Vol. XIII. p. 143.). Situm urbis in dextro inferioris Hebri latere quaero, a marî non valde remotum. Nec eam neglexit Iustinianus imperator, urbium instaurator. Procop. de aedif. 4, 11.: 'Ἀναστασινούπολις δὲ ἡ τῇδε οὖσα τειχήρης μὲν καὶ πρότερον ἦν. Ἐν δὲ παραλίᾳ κειμένη, ἀφύλακτον εἶχε τὴν ταύτη ἠϊόνα. Τὰ πλοῖα, πολλάκις ἀμέλει ἐνταῦθα καταίροντα, ὑποχείρια βαρβάροις Οὔννοις ἐξαπιναίως γεγένηται ὥστε καὶ τὰς νήσους ἐνθένδε τὰς τῇ χώρᾳ ἐπικειμένας ἠνώχλησαν. Ἰουστινιανὸς

---

*) Ut Serrarum nomen in chronicis Franco-Gallorum medii aevi sanavi, ita in Tabula Peutingeriana idem sanabo. Ea igitur (fol. VII. ex editione Catancsichii): haec habet: *Heraclea Santica* (l. Sintica) *IIII. Scotusa XVIII. Sarxa XIII. Strymon VIII. Daravescos* (l. Drabescus) *XII.* In his formam *Sarxa* crucem geographorum esse constat. Leni medela damnum resarcietur. Lege *Sarra.* Sic medio aevo *Serrae* Macedonicae dicebantur. Innocentius III. epist. 15, 57 (Ed. Baluz. Vol. II. p. 621): *Arnulpho, Sarrensi archiepiscopo .. Sarrensis ecclesia .. Sarrensem metropolim ..*

Sarrensem ecclesiam .. Sarrensi metropoli .. (Ea epistola varia satis memorabilia habet de locis Serrarum sacris). Idem ibid. 15, 70 (p. 626): *Philippensi et de Serra* (sic) *archiepiscopis etc.* Ibidem (p. 627): *Philippensi et Sarrensi* (sic) *archiepiscopis.* Idem epist. 86 (p. 632): *Episcopi Sarrensis.* Idem 16, 98 (p. 796): *Fratribus nostris, Philippensi, Sarrensi, Thessalonicensi.* Similiter literas *e* et *a* Itali medii aevi confuderunt in loco *Velestino* (Thebis Phthioticis Thessaliae), quem *Valestino* scribere amant, coll. meis Thessalonicensibus pag. 494.

δὲ βασιλεὺς διατειχίσματι τὴν παραλίαν περιβαλὼν ὅλην, ταῖς τε ναυσὶ καὶ τοῖς νησιώταις τὴν ἀσφάλειαν ἀνεσώσατο. Ἀλλὰ καὶ τὸν τοῦ ὕδατος ὀχετὸν ἐκ τῶν ὁρῶν, ἃ ταύτῃ ἀνέχει, μέχρι ἐς τὴν πόλιν ὑπέρογχον ἀνέστησαν (L. ἀνέστησεν) ὕψος. Sedem hujus loci reliquiae grandis aquaeductus, si quae supersunt, aliquando definient. Alius aquaeductus reliquias-paulo inferius, in Verae castello s. monasterio, memorabo.

GRATIANOPOLIS. Ejus mentionem non invenio ante seculum XIII., sc. apud Georgium Acropolitam histor. cap. 13 (supra cit. pag. 29.). Macrae (antea Stagirae) vicinam fuisse puto, coll. Acropolitani loci ordine ac tenore; item Cumutzinis, coll. Nicephoro Gregora hist. 14, 4, 1. (ad annum 1344): Εἷλε καθ᾿ ὁμολογίαν πόλεις δύο, τήν τε Κομοτηνὴν καὶ τὴν Γρατιανοῦ καλουμένας. Idem ibid. 16, 7, 1.: Ἐκ μόνης τῆς Γρατιανουπόλεως. Cujus loci contextus id saltem ostendit, situm habuisse hanc urbem a parte Hebri inferioris occidentali. Crebrior ejus mentio apud Cantacuzenum habetur. Is igitur de ejus situ 1, 52.: Ἐν Γρατζιανοῦ πόλει, περὶ ἐκβολὰς τῆς Θρά- κης κειμένῃ, sc. in fine Rhodopes, ubi ea ad mare excurrit. In occidentali urbis plaga sita erat Xanthia oppidum (Cantacuz. ibid.). Erat autem situ locorum et arte munitis- sima, Chalcidicesque metropolis quaedam, coll. Cantacuzeno 3, 68.: Αὐτὸς δὲ γενόμενος πρὸς τὴν Χαλκιδικήν, τὴν Γρατιανοῦ πόλιν ἐπολιόρκει, οὖσαν οὐ μεγάλην, ὀχυ- ρωτάτην δὲ ἔκ τε φύσεως τοῦ τόπου καὶ τῶν τειχῶν τῆς κατασκευῆς, ἄλλως δὲ εὐ- φυῶς πρὸς πάντα ἔχουσαν, καὶ ὥσπερ μητρόπολιν οὖσαν τῆς Χαλκιδικῆς (anno 1343). Habuit arcem (Cantacuz. l. c. cap. 69.).

Totus ille tractus (inter Cumutena puto Hebrique ostia) Chalcidice olim dicta vi- detur, a Chalcidensibus prisco aevo suis coloniis repletus, deinde a Philippo, Amyn- tae filio, incolis orbatus; ceterum perquam fecundus. Per hanc Chalcidicen profecti cum legionibus suis Brutus et Cassius, in Macedoniam tendentes, antequam Corpilio- rum fauces (Tempyra) penetrarent (Appian. b. civ. 4, 42); diuque antea Manlius (Liv. 38, 41.).

Obiter noto, de nomine hujus regionis Cantacuzenum (hist. 2, 22.) hanc habere notam marginalem adscriptam (ad vv. κατὰ τὴν Χαλκιδικὴν τὴν ἐν τῇ Θρᾴκῃ): ὃ νῦν καλεῖται Βολερόν; quam regionem cum Chalcidice Macedonica, proprie sic dicta, male confundit Wassius ad Thucydidem 4, 79. In quem Boleri sensum nunc ego inclino, maximopere motus Georgii Pachymerae loco, supra allato, ubi Hispani di- cuntur Aeno egressi Maritzam (Hebrum) transisse, ut e Bolero frumentum peterent. Quod non de regione montana valere potest, sed de campis frugiferis. Adde eundem Pachymeren ibidem cap. 33.: .. ἐπὶ Αἶνον καὶ Μεγαρίσιον γίνονται .. (Hispani). Καὶ πύστις ἦν πιστευομένη ἐνίοις καὶ τοῖς δοκοῦσι τῶν ἀκουόντων, ὡς τοῦ ποτα- μοῦ τῆς Μαρίτζης τὸ πολὺ τοῦ ὕδατος πρὸς θάλασσαν ἀποπτύσοντος· (l. ἀποπτύον-

τος ε. ἀποπτύσαντος), καὶ βατοῦ ποσῶς γενομένου ποσὶ, πρὸς Βολερὸν διαπεραιω-
θήσονται. Additur ibidem, incolas *Boleri*, campis relictis, in arcibus sese ab-
didisse. Pachymerae locum *Megarisium* Hispani dicunt *Megarix* (Megarich), coll.
Moncada cap. 41. cett. De his v. Nos paulo inferius, ubi Rhodopes partes explana-
bimus.

Fertilitatem hujus Chalcidices praeter Appianum infra allatum testatur Cantacuzenus histor. 4, 34.: Τοῦτο δ᾽, ὅτι καὶ ἡ Χαλκιδέων βοσκήμασι διαχειμάζειν μᾶλλον
ἐπιτηδειοτέρα διά τε τὴν ἀλέαν καὶ τὸ τροφὴν παρέχειν ἄφθονον, βοσκήματα ἐκεῖ
πολλὰ καταγαγόντες κ. τ. λ. Neque aliter de hac Chalcidice agit Hispanus Moncada
in libro: Expedicion de los Catalanes y Aragoneses contra Turcos y Griegos (Madrid
1805. cap. 52. pag. 292): *Llegó Rocafort con su exercito à una aldea dos jorna-
das lexos de la ciudad de Cristopol, puesta en un llano abundante de frutas, y
aguas; las casas vacías de gente, pero llenas de pan y vino y de otras cosas no
solo necesarias, pero de mucho gusto y regalo.* De regione inter Nestum Hebrumque
sita v. Beaujour. voy. milit. Vol. I. pag. 233—337.; qui scriptor oram maritimam
totius illius tractus olivis, quibus careat litus inter Thessaliam Strymonemque, deco-
ratam dicit l. c. pag. 236.

Jam vero accedant alia plenioraque vetustatis testimonia de hac Chalcidice, quam
a Macedonica distingui velim. Cantacuzen. 4, 42 (coll. 4, 34): Ἐστράτευσεν
ἐπ᾽ ἐκεῖνον ἅμα ἦρι, πρὸς τῇ Γρατιανοῦ πανοικεσίᾳ διατρίβοντα, ἔχοντα καὶ
τὰς ἄλλας τῆς Χαλκιδικῆς ἁπάσης πόλεις (anno 1355). Idem 3, 68.: Αὐτὸς
δὲ γενόμενος πρὸς τὴν Χαλκιδικὴν, τὴν Γρατιανοῦ πόλιν ἐπολιόρκει, οὖσαν
οὐ μεγάλην, ὀχυρωτάτην δὲ ἔκ τε φύσεως τοῦ τόπου καὶ τῶν τειχῶν τῆς κατασκευῆς, ἄλλως δὲ εὐφυῶς πρὸς πάντα ἔχουσαν καὶ ὥσπερ μητρόπολιν οὖσαν τῆς
Χαλκιδικῆς. Idem 3, 70.: Τῆς τε Γρατιανοῦ καὶ τῶν ἄλλων, αἱ ὑπήκοοι ἦσαν ἐν
τῇ Χαλκιδικῇ. Est annus 1308., coll. Pachymerae loco modo allato. Aenum vero
urbem a Chalcidice distinguit Cantacuz. 4, 27.: Αἶνον δὲ ᾐτεῖτο παρὰ βασιλέως τοῦ
κηδεστοῦ καὶ τὰς τῆς Χαλκιδικῆς πόλεις. Cum ultimis cfr. quoque Eundem 4, 42.

De veteri hujus regionis historia videatur Appianus b. civ. 4, 102.: Τοῦ δὲ Σερ-
ρείου προὔχοντος ἐς τὸ πέλαγος, αὐτοὶ μὲν ἐς τὰ μεσόγεια ἀνεχώρουν, Τίλλιον δὲ
Κίμβρον μετὰ τοῦ ναυτικοῦ καὶ τέλους ὁπλιτῶν ἑνὸς καὶ τοξοτῶν τινων τὴν ἀκτὴν
περιπλεῖν (l. παραπλεῖν) ἔπεμπον· ἡ πάλαι μὲν ἦν ἐρημοτάτη, καίπερ εὔγεως οὖσα,
τῶν Θρᾳκῶν οὔτε θαλάσσῃ χρωμένων, οὔτε ἐς τὰ παράλια κατιόντων, ὑπὸ δέους
τῶν ἐπιπλεόντων. Ἑλλήνων δ᾽ αὐτὴν ἑτέρων τε καὶ Χαλκιδέων καταλαβόντων, καὶ
θαλάσσῃ χρωμένων, ἤνθει ταῖς ἐμπορίαις καὶ γεωργίαις, χαιρόντων σφίσι καὶ τῶν
Θρᾳκῶν διὰ τὴν τῶν ὡραίων ἄμειψιν· μέχρι Φίλιππος ὁ Ἀμύντου τούς τε ἄλλους
καὶ Χαλκιδέας ἀνέστησεν, ὡς μηδὲν ἔτι πλὴν οἰκόπεδα μόνον ὁρᾶσθαι. Τήνδε

οὖν τὴν ἀκτὴν, αὖθις ἔρημον οὖσαν, ὁ Τίλλιος παραπλέων, ὥς οἱ πρὸς τῶν ἀμφὶ τὸν Βροῦτον εἴρητο, στρατοπέδοις ἐπιτήδεια χωρία ἀνεμέτρει καὶ διέγραφε, καὶ ταῖς ναυσὶ κατὰ μέρη πρόσπλουν [adde ἐποίει], ἵν᾽ οἱ περὶ τὸν Νορβανὸν, ὡς ἀχρεῖον ἔτι τὸ τηρεῖν, τὰ στενὰ ἐκλίποιεν. Brutusque, angustiis (Tempyris) nullo impediente superato, ad oram Thaso insulae oppositam pervenit (Appian. l. c., coll. Plutarch. Brut. 38), non procul a faucibus Sapaeorum (Christopolitanis). Locum Appiani totum apposui, quod ab illis neglectum video, quorum erat, eo uti ad illustrandam totam eam regionem, quae inter Hebri ostia oramque Thaso insulae oppositam terminatur, cujusque tum prisco aevo, tum medio non leve momentum in rebus bellicis fuit. Sunt ii Raoul-Rochette in Histoire crit. de l'établissement des colonies Grecques. Paris. 1815. Vol. III. pag. 198—213.; dein Mannertus Geogr. Vol. VII. p. 208—228. Est digna omnino regio, quae diligentius quandoque lustretur, quam ab iis non plane omissum video, qui ultimo tempore eam peragrarunt; est enim Rhodopes provinciae pars longe melior.

Non aliter idem Philippus Macedo Chalcidenses Thessalonicae vicinos tractasse Mannerto videtur (Geogr. der Gr. u. R. Vol. VII. p. 449.), quorum XXXII oppida evertisse narratur, teste Demosthene Philippicâ III (p. 106. ed. Bekk.), coll. Dionysio Halicarnassensi de admiranda vi dicendi in Demosthene cap. 54 (p. 1119. ed. Reisk.), Iam vero ipsum Demosthenem inspiciamus. Is igitur l. c.: Ὄλυνθον μὲν δὴ, καὶ Μεθώνην, καὶ Ἀπολλωνίαν, καὶ δύο καὶ τριάκοντα πόλεις ἐπὶ Θρᾴκης ἰῶ, ἃς ἁπάσας οὕτως ὠμῶς ἀνῄρηκεν κ. τ. λ. Mannertus l. c. de XXXII urbibus Chalcidices vulgari sensu cogitat, sc. e meridie Thessalonicae (Thermae) Cissique montis sitae, motus puto Olynthi et Apolloniae mentione, deinde sensu formulae τὰ ἐπὶ Θρᾴκης, quae vetustiori aevo urbibus Graecis Chalcidicae Macedonicae imposita dicitur. Quanquam dubito, num Chalcidice Macedonica vel isto aevo urbium XXXII capax fuerit.

Verum pergamus in lectione Demosthenea. Ergo summus veterum oratorum in Philippica IV (p. 136. ed. Bekk.): Πόσων ἀπεστήρησθε; Οὐ Φωκέας; Οὐ Πύλας; Οὐχὶ τὰ ἐπὶ Θρᾴκης, Δορίσκον, Σέρριον, τὸν Κερσοβλέπτην αὐτόν; Οὐ νῦν Καρδίαν ἔχει (Philippus); Iam habemus quasdam illarum urbium XXXII., quarum priores apud Hebrum (Maritzam) inferiorem quaerendae sunt; ultima initio chersonesi Thracicae. Evertit Philippus has urbes s. munitiones, utpote maritimo litori impositas, ideoque validiores, ab Atheniensibus vero contra ipsum nunquam non adjutas. Addo alia regionis istius (τὰ ἐπὶ Θρᾴκης dictae) loca. Demosthenes de falsa legatione pag. 352. ed. cit.: Ἐν δὲ τούτῳ (isto tempore) Δορίσκον, Θρᾴκην (urbem quandam nomine Θρᾴκη), τὰ ἐπὶ τειχῶν, Ἱερὸν ὄρος ᾔει ὁ Φίλιππος. Quod orator τὰ ἐπὶ τειχῶν dicit, id paulo inferius τὰ τείχη simpliciter nuncupat (p. 359. ed. cit.), repetens Θρᾴκην. Montem sanctum iterum memorat in eadem oratione pag. 407. Addo alias Graecorum colonias, in eodem tractu a Philippo eversas. Demosthenes Philipp. IV. (p. 123): Οὐ γὰρ οὕτως εὐήθης ἐστὶν ὑμῶν οὐδεὶς, ὥσθ᾽ ὑπολαμβάνειν, τὸν Φι-

λιππον τῶν μὲν ἐν Θρᾴκῃ κακῶν (τί γὰρ ἂν ἄλλο τις εἴποι Δρόγγιλον καὶ Κα-
βύλην καὶ Μάστειραν, καὶ ἃ νῦν φασὶν αὐτὸν ἔχειν;) — τούτων μὲν ἐπιθυμεῖν κ. τ. λ.
Idem de Halonese p. 78.: Τίνι μηνὶ καὶ τίνι ἡμέρᾳ Σέρριον τεῖχος καὶ Ἐργίσκη
καὶ Ἱερὸν ὄρος ἰάλω; Notó quoque, Philippum, horum locorum eversorem, transisse in
rhetorum exercitationes. Ergo Procopius Gazaeus (sec. V) in panegyrico Anastasii
imperatoris, cap. 10 (Dexippus cett. ed. Bonn. p. 501): Οὐχ, ὥσπερ Φίλιππος, ὁ
Μακεδὼν ὄντως καὶ βάρβαρος, καὶ ταῖς Ἑλληνικαῖς συμφοραῖς ἐνακμάζων, ἀπάτῃ
καὶ δόλῳ δύο καὶ τριάκοντα Χαλκιδικὰς πόλεις ἑλών, οὕτως ἀνειλές ὠμῶς, ὡς
διαλαθεῖν, εἰ γεγόνασι πρόσθεν. Verum pergo in vetustiorum scriptorum enarratione, et quidem eo consilio, ut notionem ejus regionis, quae τὰ ἐπὶ Θρᾴκης dicebatur, in clarissima luce ponam. Ergo Philochorus apud Dionysium Halicarnassen-
sem in hujus epistola ad Ammaeum de Demosthene et Aristotele cap. 9 (Opp. ed.
Reiske Vol. VI. p. 735): Περὶ τὸν αὐτὸν χρόνον Χαλκιδέων, τῶν ἐπὶ Θρᾴκης,
θλιβομένων τῷ πολέμῳ, καὶ πρεσβευσαμένων Ἀθήναζε, Χαρίδημον αὐτοῖς ἔπεμ-
ψαν οἱ Ἀθηναῖοι, τὸν ἐν Ἑλλησπόντῳ στρατηγόν· ὃς ἔχων ὀκτωκαίδεκα τριήρεις
καὶ πελταστὰς τετρακισχιλίους, ἱππεῖς δὲ πεντήκοντα καὶ ἑκατόν, ἦλθεν εἴς τε
Παλλήνην καὶ τὴν Βοττιαίαν μετ' Ὀλυνθίων, καὶ τὴν χώραν ἐπόρθησεν.

In his jam disputationibus ad bellum Peloponnesiacum assurgo, ut deinde ad antecedentis narrationis ordinem recurram, omisso nunc Herodoto et Thucydide, quos
in fine tractationis respiciam. Igitur Diodorus Siculus 12, 42., Atheniensium socios
enumerans, haec habet: Ὁμοίως δὲ καὶ οἱ ἐπὶ Θρᾴκης, πλὴν Χαλκιδέων καὶ
Ποτιδαιατῶν (erant Atheniensium socii). Idem ibid. cap. 50.: Σιτάλκης τοίνυν
πρὸς Ἀθηναίους φιλίαν συνθέμενος, ὡμολόγησεν αὐτοῖς συμμαχήσειν τὸν ἐπὶ
Θρᾴκης πόλεμον. Idem ibid. cap. 72.... Σκιωναῖοι .. ἀπέστησαν πρὸς τοὺς
Λακεδαιμονίους, καὶ τὴν πόλιν παρέδωκαν Βρασίδᾳ τῷ στρατηγοῦντι τῶν ἐπὶ
Θρᾴκης Λακεδαιμονίων. Idem ibid. cap. 73.: Οἱ δὲ Ἀθηναῖοι προχειρισάμενοι
στρατηγὸν Κλέωνα τὸν δημαγωγόν, καὶ δόντες ἀξιόλογον δύναμιν πεζικήν, ἐξέπεμ-
ψαν εἰς τοὺς ἐπὶ Θρᾴκης τόπους. Recurramus ad res Philippi I. Idem Diodorus 16, 52.: Κατὰ δὲ τὴν Εὐρώπην Φίλιππος μὲν ὁ Μακεδόνων βασιλεύς, στρα-
τεύσας ἐπὶ τὰς Χαλκιδικὰς πόλεις, Γεῖραν μὲν φρούριον ἐκπολιορκήσας κατέσκαψε,
τῶν δὲ ἄλλων πολιαμάτων ἔνια καταπληξάμενος ἠνάγκασεν ὑποτάσσεσθαι. Quae
Gira ubinam quaerenda sit, an. in Chalcidice Macedonica, an Thracica, vix equidem
decreverim. Eligo tamen posteriorem terram. Sequentem quoque ejusdem Diodori locum
de coloniis Graecorum Hebro et Hellesponto vicinis intelligo. Ille igitur XVI, 71.:
Κατὰ δὲ τὴν Μακεδονίαν Φίλιππος τὰς ἐπὶ Θρᾴκῃ (sic) πόλεις Ἑλληνίδας εἰς
εὔνοιαν προσκαλεσάμενος, ἐστράτευσεν ἐπὶ Θρᾴκην. Κερσοβλέπτης γάρ, ὁ βασιλεὺς
τῶν Θρᾳκῶν, διετέλει τὰς ἐφ' Ἑλλησπόντῳ πόλεις ὁμορούσας τῇ Θρᾴκῃ καταστρε-

φόμενος, καὶ τὴν χώραν καταφθείρων. Descendo ad historiam Philippi II. Polybius
18, 2.: Λεύκιος δὲ Στερτίνιος (fine belli Macedonici I), εἰς Ἡφαιστίαν καὶ Θάσον
ἀφικόμενος καὶ τὰς ἐπὶ Θράκης πόλεις, ἐποίησε τὸ παραπλήσιον (sc. idem fecit,
quod P. Lentulus, nimirum liberas urbes fore a Macedonibus pronuntians). Quas
urbes non prope Pallenen Macedonicam quaerendas esse, nemo non videt, sed inter
Strymonem fluvium et Byzantium. Idem 23, 4.: Καὶ διαφορὰ ἄλλη περὶ τῶν ἐπὶ
Θράκης πόλεων πρὸς τοὺς παρ' Εὐμένους πρεσβευτὰς καὶ τοὺς ἐκ Μαρωνείας
φυγάδας. Idem ibidem 13.: Μεταπεμψάμενος γὰρ Ὀνόμαστον τὸν ἐπὶ Θράκης
τεταγμένον κ. τ. λ. Ubi Maronea urbs memorata satis docet, quaenam urbes Graecorum
Thracicae significentur: sunt coloniae Graecorum, inter Nestum Hebrumque fluvios sitae.
Item Polybius paulo ante: . . πρεσβευτῶν (sc. Romanorum), καὶ δηλούντων (Philippo II), ὅτι δεήσει κατ' ἀνάγκην ἀποβαίνειν ἀπὸ τῶν ἐπὶ Θράκῃ (sic) πόλεων. Ubi
idem sensus est ut supra. Idem 24, 1.: . . κατηγορήσοντες (Eumenis regis legati,
Philippum Romae accusaturi) αὐτοῦ περί τε τῶν ἐπὶ Θράκης πόλεων κ. τ. λ. De
eadem legatione vide Eundem ibidem cap. 3. (κατηγορῆσαι, καὶ περὶ τῶν ἐπὶ Θράκης
τόπων). Ibidem: Τῶν ἐπὶ Θράκης τόπων. Idem ibidem cap. 6.: Ἀπέβη μὲν ἀπὸ
τῶν ἐπὶ Θράκης Ἑλληνίδων πόλεων ὁλοσχερῶς ὁ Φίλιππος, καὶ τὰς φρουρὰς
ἐξήγαγεν.

Habes in antecedentibus historiam quandam istius notionis geographicae, quae
nomine τὰ ἐπὶ Θράκης omnibus eruditis notissima est. Jam vero quantum patuit iste
tractus? Müllero τῷ μακαρίτῃ (Ueber die Makedoner cett.) Olynthiacus ager τὰ
ἐπὶ Θράκης fuisse videtur, coll. ejus tabula geographica. Tractum illum τὰ ἐπὶ Θράκης dictum fuisse, e Thucydide 1, 57. 59. 4, 7. constat, coll. Xenophonte hist. gr.
5, 2, 12.: Ὅτι μὲν γὰρ τῶν ἐπὶ Θράκης μεγίστη πόλις Ὄλυνθος, σχεδὸν πάντες
ἐπίστασθε. Aliter idem de Pella ibidem 13.: Πέλλαν, ἥπερ μεγίστη τῶν ἐν Μακεδονίᾳ πόλεων. *) Sic Eïonem quandam τὴν ἐπὶ Θράκης dicit Thucydides 4, 7., ab
ea distinguens aliam τὴν ἐπὶ Στρυμόνι 1, 98. etc., quanquam et haec situm habebat
in regione τὰ ἐπὶ Θράκης, coll. Göllero ad Thucyd. 1, 98. Anne vero τὰ ἐπὶ Θράκης latius patebant? Audiamus Göllerum ad Thucydidem 1, 59.: „Hoc nomen signi-

*) Eandem distinguendi inter ἐπὶ et ἐν
cautelam alii quoque Graeci observant.
Aristoteles hist. nat. 1, 4, 16. (p. 36. ed.
Schneid.): . . οἷον ἐν μέν τόπῳ τινὶ τῆς
ἐν Εὐβοίᾳ Χαλκιδικῆς οὐκ ἔχει τὰ πρόβατα
χολήν. Idem vero 3, 9, 12. (p. 114.): . .
Οἷον καὶ ἐν τῇ Χαλκιδικῇ τῇ ἐπὶ Θράκης
ἐποίει ὁ καλούμενος ψυχρὸς ποταμός (sc.
ut oves tempore coitus ex isto fluvio
bibentes nigros agnos pariant). Idem

plane repetit Aelianus h. nat. 8, 21.,
minus diligenter habens ἐν Θράκῃ. Diligentius agit Antigonus Carystius cap. 84.:
Τὸν δὲ ἐν τῇ Χαλκιδικῇ ποταμὸν τὸν ἐπὶ
Θράκης, τὸν καλούμενον Κοχρίναν, πίοντα
τὰ πρόβατα ἔχειν τὰ γεννώμενα μέλανα
ποιεῖ. Aristotelis Chalcidicem fluviumque
Antigoni Cochrynam (Cossinitam?)
alicubi juxta Hebrum quaero, non juxta
Palleuen.

ßeat Graecas civitates, sitas in ora septentrionali (?) maris Aegaei inde a Thessalia usque ad Hellespontum. Coloniae in hac regione Chalcidicae, in quibus erant Olynthus, Torone, Sermyle, Asne all., deductae erant Chalcide in Euböa." Deinde sic pergit: „Amphipolis pro extrema ejus plaga urbe habebatur, quaeque ab ea ulterius tam in ortum, quam septentrionem terrae patebant, eae ad Thraciam relatae sunt." In his quae de Amphipoli dicit vir eruditissimus, me non satis assequi confiteor. Omnes Graecorum coloniae, Thessaliam et Hellespontum intercedentes, τὰ ἐπὶ Θρᾴκης dicebantur; ipsa Thracum terra Θρᾴκη audiebat. Regionem vero τὰ ἐπὶ Θρᾴκης etiam litus Thermaei sinus occidentale, non tantum orientale, spectasse, claris verbis docet Demosthenis vita apud Reiskium in Oratt. Grr. Tomo 4. p. 145 sq.: Φίλιππος Με-θώνην πολεμῶν τὴν ἐπὶ Θρᾴκης κ. τ. λ. Strabo libro 9, 5.: Τῆς Θρᾳκίας Με-θώνης, ἣν κατέσκαψε Φίλιππος. Quare ego τὰ ἐπὶ Θρᾴκης a Peneo, Thessaliae fluvio, initium habuisse statuo. Namque Thraces primo aevo tum in reliqua Graecia sedebant, tum in Pindo, Thessaliae monte, et in Pieria Macedoniae, coll. Thessaloni-censibus nostris p. 8., ubi fragmenta Hecataei 115—122 (p. 75 sq. ed. Klaus.), Herodoto sc. vetustioris, citavi. Ex hac regione Thracas Graeci et Macedones expulere, ma-nente Thraciae nomine. Postremo si τὰ ἐπὶ Θρᾴκης ad solum usque Hellespontum patuisse docti quidam statuunt, me non consentientem habent. Mihi τὰ ἐπὶ Θρᾴκης omnem terram inter Peneum et Danubium fluvios significare videntur, quatenus Grae-corum colonias habuit. Eae autem multae erant in occidentali litore Ponti Euxini.

Antequam ad narrationem nostram recurro, monenda quaedam videntur de Stra-bone. Is igitur 2, 4, 13 (p. 121. ed. Casaub.): Περὶ πολλῶν γάρ ἐστι πόλεων τοῦτ᾽ εἰπεῖν (sc. adeo vestigia earum evanuisse), ὅπερ εἶπε Δημοσθένης ἐπὶ τῶν περὶ Ὄλυν-θον, ἃς οὕτως ἠφανίσθαι φησὶν, ὥστ᾽ εἰ μηδὲ πώποτε ᾠκίσθησαν γνῶναι ἄν τινα ἐπελθόντα. Idem 10, 1, 8 (p. 447): Ἐρέτρια μὲν γὰρ συνῴκισε τὰς περὶ Παλλήνην καὶ τὸν Ἄθω πόλεις· ἡ δὲ Χαλκὶς τὰς ὑπὸ Ὀλύνθῳ, ἃς Φίλιππος διελυμήνατο. È quibus praeter alias Scolum fuisse, ex eodem Strabone (9, 2, 23. p. 408., coll. 2, 4, 13) autumo. Iam vero Strabonis locus (2, 4, 13) quomodo intelligendus est? Geo-graphusne, cum de urbibus a Philippo eversis loqueretur, num de sola Chalcidice Olynthiaca (10, 1, 8) cogitavit, an simul de alia? Equidem non decerno. Quodsi prius statuitur, tum Strabo erravit. Istorum locorum Chalcidice multas urbes capere non potuit; quamquam unam et alteram earum Philippus evertit. Ejus vero saevitia aliam (orientalem) Chalcidicen spectavit, quae juxta Hebrum inferiorem sita erat. Id quod e Demosthene apparebit, si eum cum Appiano et Cantacuzeno comparaveris. De-mosthenes Chalcidices quidem nomen non habet, sed nomina urbium ejus regionis, quae ipsi τὰ ἐπὶ Θρᾴκης audit. Appianus vero, coll. Cantacuzeno, colonias, a Phi-lippo eversas, Chalcidicas dicit, juxtaque Hebrum ponit.

6 *

Locutionem τὰ ἐπὶ Θράκης primum apud Herodotum invenio, qui libro 6, 33. τὰ τείχεα τὰ ἐπὶ Θρηΐκης habet, ubi regio inter Hellespontum Hebrumque significari videtur. E scriptorum Byzantinorum numero Procopium, Nicephorum Gregoram, Cantacuzenum memoro. Ergo Procopius. Goth. 3, 39 (p. 443. ed. Bonn.): Στρατηγὸν καταλόγων τῶν ἐπὶ Θράκης. Idem ibid. 3, 33.: Ἰλλυριούς τε καὶ τὰ ἐπὶ Θράκης χωρία. 4, 19.: Ἔν τε χωρίοις ἱδρύσασθαι τοῖς ἐπὶ Θράκης ἐκέλευσεν. Idem Vandal. 1, 2.: Ὤικησαν τὰ ἐπὶ τῆς Θράκης χωρία. Idem ibidem 12.: Ἱπποφορβίων, ἅ οἱ νέμονται ἐς τὰ ἐπὶ Θράκης χωρία. Idem de aedificiis 4, 16.: Τὰ ἐπὶ τῆς Θράκης χωρία. Nicephorus Gregoras 11, 1 (pag. 524. ed. Bonn.): Τὰς ἐπὶ Θράκῃ (sic) καὶ Μακεδονίᾳ πόλεις. Cantacuzenus 1, 42.: Τὰς ἐπὶ Θράκης πόλεις.*) Verum talia affectatae antiquioris locutionis speciem prae se ferunt, nil aliud. Namque ipsam Thraciam illi scriptores significant, nulla ratione habita coloniarum Graecarum.

Ego vero in Gratianopoli e Byzantinis scriptoribus illustranda pergo. Fuit Peritheorio vicina. Cantacuzenus l. c. 4, 42 (ad annum 1355): Συνταξάμενοι δὲ ἀλλήλοις, ὁ μὲν ἀνέστρεφεν εἰς τὸ Γρατιανοῦ, Ἰωάννης δὲ ὁ βασιλεὺς εἰς Περιθεώριον ἐλθών..; item Cumutenis. Cantacuzenus l. c. 4, 45.: Ἧκεν εἰς Περιθεώριον, κἀκεῖθεν εἰς Κουμουτζηνά, προσχωρήσαντα ἑτοίμως. Ἔπειτα καὶ τὴν Γρατιανοῦ πόλιν εἷλεν... Αὐτὸς δὲ τῇ πόλει ἐπιστήσας ἄρχοντα .. εἰς Περιθεώριον ἐπανελθὼν κ. τ. λ. Idem 4, 42.: Ἐπεστράτευσε Κουμουτζηνοῖς... Ἐκεῖθεν δὲ, ἐπεὶ οὐ πάνυ πόρρω ἡ Γρατιανοῦ κατῴκιστο κ. τ. λ. Unde trium oppidorum is ordo est ex oriente versus occidentem spectantibus: Gratianopolis, Peritheorium, Cumutena. De arce hujus urbis v. Cantacuzenum 3, 69. Episcopalis sedes nunquam fuisse videtur.

CLAUDIOPOLIS. Hanc Thraciae maritimae urbem apud solum Georgium Acropolitam (hist. cap. 13) inveni. Ex hujus verbis luculenter consequi videtur, urbis sedem inter Macram et Mosynopolin quaerendam esse; fuisse igitur et ipsam Chalcidices regionis urbium unam. A Bulgaris anno 1205 cum aliis permultis eversa fuit, coll. Acropolita l. c.

PERITHEORIUM. De ea urbe praeoccupata in antecedentibus fere omnia video, coll. Georgio Acropolita histor. cap. 13., ubi a Bulgaris a. 1205 eversa fuisse narratur. Restituta postmodum utcunque videtur. Situm ejus inter Gratianopolin et Cumutena modo definivimus, pauloque superius p. 29. 30. narratum a Nobis est, brevi intervallo distare a Mosynopoli, et quidem itinere meridionali (Cantacuz. 3, 70); qui-

---

*) Quae de Graecorum coloniis Thracico litori quasi attextis exposui, id de tota Graecia elegantissime Cicero monet republ. 2, 4.: *Coloniarum vero quae est deducta a Graiis in Asiam, Thraciam, Italiam, Siciliam, Africam, praeter unam Magnesiam, quam unda non alluat? Ita barbarorum agris quasi attexta quaedam videtur ora esse Graecia.*

bus jam addo eundem Cantacuzenum 3, 70.: Κατὰ τὸ Περιθεώριον .. διέτριβεν (Momitzilus, ex Abdera ascendens) ἐλθών, καὶ τὴν ἀνάζευξιν περιίμενε τῆς στρατιᾶς. Primam urbis mentionem Acta Synodi Photianae mihi praestant (a. 879), ubi subscripsit Peritheorii episcopus, coll. Mans. concil. Vol. XVII. pag. 375. Sequitur post Leonis Novellam Cedrenus p. 729. ed. Paris. in historia imperatoris Romani Argyri (a. 1028—1034), ubi occurrit episcopus Peritheorii. Addo finem ejusdem seculi (circa annum 1080), sc. initia Alexii Comn., ubi Alexius in urbe Peritheorio fuit, in bellum proficiscens jussu imperatoris sui contra Basilacium rebellem (Scylitza p. 865. ed. Paris.).

Bis tantum Nicephorus Gregoras eam memorat (hist. 14, 1, 2. 14, 9, 3. 4.), ubi male Περιθόριον dicitur pro Περιθεώριον, et cum Xanthia urbe jungitur; saepius Cantacuzenus. Anastasiopolis antea dictam fuisse, supra memoravimus (p. 37), quibus jam addimus Cantacuzenum 2, 38.: Οὐ μὴν ἀλλὰ καὶ περὶ Θρᾴκην παράλιον ἑτέραν πόλιν, κατεσκαμμένην καὶ αὐτὴν, ἧς φασιν Ἀναστάσιον βασιλέα Ῥωμαίων οἰκιστὴν, καὶ ἐξ ἐκείνου προσαγορευομένην, ἀνίστησεν αὖθις οὐ πᾶσαν, ἀλλ᾽ ὅσον μάλιστα ἐνῆν ἀπολαβὼν, καὶ Περιθεώριον προσηγόρευσεν. Idem 4, 42 (ad annum 1355): Καὶ ἡ (sc. στρατιὰ) ἐκ τῆς Ἀδριανοῦ καὶ τῶν περὶ ἐκείνην πολιχνίων ἐπῆλθε Κουμουτζηνοῖς, καὶ ἄχρι Περιθεωρίου ἦλθεν. Aliam oppidi mentionem invenio in scriptoribus Byzantinis seculi XV. Ducas hist. byz. cap. 27.: Ἐδωρήσατο (Muradus Turca Italo Adorne) καὶ τὸ Περιθεώριον, ἕνα (l. ἓν) τῶν πολιχνίων τῆς δύσεως. Georgius Phrantzes histor. I, 22. pag. 76. ed. Bonn.: Περάσας δὲ (ex Asia Ertucules Turca) καὶ πρὸς τὴν Θρᾴκην ἐν τῇ ἐπαρχίᾳ Αἴνου καὶ Περιθεωρίον, πολλοὺς Χριστιανοὺς ᾐχμαλώτισε. Idem ibidem II, 2. (ed. cit. p. 133): Τὰ δὲ ἐκτὸς (extra Peloponnesum erat) μεγάλη Αἶνος καὶ ἡ περὶ αὐτὴν παροικία πᾶσα, κῶμαι καὶ χῶραι, ἕως καὶ Περιθεωρίου· ἃ καὶ σταλεὶς ἐγὼ (Phrantza) παρέλαβον αὐτά. Ea codex Paris. sic habet: Ἦσαν γὰρ ἐκτὸς μεγάλη Αἶνος, Περιθεώριον καὶ Ξάνθη καὶ τὰ περὶ αὐτοῖς. Seculum XVI. Crusius in Turco-Graecia (p. 171. ad annum 1564): Καὶ τοῦ Περιθεωρίου Δωσιθέου (Dosithei, praesulis Peritheorii). Adde Eundem Crusium ad annum 1579., ubi iterum occurrit Peritheorii episcopus (p. 287). Eodem tempore transiisse episcopatus in Xantheam videtur, coll. Michaele Lequienio in Oriente Christiano Vol. I, p. 1205.

Peritheorium ad tempus satis antiquum rejicere videtur Io. Comnenus medicus in Graeca montis Atho descriptione (Montfaucon palaeogr. p. 468), ubi Arcadius imperator monasterio Batopedio (Vatopedi) in monte Atho praeter alia contulisse dicitur τὸ ὡραιότατον μετόχιον εἰς τὸ Περιθεώριον, ὁμοῦ καὶ τὸ τέταρτον μέρος τῆς παραθαλασσίας λίμνης, καὶ ἐργαστήρια πέντε μέσα εἰς τὸ Καστέλι. Nomen urbi forsan a situ locique natura impositum est, sc. prospectu amplo. Oppidum Parostania (sic) ibidem habet tabula geogr. Franco-Galli Lapiei fol. IX.

Erat huic urbi vicina regio (a. 1343) quaedam, *Merope* dicta. Cantacuzenus 3, 65.: Βασιλέως δὲ Περιθεώριαν πολιορκοῦντος.... τὰ ἐν τῇ Μερόπῃ φρούρια προσεχώρησαν, ἥ τε ἁγία Εἰρήνη προσαγορευόμενον καὶ ἡ Παβισδός. Idem ibidem: Τά τε φρούρια ἐνεχείρισε καὶ τὰς κατὰ τὴν Μερόπην ἄλλας κώμας, οὐκ ὀλίγας οὔσας. Meropes castella iterum memorantur anno 1345. Cantacuz. 3, 86.: Ξάνθειάν τε εἷλεν ἐπιθέμενος, καὶ τῶν κατὰ τὴν Μερόπην φρουρίων ἦρχε πάντων, καὶ μέχρι Μόρρας προεχώρησε. Idem 3, 68 (ad a. 1343): Τῶν κατὰ Μερόπην φρουρίων καὶ τῶν ἄλλων νομάδων.

Meropae vicina fuit regio *Morrha*, modo memorata. Cantacuz. 1, 39.: Ὡς δὲ ἠγγέλθη βασιλεῖ (Andronico seniori a. 1323), περὶ Μόρραν εἶναι Σκυθικὴν (Bulgaricam) στρατιὰν, Διδυμοτείχου ἐξελθὼν, ἤλαυνεν ὡς εἶχε τάχους ἐπ᾽ αὐτούς. Διαβάντων δὲ αὐτῶν τὸν Ἕβρον κατὰ τὴν Τζερνομιάνου λεγομένην πόλιν κ. τ. λ. Idem 3, 26.: Οὐ μὴν ἀλλὰ καὶ ὅσοι Μόρραν κατῴκουν, καὶ τῆς Ῥοδόπης ὅσαι πόλεις ἦσαν ὑπήκοοι Ῥωμαίοις, στρατιῶται πολλοὶ καὶ ἀγαθοὶ, ὑπὸ στρατηγῷ Ματθαίῳ τῷ Καντακουζηνῷ τεταγμένοι, τῷ τοῦ μεγάλου δομεστίκου πρεσβυτέρῳ υἱῷ, κατὰ τὴν Χαλκιδικὴν τῆς Θρᾴκης ἐστρατοπεδευμένοι ἅμα τῷ στρατηγῷ, οὕτω τοῦ πατρὸς κελεύσαντος, περιέμενον τὴν ἄφιξιν ἐκείνου. Οὓς εὐθὺς ἐκάλει διὰ γραμμάτων εἰς Διδυμότειχον κ. τ. λ. (Io. Palaeologus imp. a. 1341.). Idem 3, 66.: Ὀλίγας δὲ ἡμέρας ἐνδιατρίψας Διδυμοτείχῳ, ἐξῆλθεν εἰς Ῥοδόπην· καὶ τὰ κατὰ τὴν Μόρραν πολίχνια πάντα προσεχώρησαν εὐθὺς, πλὴν ἑνὸς, Ἐφραῒμ προσαγορευομένου (a. 1343). Ibidem: Ἔτι δὲ ἐν Ῥοδόπῃ ἑτέρας οὔσης ἐπαρχίας, Ῥωμαίοις ὑπηκόου, Στενιμάχου καὶ Τζεπαίνης προσαγορευομένης... ἐδόκει δεῖν στρατεύειν ἐπ᾽ αὐτούς. Καὶ ἄραντες ἐκ Διδυμοτείχου, ἦλθον ἄχρι Μόρρας (a. 1343). Idem ibid. 3, 70.: Ἀλέξανδρος δὲ ὁ Μυσῶν (Bulgarorum) βασιλεὺς.. ἦλθεν ἄχρι Μόρρας, τὰ ἐκεῖ πολίχνια.. παραστησόμενος, ὑπήκοα ὄντα βασιλεῖ. Ἐν δὲ αὐτῶν, Ὑπερπυράκιον ὠνομασμένον.. Ὁ βασιλεὺς.. πρὸς Μόρραν ἐπὶ τοὺς Μυσοὺς ἐχώρει.. Ἀλέξανδρος σπουδῇ πολλῇ διέβαινε· τὸν Ἕβρον ἀτάκτως καὶ πεφυρμένως κ. τ. λ. Idem ibid. 3, 71.: Τοῖς ἐν Μόρρᾳ προσχωρήσασι πολιχνίοις. Idem ibid.: Κατὰ Μόρρας.. τῶν πολιχνίων. Idem ibid. 3, 74.: Οὐ χθὲς καὶ πρώην Μόρραν διέφθειρον (nonne recentissime Morrham devastarunt?); Idem ibid. 4, 34.: Ἔπειτα καὶ πρὸς τὴν Χαλκιδικὴν πέμψας στρατιὰν, ἐκέλευσε καταρρέχειν.. ἀλλ᾽ οἱ ἐν Μόρρᾳ, τοῦτο μὲν, διὰ τὸν πόλεμον ὅμορον αὐτοῖς ὄντα, τοῦτο δ᾽, ὅτι καὶ ἡ Χαλκιδέων βοσκήμασι διαχειμάζειν μᾶλλον ἐπιτηδειοτέρα διά τε τὴν ἀλέαν καὶ τὸ τροφὴν παρέχειν ἄφθονον, βοσκήματα ἐκεῖ πολλὰ καταγαγόντες, ἠνάγκασαν βασιλέα πέμπειν ἐπ᾽ ἐκείνους στρατιάν... Διδυμότειχον δὲ κακοῦν οὐκ εἴα..

Fuit igitur Morrha regio ex oriente et septentrione Meropes. Situm habuit supra Didymotichum, in dextro litore Hebri ipsaque Rhodope, non in planitie Chalcidica, quae Rhodopen et mare Aegaeum inter Hebri Nestique ostia intercedit. Locum igitur

habuit inter Didymotichum (Dimotieam) Adrianopolinque, a parte utriusque urbis occidentali. Meropes autem situs ab oriente et septentrione Xanthiae ita statuendus est,
ut occuparit haec regio partem illius tractus montani, in quo Romanorum itineraria
collocant Maximianopolin (Mosynopolin), Brendicen, Milolitum, Tempyra; habuit autem multa castella, quod praeter alia situm ejus montanum demonstrat.

In fine hujus loci notae, Rhodopen medio aevo lingua vulgari (Bulgarica, puto)
dictam fuisse Ἀχριδῶς (Achridos s. Okri). Georgius Acropolita hist. cap. 24.: Ἄνευ μέντοι
τοῦ τῆς Ῥοδόπης ὄρους, ὅπερ καὶ Ἀχριδῶς ὠνόμασται. Idem cap. 54.: Καὶ τὰ ἐν
Ἀχριδῷ ξύμπαντα. Ubi significatur superior Rhodope, prope Hebri fontes. Idem
cap. 57.: Τὰ ἐν Ἀχριδῷ φρούρια. Ubi statim post Rhodopes purius nomen recurrit.
Idem cap. 59.: Καὶ ἐπεὶ μηδὲν ἐναπολέλειπτο τῶν παρὰ τῶν Βουλγάρων κατασχε-
θέντων φρουρίων καὶ ἄστεων, πάντα ὁ βασιλεὺς ἐχειρώσατο, πλὴν δυοῖν, ἑνὸς μὲν
φρουρίου πάνυ σμικροτάτου, ἐν τοῖς βουνοῖς κειμένου τῆς Ἀχριδοῦ καὶ καλουμέ-
νου Πάτμου, ὃ καὶ εὐχερῶς πάνυ ὁ Φιλανθρωπηνὸς Ἀλέξιος εἷλεν ὁ Δούκας, κα-
ταλειφθεὶς πρὸς τοῦ βασιλέως εἰς φυλακὴν τῶν ἐν Ἀχριδῷ, καὶ ἄστεος ἄλλου, Τζεπαίνης ὠνομασμένου, λίαν τυγχάνοντος ἐχυροῦ, καὶ περὶ τὴν συμβολὴν τελοῦντος
τῶν δύο μεγίστων ὀρῶν, τοῦ τε Αἵμου καὶ τῆς Ῥοδόπης, καθ' ὧν μέσον ὁ Εὗρος
ῥεῖ ποταμός. Jamque lux oboritur Nicetae in Isaacio Angelo 2, 5.: Οἱ μὲν γὰρ ἔτι
τῇ Φιλίππου προσέμενον, ἡμεῖς δὲ περὶ τὰ ἔσχατα τῆς Ἀχριδοῦ γενόμενοι ἡσυχά-
ζομεν. Ubi sermo, ut apud Acropolitam, de boreali Rhodopes initio. Cum hac vero
Rhodopes denominatione bulgarica compara Achridis urbis nomen, item Bulgaricae,
quae locum, ut puto, Lychnitidis veteris obtinet, in fine Illyrici orientali ad paludem Lychnitida situm habens. Puriorem Rhodopes denominationem semper tenet
Ephraemius in Caesaribus vv. 6620. 8030. 8126. 8227. 8963. 8982. Item Nicephorus
Gregoras et Cantacuzenus.

His alia addo de monte Haemo, quem a Rhodope in antecedentibus bene distin-
xere scriptores Byzantini. Ab iisdem, seu potius Bulgaris aliisve barbaris septentrio-
nalibus, dictus cum ipsa Bulgaria fuit Zagora (Slavice, i. e. pone montem). Cedrenus histor. pag. 446 sq. ed. Paris. p. 351. ed. Ven. (Iustinianus Rhinotmetus):
Παραλαβὼν τὴν βασιλείαν, δῶρα πολλὰ δοὺς τῷ Τέρβελι .. καὶ χώραν τῶν Ῥωμαίων γῆς κόψας, τὰ νῦν λεγόμενα Ζαγόρια, ἀπέλυσεν αὐτὸν εἰρήνῃ (a. 705).
Idem p. 541. ed. Paris. p. 425. ed. Ven.: Ἡ δὲ βασιλὶς .. δέδωκεν ἔρημον οὖσαν
τηνικαῦτα τὴν ἀπὸ τῆς καλουμένης Σιδηρᾶς, ὅριον τότε τυγχάνουσαν Ῥωμαίων τε
καὶ Βουλγάρων, ἄχρι τῆς Δεβελτοῦ, ἣν οἱ Βουλγαροὶ Ζαγορὰν κατωνόμασαν
(Theodora, Michaelis, Theophili filii, mater, a. 842 sqq.). Nicetas in Isaacio Angelo
1, 5.: Πᾶσαν τὴν Μυσίαν (omnem Bulgariam). Ubi cod. Augustanus: Τὴν ὅλην
Ζαγορὰν. Nicetas in Manuele 2, 2.: Οἱ τὸν Ἴστρον διαβάντες, τὰ περὶ τὸν Αἷμον
ἐσίνοντο (Cumani, i. e. Patzinacae s. Petzenegri). Pro quibus codex Augustanus:

Καὶ περὶ τὴν Ζαγορὰν κουρσεύοντας (Zagoram vastantes). Idem in Isaacio Angelo 2, 1.: *Πάλιν εἰς τὴν Ζαγορὰν εἰσελθεῖν.* Ibidem eadem plane regio dicitur *Haemus.* Idem ibidem 5.: *Ὁ δ' ἀπάρας ἐκ τῆς Φιλίππου .. καὶ τᾶν ὅρων* (l. ὀρῶν) *τῆς Μυσίας* (Bulgariae) .. *ἐφαψάμενος* .. Pro quibus codex Augustanus: *Τῶν βουνῶν τῆς Ζαγορᾶς ἀναβαίνειν ἀρξάμενος.* Idem in Alexio, Isaacii Angeli fratre, 3, 2.: *Τῷ ἄρχοντι τῆς Ζαγορᾶς Ἰωάννῃ.* Idem ibidem 1, 5.: *Εἰς τὸν Αἶμον.* Pro quibus codex Augustanus: *Τὴν Ζαγορὰν.* Nicephorus Gregoras 5, 3.: *Κωνσταντίνῳ, τῷ τῆς Ζαγορᾶς ἄρχοντι* (Bulgariae regi). Ceterum Zagora quoque dicta regio Melenici in Macedonia, coll. Cedreno ed. Paris. p. 708., Chalcondyla l. 2. ed. Paris. p. 52.

Profligata de his regionibus disputatione, Rhodopes (Achridus) montium inter Nestum Hebrumque partes breviter repeto.   Prima (borealis) pars fuit puto *Morra;* secunda (media) *Merope,* cujus, ut antecedentis, nomen Bulgaricum nescio; tertia *Chalcidice* (*Bolerus, Volero*), i. e. ultima Rhodopes versus meridiem, cum campis frugiferis ad mare Aegaeum patentibus.

THEODORIUM. Hanc urbem, throno episcopali ornatam, sola memorare videtur Novella Leonis Sapientis imp. de thronis (si lectio sana), cujus locum supra dedimus pag. 24.   Sedem ejus nondum inveni.   Num est oppidum Turcarum *Tajardi,* prope Comotena ad fluvium *Caratsch* (?), coll. tab. geogr. Lapiei Sect. 8.? Procopius de aedificiis 4, 11. in indice castellorum Rhodopes, de novo ab Iustiniano imperatore exstructorum, bis memorat *Θεοδωρούπολιν* et bis castellum S. Theodori (*τὰ ἁγίου Θεοδώρου*).   De oppido *Tagardi* ita Hadschi-Chalfa in Rumel. et Bosn. p. 70.: *Tagardi, in derselben Linie mit Komuldsina und Karasyjenidschessi, auf der rechten Seite des Weges nach Salonik.   Der Weg von Konstantinopel bis hieher beträgt acht Tage.   Zunächst liegen: Havassachi, Komuldsina und Usundscha-ova.*

PORI.   Ejus urbis episcopalis locum nescire se fatetur Michael Lequienius in Oriente christiano Vol. I. p. 1209.   Sed fuit proxima Comotenis. Cantacuzenus 2, 28.: *Συμβέβηκε δὲ βασιλέα τε κατὰ τὰ Κουμουτζηνὰ πόλισμα τῆς Θράκης, οὐ πολὺ ἀπῳκισμένον τῆς θαλάσσης, αὐλίσασθαι τὴν νύκτα, καὶ Ἀμοὺρ κατὰ τὴν Ποροῦν, παράλιον τῆς Θράκης χώραν, καταντικρὺ Κουμουτζηνῶν, τὴν ἀπόβασιν ποιήσασθαι.* Equidem locum, a Leone imp. in Novella de thronis *Πόρων* (ὁ) genitivo plurali dictum, a loco *Ποροῦν* (l. *Πόρων*) Cantacuzeni non diversum esse existimo.   Locum nostrum *Pori* (plur., gen. Pororum) deprehendi in oppido *Buri-kane* ad sinum Lagos,*) ex occidentali Comotenorum latere.   Eadem Meletii sententia, cui audit *Μπόρου* (Poru). Pororum (*Πόρων*) vero episcopum subscriptum habent Acta Synodi IX (Photianae) a. 879., coll. Mansi Concil. Vol. XVII. p. 375.   Locum *Pori* cum *Topiro* unum eun-

---

*) I. e. Bistonidem, de qua v. Aristot. H. A. 8, 15, 2. ed. Schneid.   Adde Io. Comnenum, cujus locum supra dedi p. 45.

demque esse putat Schaffarikius, cuius verba supra memoravi p. 19. Verum Topirus statim post fauces Christopolitanas venit (vide Nos p. 18—20). Pori a Topiro mihi quidem differre videntur. Et vox Pori transitum quendam significare poterunt, coll. forma *Tessaracontapori* et similibus.

COMOTENA (Cumutzena). Eorum mentionem in antecedentibus aliquoties fecimus; quibus accedit Cantacuzeni locus modo allatus, unde elucet, Pororum urbem in ipso maris litore quaerendam esse, Comotena vero in terra continenti, a Poris parum remota. Cantacuz. 4, 42.: Κουμουτζηνοῖς, ἠπειρώτιδι πολίχνῃ (*Comotenis, oppido continentis*). Quod confirmant tabulae geographicae de urbe Turcarum *Kümürdschina* s. *Komuldsina* (*Kemuldschina*), nostris Comotenis (Cumutzenis) respondente. Hadschi-Chalfa in Rumel. et Bosn. pag. 69.: *Komuldsina* (*Kemuldschina*), *auf dem Wege nach Salonik, ein grosser Flecken, acht Tagereisen von Konstantinopel.. Das Meeresufer ist etwas entfernt von hier.* In ejus oppidi agro varia memorantur castella. Cantacuz. 3, 67.: Κουμουτζηνῶν ... καὶ ἄλλα φρούρια προσεχώρησαν περὶ ἐκείνην ᾠκισμένα, τό τε προσαγορευόμενον Ἀσώματος καὶ ἡ Παραδημὼ, τό τε Κρανοβούνιον καὶ Στυλάριον. Alius prope Comotena locus *Panagia* dicebatur, coll. Cantacuz. 2, 28. De urbe Turcica Gümürdschina praeter Hadschi-Chalfam v. Beaujour voy. milit. Vol. I. p. 235.

XANTHIA. Metropoleos Traianopolitanae ultima urbs non dignitate, sed situ, si occidentem spectas, est Xanthia (Ξάνθεια), hodie dicta *Xanthi*, e mari remotâ (Niceph. Greg. 16, 4, 2), veteri Topiro (Rusio?) proxima, eidemque fluvio apposita, coll. iis, quae pag. 19 sqq. de hac regione exposuimus. Ab urbe Comotenis ad occidentem duarum fere leucarum spatio distat, coll. tabulis recentiorum geographicis. In synodo Photiana (a. 879 subscripsit Γεώργιος ὁ Ξανθείας, de quo vide Acta istius Concilii (Mansi Vol. XVII. p. 375.). Istam regionem insidiis struendis idoneam fuisse, testatur Balduini Flandri iter Thessalonicense, de quo videndus Nicetas in Balduino cap. I. Xanthiam memoravimus in rebus Mosynopolitanis (pag. 26.), alio Nicetae loco repetito (Alex. Comn. 3, 2). Distat ab Abdera (Polystylo medii aevi), si septentrionem spectas, duarum fere leucarum spatio. Adde alium de ea locum veteris scriptoris, sc. Georgii Acropolitae, supra memoratum p. 29., ubi ordine minus juste ante Xanthiam occurrit Mosynopolis. Post Georgium Acropolitam, qui res seculi XIII perscripsit, ejus memoriam recolunt scriptores seculi XIV., sc. Georgius Pachymeres, Nicephorus Gregoras, Cantacuzenus. Ergo Pachymeres in Mich. Palaeologo 3, 23.: Τῆς ἐπὶ Θεσσαλονίκης ἥπτετο .. εἰς Ξάνθειαν οὖν καταντήσας (imp. Mich. Palaeol. a. 1264)... Ibidem: Κατὰ Ξάνθειαν ἀπαντᾷν. Idem in Andronico Palaeologo 7, 36. (a. 1308): Αὐτομολεῖ τῷ Δομεστίκῳ πρὸς Ξάνθειαν (sc. Pharenda Tzimes s. Ximenes). Nicephorus Gregoras hist. 14, 9, 3., coll. 16, 4, 2.: Ὅσον τὸ ἐκ θαλάττης εἰς Ξάν-

7

θειαν ἀνιὸν τὸ πολίχνιον. Cantacuzenus de ea agit in historia 1, 32. 3, 86. Ξάνθη seu KV. XVI. seqq. dicta est. Phrantza 2, 2 (secundum codicem Parisinum) p. 133. ed. Bonn.: *Αἶνος, Περιθεώριον καὶ Ξάνθη.* Adde Michaelem Lequienium in Oriente Christ. I. p. 1206., ubi Peritheorii et Xanthae episcopatus coaluisse dicuntur. Cives apud Cantacuzenum 3, 86. dicuntur Ξανθιεῖς (*Xanthienses*); qui num a Xanthis, Thraciae Europaeae populo, nomen traxerint, in ambiguo relinquam. De ultimis videndus Hecataeus apud Stephanum Byz. de urbb. (Hecataei Milesii fragmenta p. 81. ed. Klausen.): Ξάνθοι, ἔθνος Θρᾴκιον. Ἑκαταῖος Εὐρώπῃ. Strabo ejusdem nominis populum Thracicum affert (geograph. XIII. p. 883.) una cum Scaeis, item Thracibus, coll. Stephano Byz. s. v. Σκαιοί. De Scaeis, forsan Saïis Hesychii, et Ciconibus, v. Klausenum ad Hecataeum pag. 80.

MACRA. Relicto occidente, ad Hebrum fluvium recurrimus, quaedam agri a latere ostiorum ejus occidentali patentis exposituri. Hujus autem plurima in antecedentibus illustravimus, cum oppida, viam publicam sequentia, i. e. Chalcidicen regionem, Rhodopae monti subjectam, inspiceremus. Descendimus vero ad ipsum mare, ubi hodie in via publica est *Macra* (Μάχρη), *) urbs episcopalis secundum Novellam Leonis Sap. de thronis, quae illi secundum dignitatis ecclesiasticae locum assignat, Mosynopoli tertium. Eamque jam anno 879 in Concilio nono (Photiano) memoratam video (Mansi Concil. Vol. XVII. p. 375.). Macra vero antea dicebatur *Stagira*, sc. ante aevum Photii patriarchae Leonisque Sap. imperatoris; item *Orthagoria*, si fides Indici urbium, quae nomen ultimo mutarunt (ad calcem Codini de officiis aulae Byzantinae p. 404. ed. Paris., p. 348. ed. Ven.): Ὀρθαγορία καὶ Στάγειρα, ἡ νῦν Μάχρη. Fallitur tamen anonymus indicis auctor. Namque vicina Maronea (Marogna) dicta fuit *Orthagurea* (Plin. H. N. 4, 18, 11.), ubi *Orthagorea* legendum esse, bene vidit Harduinus. Leonis igitur imperatoris Novella Macram memorat, inque Actis Synodi Photianae subscripsit Antiochus, Macrae episcopus (Ἀντίοχος Μάχρης), coll. Michaele Lequienio in Oriente christ. Vol. I. p. 1203. Alios quosdam sequioris temporis Macrae episcopos v. apud eundem Mich. Lequ. ibidem. Macram Scylitza memorare dicitur (Mich. Lequ. l. c.); quem scriptoris locum ego non inveni. Confugit in eam urbem Isaacius Angelus, Graecorum imperator, a. 1194., cum viri quidam, rerum novarum cupidi, fratrem ejus Alexium pro ipso imperatorem renuntiarent. Factum hoc Cypselis, quo Isaacius Angelus imp. ab urbe Propontidis Raedesto (Rodosto) venandi causa venerat. De fuga Isaacii ita Nicetas in Isaacio Angelo 3, 8.: .. φυγαδίας (l. φυγαδείας) ἅπτεται. Καὶ τὸν ποταμὸν ἐπικινδύνως διαβάς, ὃς ἐκεῖσε βαθυδίνης διὰ τοῦ πεδίου σύρεται, **) εἴχετο τῆς ὁδοῦ .. Ἀφιγμένος δὲ κατὰ Στάγειραν, ἥτις Μάχρη λέγε-

---

*) De Macra (turcice *Megri*) v. Hadschi-Chalfae locum supra allatum p. 19.

**) Est Hebrus flumen. Pleniorem habet hunc locum codex Augustanus Nicetae

ται νῦν, συλλαμβάνεται παρὰ Παντευγένου (l. Παντευγόνου vel Παντευγένους) τινός, καὶ καταπροδίδοται τοῖς ἐπιδιώκουσιν. Οὐκοῦν καὶ τὸν ἔσχατον ἥλιον θεασάμενος, ἄμφω τὼ ὀφθαλμὼ μικρὸν ὕστερον ἐξορύττεται κατὰ τὴν ἐν Βήρᾳ μονήν, ἧς δομήτωρ ὁ τοῦ βασιλέως Ἀνδρονίκου τοκεὺς Ἰσαάκιος. Verum sensum hoc loco negligens, ut solet, Nicetae interpres, Hieronymus Wolfius, in sua Nicetae editione *Peram* reddit, sc. de Pera, Constantinopoleos parte y somnians. Sed Peram paulo post habet Nicetas, in quod suburbium Isaacius Angelus excoecatus, Constantinopolinque missus, ad vitam humilem detrusus est. De duplici nomine conf. quoque Georg. Acropolitam hist. cap. 24.; ubi tamen, ut in ejusdem compendio hist. c. 24., mons urbi vicinus *Macra* dicitur, urbs vero *Stagira*. Nicetae tamen locus facit, ut pro ὁ apud Acropolitam legendum videatur ἥν (*quam*). Mons urbi vicinus Serrium promontorium veterum esse poterit, coll. Herodoto 7, 59. Macram Bulgari anno 1205 evertere, teste Georgio Acropolita histor. cap. 13., quem locum supra attuli pag. 28. Sed recurrit postea ejus memoria. Videatur Cantacuzenus hist. III, 71.; qui scriptor Macrae episcopum ad annum 1341 affert. Atque ante hunc annum Macrae (et Verae) nomen apud Nicephorum Chumnum legitur in oratione adversus Niphonem, patriarcham Constantinopolitanum, scripta (Boissonad. Anecdd. gr. Vol. V. p. 279.): Μάκρην καὶ Βήραν, γενναῖα δή τινα. Ergo Macra, a Bulgaris a. 1205 eversa, restituta utcunque erat a. 1315. Urbem *Macri* s. *Merée* (Megri), mari appositam, cum promontorio ejusdem nominis, habent tabulae geographicae. Hodiernam urbem *Merée* (Megri) unam eandemque cum Maronea esse statuit Beaujour in itiner. milit. Vol. I. p. 235.: vix recte. Maronea enim in hodierna urbe Marogna latet, quae unius vel duarum leucarum spatio a Macra sejuncta est, itinere occidentali, coll. tab. geogr. Franco-Galli Lapie sect. 9. Macram (Macre) cum Traianopoli atque abbatia Verae (*l'abbaye de Veroisne*) habet quoque Ville-Harduinus cap. 201., ubi videndus Du-Cangius, coll. ejusdem observationibus de Macra (ibidem).

VERA. Situm habuit in ipso fere Hebri inferioris litore dextro. Georgius Acropolita histor. c. 43.: Περὶ τὸν ποταμόν, ὃν Εὖρον (sic semper scribit Acropolita) καλοῦσι, πλησίον τῆς μονῆς τοῦ Βηρὸς (sic; l. τῆς Βήρας) ὀνομαζομένης ποιούμενον τὰς ῥοάς. In hoc monasterio, quod Isaacius, Andronici imp. pater, condiderat, Isaacium Angelum imperatorem, per quem Andronicum de throno deturbatum constat, luminibus privatum supra legimus. Idem monasterium Andronicus Comnenus imp. visitavit regni initio (a. 1182.). Nicetas in Andronico Comn. 1, 2.: Τῆς πό-

---

ed. Bekk. p. 594.: Ὃς διὰ τούτου τοῦ τόπου διέρχεται, ὃν καὶ σήμερον ὀνομαστὶ   Μαρίτζαν ἢ Ὁμαδίτζαν καλοῦσιν. Posterius fluvii nomen alibi non legi.

λεως ἔξεισι, καὶ ὁμαλαῖς κινήσεσι καὶ σταθμοῖς βραχέσι καταλαμβάνει Κύψελλα. Καὶ τοῖς ἐκεῖσε κυνηγεσίοις ἐνευφρανθεὶς, κατὰ τὴν πατρῴαν ἀφικνεῖται μονὴν, τὴν ἐν τῇ Βήρᾳ διακειμένην, καὶ τῷ τοῦ φύσαντος ἐφίσταται μνήματι μετὰ δορυφορίας καὶ δόξης βασιλικῆς. De eadem re Ephraemius v. 6260. p. 256. ed. Bonn.: Κατὰ σεμνεῖον εὐαγὲς τὸ τῆς Βήρας. Postero tempore Vera aliquoties cum Traianopoli jungitur, coll. Cantacuzeni locis supra allatis (p. 35.); unde utrumque locum vicinum fuisse concludes, de quo infra disseremus. Nunc erit situs loci definiendus, item historia ejus post captam a Francis Constantinopolin. A Bulgaris (a. 1205) dirutam non lego apud Georgium Acropolitam hist. c. 13., ubi tamen alia multa oppida, quae non significat, eversa a barbaris fuisse testatur. Excidii vero immunem fuisse, ejus eximia munitio probabile facit, de qua extat memorabilis Cantacuzeni locus hist. 4, 42.: Ἐκεῖθεν (ex urbe Aeno) δὲ βασιλεὺς ὁ νέος πέμψας, καὶ Βήραν προσηγάγετο, φρούριόν τι καρτερώτατον παρὰ τὸν Ἕβρον κατῳκισμένον, ὃ πρότερον μὲν φροντιστήριον ἀνδρῶν μοναζόντων ἦν, τότε δὲ (a. 1355) ὑπὸ τῶν συνεχῶν πολέμων καὶ τῶν ἐφόδων τῶν βαρβαρικῶν, ἀγροτῶν τινων κατῳκισμένων (l. κατῳκισμένον) πόλισμα ἤδη ἦν, ὃ προσηγάγετο ὁ νέος βασιλεὺς, παραδόντων τῶν φρουρῶν. Adde Nicephorum Chumnum in oratione adversus Niphonem Boissonad. Anecdd. gr. Vol. V. p. 279.): Μάκρην καὶ Βήραν, γενναῖα δή τινα (urbes non contemnendas). Scriptum hoc anno 1315., quo tempore superstitem cum Macra Veram fuisse e Chumni loco cognoscimus. Hoc monasterium s. oppidum Ville-Harduinus cap. 201. l'abbaye Veroise dicit. Hebri inferioris litori dextro, duarum leucarum discrimine (Hadschi-Chalfa p. 68.) a mari, imposita est Vera, ubi iis, qui ab oriente veniebant, vado vel ponte transeundum erat. Cantacuz. 3, 17 (ad annum 1341): Ἀπιόντα πρὸς τὴν ἑσπέραν, ἐπεὶ διὰ Βήρας ἀνάγκη διιέναι. Adde Eundem 4, 35. *) Eodemque loco diu antea imperatorem Nicaenum per Hebrum flumen equitasse statuo, mense Septembri, referente Georgio Acropolita hist. cap. 43., quem locum supra attuli pag. 11., cum in Topiri aedem inquirerem. De hoc Hebri inter Veram et Kaltekos oppida transitu, eorum sc., qui Constantinopolin petunt, vide inprimis Felicem Beaujour Voy. milit. Vol. pag. 237. Aquaeductus veteris, satis magni, reliquias ibi vidit Paulus Lucas in Voyage ed. 1724 Vol. I. p. 64.

E Vera etiam Traianopolin, in Hebri litore dextro, est via publica (Beaujour l. c.). In terra paulo superiori, inter Didymotichum (Dimoticam) et Traianopolin, He-

---

*) Idem Cantacuz. ibid. cap. 57.: Ἐλθὼν δὲ εἰς Βήραν, ἔνθα αὐτῷ ὡρμίζοντο αἱ νῆες κατὰ τὸν Ἕβρον ποταμόν... Habuit Vera prae aliis bona pascua. Cantacuz. 3, 32.: Τὴν στρατιὰν ἔχων ἐστρατοπέδευσεν ἐν Βήρᾳ. Ἀφθονίαν δὲ ἐκεῖ τοῖς ἵπποις τοῦ τόπου παρέχοντος τροφῆς (οὔπω γὰρ ἦν ἀπολαύειν ἀφθόνου πανταχοῦ διὰ τὴν ὥραν, ἄρτι ἀρχομένου ἔαρος) κ. τ. λ. Est annus 1342. De pastu totius regionis v. quoque Nicephorum Gregoram 14, 4.

bri alium transitum inveni ad annum 1323. Cantacuzenus hist. 1, 39.: *Διδυμοτείχου*
ἐξελθών (imp. Graecus a. 1323) *ἤλαυνεν ὡς εἶχε τάχους ἐπ᾽ αὐτούς. Διαβάντων δὲ*
αὐτῶν τὸν Ἕβρον κατὰ τὴν Τζερνομιάνου λεγομένην πόλιν, ἐπεὶ καὶ ὁ βασιλεὺς
κατὰ τὸν αὐτὸν πόρον, ἣν ἦχε στρατιὰν κ. τ. λ. Moneo, eodem loco, sc. in litore
Hebri dextro, supra Traianopolin, Tzernam rivum, e Rhodope emissum, Hebro in-
fluere, in cujus rivi ostio tabula geogr. Lapiei oppidum s. vicum collocat, nomine
Tzernitz, ibidemque, sc. in Hebri litore adverso s. sinistro, oppidum *Thermolitza*.
E pago vero Tzernitz est transitus per Hebrum in litus sinistrum fluvii, pauloque inferius alius transitus prope Traianopolin. Per transitum posteriorem via est Adrianopolitana, quae ab illa inde Hebri parte litus ejusdem sinistrum sequitur usque ad urbem Adrianopolin.

De Vera (turcice *Feret* et *Feredschick*) haec habet Hadschi - Chalfa in Rumelia
et Bosnia pag. 67.: *Feredschik (Ferdschik), auf der Hauptstrasse, ein kleiner*
Ort, im Jahr 774 von Lalá Schahín Paschá erobert, sechs Tagereisen von
Konstantinopel, drei von Edrene... Megri ist nur eine Tagereise entfernt.
Meletius Geograph. ed. II. Tom. III. (p. 104): *Πέραν τοῦ Ἕβρου ποταμοῦ εἶναι ἡ*
Βέῤῥοια (sic!), *κοινῶς λεγομένη Φέρε, εἶτα Τραϊανούπολις (trans fluvium Hebrum*
est Berröa, lingua vulgari Fere; deinde Traianopolis). Sequuntur apud ipsum,
itinere occidentali, *montes* sic dicti *divini* (*Θεοῦ βουνὰ*), Sapsia (*Σαψιὰ*, *Chepche*
s. *Chapsilar* Turcarum), *Comotena* (*Κιμουρτζίνα*), *Pori* (*Μπόρου*), *Kara - Genitze*,
denique *Xanthe* (*Ξάνθη*), et haec quidem a via publica paululum remota. His statim
addit seu assuit Meletius l. c.: *Γρατιανά. Μοσχνούπολις.* Ubi vides, scriptorem
redire ad plagam orientalem. Sed quid erit Meletii Moscyopolis, hoc loco, supra
vero prope Constantinopolin (pag. 22. hujus dissertationis) ab ipso posita? Certe non
Maximianopolis, cui nunc justum locum assignat (pag. 103.): *Ἡ δὲ Μαξιμιανούπολις*
οὐ πολὺ σμακρὰν τῆς Βιστονίδος λίμνης τίθεται, τανῦν ἐρείπιον. Ultimum Meletii
locum Mannertus repetit geogr. Vol. VII. p. 222., nomine scriptoris, unde sua hausit,
non memorato.

Antequam Hebrum superamus, ut Dymas, hinc Cypsela adeamus, varia Itinerariorum nomina exponenda sunt, quorum ventilationi orationis tenor hucusque obstitit.
Ergo recurramus ad illa vetustatis monumenta; deinde Ciconum Bistonumque Thracum
terram lustremus.

Itinerarium Antonini primo haec habet (p. 321): PORSULIS, QUAE MODO MA-
XIMIANOPOLIS. M. P. XXIII. BRENDICE. M. P. XXI. MILOLITO. M. P. XII.
TIMPORO (sic) M. P. XVI. TRAIANOPOLI M. P. IX. Idem deinde pag. 331.:
IMPARA SIVE PYRSOALI NUNC MAXIMIANOPOLI M. P. XVIII. BRICIZE.
M. P. XX. TRAIANOPOLI. M. P. XXXVII. Tabula Peutingeriana: PORSULIS XX.
BRENDICI XII. MICOLITO XXIII. DYMIS XX. Itinerarium Hierosolymitanum

(ordine inverso): MUTATIO DEMAS. M. XII. CIVITAS TRAIANOPOLI. M. XIII. MUTATIO ADUNIPARA.(l. AD TEMPYRA) M. VIII. MUTATIO SALEI M. VII. MUTATIO MELALICO M. VIII. MUTATIO BEROZICA M. XV. MUTATIO BREIOPHARA M. X. CIVITAS MAXIMIANOPOLI M. X. Ravennas anonymus 4, 6.: *Dymis, Traianopolis, Timpira, Mytoliton, Brendice, Porsulis.*

In his *Adimpara* Wesselingius exulare jubet, juxtaque urbem Trajanopolin sedem ponere, ubi Hierosolymitanus habet *Adunimpara*. Ego ut toties nil decerno. Nec de *Brendice* cum Wesselingio habeo quod moneam. Scribitur quoque *Berozice* et *Brizice*. Fuit Maximianopoli vicina ex oriente. Idem de *Milolito* (Micolito, Melalice, Mytolito) valet. *Salei* fortasse ex Herodoto illustrari poterit. Is igitur 7, 59.: ἐς τὸν αἰγιαλὸν τὸν προσεχέα Δορίσκῳ . . ἐν τῷ Σάλη τε Σαμοθρηίκίη (Samothracum colonia) πεπόλισται πόλις καὶ Ζώνη᾽ τελευταία δὲ αὐτοῦ Σέρρεὶον ἄκρη ὀνομαστή. Ὁ δὲ χῶρος οὗτος τὸ παλαιὸν ἦν Κικόνων. De mutatione *Salei* nil annotavit Petrus Wesselingius. Locus *Breiophara* thracice sonat. Cum Wesselingio consentio, haec scribente: „Rectumne an pravum sit hoc mutationis nomen, ab alio ut ostendatur exspecto." Omnino haec Itinerariorum pars alium Theseum exspectat.

Hac Itinerariorum sectione absoluta, ad ulteriorem antiquitatem recurrere lubet. Lustravimus terram Nesto Hebroque interpositam, sc. Ciconum et Bistonum sedes. De his Thracibus quaedam eorum repetenda videntur, quae alio loco exposui (*Pauly*, Encyclopaedie der classischen Alterthumswissenschaft. Vol. I. p. 1116 sq.): „*Bistones,* Βίστονες und Βίστωνες (Steph. Byz. unter Βιστονία), thrazisches Volk am ägäischen Meer, um Abdera (Plin. H. N. IV, 11, 18.) und Dicäa (Strabo VII. p. 331.), am gleichnamigen grossen Landsee. Durch ihr Land ging der Zug des Xerxes (Herod. VII, 110.), nach welcher Stelle sie westlich von den Ciconen wohnten. Sie reichten bis an den Nestus (Nesto), da die Mythe bei Stephanus (unter Βιστονία) ihre Stadt (Land) zu einer Tochter der Kalirrhoe macht, welche des Nestus Tochter war. Ueber ihre Verwandtschaft mit den westlicher wohnenden Odomanten und Edonern, sogar auch mit den nichtthrazischen Päonen, s. Steph. u. d. W.; was aus den Eroberungen der ältern macedonischen Könige erklärt werden muss, welche bei der Erweiterung ihres Gebietes die alten Stämme allmählig von Westen nach Osten drängten, wie zuvor schon die griechischen Colonien sie vom Meere zum Theil nach dem Binnenlande gedrängt hatten. Sie erscheinen noch unter den Römern (Plin. H. N. IV, 11, 18.); sind also nicht, wie Mannert (VII, 39.) meint, schon unter den Griechen und Macedoniern verschwunden. Ihre Gegend ist das Vaterland des Orpheus (Claudian. Proserp. II. praef. v. 8.) und der Mythe von der Prokne (Seneca Agam. 673.); wenn anders nicht dort und sonst oft bei den römischen Dichtern ihr Name überhaupt für thrazisch gilt, was aber jedenfalls für die Tüchtigkeit dieses Stammes zeugt. Dagegen die Mythe von den menschenfressenden Pferden des Diomedes gehört ihnen

(Plin. H. N. a. a. O.). Eine alte Stadt dieser Thrazier war Tirida (Plin. a. a. O.), woraus vielleicht Bistonia, πόλις Θρᾴκης bei Steph., erklärt werden kann; obwohl bei diesem interpolirten Schriftsteller πόλις, wie sonst so oft, auch Landschaft bedeuten könnte. Griechische Colonien auf ihrer Küste: Dicäa, Ismaron, Parthenion, Phalesina, Maronea (Plin. und Strabo a. a. O.). Diesem Küstenstriche, wie dem folgenden (bis zu den Dardanellen), müssen die von dem Macedonier Philipp I. zerstörten 32 chalcidischen Städte (Demosth. Philipp. III. p. 106. Bekk.) grossentheils angewiesen werden, da Chalcidice (im gemeinen geograph. Sprachgebrauche) nie 32 Städte besass; Appian dagegen (B. C. IV, 102.) die von Philipp zerstörten Städte um die untere Maritza (Hebrus) setzt. Denn auch hier sassen chalcidische Colonien (App. a. a. O.); was dem fürstlichen Geschichtschreiber Cantacuzenus, welchen Wasse (ad Thucyd. IV, 79.) nicht verstand, wohl bekannt war (m. s. das Register in der Bonner Ausg.). Hiernach erweitert sich zugleich der geographische Begriff des τὰ ἐπὶ Θρᾴκης, was man auf den Küstenstrich zwischen Kassandria und Amphipolis beschränkt hat. Götterkult der Bistonier: Mars (Steph. unter Bistonia), Minerva (Ovid. Ibis 379.). — *Bistonis*, grosser thrazischer Landsee im Lande der Bistones (Plin. H. N. IV, 11, 18. Ptol. Geogr. III, 11. Ist ein Brackwasser (λιμνοθάλασσα) und somit sehr fischreich (Aristoteles H. A. VIII, 15, 2. Schneid.); wovon ein Viertel des Ertrags, vermöge einer angeblichen Bulle des Kaisers Arcadius, dem Kloster Vatópedi auf dem Berge Athos gehört (Io. Comnenus ad calcem Montfauc. Palaeogr. p. 468.). In ihn mündet der Kossinites (Aelian. H. A. XV, 25.). Pferde, die aus diesem Fluss tranken, wurden toll (Ael. a. a. O.), woraus sich die Menschenfresserei der diomedischen Pferde erklären lässt (s. Bistones). Der See ist gross (Scymnus Chius 673. Strabo VII, 333.). Er schwemmte einst verschiedene thrazische Städte weg (Strabo I, S. 59.). An ihm lag das alte Tirida und Dicäa (s. Bistones). Jetzt Lagos (lacus, λάκκος) Buru (Πόρου der Byzantiner), bei Kumuldschina.''

Traianopolin Hebri ripae appositam fuisse, nullus equidem dubito. Iam si hodiernus Bulgarorum pagus Oricheva idem est cum illa civitate, via Egnatia satis a mari remota fuisse videtur, cum hodierna via mari multa propior esse dicatur, coll. hac dissertatione pag. 32. Romani, puto, bono consilio viam suam militarem per montanam Rhodopes partem munivere, ut coloni sui, angustiis impositi, insidias barbarorum arcerent. Vidimus hoc in Illyrica Egnatiae parte. Nostram vero Egnatiae partem egregie illustrat Petrus Belonius Observationum libro I. capite 62 (fol. 62, [1]): „Continuants nostre chemin vers Constantinople, et commençants à monter la montagne, estants desia quelque peu montez, regardants derriere nous, nous veoyons bien à clair le chemin que nous avions fait depuis de lac Bistonius, qui maintenant est appellé Bouroun ... Nous veoyons le village de Commercine, qui est situé en une treagrande plaine. Le chemin de cette plaine estoit le droict grand chemin ancien, pour aller de Rome à Constantinople, et estoit pavé de moult grosses pierres taillées à l'antique:

car venants de Bouron à Commercine, et puis de Commercine à Chapailar, attendu que c'estoit un chemin difficile de terre grasse, les Romains le firent paver, *et encor pour le jourd'huy* (a. 1549) *reste en son entier.* Nous pouvons prouver par cela que les Romains anciennement faisoyent ce chemin en venant de Rome passant en Asie, et aussi que l'ouvrage de ce pave monstre qu'il n'est pas d'un petit compagnon: car on voit la terre pavée tout droict. Et pour aller chercher les addresses, on laisse maintenant le pavé à dextre, l'autrefois à senestre: et en quelques endroicts il entre en bois tailliz: et y à des grands arbres entre les pierres du pavé, qui sont surcreux depuis ce temps là. Nous montasmes ladicte montagne Serrium, qui est moult difficile en beaucoup d'entroicts. En laquelle l'on voit que le roches à esté taille en plusieurs lieux à la poincte du ciseau, et autres ferrements, qui n'a esté fait sans grande despence. C'est ouvrage nous fait penser, que le grand chemin de Rome allant à Constantinople, estoit grandement frequente."

Ibidem Belonius Turcicum locum Schapailar (Hadschi-Chalfa l. c. p. 69.) male cum Cypselis confundit. Nec melius alii, qui Cypsela cum Turcica urbe Ipsala (Annales Turcici p. 315. ed. Paris. Hadschi-Chalfa p. 64.) eadem esse dicunt. Turcarum Ipsala, Hebri orae sinistrae intra Orichovam (Traianopolin, ut quidam volunt) imposita, est urbs Byzantinorum Psyllum, coll. Anna Comnena libro XIII. p. 376. ed. Paris.: Ἐπὰν δὲ τὸν Μέστον (i. e. Nestum) καταλήφει (Alexius Comnenus imp.), ἡ μὲν Αὐγούστα (Alexii mater) πρὸς τὰ βασίλεια (urbem Constantinopolin) ἐπαναστρέψαι ἠβούλετο, ὁ δὲ αὐτοκράτωρ προσώτερον ταύτην βαδίζειν παρεβιάζετο. Καὶ δὴ περάσαντες ἄμφω τὸν Εὖρον καλούμενον ποταμὸν, κατὰ τὸν (l. τὸ) Ψύλλον τὰς σκηνὰς ἐπήγνυντο. In turcica voce Ipsala litera i Turcis debetur, qui eam per mollitiem suae linguae multis nominibus propriis anteponunt. Confer, si tanti est, formas *Iscodar* (Scutarium, Scodra), *Isdin* (Zitunium, Lamia), *Isnik* (Nicaea), *Iskender* (Scander, i. e. Alexander), rell. *)

Pergamus ad finem Egnatiae. Hebro superato, qui ab occidente proficiscebantur, in Macedoniam medii aevi veniebant, de quo loquendi usu v. Nos p. 33 sq. Causam

---

*) Hadschi-Chalfa in Rumelia et Bosnia p. 64 sq.: „*Ipsala*, ein Ort ohne Mauern, fünf Tage von *Konstantinopel*, nahe am Ufer des Meeres in einer weiten Ebene, mit Moskéen, Bädern und vielen Gärten. Der Nahme soll aus *Ilksala* (d. i. *das erste Gebet*) verstümmelt seyn, weil *Gasi Suleiman Pascha* bei seinem Uebergange nach *Rumeli* mit dem islamitischen Heere hier das erste Gebet verrichtet haben soll. *Kosrev Kiaja* hat hier ein mit Blei gedecktes geräumiges

Karavan Seraj und eine Armenküche erbaut. Die *Maritza* fliesst zwischen hier und *Feredschik*, und fällt dann nicht weit vom Wege ins Meer. Sie heisst hier gewöulich der Fluss von *Ipsala*. Man übersetzt denselben in Schiffen, wozu sich immer einige bereit finden. Zwischen den jetzt genannten Gerichtsbarkeiten und *Edrené* liegen die von *Dschisr Erkené*, *Dimotika* und *Keschan*."

huius denominationis aperire videtur Codinus de officiis aulae Byzantinae cap. 6. (p. 54. ed. Bonn.): .. τοῦ Δαρείου, ὃν καταστρεψάμενος Ἀλέξανδρος, ὁ τῶν Μακεδόνων βασιλεὺς, ἔσχε τὴν ἀρχὴν τούτου. Ἐπεὶ δὲ ὁ μέγας Κωνσταντῖνος καὶ ἦν καὶ ἐλέγετο βασιλεὺς Ῥωμαίων, βασιλεῖς τῶν Ῥωμαίων καλοῦνται μέχρι τοῦ νῦν καὶ οἱ ἐκείνου διάδοχοι βασιλεῖς. Καὶ ἐπειδὴ ὁ μὲν Ἀλέξανδρος τῶν Μακεδόνων ἦν βασιλεὺς, ἡ δὲ Μακεδονία ὑπὸ τὴν τοῦ βασιλέως Ῥωμαίων χεῖρα εὑρίσκεται, τὰ μὲν ἑῷα ἔθνη διδόασι τὴν τιμὴν τῷ βασιλεῖ ὡς διαδόχῳ τοῦ πατρικοῦ οἴκου Ἀλεξάνδρου, τὰ δ' αὖ ἑσπέρια ὡς τοῦ μεγάλου Κωνσταντίνου διαδόχῳ.

DYME. Ita scribo cum Ptolemaeo geogr. 3, 12 (p. 156. ed. Wechel.): Τραϊανόπολις, Πλωτινόπολις, Δροσιπάρα, Δύμη, Ἀφροδισιὰς, Κύψελλα, Ἄπροι κολωνία. Itineraria locum sic scribunt: DYMIS M. P. XVI. DYMIS XX. MUTATIO DEMAS M. XII. Anonymus Ravennas 4, 6.: Afrodisia, Apris, Syrascele (l. Syracellae), Srolanis (l. Zorlanis), Dymis, Traianopolis. Hanc mutationem e sinistro Hebri litore, et quidem intus, versus orientem et meridiem, quaerendam esse patet. Didymotichus (Dimotica) significari non potest. Est enim Dimotica e septentrione Arachovae (Traianopoleos) sita, coll. tabula geogr. Franco-Galli Lapie fol. IX.

CYPSELA. *) In hac urbe finem habuit via Egnatia (Strabo 7, 7., cuius verba dedi in praefatione pag. 3). Media fuit inter Melanem et Hebrum fluvios. De eius situ videatur Livius 38, 40.: Quo profectus est (consul Romanus) ab Lysimachia die, ad amnem Melana, quem vocant, inde postero die Cypsela pervenit. A Cypselis via decem millium fere silvestris, angusta, confragosa excipiebat. Propter cuius difficultatem .. ad ipsas angustias iniquitas locorum .. Idem cap. 41.: Romanorum primum agmen extra saltum circa templum Bendidium castra loco aperto posuit; pars altera ad custodiam impedimentorum medio in saltu duplici circumdata vallo mansit. Postero die, prius explorato saltu, quam moverent, primis se conjungunt .. Eo die ad Hebrum flumen perventum est. Inde Aeniorum fines praeter Apollinis, Zerynthium quem vocant incolae, templum superant. Aliae angustiae circa Tempyra excipiunt (hoc loco nomen est), nec minus confragosae, quam priores; sed quia nihil silvestre circa est, ne latebras quidem ad insidiandum praebent .. Nudae valles .. Pomponius Mela 2, 2, 6.: .. Bisante Samiorum, et ingens olim

---

*) Cympsala passim scribitur haec urbs in libris medii aevi. Epiphanius Cyprius in Indice episcoporum (Constantinus Porphyrog. de cerimoniis aulae Byz. 2, 54): Ἐπαρχίας Ῥωδόπης (l. Ῥοδόπης) ὁ Κυμψάλων. Gesta Tancredi principis cap. 10 (Muratori SS. rerum Itall. Vol. 5. p. 289): Ab eo, quod Chympsala oppidum dicitur, digreditur (Tancredus princeps fine sec. XI). Κύψελλα Graeci scribere amant. Videatur Cinnamus 4, 22. ed. Bonn. Nicetas p. 363. 482. 592. 665. 685. 735. ed. cit. Ephraemius in Caesaribus vv. 6240. 6947. Nicephorus Gregoras 7, 4. ed. cit. Cypselum quoque, Corinthi tyrannum, duplici λ Byzantini scribunt. Vide Georgium Syncellum p. 388. 402. secundum vulgatam. De Cypselorum scriptione adi quoque Tzchuckii not. crit. ad Pomponium 2, 2, 6.

8

Cypsela; post locus, quem Μακρὸν τεῖχος *appellant, et in radicem magnae paene insulae sedens Lysimachia.* Cypselorum civitatem Hebro quidem vicinam, nec tamen ipsi orae ejus impositam fuisse, Stephanus quoque dicit: Ἔστι καὶ Κύψελα, πόλις Θρᾴκης, πλησίον τοῦ Ἕβρου ποταμοῦ. Ad Pomponii locum prudenter sic Tzschuckius (II, 2, 105): .. „Ptolemaeus 3, 11., qui mediterraneis adscribit; idque confirmat Antoninus cum tabula Peuting. Quare hic extra ordinem et cursum institutum commemorat Mela.“ Silvas urbi propinquas habere etiam Nicetas videtur in Andronico Comneno I, 2.: Καταλαμβάνει (imperator) τὰ Κύψελλα (sic), καὶ τοῖς ἐκεῖσε κυνηγεσίοις ἐνευφρανθεὶς, κατὰ τὴν πατρῴαν ἀφικνεῖται μονὴν τὴν ἐν τῇ Βήρᾳ διαχειμένην,

Cypsela, quae Livius 31, 16. Thraciae castellis accenset, juxta hodiernam Turcarum urbem Keschan (Cissum Byzantinorum) invenire mihi videor, de qua supra egi pag. 21. Nomen ab edito situ derivandum esse puto, ut sit idem quod ὑψηλὰ (cacumen), quam formam apud Stephanum Byzantium invenio s. v.: Ὑψηλὶς, κατοικία Θρᾴκης. Et locum Ὑψήλη (sic), Smyrnae vicinum, Ducas habet histor. cap. 28. Res Cypselorum sacras pauculis illustrat Michael Lequieniua in oriente christiano Vol. I. p. 1203 sq.

Via nostra Romanorum Egnatia quare non ad ipsum usque Hellespontum ducta fuerit, sed ad sola Cypsela, quidam mirantur. Ego non miror. Prima viae delineatio in Cypselorum civitate substitit, bono consilio. Ibi enim, ut vidimus, saltus sunt et angustiae, ubi munitiones militares opus erant. Reliqua inter mare Hellespontium et Cypsela sunt plana et aperta, nullisque insidiis obnoxia. Nihilominus a Romanis viam suam militarem tum Constantinopolin usque, tum ad Hellespontum munitam fuisse nemo dubitabit.

In lectorum commodum e Clarkio (Vol. IV. pag. 733. ed. quatern.) stationes hodiernas subjungo, quae Thessalonicam et Constantinopolin intercedunt,

Route from Thessalonica to Constantinople.

1801.	Hours	1802.	Hours
Dec. 31. Clissele	7.	Ian. 7. Dervêne	1.
1802. 1. Trana Beshek	2.	Fairy	5¼.
Ian. Micra Beshek	1¼.	8. Achooria	4.
Khan Erenderi Banz	1¼.	Kishan	4.
2. Orphano	5.	9. Bulgar Keui	1.
3. Khan Kynarga	4.	Malgara	3.
Pravista	2¼.	Develi	5.
Cavallo	3.	10. Yenijick	3.
4. Charpantû tchiflick	2.	Rhodosto	4.
Ferry over the Nestus, or Karasû River	2.	11. Turkmalé	6.
Yenïga	4.	Eski Eregli	5¼.
5. Gymmergïne	8.	12. Selivria	3.
6. Tchafts-tcheyr	5.	Crevatis	3.
7. Kallia Gederai	1.	Büyûk Tchekmadjeh	4.
Shepshe	3.	Kütchûk Tchekmadjeh	3.
Peresteria	1.	Constantinople	3.
		Total	107¼.

Cum his confer Hadschi Chalfam in Rumelia et Bosnia p. 59 - 80.

Haec hactenus. E deverticulo nostro Illyrico, Macedonico, Thracico, utpote regionibus inclementer nunc maxime turbideque habitis, ad fines nostrae patriae multo beatiores pedem referimus.

Instat enim popularibus nostris dierum par faustissimum laetissimisque acclamationibus salutandum. Priori luce (est autem dies Septembris XXVII) REX noster GUILIELMUS sacra sua natalitia aget; postera vero cives Württembergenses sinceram omnium piamque laetitiam ob regnum EIUS ante hos XXV annos inchoatum solenniter testabuntur. Et est revera, si alii Germanorum stirpi, quod nobis ipsi de illo annorum decursu gratulemur. Namque Deo O. M. annuente factum est, ut REX noster GUILIELMUS brevi post, quam regni habenas capessiverat, antiqua cum novis sapienter conciliando, eam, qua nunc gaudemus, reipublicae formam institueret, imperium et libertatem egregie miscens. IDEM deinde non destitit, reliquum civitatis statum ita instaurare, ut plurima de novo fere condidisse putandus sit. Longum est, legum novarum numerum et salubritatem referre, quae justitiae administrationem spectant, quaeque de redituum publicorum emendatione latae sunt. REX autem noster augustissimus non tantum opes Württembergiae publicas eximie auxit, verum etiam arduo illo faustoque labore, quo cum aliis Principibus consociatus libera Germanorum commercia restituit, immortales communis patriae grates promeruisse putandus videtur.

Praeter multos alios haec ILLI attestatur antiqua academia Eberhardina, ab IPSO magno beneficiorum cumulo aucta mirificeque ornata.

Adriae turbines magno Dei beneficio nuper eluctatus, sospes ad penates SUOS rediit, sospes ad cives SUOS Ipsius amantissimos. Unde spes Württembergensium aliorumque Germanorum, ubi aliae gravioresque turbae ingruerint, sospitem IPSUM tum quoque fore, ut multorum aliorum sospitator existat. Quod enim summus poeta-

rum Virgilius de Marcello vaticinantem Anchisem facit Aeneidos libro VI, 855 sqq. , id de REGE nostro recte repeti posse videtur :

> *Adspice, ut insignis spoliis Marcellus opimis*
> *Ingreditur, victorque viros supereminet omnes.*
> *Hic rem Romanam, magno turbante tumultu,*
> *Sistet eques; sternet Poenos Gallumque rebellem,*
> *Tertiaque arma patri suspendet capta Quirino.*

Diem natalem Augustissimi REGIS academia nostra more a maioribus tradito publica oratione celebrabit; quam in aula nova ante concionem sacram hora $8\frac{1}{2}$ lingua vernacula habebit collega noster C. C. Knaus, oeconomiae publicae P. P. O.,

> ### De legibus Germanorum agriculturam spectantibus, habita ratione decimae agrorum novalium.

Ad hunc actum proceres huius oppidi, cives academicos omnesque rerum nostrarum fautores ea, qua par est, observantia, invitamus.

P. P. Sub sigillo rectorali. Tubingae a. d. XXIV. Sept. MDCCCXIL.

Errata in impressis:

Pag. 54. not. * parte sinistra linea 5 infr. lege *pag.* 19.
— 37. l. 11. lege 'Αναστασιούπολις.
— 40. l. 12. lege *omissam.*
— l. 16. lege κατιστέρησθε.
— 49. l. 5. lege *poterit.*

CPSIA information can be obtained at www.ICGtesting.com
Printed in the USA
BVOW06s1005250315

393296BV00012B/152/P

9 781293 680131